노년학개론

백용운

KNOWLEDGE COMMUNITY 공동체

머리말

인간은 태어나서 노인이 된다는 것은 어느 누구도 피할 수 없는 생명현상이며, 시간이 흐름에 따라 나이를 먹게 되고 자연히 노년을 맞이하게 된다. 이러한 자연현상과 함께 최근의 우리 사회는 도시화, 산업화 등으로 인한 사회구조의 변화를 경험하게 되었다. 산업화로 인한 경제성장과 의학기술의 발달에 따른 생활수준의 향상은 인간의 건강상태를 증진시켰고, 또한 평균수명이 늘어나게 되어 우리나라 국민의 평균수명은 이미 선진국 수준인 80세를 넘어섰으며, 노인인구는 2015년 약 650만 명으로 국민 전체 인구의 13%를 차지하고 있어 "고령사회" 진입을 문턱에 두고 있다.

노인인구의 수적인 증가는 사회에 대한 노인의 영향력 증대를 의미하고 있다. 즉, 빈곤이나 질병, 건강 등의 문제를 포함하여 의존이나 보호를 희망하는 인구층의 증가라는 사실과 함께 노인인구의 수적 증가는 건강한 노인의 증가와 더불어 질병노인의 상대적 증가를 의미하는 양면성도 가지고 있다.

노년기에 접어든 사람들은 안정된 생활을 원하고 능동적으로 건강과 성공적인 노화에 관심이 많으며 100세 시대에 걸맞게 건강한 행위를 통해 사회활동의 확대 및 삶의 질을 추구하려는 욕구도 높아지고 있다. 이러한 노년기의 다양한 변화에 따른 노년기 문제해결과 욕구의 충족들은 노인에 대한 다양한 학문적 접근을 필요로 하게 하였다. 이와 같은 현상들은 노년학의 범위를 생물학적, 의학적, 사회학적, 심리학적 등 많은 분야들로 이루어지게 하고 있으며, 각 분야마다 독자적이고 개념적인 이론적 틀을 가지고 다각적으로 접근되고 있다.

노년학은 학자에 따라 다양하게 정의되고 있지만 대체적으로 노년인구의 증가에 따르는 사회·경제적 문제와 개인 및 집단에 있어서의 노화(aging)의 심리적 연구, 노화과정의 생리학적 기초와 그 병리학적 측면, 그리고 동물계 전체로서의 노화현상에 따른 생리적 변화를 연구하는 학문으로, 노화과정에서 나타나는 다양한 현상을 이해하여 노년기에 적응하고 삶을 향상시키기 위한 종합적인 학문이라 할 수 있겠다.

따라서 노년기는 모든 인간이 겪는 인생의 한 단계로서 노화과정과 노인을 둘러싼 가족과 사회문제들을 체계적으로 정리하고 고찰하여 노화과정에 대한 과학적 지식과 노년기에 당면할 문제들, 그리고 다양한 노인 관련한 정책들을 소개함으로써 노년기의 이해와 적응에 도움을 주고자 하였다

이 책은 총 5부 12장으로 이루어져 있다. 제1부에서는 노년기의 개관으로 1장에서 노년학과 노인에 대한 이해를 돕기 위한 부분이고, 2장에서는 노화에 대한 이해와 성공적 노화에 대해서 고찰하였으며, 3장에서 고령사회의 이해와 고령사회에서의 노인문제를 고찰하였다. 제2부에서는 노년기의 가족활동과 관련한 부분으로 4장에서 노년기의 가족관계와 부양 등에 대하여 고찰하였고, 5장에서 노년기의 성생활과 노인상담에 대하여 고찰하였다. 제3부에서는 노년기의 사회활동과 관련한 부분으로 6장에서 노년기의 교육과 노인생애 체험교육에 대하여 고찰하였고, 7장에서 노년기의 여가활동과 자원봉사에 대하여 고찰하였다. 제4부에서는 노년기 질환과 건강관리에 관한 부분으로 8장에서 노년기 질환과 건강관리에 대하여 고찰하였고, 9장에서 치매의 이해에 대하여 고찰하였고, 10장에서 호스피스(hospice) 활동과 웰다잉(well-dying)에 대하여 고찰하였다. 제5부에서는 노년기 복지정책과 고령친화산업에 관한 부분으로 11장에서 노인과 관련한 복지정책에 대하여 고찰하였고, 12장에서 고령친화산업의 이해를 통하여 노년과 관련한 산업적 측면도 고찰해 보았다.

노년기를 준비하는 사람이나 노년기에 접어든 많은 사람들은 안정된 생활과 능동적이며 성공적인 노화를 이루고자 하는 관심은 높으나 그에 대한 체계적 교육과 학습은 아직 많지 않은 편이다. 필자는 노년학을 공부하는 사람으로서 이 책을 통하여 보다 많은 사람들이 자신들의 노화를 이해하고 노년을 슬기롭게 준비하고 학습할 수 있기를 바라며, 많은 대학과 평생학습장에서 노년학의 중요성을 인식하고 보다 많은 강좌가 이루어지기를 희망한다.

그동안 준비해 둔 최신의 자료와 현장에서의 경험, 그리고 주요 통계 등을 활용하여 본 책을 집필하여 노년학에 대한 이해를 돕고자 하였다. 다만, 개인 혼자서 집필하다 보니 다소 부족한 면도 있을 것으로 생각한다. 이는 필자의

부족함이라 생각되며 아낌없는 고언과 비판 속에 책은 더 다듬어질 것으로 생각한다.

끝으로 이 책이 나오기까지 도움을 주고 성원해 주신 모든 분들에게 깊은 감사를 드리며, 특히 공동체 김동훈 대표님, 김원희 상무님을 비롯하여 공동체 가족 여러분께도 감사를 드린다.

2016년 2월

백용운

차 례

PART 01 노년기 개관

Chapter 01 노년학과 노인의 이해 11
- 제1절 노년학의 이해 11
- 제2절 노인의 이해 18

Chapter 02 노화의 이해와 성공적 노화 28
- 제1절 노화의 개념 28
- 제2절 성공적 노화 42

Chapter 03 고령사회와 노인문제 49
- 제1절 고령사회의 도래 49
- 제2절 노인의 4고(四苦)와 고령사회의 현상 61

PART 02 노년기 가족활동

Chapter 04 노년기의 가족 71
- 제1절 노년기의 가족 71
- 제2절 노인의 부양 78
- 제3절 황혼이혼과 재혼 86

Chapter 05 노년기 성(Sex)생활과 노인상담 98
- 제1절 노년기의 성 98
- 제2절 노인상담 109

PART 03 노년기 사회활동

Chapter 06 노년기 교육과 노인생애체험 121
제1절 은퇴준비교육 121
제2절 노년기 교육 128
제3절 노인체험교육 141

Chapter 07 노년기 여가활동과 자원봉사 149
제1절 노년기 여가활동 149
제2절 노인과 자원봉사 169

PART 04 노년기 질환과 건강관리

Chapter 08 노년기 질환관리와 건강 183
제1절 노년기 질환관리 183
제2절 복지용구의 활용 211
제3절 노인의 영양관리 220

Chapter 09 치매의 이해 229
제1절 치매의 이해 229
제2절 치매의 증상과 치료 236

Chapter 10 호스피스(Hospice) 활동과 웰다잉(Well-dying) 246
제1절 호스피스(Hospice) 활동 246
제2절 웰다잉(Well-dying) 258

PART 05 노년기 복지정책

Chapter 11 노년기 복지정책 277
제1절 고령자 고용보장정책 277
제2절 고령자 소득보장정책 285
제3절 고령자 건강보장정책 298
제4절 고령자 의료보장정책 304
제5절 고령자 주거 및 주택 보장정책 316

Chapter 12 고령친화산업의 이해 331
제1절 고령친화산업의 개념 331
제2절 고령친화산업의 전망 343

참고문헌 347

찾아보기 355

Part 01

노년기 개관

Chapter 01 노년학과 노인의 이해

Chapter 02 노화의 이해와 성공적 노화

Chapter 03 고령사회와 노인문제

Chapter 01 노년학과 노인의 이해

제1절 노년학의 이해

1. 노년학의 개념

노년학은 'Gerontology'로 불리며 어원은 그리스에서 유래된 용어로 'Geron'은 노인(old man)을, '-logy'는 연구(study)를 뜻하며, 일리아 메치니코프(Ilya Ilyich Mechnikov, 1903)가 'The Nature of Man'이라는 저널에서 처음 발표한 용어이다.

노년학은 노화가 인생주기에 있어서 여러 요인들이 복합적으로 작용하여 나타나는 정상적 발달과정의 한 현상이기 때문에 여러 분야의 학문에서 노화에 대한 개념을 정의하고자 다양한 접근을 해왔다.

쇼크(N. Shock)는 노년학을 첫째, 노년인구의 증가에 따르는 사회 · 경제적 문제를 연구하고, 둘째, 개인 및 집단에 있어서의 노화(aging)의 심리적 연구를 하며, 셋째, 노화과정의 생리학적 기초와 그 병리학적 측면에서 연구하고, 넷째, 동물계 전체로서의 노화현상에 따른 생리적 변화를 연구하는 학문이라고 하였다. 또한 티바이츠(C. Tibbitts)는 노년학에서는 노화의 생리학적 측면과 심리학적 측면 및 사회학적 측면에서 연구하여야 하며, 노화로 인한 사회적 지위 및 행동 영역의 변화를 포함시켜 연구하는 학문이라고 하였다.

이와 같이 노년학을 간단하게 정의하기에는 어려움이 있으나 노화과정에 대한 과학적 지식과 노년기 적응을 위한 종합적인 학문으로 이해할 수 있다. 따라서 노년학은 생물학, 의학, 사회학, 심리학, 가족학, 경제학, 교육학, 보건간호학, 인문학 등 많은 분야들이 모여 이루어지고 있으며, 각 분야마다 독자적이고 개념적인 이론적 틀을 가지고 다각적으로 접근되고 있다. 이러한 사실들은 그만큼 노년학이 다양한 특성을 갖는다는 것을 의미하며, 노화과정에서 나타나는 다양한 현상을 이해하여 노년기 삶을 향상시키기 위해서는 인근 학문과 종합적인 연계가 필요하다는 것을 나타낸다.

그러므로 노년학은 다차원적인 관심분야로서 인간이 살아가는 기술로 심신의 건강과 성공적 노화문제뿐만 아니라 노화현상과 여기서 파생하는 문제점을 다양한 접근에 의해서 연구하여 노년기의 복지를 높이고자 하는 사회과학적 접근이라 할 수 있겠다.

2. 노년학의 연구분야

노년학은 거의 모든 학문분야에서 찾을 수 있다. 즉, 의사는 노인의 질병을 연구하는가 하면 생물학자는 나이가 들면서 생기는 인체의 세포조직의 변화를 연구한다. 심리학자는 노령화에서 오는 감각기관의 변화나 지능의 변화 등을 연구하고 정신분석학자는 노년기의 정신건강 문제를 연구, 조사한다. 그런가 하면 경제학자는 정년퇴직 후의 노인들의 소득문제를 연구할 수 있고, 건축학자는 신체장애가 있는 노인들을 위한 특수주택 구조를 연구해 낼 수 있으며, 사회학자나 인류학자는 노인과 사회 및 문화와의 관계 등을 연구, 조사 하기도 한다. 이를 정리하면 노년학의 연구분야는 크게 두 가지로 분류하여 기초과학적 순수연구와 응용과학적 연구이다. 기초과학적 연구에서는 다시 세분화하여 생명현상과 노화과정의 생물학적·생리학적·병리적 측면의 연구는 물론이고, 심리·정신적 및 사회심리학적 연구 등이 이루어지고 있다.

응용과학적 측면에서의 연구는 인문과학, 사회과학, 행동과학, 교육학, 보건학, 정치학, 경제학, 복지학 및 건축공학 등의 영역에서 연구가 이루어지고 있다.

1) 자연노화 현상(Natural Aging)

(1) 노년생물학(Biological-gerontology)

노년생물학은 나이가 들어감에 있어서 신체적 및 생리적 원인과 결과에 대한 연구분야이며, 인간의 수명을 시대별로 예측을 하는 '게놈(genome)' 같은 연구도 있으며, 노화와 연관된 병 또는 이러한 병의 발생시기를 늦추는 연구도 이루어지고 있다.

(2) 노인의학(Geriatrics)

노인의학은 노인병학이라고도 불리며, 노인의 신체적 및 정신적 질병의 원인 및 그 치료에 과한 이론적 연구와 임상적 활동분야이다. 노인병학에서 다루고 있는 과제로는 노인환자의 치료, 노인성 질환의 예방, 노인의 건강관리 등의 단계를 거쳐서 달성된다. 현재 세계적으로 노인인구가 급격히 증가함에 따라 노인의학은 사회로부터 주목을 받으면서 의학의 중요한 분야로 정착되고 있다. 미국의 경우에는 1988년 이후 노인의학 전문의사가 배출되고 있으며, 한국에서도 이에 대한 관심이 증가하고 있다.

정상적 신체활동 (신진대사)	신체적 기능 저하 (노화)	환자상태 (노인병)
(metabolism) →	(damage) →	(pathology)
노년학 (gerontology)		노인의학 (geriatrics)

그림 1-1 **노년학과 노인의학의 구분**

2) 심리적 현상(Psychological Status)

(1) 노인심리학(Psycho-gerontology)

노인심리학은 발달심리학에서 비교적 나중에 시작된 분야로 연령증가에 따른 감각, 지각, 정신기능, 감정, 성격의 변화 및 이에 관련된 행동의 변화 등에 대한 연구분야이다. 최근 심리학 연구는 아동기나 청소년기보다 성인기와 노년기 발달에 더욱 관심을 주목하고 있다. 노년기는 중요한 관계망과의 이별, 만성질환, 기능적 독립성의 상실 등 정신적·신체적 상실을 경험하는 시기로서 이로 인해 우울증을 경험할 수 있는 시기이다. 또한 노인은 신체적 질환뿐만 아니라 소외감, 고독감 등의 심리적 갈등과 사회생활에 대한 부적응으로 우울증을 쉽게 동반하며, 자아존중감의 상실로 자신을 가치 없는 존재로 간주하여 삶의 질을 저하시키고, 이로 인한 심리적인 위축감도 심각한 추세이다.

3) 사회환경 현상(Social Environment)

(1) 노년사회학(Social-gerontology)

연령증가에 따른 발달 및 집단행동과 노년인구의 존재로 인하여 일어나는 사회적 현상에 관한 연구분야이다. 노년사회학에서 다루고 있는 주요 과제로는 노인에 대한 생계 및 경제적 문제, 주택문제와 생활의 안배에 관한 문제, 정서적·정신적 자유와 자립이 보장되도록 하는 환경조성 등의 문제인식을 하고 있다.

(2) 노인환경학(Environmental Gerontology)

노인환경학은 노인과 그들의 사회환경과의 관계에 대한 묘사, 설명, 개선, 최적화 등에 주목을 한 연구분야로 노년학의 하위분야 중 하나이다. 노인에게 환경이 그들의 삶의 질에 어떤 영향을 미치는지를 분석하고 더욱 더 체계적인 도시설계와 사회기반 시설을 만든다면 증가하는 노년인구의 요구를 반영할 수 있을 것이다.

(3) 노년사회복지학(Gerontological Social Welfare)

노인이 행복한 노년의 삶을 영위하는 데 필요한 다양한 문제해결을 위하여 사회복지적 차원의 지원을 통하여 노인과 사회환경과의 적응문제와 발전적 욕구의 해결에 필요한 정책적 프로그램과 서비스를 제공하는 데 필요한 연구분야이다.

(4) 노인가족학(Gerontological Family Studies)

노인의 부양문제, 노년기 부부관계, 노인과 성인자녀와의 관계 연구를 통하여 노인과 가족 간의 문제를 해결하고 노인의 가족관계 증진을 위한 프로그램 개발 및 가족지원정책 등과 관련한 연구를 한다.

3. 노년학의 주요 관심분야

일반적으로 노년기에 접어든 사람들은 안정된 생활을 원하고, 능동적으로 건강과 성공적인 노화에 관심이 많으며 건강증진 방법에 대해서 열정이 남다르다. 또한 노인들은 100세 시대에 걸맞게 건강한 행위를 통해 사회활동의 확대 및 생산적 노화에 온 힘을 기울이는 의지가 다른 연령집단보다 매우 높은 편이다. 이로 인하여 정부 및 사회단체는 노화를 억제하며 건강을 증진시키기 위한 보건의료 정책으로 의료서비스를 제공하고 있으며, 사회정책 및 노화에 영향을 미치는 사회적 요인들을 발굴하여 장수시대에 대비하고 있다.

노화의 개념도 변화하고 있는데 단순히 생물학적 현상을 넘어 분자생물학의 발전으로 생체노화를 외부독성 자극으로부터 방어할 수 있다는 방향으로 발전하고 있다. 기존의 노화는 누구에게나 일어나는, 어쩔 수 없는, 돌이킬 수 없는 죽음을 향해 가는 생물학적 입장에서 이제는 치료 가능한 노화, 건강수명을 늘릴 수 있다는 주장이 대두되고 있다. 특히 성공적 노화를 위해 항노화 방식으로 전환되면서 안티에이징(anti-aging)의 개념과 함께 노화를 능동적으로 수용하고 삶의 질을 향상시키려는 웰에이징(well-aging)의 개념으로도 전환되고 있다. 즉, 지금까지 강조되어온 장수뿐만 아니라 건강하게 행복하게 사회활동하면서 살아가는 삶의 질을 추구하는 노화도 강조되고 있기 때문에 노년학에서는 다음과 같은 연구분야에 관심을 갖게 되었다.

첫째, 사회가 고령화되면서 나타나는 신체적·정신적 특징 및 사회변동에 따른 대응문제

둘째, 노화 및 생물학적 변화과정 연구 평가

셋째, 정상적 노화와 질병과의 관계 조사
넷째, 노령인구 증가에 따른 사회적 문제 및 영향 파악
다섯째, 노령인구 증가와 관련한 경제적 궁핍화와 세대갈등
여섯째, 노인문제에 대한 정부와 사회 차원의 중장기 정책 및 프로그램 개발
일곱째, 노년기 정서적·심리적 안정을 위한 여가 및 문화활동

4. 노년학의 발전과정

노년학의 개념은 중세시대의 이슬람권의 의사들로부터 유래되고 있는데, 아라비아 의사인 아비켄나(Avicenna, 980~1037)의 『의학규범(The Canon of Medicine, 1025)』에서는 노화과정을 비롯해서 죽음, 변비 등과 관련한 치료방법 등을 소개하고 있다.

노인, 노화(aging)와 관련된 근대적 연구는 1835년 세계 최초의 노년학자라 할 수 있는 벨지움의 퀘텔레(Quetlelt)의 논문 '인간의 본질과 그 능력의 발달' 이후 19세기에 이르러 노인에 대한 관심이 높아지면서 노인돌봄에 관한 사회적 제도도 생겨나고 생물학, 심리학, 사회과학 전반으로 확대되어 나갔다. 한편 노년학이라는 용어는 우크라이나 출신이며 노벨 의학 생리상을 수상한 생물학자 일리아 메치니코프(Ilya Metchnikoff, 1903)에 의해서 1903년부터 사용되기 시작되었다. 경제발전과 더불어 근대화·도시화되면서 유럽은 19세기 말엽, 미국은 1930년대부터 노인문제가 개인 혹은 가족이 해결할 수 없는 사회문제로 대두되기 시작하였다. 1938년에 와서 최초의 노인 관련 연구서로 알려진 『Problem of Aging』이라는 책이 출판되면서 학자들의 주요 관심을 끌기 시작했는데, 이 책에서는 노년연구에 대하여 과학적이고 체계적이면서 다양한 학문적 측면을 제시하고 있다. 이어 1940년경 노화와 노인에 대한 과학적 연구인 '노년학(Journal of Gerontology)'이 영미국가를 중심으로 발간되면서 노년전문학술지로 발전하였다.

그 후 1945년 미국노년학회(Gerontology Society of America)가 조직되었고, 1950년에는 국제노년학회(IAG : International Association of Gerontology)가 창립되면서 노인

과 관련된 학문적 연구들이 체계적으로 발전하고 세계적으로 확산되기 시작하였다.

1950년부터 1960년 이전까지는 노년학의 주요 장르가 노인들의 건강관리, 가정요양 등에 관심을 보여 오다가 1960년부터 레오나드 하이플릭(Leonard Hayflick)을 중심으로 생물학에서 노년학을 분리시켜 노년학을 연구하면서 노화과정 및 성공적인 노화 연구에 힘을 쏟게 되었다. 한편 영국에서는 1971년 만들어진 영국노년학회(British Society of Gerontology)를 중심으로 성공적 노화에 대한 연구가 진행되었다. 현재 미국과 영국의 대다수의 대학에서는 '노년학(gerontology)'을 개설하고 있으며, 대학 내에 '노년연구소'나 '고령사회에 관련한 연구소' 등을 설치해 증가하는 노령인구에 대응하기 위하여 노인문제와 고령사회 현상을 연구하고 또한 노화방지를 위한 생명과학 연구 등도 활발하게 전개하고 있다.

우리나라에서 노인과 노화에 관한 학문적 연구는 1970년 후반을 본격적인 출발점으로 보고 있는데, 이 시기는 우리 사회가 도시화·산업화되면서 노인의 지위는 하락하고 평균수명의 연장으로 인하여 노인인구가 증가하는 시점으로 노인문제에 대한 사회적 관심이 싹트기 시작한 시기라 할 수 있다. 1968년에 한국노인병학회가 창립되고 1975년에 한국노인문제연구소의 설립, 그리고 1978년에는 한국노년학회(Korean Gerontological Society)가 설립되면서 노년학 연구의 기틀을 마련하였다.

1980년대는 노인 관련 연구가 본격적으로 시작되어 성장과 발전을 이룩한 시기였다. 1981년에 노인복지법과 경로헌장이 제정되면서 노인에 대한 사회적 관심과 지원의 법적 근거가 마련되었고, 1982년에는 UN의 제1회 노년세계회의에서 '세계 노인의 해' 선포를 계기로 국내에서도 노인 관련 학술세미나가 대대적으로 개최되었다.

유엔에서는 세계 노인의 해를 선포한 1982년에 전 세계 124개국과 17개 국제기구 대표들이 모여 노년세계회의(World Assembly on Aging)를 개최하여, 노인에 대한 경제적·사회적 보장과 노인의 국가발전 기여기회 보장 등 국제 활동계획을 마련하여 이에 대한 실천성과를 4년마다 유엔총회에 보고하기로 결정함으로써 세계적으로 심각해지는 노인문제 해결에 대한 의지를 표명하였다.

또한 1991년 12월 16일 세계 각국에서 사회문제로 대두되고 있는 노인문제 해결을 위해 UN총회에서는 노인을 위한 '독립, 참여, 돌봄, 자아실현, 존엄'이라는 5원칙을 제정하여 각국 정부가 노인 관련 프로그램을 운영해 나가는 데 있어 반영해야 할 원칙을 제시하였다.

한편 국제노년학회는 2005년에는 기존의 명칭에 노년의료란 명칭을 덧붙여 국제노년의료학회(IAGG : International Association of Gerontology and Geriatrics)로 기구를 확대시켰다.

우리나라는 1978년 제11회 일본대회부터 국제노년학회에 참가하고 있으며 최근 2013년에는 제20회 국제노년의료학회를 한국 서울에서 개최하는 등 괄목할 성장을 하고 있으며, 국제노년의료학회는 4년마다 한번씩 각 국가를 돌면서 순회 개최되고 있다.

제2절 노인의 이해

노인이란 예로부터 "늙은이"라는 말로 아주 극히 평범하게 사용되고는 있으나, 그 뜻을 엄밀하게 규정하기는 실제로 그리 쉬운 일은 아니다. 연령이나 신체적으로 늙었다고 하는 생물학적인 쇠퇴를 기준으로 노인을 규정하는 경우가 일반적이긴 하지만, 연령에 따라서 인간의 발달단계를 획일적으로 구분하는 것에는 한계가 있기 때문이다. 노화는 개인에 따라 차이가 있으며, 생물학적 노화, 심리적 노화, 그리고 사회적 노화라고 하는 복합적인 발달영역을 내포하고 있으며, 특정 시대의 문화, 정치, 경제 등의 다양한 요인과도 밀접하게 연관되어 있기 때문이다.

1. 노인에 관한 일반적 용어

노인은 시대와 사회에 따라 여러 가지 용어로 표현되며 그 의미가 약간씩 다르다. 노인을 지칭할 때 영어권 국가에서는 늙은 사람(older person, older adult), 나이 든 사람(aged), 연장자(elderly), 선배시민(senior citizen), 황금연령층(golden age) 등으로 표현한다. 그리고 회색 머리카락의 사람을 뜻하는 그레이(gray)와 일본에서 주로 사용되는 은빛머리의 실버(silver)라는 단어도 노인에 관한 용어이다. 이처럼 다양한 표현에서 노인에 대한 정의를 명확하게 내리기 어려운 점이 있다. 그것은 노화(aging)라는 늙어가는 것이 단순한 인간의 생물학적 과정만이 아니라 정치, 경제, 사회, 문화 등 여러 요인과도 연관되기 때문이다.

우리나라에서는 과거부터 일반적으로 써오던 '늙은이'라는 표현과 근래에 사회복지실천현장 등에서는 노인을 존중하는 의미에서 보편적으로 '어르신'이라는 호칭을 주로 사용한다. 그리고 학술적인 용어로는 노인이라고 하지만 성별을 구분하여 '할아버지, 할머니'라고 할 때에는 손자녀의 위치에서 친족 구분을 하거나 일반사회에서 중립적으로 노인을 부를 경우이다. 또한 노년(老年)이라 할 때에는 노인에서 나타나는 부정적인 측면을 완화하는 면이 있으며, 그것은 에릭슨(Erik H. Erikson)의 주장처럼 노년기는 인간발달 단계에서 영아기, 유년기, 아동기, 청소년기, 청년기, 중・장년기, 노년기로 구분되는 인생주기(life cycle)의 한 단계이기 때문이다. 그리고 고령(高齢)이라 할 때에는 연령이 상대적으로 높다는 뜻이 있고, 노령(老齡)이라는 단어는 젊음에 비하여 늙음이 강조되는 편이다. 그러므로 '노인'이라는 용어의 의미는 상당히 다양하게 표현되고 있음을 알 수 있다.

2. 노인의 정의

노인에 대한 정의는 시대와 사회, 그리고 연구자의 접근방법에 따라 여러 가지 용어로 표현되고 있으며, 의미도 조금씩 차이가 있지만 일반적으로 노인을 정의할 때 역연령(曆年齡 : 달력상의 나이), 사회적 역할, 늙음 자체, 그리고 늙음에 대한 자각 등이 적용되고 있다.

브린(Breen)과 비렌(Biren)은 노인의 정의를 노화의 세 가지 영역을 동시에 고려하여 생물학적 및 생리적 측면에서 퇴화기에 있는 사람, 심리적 측면에서 정신기능과 성격이 변화하고 있는 사람, 사회적 측면에서 지위와 역할이 상실되어 가는 사람이라고 규정하고 있다. 1951년 국제노년학회(International Association of Gerontology)에서는 노인을 환경의 변화에 적절히 적응할 수 있는 조직기능이 감퇴하고 있는 사람, 생체 자체 통합능력이 감퇴하고 있는 사람, 인체의 기관 및 조직기능에 쇠퇴현상이 일어나는 시기에 있는 사람, 생체의 적응능력이 점차로 결손되고 있는 사람, 조직의 예비능력이 감퇴하여 환경변화에 적응이 제대로 되지 않는 사람을 노인으로 정의하였다.

이상에서 보듯이 주로 생물학적·심리적·사회적인 세 가지 측면에서 노인에 관한 일반적 개념을 정의하였는데, 이러한 범주에 의한 노인의 정의는 한계가 있으며 현실적으로 노인들을 구체적으로 규정하기 위해서는 다음과 같은 인위적(人爲的)인 정의가 필요하다. 노인에 관한 인위적 정의에는 역연령상의 노인, 기능적 연령상의 노인, 사회적 노인, 개인의 자각에 의한 노인 등이 있다.

1) 역연령(曆年齡)에 의한 연령

역연령(曆年齡)을 달력상의 일정한 연령(chronological age)이라고도 하는데, 세월이 흐름에 따라 나이를 먹어가는 것을 뜻하는 것으로 현재는 일반적으로 65세 이상을 노인으로 규정하고 있다. 역연령의 정의는 노화의 특성을 인간의 전통적인 사회적 수명만을 기준으로 확정하였기 때문에 입법정책이나 복지행정에서 각종 급여의 수급권이나 서비스 이용자격 기준을 확정하는 데 편리하여 가장 보편적으로 사용되고 있다. 그러나 역연령은 특정 연령을 기준으로 그 이상의 사람들을 일괄적으로 노인으로 규정함으로써 노화의 개인차나 개인의 능력이나 기능수준을 무시하고 있다. 즉, 현대의학의 발달과 경제수준의 향상으로 평균수명이 날로 상향 조정되고 있는 오늘날의 상황에서 역연령의 정의는 무의미하다고 할 수 있다.

2) 기능적 연령(Functional Age)

기능적 연령(functional age)은 산업노년학 분야에서 특수한 일을 수행할 수 있는 개인능력 차이를 기준으로 연령을 구분한 것이다. 개인능력의 차이는 외모, 신체기능, 이동성, 정신기능, 자아통제력, 생산성 등에서 제각기 다르게 나타나므로, 이러한 측면의 기능적 차이를 척도로 노인의 개념을 정의한 것이다. 이는 사회적·경제적 활동에서 인간의 개인차가 분명하게 존재한다는 것을 기초로 제시된 정의이다. 일반적으로 연령이 증가함에 따라 신체적 기능이나 업무수행능력이 줄어드는 것이 상례이긴 하지만 모든 사람에게서 기능수준이 낮아지는 것은 아니다. 기능적 정의가 노화의 특성에 개인차가 있음을 감안한 것은 장점이지만, 실제 개인적 기능의 차이를 구분할 판단기준이 모호하고 복잡하여 쉽게 사용할 수 없다는 문제점이 있다. 예를 들어, 체조선수 혹은 프로축구나 프로농구 선수의 적정 연령, 운전면허 취득 가능 연령 등이 이에 해당된다.

3) 사회적 노인(Sociological Age)

사회적 노인(sociological age)은 사회적 지위와 역할이 상실된 상태에 있거나, 사회적 직업활동에서 물러나 지위와 역할을 이양한 상태에 있는 사람이 해당된다.

사회적 노인은 사회적 역할과 관련하여 직업을 가지고 활동하는지의 여부가 기준이 되므로 퇴직 여부가 노인의 개념을 정하는 중요한 기준이 된다. 그러나 직업에 따라 일찍 퇴직할 수도 있고 늦도록 쇠약하기 직전까지 일을 할 수도 있으며, 실제로 의사나 변호사 같은 전문직 종사자들은 70대가 넘어도 활동이 가능하다. 따라서 사회적 역할의 측면에서만 노인을 정의하는 것은 일반적으로 통용되기는 어려운 실정이다.

4) 개인의 자각에 의한 노인(Self-awareness Age)

개인의 자각에 의한 노인(self-awareness age)은 노인 자신이 주관적으로 판단하여 스스로 노인이라고 인정하는 경우이다. 일반적으로 노인에 대한 자각은 신체적 증후나 정신적·사회적 경험으로부터 영향을 받는다. 어떤 사람은 누가 보아도 노인이라고 여기지만 정작 본인은 아직 노인이 아니라고 생각할 수 있다. 또 어떤 사람은 중장년기이면서도 스스로 노인이라고 자인할 수 있다. 이는 주관적 판단에 따른 것이기 때문에 객관적 노인의 정의와는 큰 차이가 있다. 따라서 노인의 개념은 개인의 자각(self-awareness)에 따라 달라질 수도 있으며, 노화의 복합적인 측면도 고려되어야 한다는 것을 의미하고 있다.

5) 생애발달(life-cycle) 단계에 의한 노인

인간의 생애단계는 신체, 심리, 사회적 속성이나 환경적 특성에 따라 구분할 수 있다. 중년기에는 신체적 노화가 시작되고 60대부터 신체적 노화와 더불어 심리적 노화가 진행되면서, 사회적 지위와 역할을 상실하고 자녀를 다 출가시키고 노부부만 남는 빈둥지(empty-nest) 시기가 오는 등 사회적 노화가 급속하게 진행된다. 70대 후반이 되면 신체적으로 매우 취약해지고 만성질환을 앓는 경우가 많아지고 인지능력이 저하되며 타인에 대한 의존이 높아진다. 이처럼 인간의 생애단계를 근거로 학자에 따라 50대 후반부터 후기 성인기 또는 초기 노년기로 구분하고, 60세나 65세부터 노년기로 분류하며 75세 이후를 후기 노년기로 구분하기도 한다.

따라서 노인에 대한 인위적(人爲的) 정의는 각각 장단점이 있기에 하나의 정의만으로 노인을 정의할 수 없다. 그러나 현대사회에서는 역연령에 의한 정의가 행정적 편리로 인하여 보편적으로 받아들여지면서 다른 정의를 보충해서 사용하는 것이 일반적이라 할 수 있겠다.

3. 노인의 연령범위

서구나 미국에서는 노인이 되는 시기를 대체적으로 은퇴나이인 65세에서 시작된다고 말하고 있다. 이는 단순히 연령적으로 65세 이상을 노인이라고 말하기보다는 실질적으로 경제적 활동과 노동현장에서 은퇴하고 있는 인구층을 노인이라 지칭하고 있음을 말하는데, 이런 의미로 보면 기대수명이 낮은 세계의 몇몇 지역에서는 35~40세의 나이를 노인이라 부르기도 한다. 따라서 노인을 구분하는 확실한 기준이 없기 때문에 학자에 따라, 지역에 따라, 문화에 따라서 노인의 개념이나 노인의 연령선이 상이하다고 할 수 있다.

노년기의 범주를 55세부터라고 주장하는 뉴가튼(B. Neugarten, 1974)이 미국 노인을 역연령(chronological age)에 따라 다음과 같이 분류하였다.

- **연소노인**(young-old) : 55~64세로 아직 사회적으로 일을 하고 있으며 그들의 삶과 사회에서 절정기에 있는 사람
- **중고령노인**(middle-old) : 65~74세로 퇴직한 사람이 대다수이며 건강상태가 양호하고 취미생활을 할 풍부한 시간을 가지고 있는 사람
- **고령노인**(old-old) : 76세 이상으로 더 이상 일하기가 어렵고 신체적으로 노쇠하고 질병에 걸린 경우가 많으며 가장 빈곤하며 가장 외롭고 가장 약한 사람

또한 브로디(Brody, 1977)는 연소노인을 60~64세로, 중고령노인을 65~74세로, 고령노인을 75세 이상으로 구분하였으며, 에칠리(Atchley, 1988)에 의하면, 연소노인을 60~74세로, 중고령노인을 75~84세, 고령노인을 85세 이상으로 구분하였다.

우리나라는 법령기준에 따라 연령기준이 다양하게 적용되고 있는데, 고령자고용촉진법에서 고령자는 55세 이상이고, 준고령자는 50세에서 54세까지이며, 국민연금법상의 노령연금대상자는 61세부터이다. 그리고 노인복지법이나 기초생활보장법에서 규정하는 노인은 65세 이상으로 구분하고 있다. 한편 2014년에 실시한 전국노인실태조사에 의하면, "스스로 자각하는 노인에 대한 연령" 설문

에서는 70~74세가 78.3%로 가장 높게 나타나 우리나라 노인들은 대체적으로 70세 이상은 되어야 노인으로 자각하고 있음을 알 수 있다.

4. 노인의 특성

노년기는 인간의 생애주기 중 일부이지만 한번 노인은 죽을 때까지 계속 노인이라는 점에서 생애주기 중 과도기인 아동기나 청소년기와는 크게 다른 특징을 가지고 있다. 모든 노인은 나이가 들수록 노화가 진행되기에 신체적·심리적·사회적 제 기능들이 쇠퇴해져서 결국 노화가 장애현상으로 이어져 장애인과 비슷한 신체상태를 경험하기도 한다.

1) 신체적 특성 변화

노화에 따른 노인의 신체적 특성의 변화는 다음과 같이 정리해 볼 수 있다.

(1) 신체구조의 쇠퇴를 들 수 있다

피부와 지방조직의 감소, 세포의 감소, 골격과 수의근의 약화, 치아의 감소, 심장비대와 심장박동 약화 등의 현상이 나타난다.

(2) 신체의 외면상의 변화를 들 수 있다

신체 외면상으로 백발의 증가, 머리카락의 감소, 주름살의 증가, 얼룩반점의 증가, 신장(키) 감소 등의 현상이 나타난다.

(3) 만성질환의 발병률 증가를 들 수 있다

동맥경화증, 고혈압, 당뇨병, 심장병, 신장병 등의 만성질환이 나타난다. 특히 만성질환의 출현은 노인의 생리적 기능상의 노화와 매우 밀접하게 연관되어 있다. 즉, 생리적 노화현상은 소화기능, 호흡기능, 신진대사기능, 혈액순환, 수면, 배뇨기능 등에 영향을 주어 소화기능의 쇠퇴, 폐활량의 감소, 신진대사율과 속도의 저하, 변비, 수면의 양과 질의 감소, 피로감, 불면증, 야뇨증 등을 초래한다.

2) 심리적 특성 변화

노인의 심리적 특성은 60여 년 이상 다양한 삶을 살아온 개인마다 차이가 있겠지만, 감각과 지각 기능의 변화, 정신기능의 변화, 성격 특성의 변화, 그리고 정신건강장애 등에서 찾을 수 있다.

(1) 감각과 지각 기능

인간의 대표적인 감각기관은 시각, 청각, 미각, 후각, 촉각 및 통각의 기관들이다.

노화가 진행되면 시각기관과 함께 청각기관도 쇠퇴해진다. 시각의 노화에 따라 수정체의 조절능력이 약해져 가까운 물체에 초점을 잘 맞추지 못하여 노안 또는 원시안이 나타나며, 수정체의 섬유질이 증가하여 시각이 흐려지는 백내장과 시신경의 안압이 높아져 사물이 좁게 보이는 녹내장이 발생하고, 청각의 기능도 약화되어 소리의 고저와 강도에 대한 감지능력이 떨어져서 높은음 소리와 작은 소리를 잘 듣지 못하게 된다. 또한 감각기관에 의해서 수집된 정보를 의식적인 수준에서 처리하고 평가하는 지각기능은 노화에 따라 그 속도가 저하되어 노인은 환경의 변화에 즉각적으로 대처하지 못하여 안전사고를 당하는 비율이 높게 된다.

(2) 정신기능

정신기능은 노화에 따른 감각과 지각 기능의 변화보다는 비교적 덜 쇠퇴한다. 이는 지능의 쇠퇴에 있어서 연령변인은 16~25%만이 설명력을 가지고 있고, 나머지 75~84%는 연령변인 이외의 교육수준, 생활경험, 사회경제적 지위, 건강수준, 불안수준과 심리적 스트레스 등의 여러 변인들 때문이라고 보고되고 있다. 다만, 기억력은 노화와 함께 같이 쇠퇴하는 경향이 있으며 과거의 일들보다는 최근의 일을 더 기억하지 못하는 것으로 보고되고 있으며, 학습능력도 연령이 증가되면서 일반적으로 점차 떨어지는 경향을 나타낸다.

(3) 성격

노인의 성격에 대한 연구는 그리 많지 않지만 일반적으로 성격은 아동기 중기에 안정되어 가고 그 이후로는 거의 변화하지 않는 연속성과 일관성을 가지고 있다고 하였으나, 최근 많은 연구들이 사람의 성격이 노화에 따라 변화한다고 주장한다. 일반적으로 노인은 내향성과 수동성이 증가하고 조심성과 경직성이 증가하며 우울증 경향도 증가하며 과거에 대한 회상이 증가한다. 또한 친숙한 사물에 대한 애착심이 커지고 의존성이 증가하며 유산을 남기려는 경향도 증가한다. 그리고 성역할의 지각변화가 나타나 양성성이 강해지는 등의 특성을 나타낸다.

(4) 정신건강장애

인간은 육체와 정신 그리고 영혼을 함께 지닌 존재로 정신(spirit, geist)은 보통 삶의 비물질적 원리, 사고능력으로 이해되고 있다. 일반적으로 정신건강에는 주관적인 평안, 불안, 우울증, 자살, 죽음에 대한 두려움과 관련되어 있는데, 이러한 정서적인 회복이 어려운 상태에 빠져 있는 사람들을 정신질환자라고 말한다. 의사들에 의하면, 노인의 25~40%는 정신장애가 있는 것으로 추정하고 있으며, 자리트(Zarit, 2007)는 이 같은 노인들의 정신건강장애는 배우자, 건강, 돈, 친구, 자식 등을 잃어버린 경우에 발병하는 경우가 많았다고 한다. 이러한 일들은 노인의 시기에 대체적으로 경험하게 되는 요인들이다.

3) 사회적 특성 변화

(1) 은퇴와 자녀 출가

50대 후반부터 자녀의 출가, 은퇴, 수입 감소, 사회적 유대감의 감소는 소외와 무력감을 느끼고 자존감을 심하게 상하게 한다. 그래서 사회적 역할이 부정적인 시각 속에서 자신을 쓸모없는 사람으로 비하하고 행동하기도 한다. 특히 내향성과 수동성이 증가하고 경직성이 증가하는 노년기는 자신의 존재가치에 대해 의문을 가지며 노인성 우울증에 걸리기도 한다. 그러므로 노년기에는 가족과 사회의 지지와 대화의 창구가 마련되어야 그 심적 고통을 줄일 수 있다.

(2) 배우자와 친지의 죽음

배우자와 친지, 가까운 이들의 죽음은 고독감과 죽음에 대한 공포를 심하게 느끼게 한다. 그래서 배우자와 사별 후 정신건강이 크게 악화되기도 한다. 하지만 지나온 세월을 적극적이며 긍정적인 삶을 살아온 사람은 마음가짐을 다스리는 연습으로 그 정도가 의연함으로 나타난다. 그러므로 노년기에서는 죽음과 이별을 생의 한 과정으로 받아들이는 긍정적인 마음가짐이 필요하다.

(3) 인간관계의 변화

은퇴 등으로 일어나는 사회적 환경 변화, 경제적 변화, 가족관계 변화 등의 영향으로 다양한 인간관계의 변화가 일어나게 된다.

이상과 같이 노인은 생물학적·정신적 존재일 뿐만 아니라 다른 사람들과 상호작용(interaction)을 하는 사회적 존재이다. 노인의 지위와 역할은 농업사회에서 산업사회로 바뀌면서 크게 변화되었다. 산업화와 도시화가 중심이 된 사회에서는 노인은 직장에서 퇴직한 후에 적절한 생산수단을 확보하기 어렵게 되고, 사회적 지위도 상실하고 있다.

따라서 현대사회에서는 일반적으로 노인이 되면 수입의 감소, 소외와 고립의 증가, 이에 따른 의존성의 증가, 지위의 약화, 그리고 사기의 저하 등으로 노인들의 긍정적인 측면보다는 부정적인 인식이 더 많이 작용하고 있는 것이다.

Chapter 02

노화의 이해와 성공적 노화

제1절 노화의 개념

1. 노화(Aging)의 개념

시간이 흐름에 따라서 인간뿐만 아니라 모든 생물은 변화가 일어나기 마련이다. 인간은 늙어가기 마련이며 연령의 증가와 함께 점진적으로 생체조직이나 세포기관 등 생체 전반에서 쇠퇴나 무기력 등의 현상이 나타나게 된다. 이와 같이 늙어가는 현상을 일반적으로 노화(aging) 또는 노화현상(aging process)이라고 말한다.

1) 노화의 특징

노화에 대한 주요 특징을 살펴보면, 첫째, 노화는 시간의 흐름에 따라 세포나 조직, 기관 등의 유기체 전반에 걸쳐서 일어나는 점진적인 변화이며, 둘째, 노화는 시간의 경과에 따라 나타나며 시간적 과정에 관련되거나 혹은 제약되는 것으로, 환경의 변화에 적절히 반응하게 되는 조직과 기능의 결합을 갖게 한다. 셋째, 노화란 본질적으로 생체에 내재하고 있는 필연적 과정에서 생기는 것으로 외상이나 전염병 혹은 외적·환경적 인자에 의해서 발생되는 것이 아닌 내재성을 갖는다. 넷째, 연령에 수반되는 생리적 기능의 저하, 스트레스에 의한 변화에 대해 자기 회복력의 저하이다.

따라서 노화는 예비력의 저하로 인하여 병에 걸리기 쉽고 죽음의 확률이 연령과 더불어 대체적으로 증가하는 등 부정적인 경향을 보이는 과정이다.

2) 노화의 원인

일반적으로 노화의 원인은 정확하게 밝혀져 있지는 않으나 현재까지 알려진 바에 의하면 다음과 같은 두 가지 요인으로 구분할 수 있다.

(1) 환경적 요인

자연환경, 생활환경, 생활습관 등의 생명체가 존재하는 환경에 의해 주어지는 요인

(2) 유전적 요인

생명체가 소유하고 있는 유전정보에 의해 결정되는 요인

3) 생물학적 노화현상

생물학적 노화는 생물학적 퇴행과정이 생물학적 재생산과정을 능가하여 유기체 내에 퇴행적 변화가 나타나는 현상으로, 나이가 듦에 따라 신체구조 및 신체 내부의 세포, 조직, 장기 등 유기체 전반에 걸쳐 일어나는 쇠퇴적 발달현상을 의미한다.

생물학적 노화의 과정은 모든 사람에게 보편적으로 일어나지만, 노화의 정도나 속도는 개인의 차이가 있으며, 이러한 생물학적 노화는 장기의 기능 저하와 이동능력 저하 그리고 일상생활능력 약화 등과 함께 질병에 대한 저항능력의 저하를 가져 오고 궁극적으로는 생명종식에 이르게 된다.

(1) 생리적 기능의 현상

생리적 기능은 먼저 소화기능의 변화로 60세 정도가 되면 침샘의 약화로 침의 분비가 저하되며, 60~70세에 이르면 위액과 소화효소의 분비가 젊은 사람의 1/2~1/3 정도로 감소하여 소화흡수율이 저하된다. 또한 연령의 증가와 함께 혈관의 벽에 지방질이 침착하고 경화현상이 나타나 혈압이 높아져 고혈압(hypertension)과 동맥경화(arteriosclerosis) 및 뇌졸중(stroke)의 원인이 된다. 폐의 기능

은 젊었을 때와 큰 차이가 없으나 호흡에 있어 폐에 남아 있는 공기의 양이 나이가 많아짐에 따라 증가하여 호흡의 질이 떨어진다. 그리고 연령이 증가함에 따라 기초대사율이 감소하는데, 이는 신진대사기능의 약화를 의미하는 것이고 또 신장이나 간 기능의 저하가 온다. 수면시간은 개인 차이가 있으나 노년기에는 수면시간이 줄어들고 불면현상이 일어나기도 한다. 또 생식기능의 약화와 야뇨현상이 나타난다.

(2) 신체구조의 변화

생물학적인 나이가 증가함에 따라 인체의 지방성분이 증가하는 대신 철분이나 칼슘 같은 고형성분과 수분은 감소하는데 지방질이 체내에 축적된다는 것을 의미한다. 연령증가와 함께 피부의 수분이 감소하여 건조현상이 나타나고, 뼈의 밀도가 낮아져서 골다공증(osteoporosis)이나 관절계통의 이상이 발생하며, 근육은 70세가 되면 20~30대의 70% 수준으로 떨어진다. 신장(height)도 30세 이후 점차 줄어 노인이 되면 남자는 평균 2.25%, 여자는 평균 2.5% 줄어든다. 반면 체중은 50대 후반까지 점진적으로 증가하다가 60대 이후부터 감소하기 시작한다. 치아는 45세 이후 치주의 약화현상이 빠르게 진행되어 치아가 흔들리거나 빠지는 현상이 나타나며, 평균적으로 60대에는 치아의 수가 14개, 70대에는 11개, 80대에는 6개 정도가 남게 된다.

4) 심리적 노화

심리적 노화는 인간에게 있어서 신체적 노화와 분리해서 이해할 수 없는 상호 밀접한 관계를 가지고 있다. 심리적 노화의 영역은 첫째, 감각기능과 지각과정, 둘째, 정신기능, 셋째, 자아의 발달과 성격변화, 넷째, 정신건강과 장애로 구분할 수 있다.

(1) 심리적 노화현상

① 감각기능의 저하

나이가 들면 시각기능이 약해진다. 40세가 넘어가면 동공근육의 탄력성이 약화되고 수정체 내부에 섬유질이 증가하여 근거리상이 명확하게 포착되지 않는 노안이 발생된다. 빛을 흡수하는 능력은 60세가 되면 20세의 1/3로 감소하고 60대의 60%, 70대의 70%가 백내장 현상이 나타나며, 녹내장도 10% 정도가 발생된다. 청각기능도 약화되어 50세 전후하여 난청현상이 나타나기 시작하며 고・저음을 구별하는 능력이 현저히 떨어진다.

② 정신(지적)능력의 저하

지능의 저하는 일반적으로 감각기능의 저하보다 덜한 편으로 보고되고 있다. 기억력은 오래전의 기억보다 최근의 일들에 대한 기억력이 떨어지고 학습능력은 연령에 따른 결정요인보다는 흥미와 관심, 동기와 학습분위기가 결정한다는 연구결과도 있다.

③ 자아발달과 성격변화

노인의 발달적 심리 특성은 노인의 신체적 건강상태와 심리적 특성 그리고 사회와 가족 내에서의 관계와 역할 특성에 따라 영향을 주고받으며 발달하게 되는데, 개인 차이가 있음에도 불구하고 노인의 성격 특성에 대한 대부분의 견해는 신체적 노화와 사회관계의 축소에서 오는 사회심리적 변화와 그에 따르는 외향성의 경향으로부터 내향성으로 변해가는 정신생활과 관련지어 부정적 특성이 강조되고 있다.

④ 정신건강과 장애

정신건강과 장애는 생리적인 정신노화와 병적인 정신노화로 나눌 수 있다. 건강한 노인이라도 물건을 어디에 놓고 찾는 따위의 단순한 기억장애는 생리적인 정신노화이고, 치매처럼 함께 사는 가족을 몰라보는 것은 병적인 정신노화이다. 특히 뇌조직 기능의 손상으로 발생되는 기질적 정신장애의 하나인 치매는 정신기능의 퇴화와 성격의 와해현상으로 나타난다.

(2) 심리적 노화에 따른 성격 특성의 변화

심리적 노화에 따른 노인의 성격의 변화는 대체적으로 다음과 특성을 나타내고 있다.

첫째, 노년기의 개인이 직면하는 여러 가지 개인적·가족관계적·사회적 스트레스는 노인의 우울증을 증가시킨다.

둘째, 늙어감에 따라 사람은 사회적 활동이 점차 감소하고 활동방향을 외부보다는 내부로 돌리는 행동양식을 갖게 된다.

셋째, 문제해결 장면에서 그 해결방법이나 행동이 옳지 않거나 이득이 없음에도 불구하고 옛날과 마찬가지 방법을 고수하고 지속하려는 경향을 말한다.

넷째, 중년기 이후부터 시작되는 현상으로 남성노인은 점점 여성적이고 수동적이 되어가며, 반대로 여성노인들은 오히려 능동적이고 외향적으로 되어간다.

다섯째, 노인이 될수록 오랫동안 사용해 온 물건에 대한 애착심이 증가한다. 이러한 물건들은 노인으로 하여금 자신이 지나온 세상과 세월은 변했을지라도 자신의 주변은 변하지 않는 것으로 생각하여 정서적 안정감을 유지하려는 것이다.

여섯째, 자신의 유한성을 인정하고 자녀양육이나, 생산적 여러 활동을 통해 자신의 유한한 자취를 남기고자 하는 욕구가 강해진다.

일곱째, 노인은 늙어가면서 신체적 및 경제적 의존성이 높아지는 특성을 보이고 있는데 이는 보편적이고 정상적인 현상이라 할 수 있다.

5) 사회적 노화

인간의 노화를 제대로 이해하려면 신체 및 생리적 노화, 심리적 노화와 더불어 사회적 노화도 고려해야 할 것이다. 인간은 사회적 동물로서 자신을 둘러싼 사회에 속해져 있는 사람과 저속적인 상호관계를 맺고 다양한 사회적 지위에 따른 역할을 수행해 나가면서 살기 때문이다.

(1) 사회적 지위와 역할변화

사회적 노화의 현상 중 가장 큰 변화는 사회적 지위와 역할의 변화이다. 개인의 일상생활은 그 사람이 지닌 사회적 지위나 역할에 의해 주로 결정된다. 이때 사회적 지위란 사회적 신분에 따라 개인이 차지하는 자리나 계급을 의미하며, 역할이란 지위의 동적인 표현으로서 특정한 사회적 지위에 상응하는 기대행동이라고 할 수 있다. 이 사회적 지위와 역할은 한 개인이 행사할 수 있는 권력, 사회적 영향력, 그리고 삶의 질을 결정하는 매우 중요한 요소이다. 이러한 사회적 역할은 일생을 통하여 변화하는데 일반적으로 성인기는 사회적 지위와 역할을 획득하는 시기이고 노년기는 사회적 지위와 역할을 상실하는 경우가 많다.

(2) 사회적 분리와 소외

결국 노년기에는 사회적으로 중요한 지위와 역할을 상실하게 되고 사회적 가치가 낮은 지위와 역할을 획득하게 됨으로써 노인 스스로 자기 자신을 평가절하하게 되어 자아존중감, 삶의 만족도 등이 낮아지게 된다. 그 결과 노인의 사회적 분리와 소외를 가져오게 되었다. 그러나 노년기의 역할전환이 항상 부정적인 결과를 초래하는 것은 아니다. 노년기에 이루어지는 변화는 대부분 점진적으로 이루어지는 것인 만큼 노인 스스로 이 변화를 수용하고, 새로운 지위와 역할에 순응하려는 자세가 필요하다.

2. 노화의 주요 이론

1) 생물학적 노화이론

현재까지 제안되었던 생물학적 노화의 주요 이론을 요약하면 다음과 같다. 이렇게 많은 노화이론들이 존재한다는 것은 아직까지 노화의 원인이 밝혀지지 않았다는 사실을 말해주고 있는 것으로 노화의 원인을 찾기 위한 노력은 지속적으로 이루어지고 있다.

(1) 세포이론

① **마모이론** : 기계를 오래 사용하면 마모현상에 의해 노후되는 것처럼 세포와 조직이 닳아 없어짐으로써 신체기관에 노화가 발생한다는 이론이다.

② **노폐물 누적 이론** : 세포 속에 해로운 물질과 노폐물이 생성되고 축적되어 세포의 정상적 기능을 방해하여 노화가 진행된다는 이론이다.

③ **유해산소 이론** : 세포는 신진대사 과정에서 흡연, 감염, 지나친 운동 등의 외부자극에 대한 반응으로 활성산소를 생산하는데, 이 산소가 세포의 지방질이나 단백질을 파괴하고 세포기능을 저하시켜 노화가 진행된다는 이론이다.

④ **유전자 변이 이론** : 세포가 방사선 등의 원인에 의하여 상해를 입게 되면 변이세포가 생성되고 이러한 변이세포의 누적으로 노화가 진행된다는 이론이다.

(2) 유전이론

① **유전적 결정 이론** : 유전인자(DNA) 속에 노화의 속성이 미리 프로그램화되어 있다가 유기체가 일정 시간이 경과하게 되면 노화의 속성이 나타난다는 이론이다.

② **DNA 작용착오 이론** : DNA가 단백질이나 효소와 결합하여 생명유지에 필요한 단백질을 형성하는 과정에서 유전정보에 맞지 않는 단백질을 생산한다. 이런 유해 단백질이 체내에 축적되어 세포나 조직, 기관에 손상을 입힘으로써 노화가 일어난다는 이론이다.

③ **텔로메라제 이론** : 염색체 끝에 연결된 일련의 핵산으로 구성된 텔로미어가 세포분열과 함께 점점 짧아져 세포손상을 일으키게 되고 이로 인해 노화가 발생된다는 이론이다.

(3) 생리학적 이론

① **신진대사 이론** : 신진대사율이 노화과정을 지배한다는 것으로 느린 신진대사를 가진 사람은 오래 살 수 있으며, 반대로 빠른 신진대사를 가진 사람은 일찍 사망한다고 보는 이론이다.

② **칼로리 제한 이론** : 영양실조 또는 과다한 영양공급으로 인하여 노화가 진행된다는 이론이다.

③ **신경호르몬 이론** : 뇌의 시상하부의 신호에 의해 분비되는 호르몬 분비가 감소되거나 생화학적 조절기능이 약화되어 노화가 진행된다는 이론이다.

(4) 면역이론

① **면역반응 이론** : 백혈구가 이물질에 대한 식별능력이 저하되어 이물질을 모두 파괴하지 못하여 누적된 이물질에 의해 노화가 진행된다는 이론이다.

② **자동면역 이론** : 체내 면역체계가 항체를 만들 때 정상세포까지 파괴하는 자동면역항체를 만들고, 이것의 증가로 정상세포가 파괴되어 노화가 진행된다는 이론이다.

(5) 스트레스 이론

스트레스가 체내에 부정적인 병리현상을 유발하여 노화가 진행된다는 이론이다.

2) 심리적 노화의 주요 이론

(1) Erikson의 심리사회적 발달이론

에릭슨(Erikson)의 심리사회적 성격발달 이론으로 인간의 전 생애를 8단계로 나누고, 각 단계에 필요한 발달과업을 긍정적인 면과 부정적인 면으로 파악하였다. 예를 들면, 0~1세는 영아기로 신뢰감 대 불안감, 1~3세는 유아기로 자율성 대 수치감, 장년기는 생산성 대 침체감, 그리고 노년기의 발달단계를 '자아통합 대 절망'으로 파악하였다. 자아통합이란 과거와 현재의 인생을 바라던 대로 살았다고 받아들이고 만족스럽고 의미 있게 생각하며, 다가올 죽음을 수용하고 기다리는 태도이고, 절망은 과거 및 현재의 인생을 후회스럽게 생각하면서 다시 한번 기회가 주어진다면 다르게 살겠다고 생각하며, 죽음 앞에 남은 시간이 너무 짧아 어쩔 수 없기에 불안·초조해 하는 태도이다.

(2) Havighurst의 발달과업 이론

하비거스트(Havighurst, 1972)의 발달과업 이론으로 인간이 자신이 속한 사회에서 성공적으로 살아가기 위해 익혀야 하는 발달과업을 6단계의 인간발달 단계에 맞추어 각 단계별로 제시한다. 예를 들면, 아동기 발달과업은 일상생활에 필요한 신체활동 익히기, 자기 자신에 대한 건전한 태도 익히기, 양심·도덕·가치척도 배우기, 사회집단과 제도에 대한 태도 배우기 등이고, 청년의 발달과업은 남여의 성역할 차이 이해하기, 부모로부터의 정서적 독립하기, 직업 준비와 선택 등이고, 노년기의 발달과업은 첫째, 쇠퇴하는 기력과 건강에 대한 적응, 둘째, 퇴직과 소득감소에 대한 적응, 셋째, 배우자의 죽음에 대한 적응, 넷째, 동년배 집단과의 유대관계 강화, 다섯째, 사회적 역할을 융통성 있게 수행하고 적응, 여섯째, 생활에 적합한 생활환경의 조성이라고 하였다.

(3) Miller의 정체감 위기 이론

정체감 위기 이론(identity erasion)은 밀러(Miller, 1965)에 의하여 제창된 이론이다. 개인이 정체감을 유지하고 지지하는 기반으로 직업역할이 중요한데, 퇴직은 직업적 역할과 이에 부수적으로 연결되었던 다른 역할의 상실을 초래하므로, 노년기에는 자아지지의 기반이 무너지고 그동안 유지되던 정체성이 위기에 처하게 된다는 것이다.

(4) Atchley의 정체감 유지 이론

에칠리(Atchley)는 정체감은 여러 가지 원천에서 발생한다는 전제하에 직업적인 역할만이 정체감 유지(identity continuity)를 위한 활동이 아니므로 퇴직 후에도 여러 가지 역할을 통해 정체감을 유지할 수 있다고 주장한다. 사람은 노년기에 접어듦에 따라 물질적이고 현실적인 관점에서보다 초월적이고 인류적인 관점으로 변화하게 되며, 그 결과 자연스럽게 삶의 만족도가 증진한다고 하였다.

3) 사회적 노화 이론

(1) 현대화 이론(Modernization Theory of Aging)

카우길(Cowgill, 1986)은 사회문화적 배경에 따라 노인들의 사회적 지위와 역할이 다양하게 나타나고 있음을 거시적 · 구조적 상태에 초점을 맞추어 설명하고 있는데, 사회의 현대화 정도, 즉 보건의료 기술의 발전, 생산기술의 변화, 도시화, 교육의 대중화가 높으면 높을수록 노인의 지위가 낮아지고 그 결과 노인문제가 발생한다는 이론이다.

(2) 분리이론(Disengagement Theory)

커밍과 헨리(Cumming & Henri, 1961)는 노인이 자발적으로 사회에서서 분리됨으로써 사회는 유능한 젊은이들이 일할 수 있는 기회를 제공할 여지를 마련하게 되고, 노인은 편안히 쉬면서 자신의 내면을 돌볼 시간을 가지고 죽음을 준비할 수 있는 기회를 갖게 되는 것이 바람직하다. 이러한 분리는 정상적이고 피할 수 없는 것이라는 이론이다.

(3) 활동이론(Activity Theory)

하비거스트(Havighurst)와 그의 동료들은 노년기에는 신체적 · 환경적 제한이 따르고 중요한 역할의 상실을 경험하지만, 중 · 장년기처럼 지위에 따르는 다양한 활동에 적극적으로 참여함으로써 긍정적 자아개념을 유지하면 성공적으로 노화에 적응할 수 있다. 이 활동이론에 의하면, 활동에 많이 참여할수록 노인의 생활만족도가 높아지므로, 노령기에도 많은 사회적 관계의 활동에 참여하는 것이 필요하다는 이론이다.

(4) 교환이론(Exchange Theory)

호만스(G. Homans), 블라우(P. Blau)는 인간의 사회적 관계는 서로 간에 주고받는 교환관계로 유지된다는 것으로, 현대사회에서는 노인이 재산소유나 자식에 대한 통제권 약화, 지식의 낙후성, 가족 유대관계의 약화 등으로 인해 노인의 교환자원이 점차 약화되고, 노인의 가치가 저하됨에 따라 교환관계에서 열등한 지위에 처하게 되고 상호작용에서 소외된다고 한다. 결국 성공적인 노후를 위해서는 교환가치의 확보와 유지가 중요한 과제이다. 노인 스스로 교환자원의 확보를 위해 노력해야 하고 사회도 제도를 통해 노인에게 교환자원을 확보하도록 도와주어야 한다는 이론이다.

(5) 연령계층 이론(Age Stratification Theory)

릴리와 포너(Riley & Forner, 1968)는 사회가 여러 연령층으로 구성되고 서열화되어 있는데, 연령계층에 속해 있는 사람은 사회적 역할수행능력이나 의지가 서로 다르며, 노인 연령집단 역시 다른 연령집단과 여러 가지 면에서 구별된다. 따라서 노인은 다른 집단과 구별되는 자신들의 연령집단에서 자신에게 알맞은 지위와 역할을 찾아야 하며, 그러한 기회를 확보하기 위해 관심을 기울여야 한다는 이론이다.

(6) 사회적 와해 이론(Social Breakdown Theory)

쿼퍼스(Kuypers)와 벵슨(Bengtson, 1973)은 인간행동이 환경의 힘에 의해 획득, 유지, 수정된다는 행동주의 심리학에 근거하여 노화를 고립된 현상으로 보기보다는 노인이 살아온 사회상황과 밀접한 관계가 있는 것으로 본다. 심리적으로 문제가 있는 노인에 대한 사회의 부정적 인식은 노인에게 무능한 인간이라는 낙인을 찍음으로써 노인 스스로가 부정적인 인식을 갖게 된다. 이러한 것이 순환적 틀이 되어 노인을 그 속에 가둠으로써 사회적 관계와 활동을 더욱 어렵게 만든다는 이론이다.

이 밖에도 노인은 노인끼리의 하위문화를 만든다는 하위문화 이론, 자본주의의 구조상 정치경제적으로 노인이 차별을 받게 된다는 정치경제 이론, 선진국과 개발도상국의 국제적·경제적 불평등으로 제3세계의 노인들의 빈곤 문제가 발생한다는 세계체제 이론 등이 있다.

3. 노인의 성격유형과 적응유형

1) 성격유형

성격은 그 사람의 사람됨을 가장 적절히 나타내는 것으로 개인적인 측면에서는 다른 사람과 구별이 되는 독특하고 일관성 있는 감정이나 사고, 행동양식이라 할 수 있다.

리차드(Reichard), 리비손(Livison), 피터(Peter)는 노인의 성격유형을 다음과 같이 분류하였다.

① **성숙형** : 자신의 현실 그대로를 수용하고 매사에 신중하며 은퇴 후의 변화를 수용하고 과거에 집착하지도 않으며 여생이나 죽음에 대해 과도한 불만이 없다.

② **은둔형** : 수동적인 성향으로 은퇴 후 과거에 힘든 일이나 복잡한 대인관계에서 벗어나 조용히 수동적으로 보내는 것에 만족하는 유형이다.

③ **무장형** : 노화에 따른 불안을 방지하기 위하여 사회적 활동 및 기능을 계속 유지하는 형태로 높은 자제력과 수양능력을 지니고 있다.

④ **분노형** : 실패의 요인을 환경으로 돌림. 노화현상에 쉽게 적응하지 못하고 젊은 시절 인생목표를 달성하지 못하고 늙어 버린 것에 비통해하며, 실패원인을 외부에 투사하여 남을 질책하고, 자신의 늙음에 타협하지 않으려는 유형이다.

⑤ **자학형** : 실패요인을 자신에게 돌림. 지난 인생에 대한 후회가 많고, 불행이나 실패의 원인이 자신에게 있다고 여겨 자신이 무가치하고 열등하다고 생각하여 의기소침하거나 우울증을 보이는 유형이다.

2) Shaman이 제시한 노인의 성격유형

① **적극적 통합형** : 긍정적인 자기 이미지를 지니며 건강함과 안정감이 있다.
② **의존적 수동형** : 자신감 없고 의존적이며 보수적 사고와 행동에 있어서 신중하며 가족과 함께 하기를 바라는 사람이다.
③ **실패과장형** : 성취에 대한 불만족으로 심리적으로 불안하고 우울해 하는 유형이다.
④ **자기부정형** : 소극적이며 복종적이고 자기 자신의 주장을 대신해 사회규범을 잘 지키려는 형이다.

3) Neugarten 등이 제시한 노인의 성격적응 유형

① **재구성형** : 은퇴 후 자신의 생활을 재구성하고 일상생활에 대한 적응력이 좋고 생활의 만족도가 높다.
② **초점형** : 활동적이며 생활에 잘 적응하나 한두 분야에만 활동을 집중시키는 경향이 있다.
③ **유리형** : 건강과 적응수준이 높으나 참여도가 적다.
④ **계속형** : 왕성한 활동의 기본 동기가 노화방지에 있으며 중년층의 행동을 유지하고 싶어한다.
⑤ **위축형** : 사회적 접촉 없이 폐쇄적인 생활을 유지한다.
⑥ **구원요청형** : 가족과 친지에게 심리적으로 의존하며 보통 정도의 생활만족도를 지닌다.
⑦ **무감각형** : 무기력하고 무감각형으로 극도의 무동적인 유형이다.
⑧ **조직와해형** : 심리적 기능과 판단능력이 결핍하고 생활만족도가 매우 낮다.

4. 성격적응에 영향을 미치는 요인

노년기의 성격 적응과 변화는 다양한 요인들에 의하여 영향을 받게 된다. 나이가 들어가는 과정에서 성격은 이기적이거나 부정적인 특성을 보이기도 하지만 개인적 가치관이나 사회적 지지망 같은 인구사회학적 특성요인에 따라 달라지는 것은 그 예라 하겠다.

1) 사회인구학적인 요인

① 연령 : 나이가 많아짐에 따라 만족도 낮아지며 사회활동에 영향을 미치는 간접적인 관계를 지닌다.

② 배우자의 유무 : 노인 생활만족도의 중요한 변인으로 배우자가 있을 때 만족도가 높게 작용한다.

③ 종교 : 죽음에 대한 불안감을 극복하고 위안감을 갖게 하며 기대와 실제 생활과의 불일치에서 오는 갈등을 극복하는 역할을 한다.

④ 교육수준 : 전문직 종사자는 적응도가 높으며 육체적 노동에 종사한 사람들은 적응도가 낮은 것이 보통이다.

⑤ 건강수준 : 노년기의 문제 중 노인의 건강상태는 중요한 영향요인이다.

⑥ 경제적 상황 : 경제적 상황이 좋을수록 만족도가 높아진다.

⑦ 자녀와 동거형태 : 일반적으로 자녀와 동거할 때 만족도가 높아진다.

2) 심리적 요인

① 가치관 : 가치는 개인의 경험을 통해서 형성되는 것이며 그가 속한 사회맥락에서 이루어진다.

② 자아개념 : 개인이 행동해야 할 방향을 결정하는 개념으로 가치관 및 목적 그리고 이상 등이 역동적으로 결합된 조직체이다. 노인들이 그들 자신에 대해 어떤 생각을 가지고 있느냐에 따라 사회생활이 달라질 수 있다.

③ 태도 : 인지적이며 정의적이고 행동적 요소를 지닌 지속적인 심리적 체제이다.

제2절 성공적 노화

1. 성공적 노화의 개념

성공적 노화에 대하여 과거에는 노인의 삶의 질을 향상시키는 문제와 관련하여 정의하였다.

칼리시(Kalish, 1975)는 노인집단에게 사회적으로 바람직하다고 생각되는 것, 중년기의 활동을 유지할 수 있는 방법, 자신의 현재 지위와 활동에 대한 만족감, 그리고 자신의 인생에 대한 행복감과 만족을 성공적인 노화의 개념으로, 또한 하비거스트(Havighurst, 1977)는 성공적인 노화를 노화과정에 있어서 노인들 스스로가 자신과 사회에 대해 성공적인 적응을 해나가는 것으로 정의하고 있다. 이러한 적응문제는 개인의 성격, 사회적 환경, 신체적 건강상태가 조화를 이루어야 하는데, 그는 신체적으로 건강한 상황 아래서 성격이 끈기 있고 유연하며, 사회적 환경이 노인에게 긍정적이면 성공적인 노화를 이룰 수 있다고 하였다. 그러나 현대 노년학에서 성공적인 노화(successful aging)라는 개념은 노화에 관한 부정적 시각에서 벗어나 노인의 다양성을 수용하려는 것인데, 이것은 노년을 긍정적 의미를 지니는 단어들(successful, good, well)과 연결시키는 것에서부터 시작하여 성공적인 노화의 개념으로 집약될 수 있다.

2. 성공적 노화 모델

성공적인 노후를 질병 없이 기능을 유지하면서 가족지지 체계 내에서 사회적·심리적으로 적응하여 자신의 삶을 만족스럽고 행복하다고 느끼면서 능동적이고 적극적으로 노후생활을 보내는 삶, 질병을 피해가는 건강한 삶, 사회활동에 적극적으로 참여하는 삶이 성공적인 노년의 삶이다. 성공적 노화의 개념을 설명할 수 있는 성공적 노화 모델들을 살펴보면 다음과 같이 설명할 수 있다.

1) Rowe & Kahn의 성공적 노화 모델

성공적 노화의 개념을 가장 완벽하게 나타내는 모델로서 성공적 노화에 대한 체계적인 관심을 갖은 로우와 칸(Rowe & Kahn, 1987)은 특별한 질환과 기능장애는 없지만 연령증가와 함께 나타나는 변화들로 질병에 걸릴 위험요소를 갖거나 사회적 관계 축소에 따른 고독과 활기차지 못한 과정을 보내는 노년과정을 '보편적인 노화(usual aging)'로 정의하였다. 또한 노화의 자연스러운 과정으로 여겨오던 일반적인 노화를 개인의 노력과 환경의 적절한 통제를 통하여 이를 극복하거나 지연시키는 것이 가능하다는 '성공적 노화(successful aging)'의 구분을 제안하여 성공적 노화를 개념화하였다.

미국의 70~79세 노인을 대상으로 건강, 사회관계망의 특징, 신체적 · 인지적 기능, 심리적 기능, 생산적 활동의 다섯 가지 영역을 7년간 종단적으로 측정하여 이들 간의 관련성을 분석한 연구결과를 토대로 질병과 장애를 피하고, 높은 수준의 인지적 · 신체적 기능 유지, 대인관계 유지 및 생산적 활동을 통하여 삶에 대한 적극적 참여를 유지하는 것을 성공적 노화로 구성하여 제시하였다.

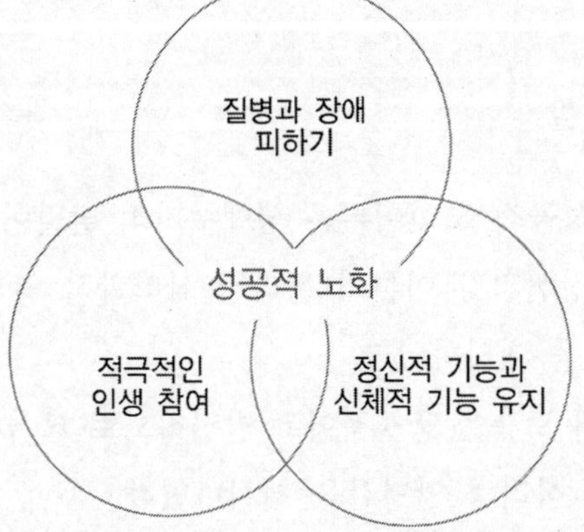

그림 2-1 Rowe & Kahn(1987)의 성공적 노화 모델 재구성

이 세 가지 요소들은 위계적 관계를 가지고 다양한 측면들이 결합되어 있으며 다음과 같이 설명하고 있다.

첫째, 성공적 노화에서 질병을 피해가는 것은 단순히 질병이 없는 상태가 아니라 질병과 장애의 위험요소가 없음을 의미하여 질병에 대한 예방을 강조한다. 노인의 질병은 만성적이기 때문에 예방이 매우 중요하며 이를 위한 주기적인 모니터링, 다이어트, 운동 등을 제안하였다.

둘째, 높은 수준의 기능유지를 위한 신체적·정신적 능력의 요구이다. 이러한 능력은 활동의 잠재능력으로 노인의 독립적인 생활을 위한 필수적인 것이다. 노인들 또한 독립적인 생활을 소원하며 가장 기본적인 일상생활을 해결하기 위해 다른 사람에게 의존을 원하지 않는다. 이러한 노인의 욕구반영은 독립적인 생활을 위한 신체적·정신적 기능유지에 매우 중요하다.

셋째, 노인 자신들이 더 많은 활동을 할 수 있음에도 불구하고 적은 활동을 한다고 지적하면서 성공적 노화는 노인이 할 수 있다는 가능성을 극대화하여 활동하는 것을 중요하다고 하였다. 이것은 적극적인 인생참여 및 타인과의 관계 및 생산적 활동으로 구성되며, 노년 삶의 의미 제공과 축소된 인간관계에 적응하기보다 적극적으로 사회적 관계를 형성하여 대인관계를 지속적으로 유지하여 복지감 부여 및 규칙적인 활동에 따른 삶의 활력과 의미를 가져다주어 노년의 삶을 편안하고 행복하게 한다고 제시하였다.

2) Ryff의 통합모델

리프(Ryff, 1989)의 성공적 노화이론은 생애주기적 발달이론, 개인 성장의 임상적 이론, 긍정적 정신건강 이론의 분리된 심리학적 영역을 결합하여 새로운 차원의 통합모델을 제시하였다.

통합모델은 노년기 모습을 긍정적이고 발전적으로 묘사하였으며 다양한 방법으로 변화 가능한 심리적 안녕감을 제시하였다.

성공적 노화의 요인으로 자기에 대한 긍정적인 태도를 지니며 자신의 다양한 측면을 인정하는 등의 6개의 성공적 노화 차원을 다음과 같이 설명하였다.

첫째, 자기에 대한 긍정적인 태도를 지니고 자신의 다양한 측면을 인정하는 자기수용(self-acceptance)을 성공적 노화라 하였다.

둘째, 타인과 신뢰할 만한 대인관계를 가지며 타인과 정서, 친밀감을 주고받으며 타인과 긍정적인 관계(positive relations with others)를 형성하는 것을 성공적 노화라 하였다.

셋째, 사회적 지배규범으로부터 자유로워지고 자기결정적이며 독립적인 자율성(autonomy)을 형성하는 것을 성공적 노화라 하였다. 이는 특정한 방법으로 사고하고 행동하게 하는 사회적 규범으로부터 자유로워지고 자신의 내부로부터 행동을 규제할 수 있다고 하였다.

넷째, 환경에 대한 일련의 활동통제와 효율적인 이용을 할 수 있는 환경에의 숙달로서 환경의 지배(environment mastery)를 형성하는 것을 성공적 노화라 하였다.

다섯째, 과거와 현재의 삶에 의미가 있다고 느끼며 방향감을 갖는 인생의 목표(purpose in life)를 제시하여 형성하는 것을 성공적 노화라 하였다.

여섯째, 자아가 계속 발달한다는 개인 성장(personal growth)으로 자아는 성장하고 확장하는 것으로 새로운 경험에 대하여 개방적인 태도를 형성하는 것을 성공적 노화라 하였다.

리프(Ryff)는 이러한 성공적 노화의 방법을 자세하게 제시하여 심리적 안녕감 척도를 개발하였고 이 척도는 성공적 노화를 측정하는 지표로 널리 사용되고 있으며, 리프(Ryff)의 모델은 노화의 심리적인 측면을 강조하는 모델로 설명할 수 있다.

3) 보상을 수반한 선택적 적정화 이론(SOC 이론)

발테스와 발테스(Baltes & Baltes, 1990)는 노년기의 노화에 따른 상실에도 불구하고 주어진 능력에 적합한 활동을 선택하고 보유한 기술을 최적화하여 상실한 것을 보완함으로써 성공적 노화에 이를 수 있다고 보는 SOC(Selective Optimization with Compensation) 이론을 제시하였다.

SOC 이론은 개인별 다양성과 개인의 내적인 유연성을 핵심 개념으로 제시하였으며, 이러한 개념을 기반으로 인간의 발달에 대한 낙관주의의 가능성을 생각하게 되었다. 또한 전 생애 발달심리학의 관점에서 성공적 노화를 개인과 환경의 상호작용으로 보는 성공적 노화의 객관적 측면과 주관적 측면 모두를 고려하고, 개인과 문화적인 차이를 인정할 수 있는 심리적인 모델로 SOC 모델을 개발하였다. 성공적 노화의 획득을 최대화하고 상실을 최소화하는 개인과 환경 간의 지속적인 상호작용으로 성공적 노화를 비롯한 인간의 전 생애발달이 선택, 적정화, 보상의 세 가지 요인과 연관된 일종의 적응과정으로서 노인들은 노화에 따라 신체, 인지, 정서 등의 상실을 겪으면서 주어진 능력에 적합한 활동을 선택(selection)하고 보유한 기술을 적정화(optimization)하여 상실한 것을 보상(compensation)함으로써 성공적 노화에 이를 수 있다는 전략을 제시하였다.

따라서 SOC 모델은 세 개의 상호작용 요소와 과정이 존재하고 있으며 다음과 같이 설명할 수 있다.

첫째, 선택(selection)은 노화에 따라 자원과 잠재능력의 상실이 많아지므로, 개인과 사회는 우선순위가 높고 환경적 요구와 개인적 동기, 기술, 생물학적 잠재능력에 의해 특정 영역에 선택적으로 집중하는 것이 과업이며, 그 외의 다른 영역은 무시하는 책략이다. 이러한 선택의 과정을 통해 개인은 자기통제, 만족감, 주관적 경험을 획득할 수 있다.

둘째, 적정화(optimization)는 개인의 일반적인 잠재능력을 활성화시키고 자신의 효율성을 높이기 위해 선택한 영역의 수행을 최대화시키는 행동이다. 이때 적정화의 목표는 개인 기능의 발휘가 아닌 목표에 도달하기 위한 수단이나 책략을 강화시키거나 유지하는 데 목표를 두는 것을 의미한다.

셋째, 보상(compensation)은 어떠한 기능이 요구되는 상황에서 그 능력이 수준 이하로 손실되거나 상실되었을 때 정신적 측면과 기술적 측면에서 작용하는 기제이다. 이는 연령증가에 따른 노년기의 신체적·인지적·사회적 영역 등에서 잠재능력이 쇠퇴하거나 감소를 경험하더라도 선택적 최적화 방안을 사용하여 효율적인 삶을 유지하기 위한 성공적 노화 수행으로 설명할 수 있다. 즉, 성공적 노화는 자신의 현재 상황을 최적화해서 효율을 높이는 것으로 저절로 이루어지는 것이 아니라 개인의 노력에 의해 얻어지는 것으로 개인 스스로가 만족감을 느낄 때 가능하다고 하였다.

4) Erikson의 심리 · 사회적 성격발달 이론

에릭슨(Erikson, 1963)은 프로이트(Freud)의 심리−성적(psycho-sexual)인 성격발달 이론을 수정하고 확대하여 심리 · 사회적 성격발달 이론으로 확장시켰다.

에릭슨(Erikson)에 의하면, 성격의 발달은 개인의 심리 내적 요인이 대인관계의 사회적 접촉을 가짐에 따라 단계적으로 발전된다는 것으로 이러한 성격의 발달은 영아기부터 노년기까지 8단계로 구분되고 각 단계마다 발전시켜야 되는 과업이 있다고 주장하였다.

긍정적인 성격형성과 긍정적인 특성을 발전시키지 못하게 될 때 형성되는 부정적인 성격 특성이 있게 되는데, 이것을 단계별로 신뢰 대 불신, 자율성 대 수치, 주도성 대 죄책감, 근면 대 열등감, 정체성 대 역할혼미, 친밀감 대 고립, 생산성 대 침체, 자아통합 대 절망이라고 하였다. 각 단계에서 다음 단계로의 발달은 현 단계까지의 축적된 발달에 의존하기 때문에 현 단계에서의 발달과업을 발전시키지 못하면 부정적인 성격 특성을 나타내게 되며, 이렇게 해결되지 못한 문제들은 다음 단계의 발달과업 내에서 다시 발전시키게 된다.

에릭슨(Erikson)의 8단계 발달단계 중 마지막 두 단계인 생산성 대 침체와 자아통합 대 절망은 장년기와 노년기에 발전시켜야 하는 과업이다. 장년기 직전의 단계에서 친밀감이 확립되면 생산성 대 침체 단계에서 인간의 관심은 두 사람만의 친밀감을 넘어서 그 밖의 사람으로 확대되기 시작한다. 즉, 생산성으로의 성격형성을 이루게 된다. 그러나 어떠한 이유로 인하여 생산성이 제대로 발휘되지 못하게 되면 침체가 형성되는 것이다.

이 경우에는 타인들에 대한 관심보다는 자신의 욕구에 더 비중을 두는 경향을 보이며 남에 대한 관대함이 결여된다. 마지막 단계인 자아통합(ego integrity) 대 절망(despair)은 노년기에 속한 단계로서 인간의 모든 갈등이 조화롭게 통일되며 성숙한 경지에 도달하는 시기이다. 이 단계에서 발달시켜야 할 긍정적인 성격 특성은 자아통합이며, 긍정적인 자아통합이 발달되지 못하면 절망의 태도가 형성되게 된다.

자아통합이란 자신의 지나온 인생에 대해 그런대로 만족하고 최선을 다해 노력해 온 의미 있는 일생이었다는 느낌을 가지며, 그동안 달성하지 못한 일보다 이룩한 일과 행운에 감사하며, 앞으로 다가올 죽음을 인정하고 기다리는 태도를 가지는 것을 말한다.

절망은 자신의 과거 및 현재의 인생을 후회하고 불만스럽게 생각하고, 다시 한번 기회가 주어진다면 지금과는 다르게 살겠다는 생각을 갖게 한다. 뿐만 아니라 죽음 앞에 남은 시간이 너무 짧아 어떻게 할 수 없기 때문에 불안・초조해 하며, 절망적인 태도를 갖게 되는 것을 말한다. 즉, 자아통합의 결여는 죽음에 대한 공포로 나타난다.

이와 같은 에릭슨(Erikson)의 주장을 종합하면, 성공적인 노화란 지나온 인생과 화해를 이루며 자신에게 닥친 죽음을 수용하는 자아통합을 이룬 상태 혹은 지혜에 도달한 상태를 말하며, 이러한 자아통합 혹은 지혜는 지속적으로 성장, 발달한다는 개념을 보여주고 있다. 이것이 그가 제안하는 성공적인 노화의 모습인 것이다.

Chapter 03

고령사회와 노인문제

제1절 고령사회의 도래

인간은 태어나서 노인이 된다는 것은 어느 누구도 피할 수 없는 생명현상이며, 시간이 흐름에 따라 나이를 먹게 되고 자연히 노년을 맞이하게 된다. 이러한 자연스러운 현상과 함께 최근의 우리 사회는 도시화, 산업화 등으로 인한 사회구조의 변화를 경험하게 되었다. 산업화로 인한 경제성장과 의학기술의 발달에 따른 생활수준의 향상은 인간의 건강상태를 증진시키고 평균수명이 연장됨으로 인하여 한국사회는 "고령화 사회"를 지나 "고령사회"로 급속하게 변화하고 있다.

우리 사회의 인구변화 특징은 저출산과 함께 급속한 노인인구의 증가를 들 수 있는데, 우리나라 총인구에서 65세 이상의 노인이 차지하는 비율이 2000년에 이미 7% 이상으로 고령화 사회에 진입하였으며, 2017년에는 14% 이상으로 고령사회에, 2026년에는 20% 이상으로 초고령 사회에 도달할 것으로 전망하고 있다(통계청, 2014).

65세 이상의 노인인구가 10%를 상회하여 20%의 고령사회로 이르고 있는 선진 외국들은 그에 따른 여러 가지의 고령화 문제를 안고 있는 가운데, 최근 우리나라도 사회구조의 급진적인 변화로 인해 여러 측면에서 서구사회에서 볼 수 있는 고령화 문제가 제기되고 있으며, 그에 따른 다양한 노인문제들을 안고 있다.

고령화 문제는 경제 · 사회 · 복지 · 문화적 측면에서 예기치 못한 지각변동을 초래하기 때문에 사전적 대비가 없는 상태에서는 오히려 일종의 재난발생

가능성과 유사한 측면이 있다. 영국 언론인 출신 폴 윌리스(Paul Willis)는 고령화가 사회에 주는 엄청난 충격을 지진과 같은 재앙에 비유하여 '고령화지진(age quake)'이라고 하였다.

이러한 측면에서 향후 우리 사회에서 제기될 수 있는 가장 중요한 이슈가 저출산과 노인인구의 절대 숫자와 상대적 비율이 증가하는 고령사회의 문제를 들 수 있다.

전체 인구 중 65세 이상 노인이 차지하는 인구 비율[UN(2001). An Aging World 재구성]	
고령화 사회(aging society)	65세 이상 인구 비율이 7% 이상 ~ 14% 미만
고령사회(aged society)	65세 이상 인구 비율이 14% 이상 ~ 20% 미만
초고령 사회(super-aged society)	65세 이상 인구 비율이 20% 이상

그림 3-1 **전체 인구 중 65세 이상 노인이 차지하는 인구 비율**

출처 : 보건복지부(2014). 노인보건복지사업 안내.

1. 평균수명의 연장과 노인인구의 증가

전 세계적으로 나타나는 인구구조 변화의 가장 큰 특징은 노인인구의 절대 숫자와 상대적 비율이 증가한다는 점이다. 우리나라도 평균수명이 연장되고 있으며, 1970년도에 평균 61.9세에서 1990년에는 71.3세로 2010년에 80.8세로 40년 동안에 약 20세 가량 증가하면서 노인인구도 급속히 증가하고 있다.

〈표 3-1〉 **기대수명 추이**

	1970	1980	1990	2001	2010	2012
전 체	61.9	65.7	71.3	76.5	80.8	81.44
남성(A)	58.7	61.8	67.3	72.8	77.2	77.95
여성(B)	65.6	70.0	75.5	80.0	84.1	84.64

출처 : 통계청(2012). 2012년 생명표.

한편 2012년 시점에서 특정 연령까지 생존한 사람이 앞으로 더 생존할 것으로 예상되는 기대여명은 연령별로 다음과 같다.

〈표 3-2〉 성 · 연령별 기대여명

연 령	2010년			2012년		
	전 체	남 자	여 자	전 체	남 자	여 자
0세	80.8	77.2	84.1	81.4	77.9	84.6
20세	61.3	57.8	64.5	61.9	58.4	65.1
40세	42.0	38.6	45.0	42.5	39.2	45.5
60세	23.9	21.1	26.2	24.3	21.5	26.6
80세	9.1	7.6	9.8	9.2	7.7	9.9

출처 : 통계청(2012). 2012년 생명표.

평균수명, 기대여명, 기대수명이란	
평균수명(life span)	0세의 출생자가 향후 생존할 것으로 기대되는 평균 생존연수로서 '0세의 기대여명'을 말한다.
기대여명(remaining lifetime)	어느 연령에 도달한 사람이 그 이후 몇 년 동안이나 생존할 수 있는가를 계산한 평균 생존연수를 말한다.
기대수명(life expectancy)	출생 시의 기대여명을 말한다.

그림 3-2 평균수명과 기대여명, 기대수명 용어정리

출처 : 보건복지부(2013). 노인보건복지사업 안내.

2010년 우리나라의 기대수명은 80.8세로 OECD 회원국의 기대수명 79.8세 보다 1.0세 높은 것으로 나타났고, OECD 회원국 중에서 일본과 스위스의 기대수명은 83세와 82.6세로 우리나라보다 높게 나타났으며, 터키 74.3세, 헝가리 73.4세, 멕시코 75.5세로 우리보다 낮은 기대수명을 보여주고 있다.

〈표 3-3〉 OECD 가입국 기대수명

일 본	스위스	독 일	미 국	터 키	한 국	OECD 평균
83.0	82.6	80.5	78.7	74.3	80.8	79.8

출처 : 통계청(2011). 2011년 생명표.

인간의 평균수명이 연장됨에 따라 노인인구는 급격하게 증가하고 있다. 1970년도에 65세 이상의 노인인구는 99만 명(전체 인구의 3.1%), 1990년에 219만 명(전체 인구의 5.1%), 2000년에 339만 명(전체 인구의 7.2%)으로 우리나라는 고령화 사회에 진입하였다. 2017년에는 707만 명(전체 인구의 14.3%)이 넘어 고령사회에 진입하게 될 것이며, 2025년에는 노인인구가 1,021만 명이 넘는(전체 인구의 20.8%) 초고령 사회가 될 전망이다.

〈표 3-4〉 **연령별 인구구성도** (단위 : 만 명, %)

		1970	1980	1990	2000	2010	2020	2030	2040
인구수	0~14세	1,370	1,295	1,097	991	797	678	657	571
	15~64세	1,754	2,371	2,701	3,370	3,598	3,656	3,289	2,887
	65세 이상	99	145	219	339	545	808	1,269	1,650
구성비	0~14세	42.5	34	25.6	21.1	16.1	13.2	12.6	11.2
	15~64세	54.4	62.2	69.3	71.7	72.8	71.1	63.1	56.5
	65세 이상	3.1	3.8	5.1	7.2	11	15.7	24.3	32.3
	계	100	100	100	100	100	100	100	100

출처 : 통계청(2011). 장래인구추계 재구성.

우리나라의 고령화 속도는 세계적으로 가장 빨리 진행되고 있는데, 우리나라의 고령화는 미국, 프랑스 등 기타 선진국에 비해 훨씬 빠른 속도로 진행되어 고령인구 비율이 7%(고령화 사회)에서 14%(고령사회)로 진입하는데, 독일, 미국, 프랑스, 스웨덴이 40년 이상의 시간이 소요되었지만, 우리나라는 일본의 24년보다 빠른 17년이 소요될 것으로 예측되고 있다. 또한 고령인구 비율이 14%(고령사회)에서 20%(초고령 사회)로 도달하는 데 걸리는 시간은 고작 8년에 불과하므로, 현재 당면한 노인문제 해결은 물론 고령사회에 대비한 장기적이고 종합적이며 구체적인 노인복지정책 방안이 시급히 요구되고 있다.

〈표 3-5〉 주요 국가별 인구고령화 진전 현황 비교

국 가	도달연도			증가 소요연수	
	고령화(7%)	고령(14%)	초고령(20%)	7% → 14%	14% → 20%
한 국	2000	2017	2025	17	8
일 본	1970	1994	2006	24	12
프랑스	1864	1979	2018	115	39
이태리	1927	1988	2006	61	18
미 국	1942	2015	2036	73	21
스웨덴	1887	1972	2014	85	42

출처 : 통계청(2013). 장래인구추계.

OECD 국가의 평균 고령화율은 14.8%(2010년 기준)인 데 비해, 2011년 우리나라의 고령화율은 11.8%로 멕시코 5.9%, 터키 6.3% 등에 이어 낮은 수준이다.

그러나 2050년이 되면 우리나라의 고령화율은 38.2%에 도달하여 일본 39.6% 다음으로 고령화율이 높게 될 것이며, OECD 평균 25.8%를 상회할 것으로 예상된다.

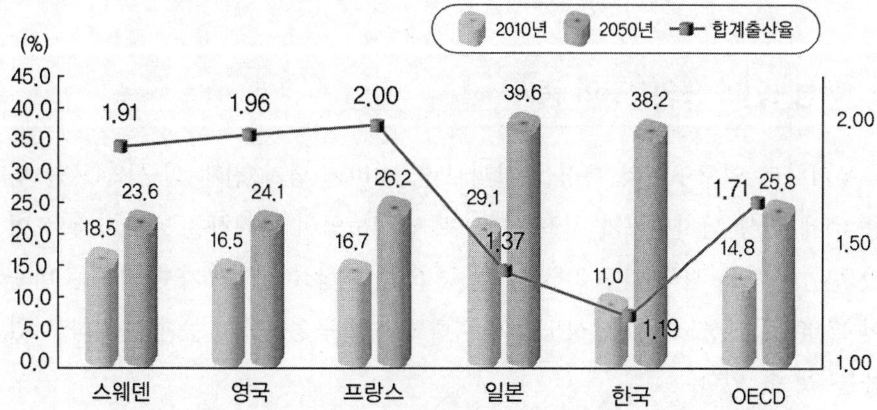

그림 3-3 노인인구 비율 및 합계출산율 국제비교(2010, 2050)

출처 : 2011년 보건복지백서.

평균수명의 연장과 사회환경의 변화로 인한 노인인구의 증가원인을 살펴보면 다음과 같다.

첫째, 경제적 향상으로 인한 의식주의 향상이다.

둘째, 의학의 발달과 의료기술의 보급으로 인한 유아사망률 감소와 질병치료의 개선으로 사망률이 감소되었다.

셋째, 보건위생환경의 개선에 따른 질병예방사업과 방역활동 때문이다.

넷째, 교육수준의 향상으로 스스로 건강을 지키려는 운동과 식사조절 등의 영향이다.

다섯째, 공적 서비스의 확장으로 요보호대상자의 선별적 관리 등의 결과이다.

한편 노인인구의 수적인 증가는 사회에 대한 노인의 영향력 증대를 의미한다. 즉, 경제적 빈곤이나 질병과 건강문제 그리고 역할상실에 따른 고독과 소외 등의 문제로 인하여 의존이나 보호를 희망하는 인구층의 증가라는 사실과 함께 노인인구의 수적 증가는 건강한 노인의 증가도 의미하지만, 한편으로는 질병노인의 상대적 증가를 의미하는 양면성을 가지고 있다.

2. 여성노인과 노인가구의 증가

우리나라 인구구조의 특징을 살펴보면, 2010년 남자 전체 인구 2,454만 명 중 65세 이상 남자인구가 219만 명으로 남성노인이 차지하는 비율이 8.9%이었으나, 여자는 전체 인구 2,433만 명 중 65세 이상 여성인구가 차지하는 비율이 13.0%로 여성노인이 남성노인에 비하여 성별구성비에서 높게 차지하고 있음을 알 수 있다.

〈표 3-6〉 **성별 65세 이상 인구** (단위 : 천 명, %, 명/ 여자 100명)

	1980	1990	2000	2010	2020	2030
남자 전체	19,236	21,568	23,667	24,540	24,680	24,190
65세 이상 (구성비)	545 (2.8)	822 (3.8)	1,300 (5.5)	2,190 (8.9)	3,303 (13.4)	5,218 (21.6)
여자 전체	18,888	21,301	23,341	24,334	24,646	24,444
65세 이상 (구성비)	911 (4.8)	1,373 (6.4)	2,095 (9.0)	3,167 (13.0)	4,398 (17.8)	6,593 (27.0)
성 비	59.7	59.8	62.0	69.2	75.1	79.1

출처 : 통계청(2010). 장래인구추계.

최근 여성가족부에서 실시한 '여성의 삶' 조사결과에서는 2015년 연령대별 여성인구는 '60세 이상'이 전체의 20.8%로 가장 높게 나타나고 있으며, 다음은 40대(16.5%), 50대(16.0%) 순으로 나타나고 있다. 즉, '60세 이상' 여성인구는 1990년 9.6%에서 2015년 20.8%로 증가하여 고령여성이 급격히 증가하고 있음을 의미하고 있다.

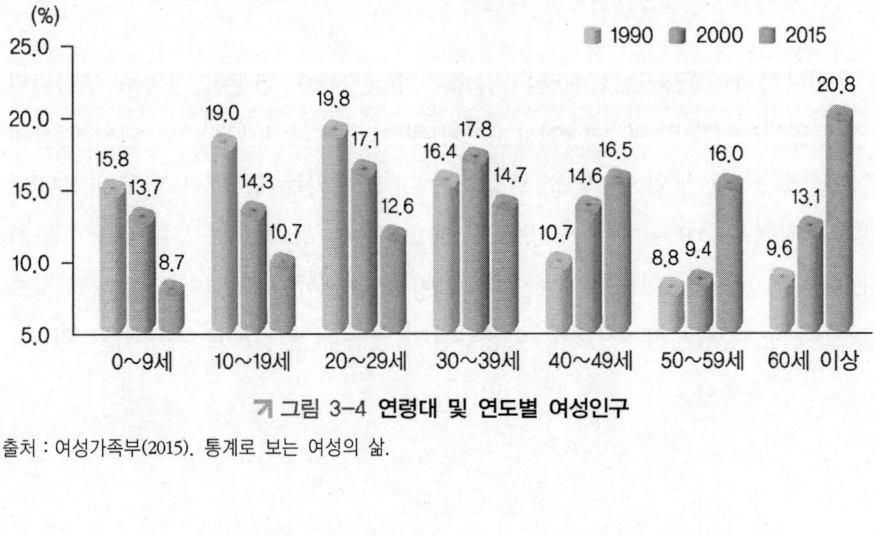

그림 3-4 **연령대 및 연도별 여성인구**

출처 : 여성가족부(2015). 통계로 보는 여성의 삶.

65세 이상 노인의 증가는 곧 노인가구의 증가로 이어지고 있다. 65세 이상의 노인이 가구주인 노인가구의 비중은 2010년 17.4%에서 점점 늘어나 2030년에는 열 가구 중 세 가구가 노인가구일 것으로 전망되며, 65세 이상 노인이 홀로 사는 독거노인가구의 경우에도 2010년에는 총가구 구성비의 6.0%를 차지하였지만, 2030년에는 열 가구 중 한 가구(11.8%)가 홀로 사는 고령자 가구일 것으로 예측되어 이에 대한 준비가 필요한 것이다.

〈표 3-7〉 **노인가구 추이**

(단위 : 가구, %)

	총가구	노인가구	(구성비)	독거노인가구	(구성비)
2000	14,507,010	1,733,525	11.9	543,522	3.7
2010	17,152,277	2,982,240	17.4	1,021,008	6.0
2020	19,011,815	4,231,578	22.3	1,512,082	8.0
2030	19,871,144	6,410,665	32.3	2,338,354	11.8

출처 : 통계청(2010). 장래가구추계.

3. 노년부양비와 노령화 지수의 증가

우리나라의 고령화는 출산율의 감소와 평균수명이 연장된 결과로 우리나라 노년부양비는 1990년의 7.4%에서 2003년의 11.6%, 그리고 2013년에는 16.7%로 증가하였다. 즉, 노인 한 명을 부양하는 데 소요되는 생산가능인구가 1990년에 13.5명에서 2003년에는 8.9명으로, 2013년에는 6.1명으로 부양비율이 증가하고 있는 것이다. 이러한 저출산과 고령화 현상이 지속적으로 증가할 것으로 보아 향후 경제적·사회적 비용부담이 급증해질 것으로 예상되고 있다.

〈표 3-8〉 **노년부양비 및 노령화 지수** (단위 : 백 명당)

	1990	2003	2013	2017	2020	2030	2040
노년부양비	7.4	11.6	16.7	19.2	22.1	38.6	57.2
노령화 지수	20.0	41.3	83.3	104.1	119.1	193.0	288.6
노인 한 명당 생산가능인구(명)	13.5	8.9	6.1	5.3	4.6	2.7	1.8

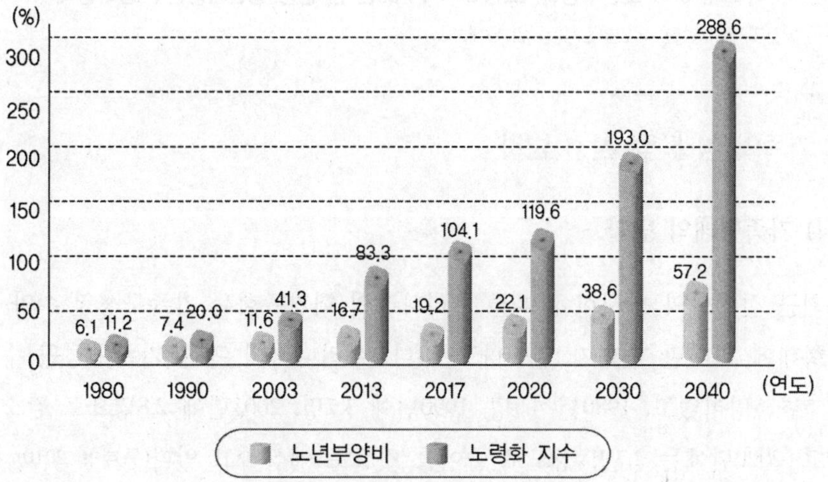

그림 3-5 노년부양비 및 노령화 지수

출처 : 보건복지부(2014). 보건복지통계연보.

노년부양비가 증가하면 노령화 지수 또한 증가하게 되는데, 2013년 노령화 지수는 83.3%로 1990년의 20.%에 비해 무려 63.3%가 증가하였다. 이러한 변화는 2017년에 이르게 되면 계속적인 노인인구의 증가로 인하여 노령화 지수가 104.1%가 되어 노인인구가 유소년인구를 추월할 것으로 예상된다. 따라서 저출산에 따른 노령화 지수가 높아지게 되면 인구경쟁력은 떨어지기 마련이고, 인구경쟁력이 떨어지게 되면 생산력과 소비력이 떨어지게 되고, 이로 인하여 재정과 연금이 불안정하게 되므로 노인빈곤이 사회문제로 등장하게 되는 것이다.

노년부양비, 노령화 지수, 노인 한 명당 생산가능인구	
노년부양비	생산가능인구(15~64세) 100명에 대한 65세 이상의 인구비율을 말한다. (65세 이상 인구 / 15~64세 인구) × 100
노령화 지수	유소년인구(0~14세) 100명에 대한 65세 이상의 인구비율을 말한다. (65세 이상 인구 0~14세 인구) × 100
노인 한 명당 생산가능인구	경제활동인구(15~64세)를 65세 이상의 인구로 나눈 비율을 말한다. (15~64세 인구 / 65세 이상 인구)

그림 3-6 **노년부양비, 노령화 지수, 노인 한 명당 생산가능인구 용어정리**

출처 : 보건복지부(2013). 노인보건복지사업 안내.

4. 가족의 형태 및 환경 변화

1) 가족형태의 변화

최근 산업화와 도시화에 따른 우리나라의 핵가족화는 가족구성원 수와 가족형태에 커다란 변화가 일어나고 있다. 우리나라의 평균 가족구성원 수는 1975년 5명이었고, 1980년 4.5명, 1990년에 3.7명, 2005년에 2.8명으로 감소하였고, 2020년에는 2.7명 정도로 줄어들 것으로 예상하고 있다(통계청, 2010). 또한 최근 여성가족부가 실시한 가족실태 조사에 따르면, 가족의 동거형태는 부부와 자녀가 동거하는 가구가 48.4%로 가장 많았고, 다음이 혼자 사는 1인 가구가 15.7%이며, 자녀가 없거나 출가시킨 후 부부만 거주하는 가구가 19.7%이었고, 한부모가구가 7.3%이었으며, 3세대 가구가 4.9%로 조사되었다. 그리고 부부가구 중 노인부부가 차지하는 비율이 전체 가구의 11.6%이었고, 1인 가구 중에서는 여성노인가구가 차지하는 비율이 높게 나타났다. 그리고 한부모가구는 편모가구가 전체 가구의 6.4%를 차지하고 있어 부자가구에 비해 6배가량 높게 나타났으며, 3세대 가구 중 부모와 함께 사는 편부모의 경우는 전체 가구의 1% 정도로 나타났다. 이러한 특징은 노인가구의 비율이 높다는 것을 의미하는 것이며, 이는 평균수명의 증가와 관련한 것으로, 특히 남성노인가구에 비해 여성노인가구 비율이 매우 높은 것은 여성의 평균수명이 남성보다 더 높기 때문인 것이다.

〈표 3-9〉 **우리나라 가구의 가족형태 분포** (단위 : 가구, %)

가족형태	세대별	구성비
부부가족	노인부부	11.6
	부부	8.1
부부 + 자녀가구	부부 + 미혼자녀	48.4
	부모 + 부부	1.4
한부모가족	편부가구	0.9
	편모가구	6.4
3세대 가구	부모 + 부부 + 자녀	3.6
	부모 + 한부모	1
1인 가구	여성노인 단독가구	6.4
	남성노인 단독가구	1.4
	미혼여성 단독가구	2.5
	기혼여성 단독가구(이혼, 사별, 별거)	2
	미혼남성 단독가구	2.6
	기혼남성 단독가구(이혼, 사별, 별거)	0.8
기 타	형제자매	1.4
	2세대 기타 가족	0.3
	3세대 기타 가족	0.1
	조부모 + 손자녀	0.8

출처 : 여성가족부(2010). 가족실태조사.

한편 전체 노인 중 독거노인 비중의 증가추세는 계속될 것으로 예측되고 있다. 독거노인의 비율은 농어촌지역의 70대 후반 여자노인들에서 높게 나타나고 있으며, 교육수준이 낮고 소득이 낮으며 건강이 안 좋을수록 독거노인의 비율은 반비례하는 등 노인의 특성별로 독거노인의 비율에 큰 차이가 발견되고 있다(한국보건사회연구원, 2011).

2) 부양환경의 변화

대가족제도를 특징으로 하던 전통사회에서는 가족에 의한 노인부양은 당연한 것으로 받아들여졌지만, 산업화와 도시화로 인한 사회적·인구학적 측면에서의 변화는 가족의 구조와 기능 그리고 효사상과 가족가치관 등을 크게 변화시켰으며, 대가족제도의 붕괴에 따른 핵가족의 증가와 여성들의 경제활동 참여는 노인부양을 담당할 부양인력의 부족현상을 경험하게 하였다.

또한 부모와 자녀가 동거하여 생활하는 것보다는 따로 별거하여 생활하는 것이 서로에게 편안하고 안정적인 생활이 될 수 있다는 의식이 보편화되어가고 있다. 자녀와 함께 사는 우리나라의 노인은 도시지역에서는 32.1%가 노인이 자녀와 동거하고 있으며, 농어촌지역의 17.1%에 비해 동거거주 비율이 높은 편이다. 반면에 자녀와 따로 사는 노인은 45.3%인데 별거이유는 '따로 사는 것이 편해서, 독립생활이 가능하니까, 자녀에게 부담이 될까봐' 등의 이유를 들고 있다. 그러나 노인의 연령대가 올라갈수록 자녀와 함께 살고 싶어 하는 비율이 증가하고 있다(한국보건사회연구원, 2011).

3) 가족 내 역할의 변화

과거 노인은 한 가족의 가장이자 책임 있는 대표였다. 그러나 최근 노인은 젊은 자녀부부에게 종속된 피부양인으로 전락하여 그동안 행사하였던 의사결정과 지혜의 보고, 전통의 전수자로서의 역할까지 약화되었다. 그리고 사회의 급격한 변화와 정보통신의 발달에 따른 새로운 지식의 폭증은 사실상 노인의 교육적 기능을 거의 무기력하게 만들어 버렸고, 과거 가정교육과 자녀양육에서 절대적인 권한과 책임을 갖던 노인은 이제 쓸데없는 잔소리와 간섭만 늘어놓은 존재로 전락하였다. 또한 그동안 노인은 산업사회 속에서 생산인구와 부양의무자의 역할에서 비생산인구, 피부양인구로 전락한 채 가정 내 경제권과 경제적 자립능력을 상실하여 자녀에게 경제적으로 의지하고 부양을 받아야 하는 존재로 역할이 변화되었다.

제2절 노인의 4고(四苦)와 고령사회의 현상

1. 노인문제의 개념

일반적으로 노인문제는 빈곤, 질병, 고독, 무위 등의 4고(四苦)로 표현되고, 때로는 빈곤, 병고, 고독의 3악(三惡)으로 일컬어진다(김영모, 1995). 노인이 퇴직 후 소득감소에서 오는 생계비 문제, 노후에 자주 경험하는 만성질환과 심신쇠약으로 인한 건강문제, 은퇴 후 가정과 사회에서의 역할상실 및 지위의 저하, 그리고 결과적으로 나타나는 고독감, 소외감 등은 현대 노인들이 당면하고 있는 공통적인 문제이기 때문이다. 대체로 개발도상국에서의 노인문제는 빈곤과 질병이나, 선진국에서는 노인의 빈곤과 질병을 사회보장제도로 해결해 나가고 있으며, 여가활동이나 사회참여 그리고 소외감 등의 사회심리적 문제들을 노인복지의 중요한 과제로 다루고 있다.

1) 노인의 4고(四苦)에 따른 문제

우리 사회에서 노인문제를 획일적으로 말하기는 어려울 것이다. 농어촌에 살고 있는 노인과 도시에 살고 있는 노인의 문제에 차이가 있을 것이며, 자녀와 함께 동거하는 노인과 별거하여 사는 노인들이 겪는 문제가 서로 다를 것이기 때문이다. 따라서 다양한 요인에 따라 노인문제 발생에 차이가 있겠지만, 일반적으로 노인문제의 발생원인을 다음과 같이 정리하고자 한다.

첫째, 인구학적 요인으로 평균수명의 연장으로 인한 보호를 요하는 장기보호대상자들의 증가이다.

둘째, 가족관계 요인의 변화로 인한 핵가족화 현상과 1인 가구의 등장이다.

셋째, 사회적 요인의 변화로 산업화와 도시화에 따른 노인부양의 문제이다.

넷째, 문화적 요인의 변화로 경로효친사상의 감퇴와 효도관의 변화를 들 수 있을 것이다.

현대사회에서는 이러한 노년기의 여러 가지 상황변화, 즉 빈곤과 건강문제로 인하여 노인은 쉽게 소외와 고독감에 빠지게 되었고, 노인단독세대가 증가함에 따라 노인의 부양과 보호문제 그리고 늘어난 여가시간을 보람 있게 보내는 것이 중요한 문제로 등장하고 있다. 이러한 현상은 개개인 혹은 사회에 따라 차이는 있지만 누구나 어느 사회에서든 필연적으로 당면하게 되는 문제들이다. 과거에는 노인 개인의 문제, 가족의 문제로 여겨졌던 것이 노인인구의 증가와 더불어 우리 사회가 공동으로 대처해야 되는 사회문제로 등장하게 되었다. 노인의 4고(四苦)로 살펴본 노인문제는 다음과 같다

(1) 건강약화 문제

노년기로 접어들면 노인들은 신체적 노화로 인하여 한두 가지 이상의 질병을 지니고 생활하게 된다. 또한 기능 저하로 다른 연령층에 비해 상병률이 높아지며, 노인병은 만성질환이 대부분이고 합병증인 경우가 많다. 그렇기 때문에 장기적인 치료나 의료적 보호가 필요한 경우가 많으며, 다른 인구집단에 비해 고액의 진료비를 요하게 되는 것이 일반적인 경향이다.

(2) 직업상실에 따른 경제력 문제

우리나라 대부분의 노인들은 자신의 노후대비는 미흡하고 주로 자식들의 교육, 결혼 등으로 많은 비용을 투자하였다. 노년기로 접어들면서 퇴직에 따른 경제적 수입의 감소는 노후생활비 문제뿐 아니라 친구·친척관계, 여가활동, 정서·심리적 위축 등 생활 전반에 영향을 끼칠 수 있다. 서구 유럽사회의 노후생활은 대부분 연금제도에 의해 보장되고 있지만, 우리나라는 퇴직으로 인해 정기적 수입원이 없어지면서 노후생활은 연금, 퇴직금, 저축, 재산수익 등에 의존하고 있지만, 아직도 자녀에게 의존하는 경우도 많다.

(3) 역할상실 문제

현대사회에서는 평균수명의 연장으로 퇴직 후에 지내야 하는 기간은 길어진 반면, 퇴직 후의 적절한 역할과 규범은 확립되어 있지 못한 실정으로 노인들은 보조적·주변적 역할만 담당하게 되어 점차 소외된 위치에 놓이게 되었다.

또한 현대사회의 산물로 생겨난 퇴직제도로 인해 가정의 생활비를 제공하던 가장의 역할도 상실하게 되므로, 집안 내에서 노인의 권위는 상대적으로 낮아지게 되었다. 이와 같이 사회와 가정 내에서의 노인들의 역할의 감소는 심리적 고립과 연결되고 있다.

(4) 사회적 소외와 심리적 고독 문제

고령화 사회는 교육의 대중화로 인하여 자녀세대가 부모세대보다 교육수준이 높은 특징이 있다. 이에 따른 세대 간의 지식수준의 차이와 사고방식의 차이는 세대 간의 갈등과 고립의 원인이 된다. 따라서 자녀와 부모세대 간의 행동양식과 사고의 차이는 대화의 단절 및 노인집단의 소외감을 초래하게 되어 일상생활에서 쓸쓸하거나 외롭다고 느끼는 노인이 많아지게 되었다.

2. 고령사회의 현상

우리 사회는 20세기 후반부터 산업화에 의한 경제발전과 도시화라는 급속한 근대화의 물결을 경험하며 경제의 향상, 의학의 발달, 핵가족화라는 인구구조와 가족의 형태를 변화시켰다. 이러한 영향은 미래사회에 급격한 인구고령화로 거대한 변화와 새로운 도전에 직면하게 될 것으로 예측하는 가운데, 우리나라의 고령화 속도는 OECD(경제협력개발기구) 회원국 가운데서 가장 빠르며, 이미 지난 2000년에 고령화 사회를 맞이하고 2017년에는 고령사회에 진입할 예정이다. 최근 우리나라도 사회구조의 급진적인 변화로 인해 여러 측면에서 서구사회에서 볼 수 있는 고령화 문제가 제기되고 있으며, 그에 따른 다양한 노인문제들을 안고 있다.

1) 노인빈곤인구의 증가

한국의 노인빈곤율은 45%로 OECD 국가 중 가장 높으며, OECD 국가 평균 13%에 비해 3배 이상 높다. 우리나라의 노인빈곤이 심각한 가장 큰 이유는 공적연금제도의 부실 때문이다. 국민연금은 1988년 도입된 이후 2011년 9월 연금수령자가 300만 명을 돌파했지만, 이는 60세 이상 노인인구 중 31.6%에 불과하다. 또한 2007년부터 기초노령연금의 실시에 이어 2014년에는 기초연금으로 변경되어 국민연금의 사각지대를 일정 정도 해소하고 노후소득에 도움이 되고 있지만, 월 20만 원이(기초연금, 2014) 최고 수준으로 크게 도움을 주지 못하고 있다. 그렇기 때문에 노인들은 편안한 노후생활을 보내는 것이 아니라 먹고 살기 위해 끊임없이 일을 해야 하는 것이다.

2) 저출산에 따른 영향

인구고령화의 원인은 출산율이 낮고 사망률이 떨어지면서 평균수명이 연장되기 때문이라 할 수 있다. 2014년 한국 여성 1인당 평균 출산율은 1.21명으로 193개국 가운데 최하위를 기록하였다(세계보건통계, 2014). 우리나라 출산율

〈표 3-10〉 **연령대별 출산율** (단위 : 명)

	연령별 출산율							합계 출산율
	15~19세	20~24세	25~29세	30~34세	35~39세	40~44세	45~49세	
1990	4.1	82.1	167.1	49.6	9.4	1.5	0.2	1.570
2000	2.5	38.8	149.6	83.5	17.2	2.5	0.2	1.467
2006	2.2	17.6	89.4	89.4	21.2	2.6	0.2	1.123
2010	1.8	16.5	79.7	112.4	32.6	4.1	0.2	1.226
2011	1.8	16.4	78.4	114.4	35.4	4.6	0.2	1.244
2012	1.8	16.0	77.4	121.9	39.0	4.9	0.2	1.297
2013	1.8	14.0	66.0	111.5	39.5	4.8	0.1	1.187
2014	1.6	13.1	63.4	113.8	43.2	5.2	0.1	1.210

출처 : 여성가족부(2015). 통계로 보는 여성의 삶.

저하현상은 미래의 경제활동인구의 축소를 의미하므로 낙관적 사실이 되지 못한다. 성장하는 아동인구 및 청소년 인구가 부족해지면 소비인구가 줄어들어 생산성이 하락하게 될 것이고, 이러한 결과는 국가의 경제력 성장에 부정적 영향을 미치게 되는 것이다.

3) 부양과 보호 문제

전통적으로 우리나라에서는 노인부양의 책임을 전적으로 가정에 두었으나 고령화 사회에서는 여러 가지 사회적 여건들의 변화로 인해 가족의 노인부양 기능이 약화되고 있다. 무엇보다도 현대사회의 핵가족화 현상과 여성들의 경제활동 참여는 노인을 부양할 가족원의 감소로 이어져 부양부담을 증가시키는 요인으로 작용하고 있으며, 또한 평균수명이 증가함에 따라 노인들의 자녀도 노인이어서 건강하지 못한 노인이 노부모를 부양해야 하는 상황이 발생하게 되었다.

4) 세대 간 갈등야기

고령화는 단순히 노인인구가 증가하는 것만을 의미하지 않는다. 이는 복합적인 문제로 접근하여야 하는데 고령화 현상으로 나타나는 표면적 현상은 국가나 사회가 노인부양을 위하여 많은 비용을 지불해야 함을 의미할 뿐만 아니라 젊은층에게는 높은 부양부담을 주게 됨으로써 세대 간 대립문제를 발생시킬 여지가 많은 것이다.

5) 독거 여성노인의 증가

우리나라의 경우 여성노인의 평균수명이 남성에 비해 높고, 65세 이상 남자노인의 유배우율이 87.2%인 데 비해 여성노인의 경우 36.3%에 불과하다. 따라서 경제적 능력이 없는 독거 여성노인의 증가를 의미한다.

6) 소비와 투자 위축

고령화는 장년층 이상의 소비감소와 저축증가를 유발하는데, 1990년대 이후 지속되어 온 인구고령화는 저축증가와 소비감소를 유발하고 있다. 이는 경제주체들이 인구고령화 현상에 직면하면서 모든 연령에서 특히 노년시기에 생존할 가능성이 높아지는 것을 인식한 결과, 이에 대한 예비적 동기에서 저축을 늘이는 반면에 소득은 증가하지 않음에 따라 소비를 감소시키게 되는 것이다.

7) 성장률 잠식

저출산 추세가 지속되는 경우 현재 5% 수준인 GDP 잠재성장률이 2020년에 3%, 2030년에 2% 수준으로 낮아질 것으로 예측된다. 따라서 인구고령화가 급속한 성장둔화의 주요 요인으로 작용함을 예측할 수 있다. 생산가능인구의 감소는 직접적으로 노동투입 요소의 감소로 직결되므로 성장을 둔화시킬 수 있고, 피부양인구 비중 상승은 저축률 하락을 초래하여 자본축척을 저해하므로 인해 성장에 나쁜 영향을 주게 된다.

8) 노인 재취업에 대한 문제

우리나라 대부분의 노인들은 자신의 노후를 준비할 시간도 없이 중년기를 보냈고, 또한 빨라진 은퇴시기로 인하여 노인들은 재취업이나 일자리를 통하여 소득 마련을 원하고 있지만 여건이 쉽지 않은 실정이다.

9) 노인유권자의 정치적 영향력 확대

늘어난 노인유권자들로 인하여 노인의 정치적 영향력의 확대가 예상되고, 또한 노인복지 전문성 욕구의 증가로 보건, 의료, 교육 등의 욕구에 필요한 전문인력의 수준과 보급의 질이 높아질 것으로 예상된다.

10) 고령친화 관련 산업의 발달

가처분소득의 증가와 각종 연금제도의 활성화 및 역모기지론(mortgage loan)의 활용에 따른 경제적 능력 보유 노인들의 증가는 상품구매력의 상승으로 이어져 노인 관련 산업의 성장은 물론 노인휴양지 등의 개발과 해외여행 그리고 해외이주노인의 증가도 예상된다.

이상에서 살펴본 바와 같이 인구의 고령화 현상은 전 세계적인 현상이지만 특히 우리나라의 경우는 세계에서 가장 빠른 속도로 고령사회가 되어간다는 특징을 보이고 있다. 이처럼 다양한 문제점들을 내포하고 있는 고령사회에서의 문제와 현상들은 무방비로 있다가 닥쳐올 마찰과 부작용들은 매우 어려운 상황의 전개로 이어질 것이므로, 이러한 현상을 미리 예견하고 치밀하고도 종합적인 대비책을 마련하여 노인의 문제와 고령사회의 현상에 대하여 효율적인 대비책이 필요하다.

Part 02

노년기 가족활동

Chapter 04 노년기의 가족

Chapter 05 노년기 성(Sex)생활과 노인상담

Chapter 04 노년기의 가족

제1절 노년기의 가족

가족이란 이성의 결합과 혈연으로 이루어진 집단으로 가족은 사회의 기초단위이며 개인에게는 전 생애를 걸쳐 가장 많은 영향을 미치는 중요한 역할을 한다.

평생에 걸쳐 진행되는 가족관계는 노년기에 이르러 구조적으로 재편성의 과정에 이르게 되는데, 사회에서 많은 시간을 보내던 노인들은 은퇴 이후 가정에서 보내는 시간이 많아지지만 성숙한 자녀들은 결혼 등의 이유로 공간적·정서적으로 독립하여 노인에게는 빈둥지(empty nest) 기간이 시작되고, 배우자의 사별이라는 경험을 겪게 되면서 노년기의 가족관계 구조에 큰 변화를 야기한다.

2014년 통계청에서 실시한 가족사회조사에서 가족관계에 만족하는가에 대한 견해에서는 13세 이상 인구의 55.2%는 전반적으로 가족관계에 대해 만족하는 것으로 나타났으며, 배우자와의 관계 만족에서는 남편은 부인에게 70.6% 만족하는 것에 비하여 부인은 남편과의 관계에 59.8%가 만족하는 것으로 나타나 부부간에 차이를 보이고 있다.

또한 자기 부모와의 관계에서의 만족비율은 63.5%로 나타나고 있으며, 이 중 남자는 63.1% 그리고 여자는 63.9%로 나타나 자기 부모와의 관계 만족에서는 남녀 간에 큰 차이가 없었지만, 배우자 부모와의 관계 만족에 대해서는 남자가 53.4% 만족하는 반면에 여자는 43.4%에 그쳐 여자가 상대적으로 낮은 만족도를 보이고 있다.

〈표 4-1〉 **가족관계 만족에 관한 견해**

		계	만 족	매우 만족	약간 만족	보 통	불만족	약간 불만족	매우 불만족
전반적인 가족관계	2014년	100.0	55.2	20.3	34.9	40.5	4.3	3.5	0.8
	남 자	100.0	56.6	21.6	35.0	39.6	3.9	3.1	0.8
	여 자	100.0	53.9	18.9	34.9	41.5	4.7	3.9	0.8
배우자와의 관계	2014년	100.0	65.2	29.1	36.1	27.3	7.6	5.3	2.3
	남 자	100.0	70.6	34.6	35.9	24.9	4.5	3.4	1.2
	여 자	100.0	59.8	23.6	36.2	29.6	10.6	7.2	3.4
자기 부모와의 관계	2014년	100.0	63.5	27.6	35.9	31.5	5.0	3.8	1.2
	남 자	100.0	63.1	28.0	35.1	32.1	4.9	3.7	1.1
	여 자	100.0	63.9	27.1	36.8	30.9	5.2	4.0	1.2

출처 : 통계청(2014). 가족사회조사.

1. 노년기 부부관계

부부란 결혼을 통해 맺어진 관계이며, 가족의 중심인 동시에 가족을 형성한 후 가장 오랫동안 함께 적응하면서 살아온 사람들로서, 부부관계는 서로 다른 가정에서 자란 남녀가 인격적으로 심리적으로 적응해 나가는 인간관계로 임시적이 아닌 지속적인 관계이다.

오늘날 핵가족화 및 개인주의의 등장과 같은 사회변화로 인하여 부부관계에 관심이 모아지고 있으며, 특히 노년기가 길어지는 가족생활주기의 변화로 노년기 부부관계에 많은 변화가 일어나고 있다. 기혼자녀와 함께 사는 가족의 수가 점점 줄어들고 더불어 손자녀와 한집에서 생활하는 시기도 대폭 축소되었다.

자녀들 중에서도 교육과 결혼 등의 이유로 노인부부를 떠나는 비율이 늘어남에 따라 가족구성이 부부가족으로 남을 가능성이 커지고 있지만, 한편으로는 어린 자녀를 낳아 키우느라 시간에 쫓기던 시기에 비해 부부만의 시간이 늘어나기 때문에 샬레(Schale)와 윌(Wills)의 'U형 곡선' 이론에 의하면, 부부의 결혼만족도가 증가하여 부부관계에 있어서는 노년기를 제2의 신혼이라 부르기도 한다. 이는 자녀가 독립함으로써 대부분의 부부들은 자녀양육 부담이 감소하게 되고, 이로 인하여 보다 윤택해진 경제여건에 놓이게 되며, 자녀를 성공적으로 키웠다는 만족감에서 동반자 의식을 갖게 되었고, 서로를 더 보호해야겠다는 인식이 생기면서 결혼만족도는 증가한다는 것이다. 그러나 일부 부부들은 결혼만족도가 다시 증가하지 않거나 지속적으로 낮은 패턴을 보여서, 함께 살긴 하지만 감정적으로는 이혼상태에 있는 것이나 다름없는 경우도 존재하기도 한다. 이처럼 부부의 결혼만족도 패턴의 차이는 부부 상호간 호혜적인 의존성과 스트레스 상황에 대처할 수 있는 부부의 대처능력에 달려 있는 것이라 하겠다.

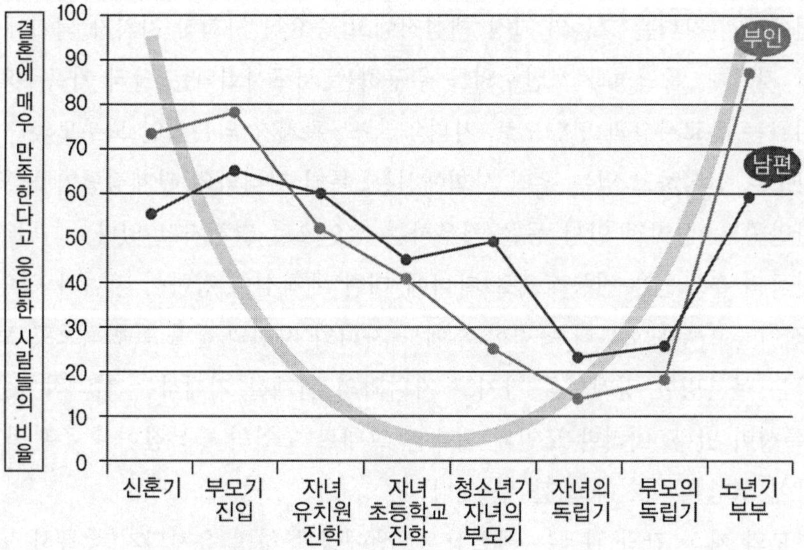

그림 4-1 Schale & Wills(2001)의 Adult Development and Aging

과거 부자(父子)관계를 강조하던 한국의 전통적 가족생활에서는 언제나 자녀문제가 부부관계보다 우선시되었다. 그러나 최근에는 노인들의 학력과 경제여건이 향상되어 노인들 스스로 자녀들과의 분리를 좋아하고, 또한 가치관의 변화로 인해 노년기 노부부 독립가구의 증가를 보이고 있다. 즉, 노년기 가족의 구성은 부부관계가 가족의 중심이 되어가고 있는 것이다.

또한 출산율 감소와 평균수명의 연장으로 자녀 결혼 및 출가 완료로부터 배우자 사망에 이르기까지 노인부부의 가족기간이 길어지고 있기 때문에 부부관계는 노년기 삶의 만족도를 결정짓는 중요한 요인으로 자리 잡게 되었다. 따라서 부부간의 역할과 취미를 공유하면서 적절한 상호작용 방식을 재수립하고, 부부 상호 간 지지체계를 강화해야 하며 교육을 통하여 부부관계의 유지나 종결에 대한 새로운 개념을 증가시킬 필요가 있다.

2. 노년기 성인자녀 관계

노년기에 있어서 노인에게는 자녀들이 그들의 가장 큰 관심사이다. 노년기 노인에게서 자녀는 그들의 가장 핵심적이고 중요한 사회적 지지가 되기에 그러한 것인데, 독립성과 개인주의를 추구하는 서구사회와는 달리 가족주의를 중시하는 유교사상의 영향으로, 자녀와 부모 관계가 의존적인 노부모의 자녀부양으로 인식하고 있는 우리 사회에서는, 특히 자녀와의 관계정립이 노후의 생활만족도, 심리적 안녕 등을 좌우하는 요인으로 밝혀지고 있다.

한국의 부모들은 전통적으로 자녀에 대한 애착심이 강하여 자녀가 성인기에 접어들고 부모로부터 독립한 후에도 자녀와 자신의 삶을 독립적으로 보기보다는 불분명한 경계선을 가지고 자녀와의 관계를 기대하는 심리적·문화적 특성이 있다. 이러한 노인의 기대는 그대로 노인의 행복감이나 주관적 만족감에 영향을 미친다고 볼 수 있다.

부모와 자식 간의 관계는 사실상 전 생애를 통하여 유지되지만 특히 노인에게 있어서 성인자녀와의 관계는 중요한 의미를 갖는다. 직업적인 면에서나 역할적인 면에서 노인의 은퇴는 관심과 접촉 영역의 축소로 이어지고, 이는 자연스럽게 자녀에게로의 관심이라는 관심영역의 변환을 초래하게 된다. 또한 가족관계에 있던 배우자의 사망이라는 가족의 상실을 겪은 노인은 남은 가족인 자녀에게 사랑과 기대를 하게 되므로 노인들은 자녀와 어떠한 상호작용을 하는가에 따라 노인들의 행복과 불행이 좌우된다고 해도 과언이 아닐 것이다.

많은 연구에서 노년기 부모와 성인자녀의 관계에서 노인의 생활만족도에 영향을 미치는 요인은 경제적 부양보다 정서적 부양이나 동반의식이라 하고 있다. 즉, 노부모와 성인자녀 간의 상호작용에 긍정적 영향을 주는 요인은 그들 간의 정서적 유대감이라는 것이다. 또한 노년기 부모와 성인기 자녀 간의 애정, 의사소통, 부양만족, 가치관의 일치 등 자녀관계의 질이 높을수록 노인의 생활만족도가 높았다는 것을 밝히고 있으며, 자녀와의 유대관계가 노인의 생활만족도에 직접적으로 영향을 주고 있다고 하였다.

성인자녀와의 주관적 유대가 원만할수록 만족스러운 생활을 하며, 정서적 교류가 노년기 생활을 만족할 수 있게 하고 자녀와의 동거 여부보다는 가족 내 역할과 자녀와의 유대관계가 더 영향을 미친다고 하였으므로, 노년기에는 자녀와의 동거 여부를 떠나 부모와 성인자녀 간의 새로운 관계를 수립할 필요가 있다.

이를 위해서 노인과 자녀들 서로가 각자의 생활과 생각을 존중하면서 세대 간의 통합을 모색하기 위한 교육이 필요하고 형식적이며 이상화된 '효(孝)' 개념에만 얽매이지 말고 열린 관계, 건강한 관계를 형성하기 위한 의도적 노력이 필요한 것이다.

3. 노년기 형제관계

형제관계는 인간관계에서 독특한 위치를 차지한다. 그들은 다른 어떤 인간관계보다 잠재적으로 훨씬 긴 존속기간을 갖는다. 또한 형제들은 공통된 유전자와 문화, 환경을 공유하며 부모와 자녀관계에 비해서 형제관계는 상당히 평등하다. 형제의 역할은 환경이나 생활의 행복에 관계없는 개인 정체감의 한 부분으로 수행하게 되며, 이러한 속성들은 형제들이 평생에 걸쳐 서로에게 갖는 잠재적인 중요성을 강조하는 것으로 생애의 모든 단계에서 형제들 간에 설명될 수 있는 상호 간의 영향력을 의미한다.

비슷한 시기에 태어나 같은 가정의 울타리 안에서 자라면서 가정적·사회적 경험을 공유하며 친구같이 자라난 형제자매는 동년배집단(cohort)으로서 노년기에는 서로를 이해하고 심리적인 지지기반이 될 수 있는 중요한 가족관계이다. 특히 배우자를 상실한 경우에는 형제들이 중요한 지지기반이 될 수 있으며, 독신노인에게는 배우자나 자녀를 대체하는 보완적 역할을 하기도 한다. 따라서 노년기 형제관계의 상호작용 특성은 다음과 같이 설명할 수 있다.

첫째, 형제관계는 비교적 고정적이며 영구적인 성격을 가진다. 성인기에 직업, 결혼, 독립의 이유로 가족을 떠나 일상생활의 지속성과 연결되지 않을 수 있으나 혈연만이 가질 수 있는 유대관계의 지속성을 가진다.

둘째, 가족 내 모든 관계 중에서 가장 평등한 관계로서 이들은 동일 세대의 세대 간 결속력을 공유하기 때문에 독특한 감정이입능력을 가진다. 아동기의 형제서열에 비해 노년기에는 그 엄격성이 완화될 수 있다는 점에서 노년기 형제관계는 비교적 평등성을 유지한다.

셋째, 형제들이 공유하는 일대기에서 발생하는 독특한 지위와 가족정체감의 공유로 아동기, 성인기를 통해 공유된 가족관계의 사건과 경험, 추억 등은 노년기 형제들이 과거를 회고하고 향수를 달랠 수 있는 독특성을 부여한다. 이러한 과정에서 비롯되는 정서적 안정과 즐거움은 노인의 사기증진의 중요한 요인이 되고 있다.

넷째, 아동기, 청소년기의 형제간에 존재했던 경쟁적 관계가 노년기에 들어서면서 감소한다.

다섯째, 노년기의 형제는 사별, 은퇴 시에 성공적인 노화의 역할모델로서 기여한다. 노년기의 형제는 다른 형제에게 비교표준으로서 기여하고 규범, 가치에 대한 옳고 그름의 안내자로서의 기능을 하는 것이다.

이와 같이 노년기의 형제관계는 서로를 이해하고 심리적인 지지기반이 되는 중요한 가족관계이지만 최근 우리나라에서 일어나고 있는 무자녀 또는 한 명 이하의 자녀를 출산하는 출산형태는 노년기 자녀에게 물리적·정서적 지원의 기능을 축소시키게 된다. 그러므로 노년기 가족관계에 있는 형제들의 동료애나 심리적인 지원의 중요성이 점점 더 증가하게 될 것이다.

4. 노년기 조부모와 손자녀 관계

노인들은 가족과 사회 속에서 지위와 역할의 상실 및 축소를 경험하는 반면, 탈부모기를 거치면서 새롭게 조부모로서의 역할을 획득한다. 조부모의 역할획득은 자녀가 없거나 가족이 없는 경우를 제외한 대다수의 노인에게 일어나는 현상이며, 평균수명이 연장됨으로써 조부모의 지위를 유지하는 기간이 길어지고 있다.

조부모와 손자녀와의 관계는 가장 우호적이고 밀접하게 맺어지는 관계이며, 노인에게 있어 손자녀와의 상호작용은 자신의 일생을 통한 경험과 지식을 전달하고 후손을 잇는다는 생의 연속성을 갖게 하여 노년기 자아통합감에 직접적인 영향을 줄 수 있는 것이다. 하지만 현대사회에서 개인주의 가치관의 증가와 조부모와 분거(分居)를 통한 핵가족 형태의 지배적인 현상들은 아동들에게 조부모와 물리적·심리적 거리를 두고 자라게 하여 깊이 있는 조부모, 부모, 손자녀 간의 세대형성을 이루지 못하고 있다.

이로 인하여 원만한 가족문화 전승이나 사회화가 지속되지 못하여 가치관의 왜곡이나 단절을 가져올 수 있게 되었다. 따라서 조부모들이 손자녀에게 가족문화 전승이나 원만한 태도 및 성격함양에 도움을 줄 수 있음을 고려하여 조부모와 손자녀 간의 긴밀한 접촉과 관계형성은 더욱 강조되어야 한다. 그러기 위해서는 조부모와 손자녀의 긍정적 관계를 수립하고 세대 간 격차를 수용하려는 노력이 필요하며, 특히 손자녀 세대와의 연령차가 크다는 점에서 새로운 세대를 이해하기 위한 다양한 교육도 필요한 것이다.

제2절 노인의 부양

1. 노인부양의 개념

카플란(Caplan, 1982)에 의하면, 부양의 개념은 정서적 지원과 필요한 자원을 개인에게 제공하고, 개인을 그에게 의미 있는 사람과 연결해서 관계가 지속되도록 하는 것이라고 하였으며, 워렌(Warren, 1981)은 물질적 원조, 정서적 지지, 신체적 고통을 보살펴 주는 일과 외로울 때 위로와 시중을 해주는 등의 서비스라고 하였다.

또한 버그만(Bergman, 1978)은 부양이란 한 개인을 통해 그때그때 필요로 하는 자원을 얻는 과정으로, 토마스(Thomas, 1982)는 정서적 지원과 필요한 자원을 개인에게 제공하고, 개인을 그가 의지할 수 있는 사람과 연결해서 관계가 지속되도록 하는 것이라고 정의하였다. 따라서 부양의 개념 및 대상은 학자들에 따라 다르게 사용되는 경향이 있으나 우리나라에서는 노인부양을 자신의 힘으로 생활할 수 없는 노인에게 경제적·신체적·정서적 욕구를 충족시켜 주는 것으로 간주하기 때문에 기능장애나 인지손상이 있는 노인은 물론 경제적·신체적·정서적 욕구를 가진 노인을 폭넓게 부양대상으로 파악하는 경향이 있다.

일반적으로 노인부양은 부양서비스를 제공하는 주체가 누구인가에 따라 사적 부양과 공적 부양으로 나누어진다. 선진국은 개인주의를 중심으로 하는 개인부양이 발달되었으나 이는 사적 부양에 해당되며, 우리나라 노인의 부양형태는 사적 부양으로, 그중에서도 자녀에 의해 부양받는 가족부양이 많은 비중을 차지하고 있다. 한편 공적 부양은 지역사회 및 국가가 개입하는 사회적 부양형태로 공적 부조가 대표적이다.

2. 가족가치관의 변화와 부양의식의 약화

우리나라 전통사회에서는 가족주의적 가치관을 바탕으로 부모들은 가족 안에서 확고한 지위를 가지고 있었으며, 자식 역시 '효(孝)'를 실천하는 것을 가장 큰 미덕으로 여기며 부모를 부양하였다. 하지만 현대사회는 개인주의 가치관을 바탕으로 부부관계나 자녀와의 관계는 보다 친밀해지는 반면 노부모와의 관계는 소원해지게 되어 노인들은 직계가족에서도 고독감과 소외감을 느끼며 생활하고 있다.

1980년대 이후 우리나라의 경제가 급속히 발전하고 사람들의 전반적인 생활수준이 향상되면서 선진국의 생활상과 가치관이 우리 사회에서도 당연한 모습처럼 여기게 되었고, 우리 사회에 폭넓게 확산된 개인주의적 가치관으로 인하여 사람들은 부모부양을 의무라기보다는 국가나 사회가 담당해야 할 문제로 인식해 가는 경향이 높아지고 있으며, 대가족 제도가 해체되고 핵가족화가 진행됨에 따라 가족구성원의 분리가 촉진되어 가족들에 의한 노인의 부양기능은 점차 약해지고 있다. 이로 인하여 핵가족의 형태에서는 노인의 지위가 배제되고, 부부와 자녀들을 우선시하는 가치관을 갖게 된 것이다.

한편 2014년 통계청에서 조사한 가족사회조사에서는 부모의 노후생계와 관련하여 가족과 정부, 사회가 함께 돌보아야 한다는 견해가 47.3%로 가장 많았고, 가족이 돌보아야 한다는 견해가 31.7%로 조사되었다. 또한 부모의 노후를 가족이 돌보아야 한다는 생각은 지속적으로 감소하는 추세를 나타내고 있다.

* 부모의 노후를 「가족」이 돌봐야 한다는 견해 (비율) :
40.7%('08) ➡ 36.0%('10) ➡ 33.2%('12) ➡ 31.7%('14)

그림 4-2 **부모부양에 대한 견해**

출처 : 통계청(2014). 가족사회조사.

또한 가족 중 부모부양의 책임자는 모든 자녀가 75.4%이었고, 자식 중 능력 있는 자가 14.% 순으로 나타나 부양의 책임도 과거 장남에서 모든 자녀로 바뀌고 있는 것으로 나타나 부양의식의 약화와 변화를 나타내고 있다.

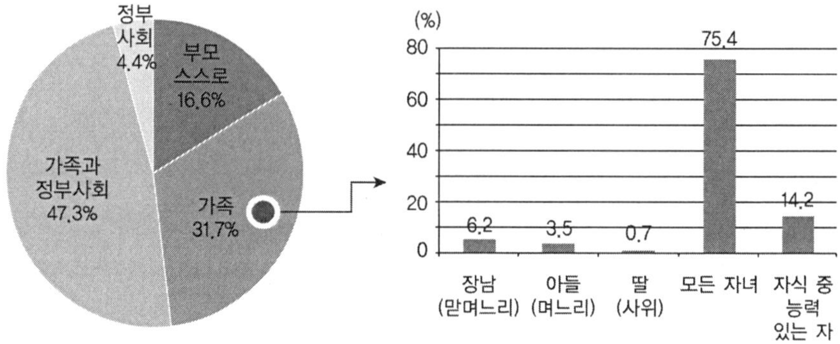

그림 4-3 **부모부양에 대한 견해**

출처 : 통계청(2014). 가족사회조사.

이와 같이 전통주의적 가족주의 가치관에서 개인주의 가치관으로 변화하면서 '효(孝)'의 실천개념에 더하여 오늘날의 임금(賃金)생활 중심의 생활양식과 핵가족 주의적 사고방식이 확산됨에 따라 부모에 대한 자녀의 부양의식도 크게 변화되고 있는 추세이다.

3. 노인의 부양의무

1) 민법상의 부양의무

우리나라는 노인과 같은 생활무능력자 보호의 책임을 1차적으로 가족에게 부과하고 있으며, 2차적으로는 부양의무자가 없거나 부양의무자가 있어도 부양능력이 없거나 또는 부양을 받을 수 없는 경우에 한하여 국가가 부양책임을 지는 것으로 하고 있다.

민법상의 부양의무에는 절대적 부양의무와 상대적 부양의무가 있다. 직계혈족인 부모, 배우자, 자녀 간의 부양은 절대적 부양의무에 속하고, 형제·자매에 관한 부양은 상대적 부양의무에 속한다. 그러므로 부모의 경우 법 규정상으로서는 자녀들로부터 부양을 받음에 있어 큰 문제가 될 것이 없는 것으로 보이지만 법률적 해석에서는 직계혈족가족에 대한 부양에 있어서 이를 제1차적 부양과 제2차적 부양으로 분류하고 있다.

제1차적 부양대상자는 부부와 미성년자녀들로 국한시키고, 노부모는 제2차적 부양대상자로 분류하고 있다. 제1차적 부양은 민법 제826조의 부부간의 부양과 동거, 제913조 미성년자에 대한 부양의무를 들고 있다. 제2차적 부양은 누구라도 자기의 생활을 희생해서까지 부양의무를 지지 않는 것으로 부모에 대한 자녀의 부양의무를 들고 있는데(민법 제974조, 동 제976조), 이는 부양의무자가 생활능력이 있는 범위 내에서만 부양하면 된다는 해석이다. 이는 배우자과 미성년자녀들에 대해서는 모든 것을 책임지도록 하는 반면, 노부모 부양에 있어서는 부양의무자가 생활능력이 있을 경우에만 해당되고 자기의 생활을 희생하면서까지 부담하지 않아도 된다는 의미를 포함하고 있다.

2) 부양료 구상권 제도

제3자의 불법행위에 의하여 피해를 입은 국민이 그로 인하여 사회보장수급권을 가지게 된 경우, 사회보장제도를 운영하는 자는 불법행위의 책임이 있는 자에 대하여 관계 법령이 정하는 바에 의하여 구상권을 행사할 수 있다.

2001년 10월부터 시행된 국민기초생활 보장법에서는 '구상권 제도'가 명문화되어 있는데, 이는 노부모가 최저생계비 이하의 생활을 할 때 정부가 그들을 수급권자로 선정해 생계비를 지급한 뒤, 부양능력이 있으면서도 노부모를 보살피지 않은 성인자녀를 찾아내 그동안 국가가 노부모에게 지급한 생계비를 강제로 환수할 수 있다는 내용이다.

4. 부양주체에 따른 유형

일반적으로 노인부양서비스를 누가 제공하는가에 따라 사적 부양과 공적 부양으로 나누어진다. 사적 부양은 가족이나 친척, 친구, 이웃 등이 부양을 담당하는 개인적 혹은 가족적 차원의 부양을 의미한다.

공적 부양은 지역사회 및 국가가 개입하는 사회보장 혹은 복지사업 차원의 사회적 부양형태를 일컬어 공적 부양 또는 공적 부조(public assistance)라고 한다.

1) 공적 부양

공적 부양은 지역사회 및 국가가 개입하는 사회보장 혹은 복지사업 차원의 사회적 부양형태를 말하는 것이며, 공적 부조라고도 하는데 그 내용은 다음과 같다.

첫째, 각종 연금, 노인결연사업의 공적 부조, 노령수당, 노부모 봉양수당 등의 직접적 소득보장제도와 노인에 대해 교통 및 공공시설 비용을 할인해 주거나, 상속세 또는 소득세 공제 등의 간접적 소득보장제도가 있다.

둘째, 피보험자의 피부양자 또는 피보험자 본인으로서 외래진료비나 입원진료비용 중의 일부를 제공받는 건강보험제도가 있으며, 65세 이상의 노인에 대하여는 장기요양보험과 건강진단 및 보건교육을 실시하는 노인건강진단 제도가 있다.

셋째, 제한된 일부 저소득층 노인을 위한 영구 임대아파트와 노인과 동거하는 자녀에게 혜택을 주는 주택 관련 세제혜택, 주택자금 할증융자 등의 간접적인 주택보장제도가 있다.

넷째, 사회적 서비스로 재가복지서비스를 들 수 있으며, 가정봉사원 파견, 주간보호, 단기보호, 노인복지 상담원 파견 등 다양한 서비스를 제공하고 있으나, 대체로 빈곤한 노인들에 한정되어 있는 경우가 많다.

2) 사적 부양

사적 부양은 가족이나 친척, 친구, 이웃 등이 부양을 담당하는 것을 말하며, 개인적 혹은 가족적 차원의 부양을 의미한다.

현실적으로 우리나라 노인에게 주로 해당되는 부양유형은 노인 개인이나 가족 혹은 친척, 친구 및 이웃 등이 부양주체가 되는 사적 부양이라 할 수 있는데 사적 부양의 내용을 살펴보면 다음과 같다.

첫째, 자녀와 동거를 하면서 생계를 유지하고 정서적으로 의존하며 신체적 도움을 받고 사는 방식이다.

둘째, 자녀와 가구를 달리하면서 자녀로부터 정서적·경제적인 지원만을 받는 방식이다.

셋째, 시설에 수용되어 자녀로부터 경제적인 지원만을 받는 방식이다.

5. 부양형태에 따른 유형

1) 경제적 부양

경제적 부양은 노인이 필요로 하는 금전이나 물질을 제공하는 것을 말하는데, 이는 노후생활 안정에 일차적 조건이며, 노년기의 경제적 안정에 절대적인 영향을 미치는 요인인 동시에 생계유지의 기본적인 욕구충족, 건강유지, 여가활동, 자아실현을 도와주는 가장 중요한 부양형태이다.

노인의 문제를 빈곤과 고독 그리고 건강 등에 문제점이 있다고 하나 노인문제 해결의 주요 열쇠는 경제적 생활의 안정에 있다고 보는 것으로, 노인들이 가정이나 사회의 일원으로서 인간답게 여생을 살아가기 위해서는 경제적 자립이 바람직하다.

우리나라 노인의 경제적 부양의 형태는 가족에 의한 부양, 저축, 재산수입, 노동 또는 사업수익이 절대 다수이고, 연금이나 사회보장에 의한 급부나 생활보호로서의 공적 부조에 의한 경제적 부양형태는 아직은 부족한 실정이다.

2) 정서적 부양

정서적 부양이란 심리적으로 변화된 노인의 감정과 정서를 이해하고 외로움과 고독을 달래주며 인격적 · 정서적 욕구의 충족을 제공하는 부양을 말하며, 이는 노인이 인격적 주체로서 다른 사람보다 더 만족스러운 정서적 관계가 유지되고 보장됨으로써 고립감이나 소외감을 느끼기 쉬운 시기인 노년기에 중요한 부양이라고 할 수 있다.

정서적 부양은 정부의 공적 기관이 주체가 되기보다는 가족이나 친족에 의해서 이루어지는 것이 가장 바람직하며 이에 따른 구체적인 방안으로는 노부모와의 질적인 접촉과 지지, 격려, 마음을 알리고 열게 하는 대화, 감정적 교류로 인한 신뢰감, 사랑과 존경심 등이 있다.

그러나 현대사회는 산업화와 핵가족화로 인해 자녀와 분리되어 살고 있는 노인이 증가하고 있기 때문에 노인들은 홀로 있는 고독한 시간을 피하고 사랑과 애정 또는 사회적인 접촉을 원하지만 현실적으로 이러한 욕구들이 충족되기가 쉽지 않다. 따라서 노인의 정서적 부양은 가족기능의 본질인 애정에 의거한 정서적 역할임을 생각할 때 가족을 중심으로 한 다양한 부양형태가 요구되며, 정서적 지원은 노년기의 고독과 소외감 해소에 중요한 해결책으로 궁극적으로는 삶의 질을 향상시킬 수 있다.

3) 신체적 부양

노인의 신체적 노화는 질병으로 이어지며 이러한 질병은 보통 장기적으로 진행되는 만성 퇴행성 질환이 대부분으로 결국 가족 중의 누군가는 보살핌과 시중을 들어야 한다.

전통사회에서는 부모에 대한 신체적 부양은 부모에게 시중을 드는 것으로, 또한 가족의 형태가 확대가족과 직계가족으로 구성되어 있어 가족원이 많았고 대부분이 장남 자녀와 동거하였기 때문에 노부모는 자녀들에게 병간호와 시중을 쉽게 받을 수 있었다. 그리고 이를 '효(孝)'의 덕목으로 여겼기 때문에 부양이 잘 이루어져 왔으나 현대사회에서는 노인부양의 주 역할을 해온 여성의 사회진출이 증가하고 도시화와 핵가족화로 인한 성인자녀의 분가현상이 크게 증가하고, 맞벌이부부가 많아졌으며 이로 인해 노인에 대한 신체적 부양기능이 양적 · 질적으로 약화되게 되었다. 또한 사회구조의 변화로 인해 사회와 가정에서 많은 역할을 해야 하는 자녀는 노인의 신체적 부양에 세심한 주의를 기울일 수 없는 실정이고, 장애나 병이 있는 노인을 부양하는 가정에서는 신체적 부양뿐만 아니라 경제적 비용까지 겹쳐 더욱 어려움을 겪게 되었다.

6. 부양분담 형태에 따른 유형

부양노인의 건강상태나 서비스 종류에 따른 필요 정도 등 부양분담 형태에 따라서 개별부양, 서비스형 부양, 수용시설 부양, 의료시설 부양, 일시적 부양 등으로 구분할 수 있다.

1) 개별부양

개별부양은 아직은 비교적 건강하여 의료서비스를 크게 필요로 하지 않는 가장 일반적인 부양유형으로 그 내용은 다음과 같다.

첫째, 개인부양은 개인주의 중심의 선진국의 주된 부양유형으로 노인 개인 혹은 노인부부가 자신의 부양을 해결하는 유형이다.

둘째, 가족부양(2~3세대 동거부양)은 노인부양을 가족원이 책임지는 유형으로서 지금까지 우리나라의 대표적인 부양유형이라 할 수 있다.

셋째, 노인공동체 부양은 동년배의 노인이 함께 생활을 함으로써 생활문제를 해결하는 유형이다.

2) 서비스형 부양

서비스형 부양은 실버타운과 같은 노인을 위한 다양한 서비스가 제공되는 시설에서 생활함으로써 자신의 부양문제를 해결하는 형태이다.

대표적으로 은퇴촌, 유료노인복지주택, 실비노인복지주택에서의 부양 등이 있으며 이는 시설과 서비스의 질과 규모에 따라 구분되고 있다.

3) 수용시설 부양

수용시설 부양(양로/요양원 부양)은 서비스형 부양유형에 비하여 집단적인 규모는 유사하나 이주방법과 서비스의 질에 차이가 있어 대체로 저소득층의 무의탁 노인에 대한 수용과 보호의 부양성격을 띠고 있다. 노인들의 부양을 요양원 혹은 양로원과 같은 수용시설에서 해결하는 형태로 수용시설 부양의 종류에는 유료양로원, 실비양로원, 무료양로원 그리고 전문요양원, 요양원 등이 있다.

4) 의료시설 부양

의료시설 부양은 생의 마지막 단계에서의 부양형태라 볼 수 있는 것으로 호스피스 병동 혹은 장기입원 후 임종을 맞게 되는 경우처럼 의료서비스가 중점적으로 제공되는 노인병원, 요양병원, 개인병원 및 종합병원 등의 시설에서 노인부양이 제공되는 형태이다.

5) 일시적 부양

일시적 부양은 노인부양이 단기적 혹은 일시적으로 이루어지는 형태로, 주간보호시설이나 단기보호시설 등을 그 예로 들 수 있다.

제3절 황혼이혼과 재혼

1. 황혼이혼의 개념

이혼이란 생존 중의 부부가 협의(협의상 이혼, 민법 제834조) 또는 재판(재판상 이혼, 민법 제840조)에 의하여 혼인관계를 취소하는 것이다.

황혼이혼이라는 용어는 사용한 지 몇 년 되지 않은 신조어로 20년 넘게 결혼생활을 해온 50대 이상의 부부 이혼으로 보는 시각과 가족주기상 자녀들이 모두 출가하고 부부만이 생활을 하게 되는 노년기에, 즉 60세 이상 부부들의 이혼이라고 보는 시각도 있다. 그러나 황혼이라는 용어는 아직까지 법이나 제도 차원에서 쓰이는 법적인 용어가 아니기 때문에 명확한 개념으로 정의하기는 어렵지만, 일반적으로 '20년 이상 동거한 부부들이 이혼하는 것'으로 보고 있다.

1) 부부갈등의 요인

부부는 결혼과 동시에 많은 시간을 함께 지내면서 수많은 갈등을 경험하게 되는데 그 이유는 성장배경이 다른 남녀가 결혼하다 보니 생각이나 욕구의 불일치 등 생활에서 크고 작은 갈등이 발생하게 된다. 부부간에 나타날 수 있는 어느 정도의 갈등을 서로 조절하거나 해소하게 되면 부부관계를 발전시킬 수 있지만 그 한계를 벗어나게 되면 결혼의 안정성을 위협하는 요인으로 작용된다.

(1) 의사소통 갈등

의사소통이란 상대방을 이해하고 자신을 상대방에게 이해시키는 과정으로써 서로의 감정, 태도, 사실, 믿음, 생각을 전달하는 상호작용 과정을 통해 서로에게 정보를 주고받으며 자신의 생각을 타인과 나누는 것이다. 이렇듯 부부관계에서 쌍방적인 상호관계를 필요로 하고 이러한 상호관계를 형성하는데 있어 가장 보편적인 요소가 의사소통이다.

(2) 가정생활 갈등

가정생활에서의 갈등은 가사노동의 분담, 여가활동 및 취미생활, 가족활동과 관련된 사항, 성격과 생활습관 및 자식들과의 관계에서의 갈등이 있다. 또한 자신과 배우자의 사회생활 및 대인관계와 관련된 내용으로 발생되는 가사노동, 가족행사, 친구문제 등 가족과 관련된 제3의 요인에 의한 배우자 간의 갈등으로 가정생활 영역과 의사소통 영역에서의 부부갈등이 심화되어 황혼이혼에 영향을 미치는 것으로 보고되고 있다. 한편 가사노동 분담에 관한 갈등의 정도가 낮은 집단이 결혼만족도가 높게 나타나고 있다.

(3) 공격행동 갈등

공격행동 갈등은 밀치거나 때리는 행동, 폭언, 욕설, 방임 등으로 배우자의 공격적인 행동의 결과로 나타난다. 부부관계는 애정과 폭력이라는 이중적 특성을 동시에 안고 있어서 이 관계가 끊임없이 반복해서 일어나기도 한다. 폭력은 그 자체가 인격에 대한 모독이고, 인간성을 말살하는 행위로 부부관계에서도 폭력은 구조적으로 내재되어 있지만 폭력은 또 다른 문제를 야기할 수 있음을 알아야 한다.

(4) 경제갈등

경제갈등은 금전관리 문제로 인한 배우자와의 갈등, 불충분한 가계수입, 저축 및 투자 문제로 인한 경제적인 문제로 발생하게 되는데, 노년기 소득감소에 따른 경제적 문제는 부부간의 잠재적 긴장과 갈등의 근원이 되고 있으며, 낮은 경제수준은 부부갈등과 스트레스 그리고 이혼에 영향을 줄 수 있다. 따라서 생애단계에서 경제적 불안정의 위험이 가장 높아지는 시기가 노년기이므로, 이 시기에는 은퇴로 인한 소득 중단 또는 제한적인 취업 등이 발생하기 때문에 이혼 및 가족의 해체에 중요한 변인으로 작용할 가능성이 높은 것이다.

서울대 노화·고령사회연구소 조사(2013)에 의하면, 우리나라의 결혼부부들은 평균 25년 넘게 결혼생활을 유지하고 있음에도 절반 가까운 47%가 결혼생활에 만족하지 못하거나 3분 1 정도가 심각하게 이혼을 고려 중이었다. 결혼 불만족도는 여성이 남성에 비해 높았고, 이혼 고려자는 소득이 낮을수록 비율이 높은 것으로 조사되었다. 이러한 현상은 경기침체, 구조조정, 미래 불안 등으로 노년기 가정을 꾸려가기에 불안한 경제적 삶과 관계가 있다.

2) 황혼이혼의 추세

황혼이혼의 추세를 보면 그림 4−4에서 보는 바와 같이 혼인지속기간별 이혼건수 및 구성비율을 살펴보면, 2014년 우리나라의 전체 이혼율 중 결혼 20년 차 이상 부부와 결혼 4년 차 미만 부부의 비율은 각각 28.7%와 23.5%로 전체 이혼건수의 절반을 넘어서고 있다. 특히 결혼기간 20년 이상의 황혼이혼에 해당하는 이혼율은 1995년 8.2%에서 2014년 28.7%로 20년 동안 약 3.5배 정도 증가한 것은 주목할 만한 현상이다.

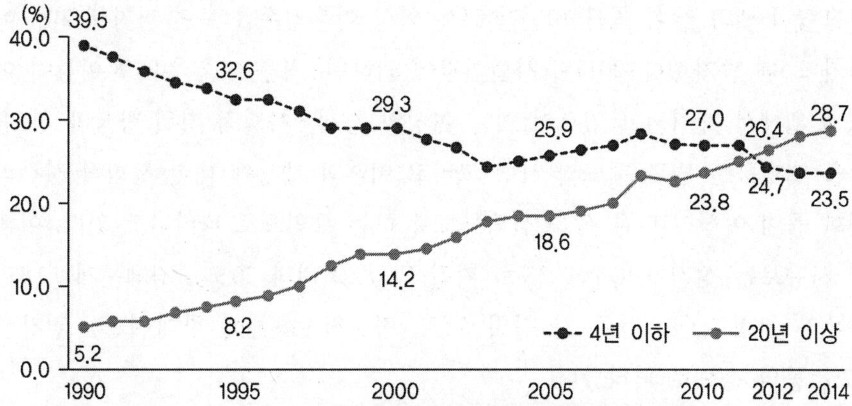

그림 4-4 혼인지속기간별 이혼율

출처 : 통계청(2015). 인구동태통계연보(혼인 · 이혼편) 각 년도.

<표 4-2>와 같이 혼인지속기간이 10년 이하인 부부에서는 2003년에 전체 이혼구성비가 47.7%였으나 2013년에 42.4%로, 5% 정도 감소한 반면에 혼인지속기간이 20년 이상인 부부에서는 2003년에 전체 이혼구성비가 17.8%에서 2013년에 28.1%로 10.3%가 증가하여(1.6배) 황혼이혼이 급격히 증가하고 있음을 보여주고 있다.

〈표 4-2〉 혼인지속기간별 이혼건수 및 구성비 (단위 : 천 건, %)

	2003	구성비	2005	2007	2009	2011	2013	구성비	전년 대비 증감률
계*	166.6	(100.0)	128.0	124.1	124.0	114.3	115.3	100.0	0.9
4년 이하	40.9	(24.6)	33.1	33.7	33.7	30.7	27.3	23.7	-3.2
5~9년	38.5	(23.1)	28.5	25.5	23.6	21.7	21.5	18.7	-0.1
10~14년	32.7	(19.6)	23.6	21.7	20.0	17.4	16.9	14.6	-4.8
15~19년	24.8	(14.9)	18.9	18.3	18.4	16.2	17.2	14.9	3.3
20년 이상	29.7	(17.8)	23.9	25.0	28.3	28.3	32.4	28.1	7.3
20~24년	17.2	(10.3)	12.6	11.7	12.8	12.6	14.4	12.4	5.9
25~29년	7.4	(4.4)	6.5	7.2	8.3	7.7	8.7	7.6	8.4
30년 이상	5.1	(3.1)	4.8	6.1	7.2	7.9	9.4	8.1	8.4
평균 혼인 지속기간	11.9	–	12.0	12.3	12.9	13.2	14.1	–	2.9

출처 : 통계청(2014). 인구동태통계연보(혼인 · 이혼편) 각 년도.

그림 4-5와 같이 최근 10년간 55세 이상 이혼건수를 보면 남자는 2배, 여자가 2.5배 증가했다. 2013년 사법연감에 의하면, 최근 이혼의 80% 이상이 여성에 의해서 제기되고 있으며 이는 여성의 경제·사회적 지위 향상과 성 평등을 지향하는 법과 제도의 시행 그리고 이혼과 재혼에 대한 사회적 시각의 변화 등이 여성이 다른 삶을 선택하도록 하는 요인으로 나타나고 있다. 이혼의 사유로는 성격차이가 47.3%로 가장 많았고, 기타 20.9%, 경제문제 12.8%, 배우자 부정 7.6%, 가족 간 불화 6.5%, 정신적·육체적 학대 4.2%, 건강상 0.7% 등의 순으로 나타났다.

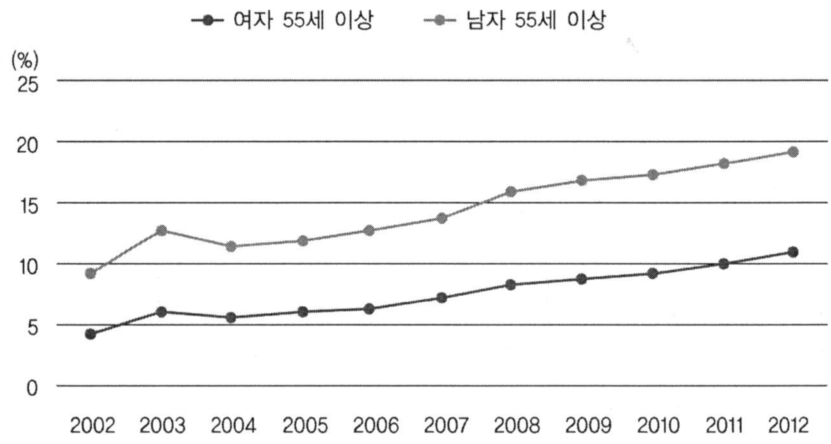

그림 4-5 **55세 이상 연도별 이혼건수**

출처 : 통계청(2013). 인구동태통계연보(혼인·이혼편) 각 년도.

이 밖의 원인으로는 남성중심의 가부장적인 권위와 강압, 남편의 실업, 이혼에 대한 부정적 가치관의 완화, 자녀의 독립, 자아실현욕구, 노년기 이전부터의 배우자의 폭력 등 사회적·제도적·개인적 원인으로 매우 다양한 것으로 조사되었다.

따라서 자녀들 때문에 참고 살았던 여성들이 자녀를 출가시킨 뒤 이혼을 결정하거나 경제적 문제로 이혼을 주저했던 여성들은 '재산분할 청구권', '자녀양육권' 인정과 '국민연금 분할연금 청구'가 도입되면서 경제적 보상을 받을 수 있게 되었고, 또한 1998년 '가정폭력 특별법'이 시행되어 가정폭력도 일반적인 폭력범죄와 같이 공권력이 개입된다는 인식이 확산되면서 이혼을 선택한다는 의견도 제시되었다.

3) 주요 이혼통계

남자의 주 이혼 연령층은 40대 초반이 전체의 19.3%로, 2008년부터 전체 연령층 중 가장 높은 비중을 차지하고 있는데, 2012년 대비 20대와 30대 후반 및 40대 초반 이혼은 감소하고 있으며, 나머지 연령층의 이혼은 증가하고 있는 추세이다.

한편 여자의 주 이혼 연령층도 40대 초반으로, 전체 이혼의 19.8%를 차지하고 있으며, 2011년부터 40대 초반의 이혼이 가장 높은 비중을 차지하고 있는데, 2012년 대비 30대 초반 및 40대 이상 이혼율은 증가하고, 20대 이하 및 30대 후반 이혼율은 감소하고 있다.

<표 4-3>과 같이 이혼의 방식은 협의이혼은 8만 8천 6백 건으로 2012년 대비 0.9% 증가하였고, 재판이혼은 2만 6천 6백 건으로 전년 대비 0.8%가 감소하고 있는데, 재판이혼 구성비는 23.1%로 2010년 이후 감소 추세이다.

〈표 4-3〉 **이혼종류별 이혼구성비**

	2003	2005	2008	2010	2012	2013	전년 대비 증감
계*	100.0	100.0	100.0	100.0	100.0	100.0	–
협의이혼	85.9	86.5	77.9	75.2	76.0	76.9	0.9
재판이혼	13.4	12.8	22.1	24.8	23.9	23.1	–0.8
미 상	0.7	0.7	–	–	0.1	–	–

출처 : 통계청(2014). 인구동태통계연보(혼인 · 이혼편) 각 년도.

4) 이혼의 과정

(1) 이혼 생각

이혼에 대한 생각은 이혼에 대한 일반적인 생각으로부터 이혼을 하는 수단에 대한 생각까지이며, 이혼을 목적으로 하는 행동의 표출이 이루어지지 않은 생각과 감정의 차원을 말하는 것으로 심리적 상태를 말한다.

부부간에 갈등이 야기되면 그 갈등으로 이혼을 생각하게 하고, 갈등이 지속되면서 이혼을 생각하게 되나 여러 가지 이혼을 억제시키는 요인이 발생해 이혼을 보류하게 된다. 부부의 이혼의도에 가장 큰 영향을 미치는 요인은 결혼만족의 수준이며, 결혼생활에 대한 불만족은 이혼이나 별거하고 싶은 동기를 유발하게 하지만 이혼의 계획 및 시도에는 주변 사람들의 이혼에 대한 태도가 중요하다. 즉, 본인의 의지도 중요하지만 주위의 개입으로 인한 결과도 매우 중요한 것이다.

(2) 이혼 시도

이혼 시도는 이혼에 대한 생각을 넘어서는 행동적 차원을 포함하지만 실제적인 이혼에는 이르지 않은 것으로서, 이혼에 대한 법적·경제적 정보수집, 이혼을 목적으로 하는 상담, 이혼청구서 작성, 이혼소송을 밟는 과정을 포함하는 것으로, 이혼에 관련된 행동의 표현은 있으나 법적 이혼에 이르지 않는 것이다.

거트만(Guttman, 1993)은 이혼은 하나의 사건이 아니라 단계가 있는 과정이며 다차원적이고 복합적인 과정으로 보았다. 그는 이혼과정을 결심단계, 분리단계, 투쟁단계, 정리단계 등으로 구분하였는데, 이러한 단계를 거치면서 이혼을 생각하게 했던 갈등의 요인이 해소되지 않고 악화되거나 결혼한 것을 더욱 후회하게 하거나 또 다른 요인이 추가될 때 결국 이혼을 결심하고 이혼행위로 이어진다고 하였다.

2. 노년기 재혼의 개념

재혼의 개념은 결혼한 자가 법률적으로 이혼하거나 또는 사별한 후에 다시 결혼하는 것(remarriage)을 의미하고 있다. 즉, 이미 한 번 또는 그 이상 결혼한 경험이 있는 사람이 다른 배우자와 결혼하여 새롭게 가정을 재구성하는 것으로 노년기의 재혼은 사별이나 이혼으로 인해 홀로된 노인들이 서로 의지하면서 안정된 생활을 누리기 위해 인생 후반부를 함께할 새로운 동반자를 만나는 것이라고 할 수 있다. 최근에는 노년기 재혼을 긍정적인 의미로 표현하기 위하여 '재혼'이라는 말 대신 '새혼'이라는 용어를 사용하기도 한다.

1) 재혼의 유형

평균수명의 연장으로 노년기가 늘어나면서 의식구조도 많이 변하여 홀로된 노인이 자녀와 동거하기보다는 독립된 생활을 하려는 경향이 늘어나는 등 노년기 재혼에 대한 관심이 높아지고 있다. 이에 따라 홀로 사는 노인들에게 있어서 재혼은 잊어버렸던 인간관계의 회복으로 인식하는 경향이 높아지고 있다.

노년기 재혼유형은 초혼과는 다르게 가족들의 관계가 복잡하게 연결되어 있으므로 재혼 전 결혼경험 유무에 따라서 세 가지 유형으로 구분할 수 있다.

첫 번째, 유형으로 남자 재혼 + 여자 초혼의 경우로 과거에는 이런 유형의 재혼이 비교적 많이 이루어졌다.

두 번째, 유형으로 남자 초혼 + 여자 재혼의 경우이다.

세 번째, 유형으로 남자 재혼 + 여자 재혼의 경우이다.

이러한 구분과 함께 재혼 전과 재혼 후 그리고 자녀 유무에 따라서 다음과 같이 여섯 가지 유형으로 구분할 수 있다.

- 유형① : 부부 모두 무자녀인 경우
- 유형② : 재혼 후 부부 사이의 출생자녀가 있는 경우
- 유형③ : 부부 한쪽만 재혼 전 자녀가 있는 경우
- 유형④ : 부부 한쪽만 재혼 전 자녀가 있고 재혼 후 출생자녀가 있는 경우
- 유형⑤ : 부부 모두 재혼 전 자녀가 있는 경우
- 유형⑥ : 부부 모두 재혼 전 자녀가 있고 재혼 후 출생자녀가 있는 경우

또한 노년기의 결혼은 젊은층의 초혼과는 달리 사실혼인 경우가 많은데 결혼상황에 대한 법적 신고 유무에 따라서 법적으로 인정된 법률혼과 결혼신고를 하지 않은 사실혼으로 구분해 볼 수 있다.

2) 만남의 환경변화와 재혼동기

노인의 문제에 대해서 사회적 관심이 높아지면서 노인의 복지와 관련한 정책들과 노인들이 사회참여를 할 수 있는 다양한 환경이 조성되고 있다. 노인

들이 자주 모이는 경로당을 비롯해 노인종합복지관, 사회복지관, 평생교육원, 문화원과 같은 시설들이 증가하고 있으며, 노년층을 겨냥한 다양한 프로그램이 제공되고 있어 노인들의 사회참여를 활성화하는 데 기여하고 있다. 이러한 환경의 변화들은 노인들이 재혼을 위해서 배우자를 만날 수 있는 기회, 즉 만남의 장을 제공하게 되므로 재혼이라는 접근성을 용이하게 해주는 것들이다.

노년기에 접어들어 재혼을 하려는 사람들은 나름대로 재혼을 선택하게 된 다양한 동기들이 있다. 노인들이 재혼을 희망하는 이유에 관한 많은 연구들에서는 '외로움을 달래기 위해서', '동반자의 필요', '자녀로부터 독립하기 위한 수단', '건강을 보살펴 줄 사람이 필요', '경제적 어려움 해소' 등으로 나타나고 있다. 또한 재혼을 희망하는 이유를 성별로 비교해 보게 되면 남성노인의 경우에는 '늙을수록 배우자가 필요해서', '효자가 악처만 못하기 때문에'라고 했으며, 반면 여성노인들의 경우에는 '스스로 생활을 영위해 나갈 경제적 어려움 때문'에 재혼을 권유받는 경향이 있으며, 가치관이 다른 며느리와 살면서 겪게 되는 '며느리 시집살이가 괴로워서' 등이 중요한 이유로 제시되고 있다.

따라서 노인 재혼의 주요 요인으로 나타나고 있는 이러한 결과들은 재혼은 낭만적인 요소보다는 현실적인 이유라는 주장이 더욱 설득력을 얻고 있는 것이다.

3) 재혼노인의 실태

(1) 재혼에 대한 견해

2014년 통계청이 발표한 60세 이상 고령자의 재혼에 대한 의견을 살펴보면 <표 4-4>와 같이 재혼을 '해야 한다'라는 긍정적 응답이 22.5%를 차지했고, '하지 말아야 한다'라는 부정적인 응답은 23.2%였다. 또한 '해도 좋고 하지 않아도 좋다'와 같은 중립적인 응답은 46.6%를 차지하였다. 노인의 재혼을 바라보는 긍정적인 의견은 남자가 19.9%로 여자 응답자의 13.3%보다 더 높게 나타나 남자가 노년기 재혼에 대하여 더 개방적 모습을 보이고 있다.

〈표 4-4〉 **노년기 재혼에 대한 견해** (단위 : %)

	계	해야 한다	해도 좋고 하지 않아도 좋다	하지 말아야 한다	잘 모르겠다
2014	100.0	16.5	60.0	15.5	8
남 자	100.0	19.9	59.1	12.4	8.6
여 자	100.0	13.3	60.9	18.5	7.3
60세 이상	100.0	22.5	46.5	23.2	7.8

출처 : 통계청. 2014년 사회조사 결과.

2006년 이후 65세 이상 노인의 재혼을 바라보는 의견변화 추세를 살펴보면 노인 재혼에 대한 긍정적 응답이나(23%), 부정적 응답(15.8%) 비율은 약간 줄어든 반면에 중립적 응답은 49.9%에서 2014년에 60.0%로 뚜렷하게 증가하고 있어 노년기 재혼에 대한 사회적 인식이나 생각이 유연해지고 있음을 알 수 있다(kosis, 2014).

(2) 노인의 사실혼

전통사회에서는 성인남녀가 혼인을 맹세하고 법률혼을 통해 배우자의 혈연적 관계로 후세대를 이어가는 것이 정당화되었지만 현대사회는 과거와는 다르게 법률혼이 아닌 사실혼이 통계적으로 나타나지 않는 상태에서 계속 증가되는 추세를 보이고 있다.

사실혼이란 혼인의사를 가진 자가 부부생활의 형태를 가지고는 있으나 법적으로 혼인신고를 하지 않아, 법률상 혼인으로서 인정되지 않는 부부를 뜻하는 것으로 법률적 해석을 따져보면 사실혼은 당사자 간의 합의(민법 제815조)로 '혼인신고를 하지 않았지만 법률혼과 같은 부부의 형태'의 성격을 지니고 있는 것을 의미한다.

법률혼과 같이 동일한 법적 제도의 영향을 받을 수는 없지만 사회관념상 오래전부터 묵시적으로 부부의 성격으로 인정되고 있으며, 법률혼과 같이 부부 간의 의무도 동일하게 발생하기도 한다. 예를 들어, 사실혼은 배우자 간의 동거부양, 협조의무, 정조의무가 인정되고 있으며, 재산과 관련해서도 혼인한 배우자와 동일하게 일상 가사에 관한 법률행위로 발생한 채무에 대하여 연대책임을 지게 된다.

또한 제3자가 부당한 간섭으로 사실혼 관계를 파탄에 이르게 하거나 제3자의 불법행위로 사실혼 배우자에게 상해를 입혔을 경우 물질적 손해배상을 청구할 수도 있으며, 사실혼의 해소 시 파탄 무책자는 유책자에게 이에 대한 손해배상과 재산분할을 청구할 수도 있다. 그러나 중요한 것은 사실혼에 있어 배우자 간 친족관계가 성립되지 않으며 그로 인해 인척관계도 성립되지 않기 때문에 사실혼은 배우자에게나 자녀들에게 상속권한이 주어지지 않는 것이 법률혼과의 차이라고 할 수 있다.

(3) 노인 재혼의 장애요인

인생의 노년기에 접어들면서 홀로된 노인들이 가질 수 있는 재혼에 대한 욕구는 결코 쉽게 풀 수 있는 문제가 아니다. 오랜 기간 부부가 함께하면서 주변에 재혼한 부부들을 바라보게 되는 재혼에 대한 부정적인 인식을 무시할 수 없다. 즉, 재혼에 대한 사회적 인식이 변화되어 가고는 있지만 아직도 자식들 보기 창피해서 또는 사회적인 체면 때문에 재혼을 망설이는 것이 보편적이다.

특히 인생 후반부인 노년기에 이성 간의 사랑이나 성적 욕구에 대해 바라보는 사회적 편견과 금기시하는 그릇된 관념이 재혼의 장애요인으로 여전히 작용하고 있다. 또한 재혼한 이후에는 가족이라는 테두리 안에서 그동안의 지위와 역할이 상당 부분 변할 수 있는 것도 노년기 재혼부부가 감당하기에는 어려운 장애요인이라 할 수 있는데 노년기 재혼에 따른 주요 장애요인은 다음과 같다.

첫째, 재혼의 사유가 이혼인 경우 전 배우자로 인해 야기되는 갈등은 흔히 생길 수 있으며, 사별인 경우에는 사별하기 전의 부부애의 말로라 볼 수 있는 전 배우자의 제사문제로 인한 갈등이 예상된다.

둘째, 재혼으로 인해 배우자의 친자녀와 동거하게 되는 경우는 재혼가족 내에 여러 가지 긴장과 갈등을 만드는 요소로 새롭게 부각될 수 있다.

셋째, 전혼(前婚) 자녀의 존재는 재혼부부에게 새로 결합한 부부의 관계보다 더 강력하고 친밀한 부모-자녀의 관계가 형성되어 있기 때문에 재혼부부에게는 언제나 위험요소가 될 수 있다. 또한 새롭게 구성된 재혼가족의 구성원 수가 많을수록 가족구성원들이 대처해야 하는 관계의 복잡성은 더 증가하게 되는 것이다.

넷째, 서로 다른 가치관과 생활방식을 가지고 만난 재혼가족 구성원들에게 지위와 역할 변화에 따른 혼란이 가족 모두를 상당 부분 괴롭힐 수 있다는 것도 생각해야 하므로 재혼 후에 발생하리라고 예상되는 가족관계에 대한 부정적 인식도 재혼을 피하게 하는 요인이라 할 수 있다.

다섯째, 인생에 있어 노년이라는 특성 때문에 노년기 건강과 경제적 문제는 재혼을 선택할 때 중요한 변수로 등장한다. 즉, 건강상태가 좋지 않으면 재혼 자체를 생각하기도 어려울 것이고, 특히 여성노인의 경우에는 자신의 노후를 책임질 수 있는 경제력 있는 남성을 원하는 경향이 높기 때문에 남성노인의 경우 경제적 능력은 재혼과정에서 가장 핵심적인 문제로 부상할 수 있다.

이상에서 살펴본 바와 같이 노인의 재혼에 대한 억제심리와 두려움 그리고 만족스럽지 못한 건강 및 경제 상황 그리고 재혼에 대해 호의적이지 않은 가족들의 태도 등이 노년기에 재혼을 꺼리게 하는 핵심 장애요인이라 할 수 있을 것이다. 이와 같은 장애요인들은 노인들이 재혼을 선택하는 것을 망설이게 하는 주요 요인이기도 하지만 한편으로는 재혼 이후 결혼생활에서도 문제로 나타날 수 있어 결혼만족도에 높은 영향을 미칠 수 있다.

Chapter 05

노년기 성(Sex)생활과 노인상담

제1절 노년기의 성

노년기에 있어서 성(sex)이라는 것은 나이가 들어가면서 성욕과 성행위 자체도 줄어들고 또 노화에 따라 쇠퇴하게 되는 대표적인 생물학적 현상의 하나로 믿어왔다.

노인이 되면 성능력이 상실되고 관심이 줄어드는 것은 사실이지만 무엇보다도 우리 사회가 노인의 성이라고 하면 금기시할 뿐 아니라 무시하는 사회적 편견 때문에 노인 스스로가 위축되기도 한다. 그러나 인간의 본성 중 하나인 성욕은 노인이 되었다고 감퇴되는 것이 아니라 생을 마감하는 날까지 계속된다고 볼 때 노인의 성은 결코 무시할 수 없는 것이다. 또한 최근의 성문화가 과거보다 훨씬 개방되었다고 하지만 아직도 노인들의 성에 대해서는 부정적이고 인색하다고 할 수 있다.

1. 성(Sex)의 개념

'섹스(sex)'는 성교라는 성행위를 의미하고 또 생물학적인 성을 의미하는 것으로 남녀를 구분할 때 사용하는데, 현대사회에서 사용되는 섹스의 개념은 이와 더불어 신체적 기능과 성행위 그리고 쾌락을 인위적으로 종합해 놓은 개념으로 발전하여 본질적이고 자연적이며 생물학적 조건이 아닌 인위적인 단위로 인식되고 있다.

우리가 사용하는 성(sex)의 의미는 여러 가지 측면에서 혼용하여 사용되는 경우가 많은데, 성(sex)의 개념정립을 위해서 주로 사용되는 용어를 살펴보게 되면 섹스(sex), 젠더(gender), 섹슈얼리티(sexuality) 등이 있다.

섹스(sex)란 라틴어의 세크타스(sextus)에서 나온 것으로 그것은 분리한다는 의미로 인류를 크게 남성과 여성 두 가지 부류로 나누는 상징으로 19세기 이전까지 사용되었지만, 현대사회에서 사용되고 있는 Sex의 개념은 생물학적 요소들로 신체적 기능, 성행위, 감각, 쾌락들을 인위적으로 종합해 높은 개념으로 발전하여 더 이상 본질적이고 생물학적 조건이 아닌 인위적인 단위로 인식하고 있다.

젠더(gender)는 생물학적 성에 근거하지만 생물학적 자질에 따른 것이 아니고 사회적으로 학습된 기대와 행동을 말한다. 사회에서 '남자답다(masculinity)', '여자답다(femininity)'라고 부르는 것을 인지하고 학습하게 됨에 따라 남성·여성이 되어가는 것이며, 이는 성역할을 강조하는 개념이다. 특히 개인의 사회적 성은 생물학적 측면과 문화가 상호 의존하면서 영향을 주고받는다.

섹슈얼리티(sexuality)는 섹스와 젠더의 개념을 포함하여 성적 욕망의 차원을 넘어 인간의 성행동뿐만 아니라 인간이 성에 대해 가지고 있는 태도·감정·가치관·이해심·행동·환상·존재의 의미 등을 포함하는 복합적 의미이다.

인간의 성기능은 20세를 전후로 절정에 달하며, 그 이후에는 서서히 저하되는 과정을 거치게 되면서 심리적인 영향을 받는다. 특히 노화과정에서 나타나는 성에 대한 이미지는 심리적인 반응이 다소 강하게 작용되면서 성적 욕망이나 표현을 포기하기도 하는데, 이러한 사실은 성을 단순히 신체적인 성교행위로만 좁게 생각하는 것이고 인간행동의 다른 구성요소인 심리적인 요인을 고려하지 못한 결과이다. 따라서 인간의 성생활은 섹슈얼리티(sexuality)라는 관점에 의해 성행위라는 좁은 의미의 개념이 아닌 성을 매개로 하여 이루어지는 모든 활동을 포함하는 개념인 것이다.

2. 노인의 성인식

노인의 성에 대한 인식은 노인 스스로가 인식하는 자신의 성생활에 대한 욕구, 태도, 중요도 등에 대한 정도를 의미하는 것으로, 유교적 가치관이 지배했던 우리나라에서는 성(sex)에 대한 인식은 남녀를 구분하는 이분법적인 것이었다.

남성의 성은 욕구의 충족과 능력을 의미했지만 여성의 성은 종족보존의 도구로 생각하였고 또한 부부의 성은 단순히 대 잇기를 위한 자녀출산의 기능 이상으로 평가되지 못하였으며, 남성에게는 성에 대해 관대했던 반면에 여성에게는 억압이 존재하는 이중적 가치관이 적용되기도 하였다.

신체적인 조건에서의 변화와 노인의 성(sex)에 대한 사회문화적인 현상들은 노인의 성생활을 어렵게 만들고 있다. 일반적으로 전반적인 사회의 분위기는 노인을 무성(無性)으로 간주하고 있으며, 노인의 성에 대해서 주책이고 망측하다 라는 부정적인 시각이 여전히 지배적일 뿐 아니라 일부 노인들은 자신도 이러한 믿음에 동조하고 있다. 이는 성의 개념을 단순한 쾌락으로, 은밀하게 감추어진 내면의 본색으로, 또는 성은 젊음 위주의 것으로 간주해 버리는 잘못된 성에 대한 인식과 태도인 것이다. 이러한 노인의 성에 대한 편견은 노년기의 생활에 영향을 미치게 되어 노인들은 자신의 성적 욕구 및 성행위를 억압하게 되고 결국 성에 대한 태도와 성행동을 제약하는 요인이 된다.

노인 자신들도 성에 대한 지식 부족과 부정적인 태도 및 성적 욕구에 대한 부적절한 대처방법으로 인하여 노년기에 성적 행동이 활발하지 못하게 되고 노인들에 의한 성문제도 발생하고 있는 것이다. 따라서 우리 사회에서 고정관념화되어 있는 노인에 대한 전통적이고 부정적인 이미지를 새롭게 정의하여 노인을 성적인 존재로 인정하고, 성생활을 자연스럽게 받아들일 줄 아는 사회적 인식의 전환이 필요하다.

3. 노인의 성(Sex) 특징

1) 신체적 · 생리적 특징

인간은 나이가 들면서 신체적 · 정신적 노화를 겪게 되면서 성기능에도 영향을 미치게 된다.

노화가 진행되면서 신체적 변화와 더불어 해부학적으로도 성기관의 변화와 내분비물의 변화로 개인에 따라, 성별에 따라 정도의 차이는 있으나 전반적으로 성기능의 감퇴를 초래하게 된다.

먼저 남성에 있어서 노화와 관련된 생식력에 있어서의 변화는 다음과 같다.

첫째, 남성호르몬인 테스토스테론(testosterone)의 수준이 감소한다.

둘째, 정자량의 생산이 감소한다.

셋째, 정액의 일관성과 양이 감소되는 변화를 경험한다.

넷째, 사정력이 약화된다.

다섯째, 흥분과 발기가 서서히 진행되어 시간이 필요하다.

여섯째, 발기 후 발기 유지시간이 줄어든다.

일곱째, 재발기를 위한 시간이 길어진다.

나이 든 남성은 테스토스테론(testosterone)의 감소 때문에 리비도(libido)의 감소가 나타나고, 음경의 발기와 유지기능도 나이를 먹어감에 따라 감소하게 되어 노인은 발기되기 위하여 보다 많은 자극을 필요로 하게 된다.

이러한 변화들은 정상적으로 건강한 남성노인들은 전희와 성교 동안에 발기를 해서 지속시킬 수 있는 능력을 유지할 수 있는 반면에 그렇지 않은 노인들은 완전한 발기를 달성하기 위해서 보다 많은 시간이 필요하게 되고 생리적인 발기부전(erectile dysfunction)이 점차적으로 확대되어 간다. 결과적으로 남성의 오르가즘 도달은 점점 더 어려워지고 사정은 보다 힘을 잃게 되지만 모두에게서 그러한 현상이 나타나는 것은 아니다. 이것은 노인의 심리적 상황, 스트레스 정도, 신체적 건강상태에 따라 차이가 있는 것이다.

여성노인들은 대체적으로 폐경기를 지나면서 다음과 같은 성적인 변화를 경험하게 된다.

첫째, 에스트로겐(estrogen)과 난소에서 생산되는 프로게스테론(progesterone)의 양의 감소이다.

둘째, 생식체계에 있어서의 변화가 일어난다.

셋째, 질의 건조와 외음부의 수축이다

넷째, 음모의 감소를 포함하고 있다.

여성에 있어서 성적 반응과 연관된 가장 우선적인 생리적 변화는 폐경기 이후에 여성호르몬의 양이 줄어든다는 것이며, 리비도(libido) 또한 감소하여 인생 후반에 있는 여성들은 오르가즘의 감소를 경험하는 경향이 있다.

2) 사회문화적 특징

노인에 대한 사회문화적 특징은 노인들의 사회적 역할이나 지위의 중요성이 청년기나 중년기보다 현저하게 줄어들었으며, 청년기나 중년기의 문화와 구별되는 노인을 중심으로 하는 새로운 문화를 형성하는 특징이 있다.

사회문화적인 측면에서 노인의 성(sex)이란? 인간에게 있어서 성(sex)은 생명을 탄생시키는 최초의 기관이며, 또한 이성 간의 감정을 육체적으로 교류하는 기관으로서 추상적이며 실체적인 존재라고 할 수 있다. 그러나 사회문화적 측면에서 노인의 성(sex)은 생명탄생의 원초적 기능보다는 유희의 대상이 되고 있는데, 노년이 되면 생명탄생의 기능이 상실되고 정신적으로도 이완되기 때문이다.

따라서 노년기에 있어 성은 즐거움과 쾌락, 인간 간 감정의 육체적 교류, 사회공동체의 원동력 등의 의미를 담고 있어 노인생활에 있어 성생활은 매우 중요한 영역을 차지하고 있음을 알 수 있지만 배우자와의 사별이나 이혼 등으로 외톨이가 되는 경우도 많아 고독에 휩싸이는 노인들은 성(sex)문제 해결 이전에 심리적인 고독에서 벗어나고 싶은 욕망이 앞선다. 그러나 노인의 이성교제는 기회도 적을 뿐만 아니라 노인의 이성교제를 곱게 보지 않는 사회적 편견 때문에 활발하지 못한 편이다. 또한 성(sex)능력이 왕성해도 대응해 줄만한 상대자가 없으면 성활동이 중단되게 되는데, 이는 배우자와 사별 또는 이혼을 했거나 배우자가 있다 하더라도 질병 등으로 인하여 성활동이 중단된 경우이다.

3) 심리적 특징

노인은 신체적 변화에 따른 감각과 지각 기능의 저하로 인하여 심리적 기능에 영향을 미치게 된다. 즉, 신체기능의 쇠퇴는 체력과 함께 활동성 감퇴, 정력 부족, 인내력 부족, 흥미범위의 협소화 등으로 인해 자기중심적이 되고, 애정과 기분의 변화나 자아존중감 저하와 같은 심리적 변화를 가져오게 된다.

노인의 심리적 측면으로는 죄의식, 우울, 단조로움, 수행에 대한 불안감 등을 들 수 있으며, 이러한 각각의 요소들은 성적 관심과 활동에 부정적 영향을 미치고 있다.

(1) 성생활의 단조로움

노인의 심리적 측면의 요인 중 단조로움은 오랜 결혼생활 상태의 부부에서 1명의 파트너와 지속적인 성관계로 성행위에 별 흥미를 느끼지 못하는 경우로 이는 심리적인 요인에 기인한 것이다.

(2) 성생활 수행에 대한 불안감

성생활 수행에 대한 불안감으로 남성은 성행위에 있어서 파트너를 리드하고 만족시켜 주어야 된다는 자존심이 매우 크게 작용하기 때문에 성행위에 대한 실패의 두려움 때문에 성생활의 장애를 유발하기도 한다.

특히 남성노인의 경우 성행위의 중단이나 실패는 신체적인 면보다는 성교실패의 두려움과 성행위에 대한 성공의 걱정과 같은 심리적인 면이 더 중요하게 작용하는 것으로 노년기 성생활의 심리적인 요인은 남성노인의 '자신감의 감소'라 할 수 있다.

(3) 성생활의 흥미 및 관심 부족

인간은 누구나 연령에 관계없이 성에 대한 관심을 가지고 있지만 어떠한 외부적인 영향을 받아 성에 대한 관심이 없어질 수 있다. 이것은 성에 대한 심리적 요인이 직접적이기보다는 간접적인 원인에 의해서도 기인된다고 볼 수 있다.

즉, 노인의 성에 대한 사회의 부정적인 견해가 지배적이기 때문에 노인이 성행위를 하면 바람직하지 않다는 생각에서 성에 대한 관심을 버리고 포기하게 되는 경우가 대표적이다. 또한 나이가 많을수록 성생활을 원만하게 영위하지 못하는 데는 심리적 상태가 가장 문제가 되는데 창피해서, 욕구충족을 시키지 못할 것에 대한 두려움, 상대가 응할 것 같지 않아서, 성교 시 실패할 것 같은 두려움 등 다양한 원인이 있으며 이러한 요인들은 성적 관심과 활동에 부정적 영향을 미치게 된다.

그렇지만 많은 노인들은 성에 흥미가 있을 뿐만 아니라 실제 성적 행위도 하고 있는 것으로 나타나고 있는데, 비록 노화에 따라 성적 활동이 감소되거나 개인의 차가 있다 하더라도 중요한 것은 많은 노인들이 성적 활동을 한다는 점을 유념해야 한다.

4) 환경적 특성

(1) 노인 성 환경의 개념

노인의 성 환경(sexual environment)을 광의의 의미에서 정의하면, 노인의 성생활(sexual life)을 둘러싼 제반환경을 의미한다. 즉, 노인의 성 환경은 노인이 성생활을 영위하는 데 영향을 주는 제반 환경인 것이다.

협의의 의미에서 노인의 성 환경이란 인간의 성행위(sexual behavior)를 둘러싼 제반 조건을 의미한다. 즉, 성을 거래하는 성 시장, 성교를 하는 장소, 성을 촉진시키는 의약품이나 운동, 성 상대자, 성 연결매체, 성 문화 등 다양한 형태로 성행위에 직간접적으로 영향을 주는 제반 조건으로 노인의 성 환경은 성 환경에 처해 있는 조건에 따라 성생활을 가질 수 있는 가능성이 있다고 할 수 있다. 따라서 노인의 성 환경은 노인의 성생활을 결정하는 중요한 요인으로 작용한다.

(2) 성 환경의 특성

노인의 성 환경은 노인의 성생활에 영향을 주는 성의 상업화와 관련되어 있다. 성의 상업화는 성을 살 수 있는 성 시장, 성관계를 할 수 있는 장소, 성을 촉진시키는 산업 등으로 성과 관련된 상품을 거래함으로써 형성된다.

노인의 성 상업(sexual commerce)은 젊은층이 이용하는 성 상업과 크게 다르지 않다고 할 수 있다. 노인의 성 상업은 매춘장소, 여관, 술집, 다방, 캬바레, 카페, 이발소, 콜라텍 등과 같이 퇴폐적인 것이 있으며, 다른 한편으로는 에어로빅, 댄스장소, 취미활동단체, 사회활동단체, 노인재혼상담소 등과 같은 건전한 것도 있다. 이러 한 것은 성을 구매하기보다는 성을 교제의 수단으로 또는 이성교제를 통해서 삶을 윤택하게 하는 장소로 여기는 경향도 있으며, 특히 배우자를 잃은 노인층이 새로운 배우자를 선택해서 새로운 삶을 영위하기 위한 수단으로 이용하기도 한다.

성의 상품화는 고령사회의 도래, 수명연장, 노인의 성 개방의식 등에 의해 촉진되고 있으며, 자본주의가 발전된 사회가 될수록 성을 자본획득 수단으로 이용하는 경향이 강하게 나타나 성 상업화를 활성화시키고 있다.

(3) 노인의 성 환경과 매체

성 상업의 발달은 성 주체로서 노인의 성활동에 직접적으로 영향을 주는 성 매체의 발달에 영향을 준다. 성 환경으로는 성 유희(sexual play) 환경, 성 문화(sexual culture) 환경, 성 연결 환경(sexual connection), 성 거래(sexual transaction) 환경 등이 있는데 이러한 성 환경은 다양한 성 매체(sexual medium)로 구성되어 있다.

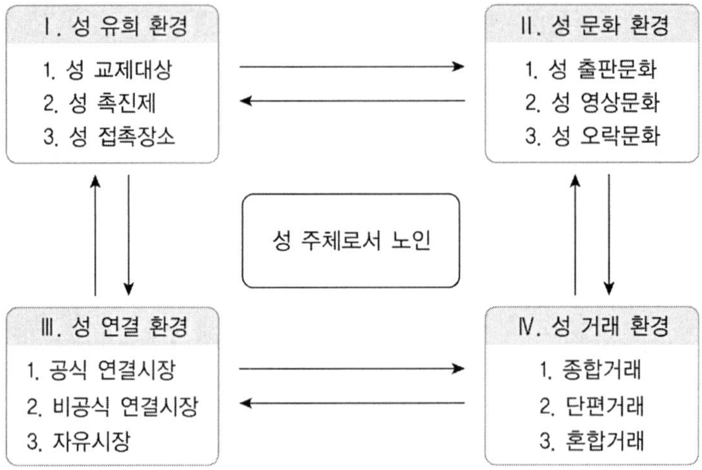

그림 5-1 **노인 성 환경과 매체와의 관계**

그림 5-1과 같이 노인 성 환경과 매체와의 관계는 다음과 같다.

첫째, 성 유희 환경과 매체이다. 성 유희 환경을 구성하는 성 유희 매체는 성 주체로서 노인이 직접적으로 성행위를 하는 것과 관련된 것이다.

둘째, 성 문화 환경과 매체이다. 성 문화 환경을 구성하는 성 문화 매체는 성의 주체로서 노인이 성을 간접적으로 즐기거나 동기를 유발하는 것과 관련된 것이라고 할 수 있다.

셋째, 성 연결 환경과 매체이다. 성 연결 환경을 구성하는 성 연결 매체는 공식적으로 인허가를 통해 노인의 만남을 공식적으로 해주는 공식 연결시장, 각종 유흥업소를 통해 성적인 만남을 하는 비공식 연결시장, 성 상대자를 자유롭게 만나는 자유 연결시장 등으로 구성되어 있다.

넷째, 성 거래 환경과 매체이다. 성 거래 환경을 구성하는 성 거래 매체는 이성 간의 완전한 거래인 종합거래, 돈・사랑・교류를 거래하는 단편거래, 돈과 사랑 등이 혼합되어 거래되는 혼합거래 등이 있다.

성 환경과 매체의 관계는 노인 성의 성격, 성활동의 범위, 성활동의 방향, 성생활의 내용 등을 규정하는 특징이 있다.

4. 우리나라 노인들의 성생활 실태

우리 사회가 고령화됨에 따라 노인의 성문제에 대한 유형과 의미가 변화하고 있다. 경제수준의 향상으로 의·식·주를 크게 걱정하지 않고 살아가는 상황에서 인생을 마치는 순간까지 남성 혹은 여성으로서 행복을 추구하는 노인들이 점차 늘어가고 있다.

덕(Duck, 1981)은 노인의 성생활 실태에 대한 종단적 연구를 통해서 대부분의 노인들이 80세까지도 성행위를 하고 있으며 건강과 생활만족을 유지하는 것에 성활동이 기여하는 요소라고 하였다. 노인의 성적 반응에 대해 최초로 실험실에서 임상적·과학적으로 연구한 마스터와 존슨(Master & Johonson, 1995)은 노화에 따른 적절한 신체적 건강과 정신적 적응이 결합된 성적 표현을 지속한다면 성행위의 유지는 80세 이상까지도 성행위 능력을 연장시켜 준다고 하였다.

성생활이란 서로의 신체적인 결합은 물론이며 감정적 혹은 심리적인 표현까지를 포함해서 성생활이라 할 수 있다. 지금까지의 실증적 연구나 조사에 의하면, 연령에 따라 성기능이 저하되지만 대부분의 노인은 성에 대한 꾸준한 욕구를 가지고 있으며, 성 파트너가 존재하는 한 성생활을 계속할 수 있다는 생각을 가지고 있다.

보건복지부(2012)가 서울·경기지역에 거주하는 65세 이상 노인 500명을 대상으로 실시한 '노인의 성생활 실태조사'에 따르면, 현재 성생활을 한다고 답한 사람은 전체의 66.2%로 노인 3명 중 2명 이상이 지속적인 성생활을 영위하고 있는 것으로 나타났으며, 성생활을 하고 있는 노인 두 명 중 한 명(50.8%)은 발기부전(erectile dysfunction) 치료제를 구매한 경험이 있는 것으로 보고하였다. 또한 경기가족여성연구원(2012)이 경기도에 거주하는 65~84세 노인 400명을 대상으로 노인의 성생활 실태를 조사한 결과에 의하면, 남성은 50%가 여성은 26%가 성생활을 하는 것으로 나타났으며, 구체적으로 남성의 경우 65~69세에서 71.4%, 70대에서 48.4%, 80~84세에서 11.4%가 성생활을 하고 있다고 하였다. 여자노인의 경우에도 65~69세에서 48.6%, 70대에서는 19.0%가 성생활을 하고 있다고 답했다.

이와 같이 인간에게 있어서 성의 욕구는 전 생애 동안 지속되는 것이며 노년기의 성생활은 노인들의 삶의 질에 중대한 영향을 미치는 것을 알 수 있다. 또한 앞으로의 노인은 지금의 노인보다 건강상태가 더욱 양호할 것으로 기대되기 때문에 노인의 성문제를 바라보는 사회구성원들이 편견적 시각에서 벗어나 긍정적인 시각으로의 전환이 필요한 것이다.

한편 노인들의 주요 성활동 상태는 상업적 활동에 의한 것으로 예측되고 있다. 보건복지부(2012) 자료에 의하면, 65세 이상 노인들의 성병환자가 급증하고 있으며 연간 진료비만 220억 원이 소요되는 것으로 보고한 바 있다. 노인의 안전한 성생활을 위한 연구결과(보건복지부, 2011)에서도 성생활하는 노인 열 명 중 세 명 이상인 36.9%가 성병에 걸린 경험이 있다고 하였다. 또한 인구보건복지협회(2011)가 발표한 노인 성상담 분석조사에 의하면, 약물이나 성병 등 기타 상담이 43%, 성기능 문제 21%, 부부 성갈등이 19%, 이성교제가 11%, 성충동이 6%로 나타났으며, 개인적 욕구수준에서는 건강욕구가 가족관계, 사회관계, 경제적, 주거, 여가활동 욕구 등에 비해 월등히 높은 것으로 파악되어 노인의 삶에 있어서 성문제는 다른 영역의 삶을 가능하게 하는 기본적 요소임을 반영한 것이라 하겠다.

노인의 성문제들은 성욕을 건전하게 해소할 방법을 찾지 못한 노인들이 성범죄를 저지르는 경우도 늘어나는 것으로 집계되고 있는데, 경찰청(2013) 자료에 의하면, 61세 이상 노인이 저지른 성범죄 건수가 2011년 1004건, 2012년 1090건으로 매년 증가하고 있다. 따라서 노인의 성문제를 음성화할 경우 심각한 사회문제를 일으킬 수도 있으며 좁게는 질병확산 방지를 위해서, 넓게는 인간의 보편적 요구에 대한 대응이라는 관점에서 노인의 성문제에 대한 대책은 반드시 필요하다 하겠다.

제2절 노인상담

노인상담은 종래에 가족과 친척, 가까운 친구들에 의해 이루어지던 정서적 지지와 지원, 문제 해결과 예방의 역할을 대행하여 현대사회에서는 고립되고 소외된 노인들에게 1차적 사회관계망의 역할을 해준다. 그리고 노인들로 하여금 변화하는 현대사회에 기능적으로 잘 대처할 수 있도록 새로운 정보를 제공하고 현대인의 생활양식에 잘 적응할 수 있도록 도와주는 정보제공자의 역할을 하고 있다. 또한 노인을 부양하는 가족원들로 하여금 노인들에 대한 이해를 돕고 서로 더불어 지낼 수 있도록 하는 정서적 지지와 정보 제공뿐만 아니라 노인의 숨은 욕구와 필요에 대한 실증적 탐색을 가능하게 하는데 그 의의가 있다.

1. 노인상담의 정의

일반적으로 상담은 대화와는 달리 전문적 훈련을 받은 상담자와 문제를 지닌 내담자 간에 이루어지는 전문적 협력관계라는 특징이 있다. 즉, 상담은 일상적인 대화나 일상적인 인간관계와는 다르며, 주로 직접적 대면을 통한 '전문적 조력관계'이다.

노인상담은 도움을 필요로 하는 노인이 전문적 훈련을 받은 상담자와의 대면관계에서 은퇴 전 문제, 개인적, 가족적, 경제적 및 신체적 문제를 해결하고, 감정, 사고, 행동 측면의 인간적 성장을 가져옴으로써 성공적인 노후생활을 영위하기 위해 노력하는 과정을 말하는 것이다. 즉, '노인문제에 대한 전문적인 지식과 훈련을 받은 상담자가 도움을 구하는 노인 및 가족과의 전문적 대면관계를 통하여 일상생활의 부적응 문제를 해결 또는 예방하기 위하여 도움을 주는 과정'이라고 정의할 수 있다.

2. 노인상담의 목적

노인상담은 노인 내담자들의 문제를 해결하고 만족스러운 노년기를 보내도록 돕는 것을 주요 목적으로 "노년기의 발달과업인 '자아통합'을 이루기 위한 조력"이다.

성공적인 노화와 즐거움이 있는 노년기 삶을 위하여 무의식 속에 잠재되었던 가능성을 발견하고 새로운 인생의 통합을 이룰 수 있는 시기임을 느끼게 하며, 정서적인 안정감을 찾을 수 있도록 하는 데 노인상담의 궁극적인 목적이 있다.

전통사회의 가족관계에서는 친지들과의 친밀한 관계에 의한 물리적 지지와 정신적 지원으로 많은 문제들이 해결되었다. 그러나 가족 간의 유대관계가 약화되고 친족관계망이 축소되면서 다양한 노인문제가 발생하고 있고, 또한 가족과 친구, 친척, 이웃과 같은 1차 집단의 관계망으로는 다양하게 발생하는 노인문제에 적절히 대응하는 것이 이제는 불가능하게 되어 노인문제에 대한 전문적 지식이나 기술 그리고 공식적인 관계망을 통한 지지와 지원이 요구되고 있다.

따라서 다음과 같은 역할을 통하여 노인상담의 목적을 이해할 수 있다.

첫째, 노인상담을 통하여 표출되지 못한 욕구를 표현하게 하여 문제의 근원을 파악할 수 있으며, 상담과정을 통하여 고립되고 소외된 노인들과의 적절한 공적 관계를 모색하는 것으로 제1차적 사회관계망 역할을 한다.

둘째, 다양한 변화 속에서 소외와 갈등, 그리고 세대차이, 욕구좌절감 등을 느끼는 노인들을 상담자가 사실에 근거하여 정확하게 파악함으로써 이해할 수 있다.

셋째, 상담자는 노인의 욕구충족을 위한 가족적·사회적 노력을 기울이게 되는데, 이는 상담과정을 통하여 실천될 수 있다. 즉, 상담을 통하여 문화적 정체감을 느끼는 노인에게 변화하는 사회에 적극적으로 대처할 수 있도록 정보를 제공하는 것 또한 노인상담의 역할 중 하나로 볼 수 있다.

넷째, 문제를 가지고 있는 가족과 노인을 상담함으로써 욕구를 파악할 수 있고, 적절한 대처를 해줌으로써 정서적 지지를 해주는 것이다.

3. 노인상담의 영역

노인상담의 영역은 노인문제와 평소 노인들의 주요 호소내용을 바탕으로 살펴볼 필요성이 있다. 주요 호소내용으로는 경제적인 문제(취업, 경제적 지원문의, 사회보장, 재테크에 대한 문의), 정서적 문제(고독과 소외, 가족갈등, 이성교제, 말벗), 사회적 문제(여가 및 사회 활동, 교육, 법률 문의), 신체적 문제(질병, 건강 상담, 노인복지시설 문의) 등으로 다양하다.

노인상담의 영역을 노인들의 주요 호소내용을 바탕으로 크게 경제적 영역, 정서적 영역, 사회·법률적 영역, 신체적 영역으로 구분하는 것이 노인상담의 접근에 용이할 것으로 노인상담의 영역별 분류와 특성은 다음과 같다.

1) 경제적 영역

일반적으로 60세 이상 노인들이 고민하는 문제 중 경제적 문제가 높은 편인데, 노인의 소득보장이 불완전한 우리 사회에서 노인층의 대부분은 경제적으로 곤란을 겪고 있다고 보는 것이 적절하다. 은퇴 후 생활수준의 하락은 생활의 어려움을 야기시키는 원인이 되며, 은퇴 후의 재산처리와 효율적인 관리를 위해서도 경제적인 전문상담은 필수적이다. 수입이 줄어들고 지출은 늘어나는 노년기 초기에는 지출을 계획적으로 할 수 있는 상담을 받는 것도 좋다. 노인들 중에서 일할 의사가 있고 기동력이 있는 사람들은 취업과 직업 알선상담을 받아 경제활동에 참여하도록 상담자는 지도해야 한다. 노인의 경제적 지위가 하락하는 것은 가정 내에서 자녀와의 관계를 위축시켜 갈등의 주요 원인이 되기 때문이다.

2) 정서적 영역

노인상담의 정서적 주제는 절망, 불안, 스트레스, 낮은 자아존중감, 소외와 고립 등과 같은 문제를 가진 노인에게 도움을 제공하는 것이다. 일반적으로 노화과정 자체가 노인에게 정서적 문제를 가져다 주게 되어 노인으로 살아가야 하는 노인기의 적응문제 자체가 노인에게는 심각한 문제이지만 이에 대해 사회에서는 미처 관심을 덜 가지고 있다. 정서적 영역에서 상담의 중요한 목표는 노인이 가지고 있는 문제에 직면해 노인이 현실적으로 적응하도록 도움을 제공해 주는 것이다. 또한 노화과정은 정상적이고 일반적인 과정으로 노화로 인해 압박을 받는 것을 상담을 통하여 예방해 주는 것이라 할 수 있다.

3) 사회 · 법률적 영역

노년기의 사회적 활동이나 사회적 관계의 유지는 역할상실에서 오는 여러 문제를 극복하고 노인의 생활만족을 위해 매우 중요하다. 활동이론에서는 노후에도 사회적으로 참여하고 지속적인 활동과 역할을 감당함으로써 생의 만족도가 높아지고 심신이 건강하다고 한다.

실제로 노인들은 종교적인 봉사활동, 사회단체의 봉사활동, 자연보호운동, 마을가꾸기 활동 등을 통해 사회활동에 참여하게 되며, 최근 노인복지시설이 급속히 확충되어 감에 따라 노인들의 사회활동 참여는 한결 확대되고 다양해지고 있다.

이러한 추세와 함께 노인상담 영역 중 사회적 영역과 법률적 영역에 대한 상담이 증가하고 있다. 사회적 영역은 교육과 여가를 위한 사회시설 문의와 학업 및 취업을 위한 문의 또는 상담으로 나누어지며, 법률적 영역은 재산분할, 분가, 공문서 작성 및 발송방법, 법률가 알선 등이다.

현대사회가 복잡해지고 노인들의 사회적 수요가 점차 늘어나면서, 노인들이 사회 · 법률적 영역에서 자문을 구하는 경우는 더욱 늘어날 전망이다.

4) 신체적 영역

노인들은 노화와 함께 신체건강 약화와 적응력 감소를 경험하면서 주된 관심사가 건강에 관한 것이 되었다. 그만큼 건강에 대한 관심과 염려가 매우 높은 편이며 노화로 인한 신체적 변화와 건강문제가 일차적 근심과 걱정의 대상이 되었다.

최근의 노인실태조사(보건복지부, 2014)에 의하면, 우리나라 노인들이 3개월 이상 지속적으로 앓고 있는 만성질환은 고혈압으로 유병률이 56.7%로 가장 높았고, 관절염 및 류머티즘 관절염(33.4%), 당뇨병(22.6%), 요통 및 좌골신경통(21.1%) 등으로 나타났으며, 본인이 인지하는 건강상태는 '좋다'가 32.4%보다 '좋지 않다'가 43.7%로 높게 조사되었다. 따라서 노인들의 건강과 질환에 대한 꾸준한 관심은 질병의 치료와 예방에 관한 것뿐 아니라 질병과 관련된 요인들과 장기요양보험의 이용과 간병인이나 요양원 등에 관한 정보들을 요구하는 건강과 질병 관련 상담도 계속 늘어나고 있다.

4. 노인상담의 종류

1) 면접상담

면접상담은 내담자가 직접 자신의 문제를 상담자의 앞에서 노출해야 하는 부담이 있고, 상담자는 내담자의 기대에 대한 만족할 만한 상담을 해야 한다는 부담이 있지만 상담자로서는 면접상담은 내담자의 언어적 표현뿐 아니라 비언어적 메시지와 그 밖의 상황에 대한 직접적인 관찰을 가능하게 하므로 가장 효율적으로 상담을 이끌어 갈 수 있는 기회가 된다.

특히 노인들은 언어적 표현능력이 부족하고 문제의 핵심을 놓치기 쉬운 경우가 많기 때문에 노인들은 면접상담을 통하여 상담자에게 자신의 문제를 더욱 분명하고 용이하게 전달할 수 있다.

또한 면접상담은 가족원들의 도움과 내담자와 더불어 다양한 기법들을 사용하여 내담자의 문제에 접근하기 때문에 내담자와 상담자 간에 깊은 이해관계가 형성되고 이는 내담자를 위한 상담서비스 제공을 위한 기초가 된다.

2) 집단상담

집단상담은 전문의를 찾아야 할 만큼 심각하지는 않으나, 인간성의 결핍, 세대 간의 가치관의 갈등, 정서적 미숙이나 혼란 등을 경험하는 많은 현대인들에게 도움을 줄 수 있는 유용한 방법이다.

노인집단상담에 참여하는 노인들은 대부분 적극적이고 능동적인 경우가 많으나 초기의 정신질환을 앓고 있는 노인들에 대해서는 임상적 목적으로 집단상담을 실시하기도 한다. 어느 경우이든 노인들은 집단의 다른 구성원의 이야기를 듣고 자신이 집단의 공통 목적을 향하여 함께 나아감으로써 서로에 대한 지지와 치료자 역할을 하고, 자신도 치료되고 안정감을 얻게 되는 것이 목적이다.

3) 전화상담

전화상담은 전화매체를 활용하여 신속하고도 신뢰에 찬 관계를 통하여 인간의 위기에 개입하는 상담의 한 형태이다. 전화상담의 특징으로서는 신속성, 단기상담, 익명성, 내담자의 선택 용이성을 들 수 있다.

즉, 전화는 공간적으로 떨어진 사람과의 물리적인 거리를 극복하여 연결시켜 주는 기능을 가지고 있어서 도움을 청하는 내담자가 번거롭게 상담자를 찾아가야 하거나, 상담 수속절차를 기다려야 하는 복잡함이 없이 즉시 도움을 청하고 도움을 받을 수 있게 한다.

4) 인터넷 상담

우리나라에서 인터넷 상담은 주로 청소년을 대상으로 발전해 왔으며, 노인을 대상으로 하고 있는 인터넷 상담은 소수에 불과하다. 그러나 최근 노인을 대상으로한 인터넷 교육이 확산되면서 컴퓨터 활용이 가능한 노인의 증가로 노인들은 슬픔의 이슈를 토론하고, 상실에 대해 다른 사람들과 정보를 교환하고, 자원을 교환하는 것을 가능하게 하고 있다.

또한 온라인 지지집단은 통제, 안전, 익명성을 보장하고, 그들의 이야기와 고통을 공유하고, 치료방법을 가르쳐 주고 있으며 이메일을 통해서도 상담이 가능하게 되었다.

5. 노인상담의 특성

노인상담의 특성으로 노인 내담자의 연령이 상담자의 연령보다 높고 노인 내담자의 저항이 강하다는 점을 들 수 있다. 또한 노인들은 앞으로 살날이 얼마 남지 않았다고 여겨서 새로운 삶에 대한 의지와 변화욕구가 상대적으로 약하고 남은 삶에 의미를 부여하지 않고, 죽음과 연결시키려는 경향도 있으며 가족 및 보호자의 지지가 약한 편이다.

1) 상담현장에서 젊은 상담자와 노인 내담자

노인상담에서 젊은 상담자와 노인 내담자의 대면은 대부분 긴장의 연속이다. 아무리 나이가 들어도 노인상담에서 대부분의 상담자는 내담자보다 젊다. 이러한 상황을 통해 노인상담 현장에서 갈등과 변화의 가능성이 야기된다. 노인 내담자가 젊은 상담자에게 별로 어려움을 갖지 않는 것과는 달리 상담자는 노인 내담자와의 만남에서 과거와 현재 속에서 기원되는 감정적인 문제를 갖게 된다.

2) 노인 내담자와 상담자의 문화적 차이

노인 내담자와 상담자 사이의 문화적 차이로 인한 어려움 속에서 상담자들은 노인 내담자들의 경험에 대해 공감과 감정이입을 해야 할 과제를 갖는다. 사회문화적 발전과 변화를 통해 세대 간의 차이가 발생되며 이러한 세대 간의 차이는 상담현장에서도 나타나게 된다.

노인세대와 같은 경험을 하지 않은 상담자가 노인 내담자의 인생 속에서 불안과 아픔을 내포하는 경험들을 상담의 목적을 가지고 다루려고 시도한다면 상담과정은 어려움에 처하게 될 것이다. 따라서 사회의 경제, 문화, 가치관의 변화 등 현대사회의 모습을 총체적으로 이해할 수 있는 교육들이 노인상담 훈련과정에 반드시 포함되어야 한다.

3) 노인 내담자와 상담자의 서로 다른 경험세계

노인 내담자와 상담자의 서로 다른 경험세계로 인하여, 노인 내담자가 겪은 아픈 경험의 재연은 상담자에게 매우 부담스러운 감정적 상태를 느끼게 할 수 있다. 노인 내담자는 자신을 고통스럽게 하던 어린 시절의 문제를 해결하길 원하며 또한 이것을 상담자에게 의뢰하여 상담을 통해 치료받기를 원한다. 이와 같이 노인상담에서 특히 역전이가 두드러지게 나타나는 이유는 노인 내담자에 의해서 상담자가 마주치게 되는 발달단계들과 역할들이 많기 때문이다. 노인 내담자는 전이 속에서 자신의 자녀세대인 상담자를 자녀의 대리로서 바라볼 수 있으며, 때때로 상담자는 노인 내담자가 자신을 이러한 관점에서 바라볼 때 다양한 감정을 느끼게 되고, 이러한 면에서 상담자는 노인상담의 전형적인 어려움을 경험하게 된다.

4) 노인 내담자와 주 부양자

상담자가 노인과 상담 시 직면하는 가장 어려운 질문은 '누가 내담자 인가?' 이다. 이 질문에 대한 대답은 노인상담의 내담자가 상담의 주체인 노인 당사자인지 아니면 노인 주변의 관계되는 사람인지에 따라 달라진다. 따라서 상담개입에 대한 결과도 상담자가 노인 당사자, 중년의 자녀, 젊은 손자 등의 이익을 지지하는 선택을 하는 것에 따라 아주 달라질 수 있다

노인과 성인자녀 사이의 긍정적 관계는 노령화로 인한 다양한 위기에 노출되는 노인에게 중요한 역할을 한다. 이 말은 노인 내담자의 문제 중에 가족이 가장 큰 원인이 된다고 해석될 수 있다. 노인이 노년의 위기와 문제에 대해

가족과 이야기를 함으로써 앞으로 직면할 위기를 준비하게 된다. 따라서 많은 노인들은 그들의 위기와 문제에 대해 자녀를 비롯한 가족들이 알고 있다는 것을 인식하면 안전하게 느끼게 된다.

결론적으로 성공적인 노인상담을 위해서는 위에서 열거한 노인상담의 특수성을 충분히 고려하여 상담자는 국부적인 초점의 개입보다는 넓은 배경의 접근이 필요하다.

Part 03

노년기 사회활동

Chapter 06 노년기 교육과 노인생애체험

Chapter 07 노년기 여가활동과 자원봉사

Chapter 06

노년기 교육과 노인생애체험

제1절 은퇴준비교육

1. 은퇴의 정의

은퇴는 개인이 전 생애에 걸친 생활주기상에서 겪게 되는 하나의 중요한 사건으로 은퇴자로서의 새로운 역할을 수행하기 위해서 준비하는 단계에서부터 은퇴 후의 적응까지를 포함하는 광범위한 과정으로 은퇴는 모든 개인이 생애를 살면서 필연적으로 겪게 되는 사건이다.

은퇴를 결정하는 기준은 연구마다 상이하여 은퇴에 대한 정의와 개념은 다양하게 나타나고 있으며, 많은 연구들은 은퇴를 정의할 때 일(work)보다는 직업(job)과 관련된 개념으로서 접근하고 있다.

번헤임(Bernheim, 2000)은 은퇴를 경제활동의 유무와 고용 여부에 따라 분류하여 정의하였으며, 에칠리(Atchley, 2003)는 모든 개인은 사망할 때까지 일(work)하는 것을 멈추지 않지만 직업적(job)인 고용상태에서 물러날 수 있다고 하여 은퇴를 직업에서 물러나는 것이라 보았고, 뷰티카(Butrica, 2003)도 은퇴란 자신의 노동력을 제공하여 노동력에 대한 대가로 돈을 지급받는 활동에서 물러나는 것으로, 즉 경제활동에서 떠나는 것으로 보았다. 따라서 은퇴는 공식적으로 어떤 일에서 물러나 은퇴자로서의 새로운 역할을 익혀야 하는 시기이며 직업을 가진 사람이 직업적 역할이 끝났다고 인정하는 날로부터 시작되는 하나의 과정이라 할 수 있다.

2. 은퇴의 의미

은퇴를 개인에게 부여하는 의미와 영향은 무거운 사회적 책임과 역할에서 벗어나 자유스럽고 새로운 삶을 시작할 수 있는 도전의 기회를 제공해 준다는 측면과 은퇴는 개인에게 심리사회적인 기능을 상실하고, 수입이 감소함에 따라 발생하게 되는 스트레스 등의 위기라는 측면도 있다. 이러한 차원에서 은퇴가 가지는 의미를 긍정적인 측면과 부정적인 측면으로 나누어 볼 수 있다.

1) 은퇴의 긍정적 측면

은퇴의 긍정적인 측면은 사회적으로 가지고 있던 무거운 책임과 의무, 역할 등에서 오는 스트레스로부터 자유로워질 수 있으며, 개인이 그동안 가지지 못했던 자아성찰의 시간과 새로운 삶을 시작할 수 있는 도전의 기회가 될 수 있다. 또한 그동안 쌓아온 삶의 지혜와 경험을 사회로의 환원으로 인한 자긍심을 느낄 수 있으며, 은퇴 후의 시간적 여유는 잃어버린 신체적·정신적 건강을 되찾을 수 있는 시기가 될 수 있다.

2) 은퇴의 부정적인 측면

은퇴는 한 개인과 가정이 직업을 통해 그동안 가지고 있던 사회적 지위와 경제적 안정을 더 이상 유지할 수 없는 것을 의미하는 것으로 다음과 같은 현상이 발생할 수 있다.

첫 번째, 경제적인 수입원의 감소로 인해 소비생활의 위축 등과 같은 경제적 어려움에 처할 수 있다.

두 번째, 사회적 지위와 안정, 유대관계의 상실로 자존심과 사기가 저하되고 외로움과 소외감을 느낄 수 있다.

세 번째, 사회적 역할 상실로 인해서 자아정체성과 효능감을 상실하게 된다. 또한 은퇴가 타의에 의해 이루어지는 경우에는 사회에 대해 부정적인 시각을 갖게 되고 적응하지 못하는 경향이 있다.

따라서 은퇴의 의미는 은퇴를 받아들이는 개인에 따라 다를 수 있으며, 은퇴를 새로운 인생의 시작으로 생각하여 은퇴 이후에 삶을 준비해 온 개인에게 은퇴란 자신이 원하는 것을 할 수 있는 긍정적인 시간이 될 수 있지만, 은퇴를 미리 준비하지 않고 은퇴를 맞이하는 개인에게는 경제적 수입원의 감소로 인한 생활위험을 느낄 수 있고, 사회적 지위 및 역할 상실로 인한 심리적 불안을 견뎌야 하는 부정적인 시간이 될 가능성이 높다.

3. 은퇴준비

은퇴준비는 노후에 발생할 수 있는 문제에 대비하기 위하여 미리 예측하여 체계적이고 구체적으로 계획을 수립하고 실천하는 것이다.

은퇴준비는 퇴직준비와 흔히 혼용되고 있지만 퇴직준비가 고용관계에서 발생하는 변화에만 초점을 둔다면 은퇴준비는 고용관계뿐만 아니라 노화로 인한 생물학적 변화까지 포함하는 개념으로 생산영역에서 발생하는 변화뿐 아니라 일상생활 영역에서의 변화까지 포괄한다는 점에서보다 넓은 의미라고 볼 수 있다.

노년기는 자신이 살아온 인생을 의미 있게 마무리하는 결실기이자 완성기이지만, 한편으로는 신체적 쇠퇴와 가정 내에서 역할의 축소나 상실, 사회적 교류의 변화 등 많은 부정적인 변화를 경험하게 되는 시기이기도 하다. 이러한 변화에 대하여 사전에 인지하고 준비함으로써 인생의 말년을 품위 있게 유지하고 마무리하는 것은 매우 중요한 일이라 하겠다. 노후에 대한 아무런 경제적·신체적·사회적 준비 없이 은퇴하여 노후를 맞는 사람들은 여러 가지 부정적인 문제에 부딪히게 된다.

노년기에 접어들면서 겪게 되는 다양한 변화에 적절하게 대응하는 것은 쉬운 일이 아니므로 노후준비를 위해 노년기에 접어들어서만 아니라 노년기 이전부터 노후에 겪게 될 수 있는 경제적·신체적·사회적 변화의 특성 및 문제를 정확히 이해하고 그 변화에 구체적으로 준비하고 대응할 수 있어야 한다. 중년기는 인간의 생활주기상 개인적으로는 사회적 활동이 절정기에 있으면서 동시에 인생 후반부로의 진행을 의미하고 있다. 즉, 자녀의 양육과 가정생활의 책임을 이행하고 동시에 본인의 은퇴준비를 하여 노후를 대비해야 하는 중요한 시기라고 할 수 있다.

따라서 성공적인 노후를 보내기 위해서는 노후를 맞이하기 전에 장기적이고 철저한 은퇴계획과 준비가 필요한 것이다.

4. 은퇴준비교육의 개념

은퇴준비교육(pre-retirement education)은 은퇴예정자가 취업시기에서 퇴직시기로 바람직한 전환을 할 수 있도록 도와주는 것이 그 주요 기능이다. 이 프로그램은 퇴직으로 인해 개인적 정도의 차이는 있을지라도 대부분의 사람들이 심리적, 사회적, 경제적으로 급격한 변화를 경험함에 따라 전문적 지원에 의해 이러한 변화를 긍정적인 방향으로 유도할 수 있다는 전제에서 출발한다.

은퇴준비교육은 퇴직을 앞둔 근로자에게 퇴직 후에 일어나는 변화의 특성을 이해시키고, 그 변화에 준비함으로써 퇴직 후 생활에 효율적으로 적응할 수 있도록 각종 정보를 제공할 뿐만 아니라 그에 필요한 지식과 기능을 습득하도록 돕는 것이다. 또한 자신의 삶을 주체적으로 계획하고 변화시켜 나갈 수 있도록 하며, 퇴직 및 실직이라는 갑작스러운 변화에 미리 대비하고 적극적으로 대응할 수 있도록 함으로써 퇴직 후 전반적인 삶의 질을 향상시키는 데 목적이 있다.

따라서 퇴직에 앞서 노년기에 올 신체적 · 사회적 · 심리적 변화의 특성들을 정확히 이해하고 그러한 변화에 대하여 구체적으로 준비하고 대응할 수 있다면, 정신적으로나 육체적으로 건강한 노년을 보내는 데 큰 도움이 될 수 있을 뿐만 아니라 현재의 직업이나 삶에도 더욱 충실할 수 있을 것이다.

5. 노후준비 영역

1) 신체적 노후준비

건강은 생존과 직결되는 문제이며 모든 세대에 걸쳐 삶의 중요한 요소이다. 노화에 따른 정신적·신체적 기능의 약화는 피할 수 없는 인생의 과제이며, 이를 어떻게 받아들이고 준비하며 해결하느냐에 따라 삶의 질은 크게 달라질 수 있다.

신체적 노후준비는 나이가 들어감에 따라 신체기능의 저하와 질병의 확률이 높아지기 때문에 중요한 영역이다. 특히 중년기는 건강상의 변화가 극심하게 일어날 수 있는 중요한 시기이므로 고혈압, 고지혈증, 당뇨병 등의 성인병과 갱년기 등의 다양한 질환이 발병될 수 있으며, 또한 은퇴 이후 경험하게 되는 사회참여의 감소, 경제수준의 저하는 개인적으로 다양한 문제에 직면하게 되어 노후준비가 제대로 이루어지지 않았을 경우 신체적 상황은 더 심각해질 수 있다.

따라서 신체적 노화는 노인뿐만 아니라 전 세대가 경험하게 될 필연적인 생애과정이며 이를 잘 대처하기 위한 생애단계별 방안을 마련하는 것이 중요하다.

2) 경제적 노후준비

우리나라는 OECD 국가 중 가장 높은 노인빈곤율을 나타내고 있다. 이는 산업화 이후 급격한 생활변화를 겪으면서 노인의 제한적인 사회참여, 사회보장제도의 미비, 가족부양의식의 변화, 소극적 노후준비의 결과로 노인빈곤은 사회적 문제로 대두되고 있다.

경제적 노후준비의 대표적 수단인 국민연금의 소득대체율이 50%에 불과한 실정으로 국가의 사회적 보장이 부족한 상황에서 노년기로 넘어가게 되면, 신체적 노화에 따른 노동능력의 저하와 은퇴로 인한 수입원의 상실로 경제력이 약화되면서 노후준비는 고사하고 일상생활을 원활하게 유지하는 것마저 힘들어지게 된다.

특히 중고령자에게 있어 경제적 노후준비는 개인적·사회적으로 중요한 쟁점을 갖는다. 경제적 노후준비는 가족관계, 친구관계, 건강, 여가, 사회적 활동에 영향을 미치면서 노후 삶의 질을 높이는 역할을 하는데, 이러한 경제적 준비가 미흡할 경우 노후에 직면하게 될 위기와 과제를 스스로 해결하지 못하게 되고 이를 해결하기 위하여 사회는 큰 재정적 부담을 갖게 되기 때문이다.

이러한 이유로 경제적 노후준비는 중년기 시기부터 미리 준비하는 것이 필요하며, 이를 통해 노후기간 동안 경제적 독립성과 충분한 자금을 축적해 나갈 수 있도록 해야 한다.

3) 정서 및 사회적 노후준비

현대사회의 급속한 사회변화는 핵가족화 현상, 개인주의의 팽배 등을 야기하였으며, 이러한 현상들은 노인의 심리적 위축 및 소외문제를 더욱 가중시키고 있다.

특히 직장에서 은퇴한 중 고령자는 갑작스러운 역할상실로 인해 소외감과 상실감을 느낄 수 있으며, 이는 삶의 질에 결정적인 영향을 미치게 되므로 가족과 친구와의 관계를 통해 정서적인 안정감을 찾고 사회적인 관계를 통해 사회의 구성원으로서 사회통합감 및 자아통합감을 가질 수 있는 정서 및 사회적 노후준비가 필요하다.

이와 같이 정서 및 사회적 노후준비는 사회적 관계망(social networks)을 유지하기 위한 노력으로 볼 수 있는데, 사회적 관계망이란 각 개인이 사회적 정체성을 유지하고 다양한 자원과 서비스를 주고받을 수 있는 사회관계의 범위를 말하며, 사회관계망의 구성원과 상호작용하는 과정에서 자원, 재화 또는 서비스 등의 물질적, 도구적 또는 정서적 지지를 주고받는 행위를 사회적 지지라고 한다.

정서 및 사회적 노후준비에 대한 중요성을 강조하는 연구들은 노년기에 있어 사회적 지지의 중요성을 강조하여 정서적으로 의지할 수 있는 관계 구축, 다양한 활동 속에서의 타인과의 상호작용 등이 노년기의 삶의 질을 높여 풍요로운 노후생활을 보내게 하는 것으로 설명하고 있다. 이러한 정서 및 사회적 노후준비는 중년기부터 긍정적인 태도로 원만한 인간관계를 유지함으로써 준비되어야 하지만 경제적·신체적 노후준비에 비해 크게 부각되지 않은 채 노후생활에 진입하는 경우도 많다.

6. 은퇴준비 프로그램 분야 및 세부활동

선진국들의 경우는 이미 오래전부터 다양한 은퇴에 따른 은퇴준비교육 프로그램이 시행되고 있고, 국내에서도 주로 기업 차원에서 수행되어 왔다. 특히 기업체 은퇴준비교육 프로그램은 재취업, 직업재조정 교육, 경력컨설팅 등 프로그램의 성격을 띤 아웃플레이스먼트 형태로 실시되었다. 은퇴준비교육에 관한 이러한 프로그램들은 장기적인 생애설계를 통하여 퇴직 이후의 삶을 계획적으로 준비해 나가도록 지식과 정보를 제공하고, 노화에 따른 변화를 효율적으로 대비할 수 있는 기회를 제공하는 데 의의가 있다.

〈표 6-1〉 은퇴준비 프로그램의 주요 분야 목표 및 세부활동

분 야	목 표	세부활동
소득대책	퇴직 후의 적절한 소득 확보 및 유지	* 퇴직소득 및 예산의 예측 * 민간/공공연금 및 투자전략에 대한 정보제공 및 이해
건강관리 대책	노년기의 질병에 대한 이해와 효과적인 건강관리	* 육체적·신체적 건강상태의 측정 * 기능적 능력의 측정 * 영양문제 * 노년기의 신체적·정신적 질병에 대한 이해 및 대처방법 습득
고용대책	퇴직 후의 재취업을 위한 정보제공 및 기술훈련	* 경력개발 계획의 작성 * 재취업/재고용을 위한 정보제공
여가활용	효과적인 여가활용 방법의 습득	* 여가시간 활용법의 습득 * 여가계획의 작성
법률정보	법률정보	* 기초 법률정보의 제공 및 이해 * 유산분배 * 유언장 작성

주거대책	노년기에 적합한 주거환경 개선 및 이주	* 노인주택에 대한 설명 * 노년기에 적합한 주거환경 개선의 방법
심리사회적 대책	퇴직 전후에 경험하는 다양한 심리사회적 문제에 대한 상담/ 치료 및 대응전략 습득	* 심리적 상태의 측정 * 대인관계 및 사회적응 훈련 * 스트레스 및 불안에 대한 대처능력의 습득

출처 : 허준수(2010). 노인복지연구.

제2절 노년기 교육

노년기의 교육은 그 근본 이념에서 다른 세대의 교육과 다르지 않다. 노인에게도 전인적 인격함양을 위해 교육이 이루어져야 하며, 이러한 교육은 평생 동안 계속될 수밖에 없기 때문에 노년기의 교육은 당연히 필요한 것이다. 우리나라 노인들도 차츰 과거 의존적 가치관에서 사회적 변화에 따라 자립적 가치관으로 변화되고 있다. 이러한 가치관의 변화는 노년기를 보다 창조적이고 효율적으로 가꾸어 나갈 수 있도록 하는 새로운 교육을 절대적으로 필요로 하고 있다.

1. 노년기 교육의 개념

고령화 사회에서 노년교육은 과거와 같이 노인 학습자들을 대상으로 하는 여가의 활용과 현상의 유지를 목적으로 하는 소극적이고 협소한 의미로서가 아니라 노년교육을 통하여 자신을 발전시키고, 여가시간을 효율적이고 보람되게 활용함으로써 삶의 질 향상을 목표로 하는 교육이라고 정의할 수 있다.

노년기 교육은 오늘날과 같이 급격한 정보화와 사회변동 시대에 있어서는 누구를 막론하고 끊임없이 자기학습을 계속하지 않으면 사회변화 적응에 뒤떨어지게 되었다. 21세기의 지식기반사회는 정보와 지식이 개인·기업·국가의 경쟁력을 좌우하는 핵심요소이자 가치창출의 원천이 되는 사회이기 때문에 지식이 생산의 핵심적인 요소로 위치를 차지하게 된 사회의 변화에 대응하기 위해서 자기학습은 노년기에도 중요한 과제라고 할 수 있다. 이와 같은 관점에서 노년기의 교육은 노인 개개인으로 하여금 현재의 역할을 적절히 수행하여 유지하는 방법을 발견하게 하고, 이들의 관심과 활동이 효율적일 수 있도록 교육적 기회를 제공해야 하는 것이다.

따라서 노년교육의 궁극적인 목적은 노인들에게 현대사회에 적응할 수 있는 능력을 키우기 위한 지식을 습득하게 하고, 고독과 소외감을 해소하고 보람을 찾아 자아실현을 할 수 있도록 노년교육도 다양한 영역에서 이루어지고 있다.

2. 노년기의 교육욕구

노년기에 노인교육활동 참여를 결정하는 가장 중요한 요인은 노인 자신들의 교육에 대한 욕구와 능력이라고 할 수 있다.

교육욕구란 교육대상자들이 생활에서 느껴지는 부족한 상태를 교육을 통하여 충족하고자 하는 욕구를 뜻하는 것으로, 노인의 교육욕구는 법이나 관습에 의해 요구되는 것이 아니라 노인 자신이 교육에 대한 가치나 흥미를 알고 있어 교육은 개인의 자발적인 행위라고 간주할 때 요구는 시작되는 것이다.

노년교육은 타인과의 관계를 지속시켜 주고 의미 있는 활동을 만들거나 발전시켜 주며 안목을 넓혀준다. 또한 노인들을 위한 교육은 사회와 가정에서 존경받는 어른으로서의 과업과 역할을 다하고 생의 마무리를 보람 있게 도와주는 것이며, 가장 중요한 것은 교육이 노인들로 하여금 신체적·정신적 안녕을 유지할 수 있도록 돕는다는 것이다.

크노웰스(Knowles)는 노인들이 교육에 참가하는 이유와 교육에 대한 욕구를 다음과 같이 제시하였다.

첫째, 노년기 문제에 대처하고자 하는 욕구(coping need)이다.

둘째, 고독과 소외에서 벗어나 자신을 표현하려는 욕구(expressive need)이다.

셋째, 타인과 지역사회에 봉사하고 헌신하려 하는 욕구(contributive need)이다.

넷째, 사회 전체의 변화에 영향을 미치려고 하는 욕구(influence need)이다.

다섯째, 자아실현 등의 초월적 욕구(transcendence need)라고 하였다.

또한 한국노인문제연구소는 현재 노인들의 교육욕구 충족을 위한 교육과제를 다음과 같이 제시하고 있다.

첫째, 늘어난 노후시기에 생활고에 대처하기 위한 교육이다.

둘째, 노인이 걸리기 쉬운 질병에 대한 지식을 익히고 이를 예방하는 것과 환경문제와 교통사고 등에 대처하기 위한 교육이다.

셋째, 노인들이 고독에서 벗어나기 위해 노인 스스로가 가족, 이웃, 그리고 지역사회에 직접 참여하여 적응하고 다른 연령집단과 활동을 뒤받침하기 위한 교육이다.

넷째, 노년기를 상실의 시기가 아닌 창조의 빛나는 시기로 이끌어 나갈 수 있는 지혜를 습득할 수 있도록 하기 위한 교육이 필요하다고 하였다.

따라서 노인들의 교육에 대한 욕구는 한 가지 또는 여러 가지 욕구가 복합적으로 작용되어 발생한다고 할 수 있다.

3. 노년기 교육의 필요성

노년기 교육은 노인들에게 변화하는 시대의 흐름을 이해시키고 이에 동참해 나갈 수 있는 능력을 배양시켜 주어야 한다. 과학・기술문명이 지배하는 현대 산업사회가 도래함에 따라 인간의 직업과 직종은 세분화되고 다양하게 변모하고 있어서 누구나 일정한 교육과 훈련을 받지 않고서는 사회의 급격한 변화를 수용하기가 어렵고 직업을 구할 수도 없는 상황으로 변하고 있다.

현대사회에서 노년기 교육의 필요성은 다음과 같이 정리할 수 있다.

첫째, 평균수명의 연장으로 인한 노후시기가 늘어난 노인들의 경우에는 현대사회가 필요로 하는 지식과 기술교육을 받지 않고서는 직업생활을 계속할 수 없을 뿐만 아니라 새로운 직업을 구할 수도 없는 것이다.

둘째, 생활양식이 변모하므로 노인들은 보다 편리한 생활을 영위하기 위해서 생활정보를 습득해야 하는 것이다.

셋째, 노인들 스스로 그들이 직면하고 있는 문제를 해결하는 방법과 노후생활을 위한 설계를 하기 위해서이다.

넷째, 집단활동을 통하여 대화의 상대를 찾고 대화의 폭을 넓혀감으로써 외로움을 덜어줄 수 있는 기회 등을 제공하기 위해서이다.

따라서 노년기 교육을 통해서 노인들을 사회생활에 보다 적극적으로 참여하게 하고 이들을 배려하며 생활을 안정적으로 대비할 수 있도록 교육하는 것은 노인 개인의 행복뿐만 아니라 사회 전체를 위하여 매우 중요한 것이라 할 수 있다.

4. 노년교육의 범위

노년교육은 노인과 관련된 모든 형태의 교육을 의미하므로 그 범위가 매우 광범위하다. 피터슨(Peterson, 1983)은 노년교육의 범위에 대해 '노인을 위한 교육, 노인과 노화에 관한 교육적 노력의 실천과 연구'로 정의하였고, 김종서(1983)는 노년교육의 개념을 '첫째는 노인을 위하여 노인이 아닌 사람들이 무엇을 할 것인지에 관한 교육이며, 둘째는 노인 이전의 사람들에게 실시하는 노년기에 대비하는 준비교육, 셋째는 노인 자신을 위한 교육'으로 정의한 바 있다.

또한 한정란(2007)은 사회와 후세에 기여할 수 있는 자원, 즉 인생의 지혜와 풍부한 경험을 가진 존재로서 노인에 의한 교육적 고려를 제시하며 노인이 더 적극적인 방법으로 자신들이 지닌 자원을 사회에 기여할 수 있도록 기회를 제공하는 '노인에 의한 교육'을 포함하였다.

따라서 노년교육의 범위를 구성하는 세 가지 영역을 살펴보면 다음과 같다.

1) 노인을 위한 교육

이제까지 우리나라에서는 '노년교육'이라는 이름으로 불려왔던 것들은 거의 대부분 노인 학습자만을 대상으로 이루어지는 노년기 교육이었다. 그동안 노년교육은 노인복지와 여가활동 간의 명확한 구분이 설정되지 않은 채 이루어져 왔다. 그러나 '노인을 위한 교육'은 노인복지나 노인여가와 관련을 갖기는 하지만 완전히 그것과 동일시해서는 안 된다. 노인을 위한 교육은 평생교육 과정의 한 부분으로서 그 연장선에서 이해되어야 하며, 노년기 교육은 단순한 복지의 차원을 넘어서서 인간의 전 생애에 걸친 평생교육의 일환으로서 노인을 위한 교육으로 자리매김되어야 한다. 미래 학습사회에서의 노인을 위한 교육은 사회적인 소외집단과 불리한 집단으로서의 노인들에 대한 단순한 보호와 대우의 차원을 넘어서 그들 스스로가 자신들의 불리함을 극복하고 계속적인 발달을 추구해 나갈 수 있도록 돕는 교육으로 발전되어야 한다.

2) 노인에 관한 교육

노년교육의 또 다른 영역은 '노인에 관한 교육'이다. 노인에 관한 교육은 노화과정과 노인의 특성에 관한 다양한 지식과 정보들을 제공함으로써 젊은 세대들에게 노인을 보다 깊이 이해할 수 있도록 하고, 미래에 그들 자신에게 어김없이 다가올 노화에 대하여 적절하게 대비할 수 있게 하며, 노인들이 계속적으로 진행되어 가는 노화과정에 보다 잘 적응할 수 있도록 돕고, 노인과 관련된 직업에 종사하는 사람들에게 노인을 보다 잘 이해할 수 있도록 도움을 주는 데 그 의의가 있다. 노인에 관한 교육은 그 대상이 젊은 세대부터 노인세대까지 걸치므로 세대공동체 교육으로 이해되기도 한다.

노인에 관한 교육에서 중요한 내용은 노년기의 변화, 즉 노화에 따른 심리적·사회적·신체적 변화과정과 특성들, 그리고 노년기와 관련된 여러 정보들, 직접 노인과 함께 체험하는 활동 등 다양한 내용들이 구성될 수 있다.

3) 노인에 의한 교육

'노인에 의한 교육'은 노인들이 가진 지식, 기능, 경험을 통하여 후세대의 교육과 지역사회의 발전에 공헌할 수 있도록 하는 데 그 목적이 있다. 이에 대하여 보다 구체적으로 살펴보면 다음과 같다(한준상, 1999).

첫째, 노인들로 하여금 자신의 경험과 기술, 전문성, 지식을 활용하여 사회에 기여할 수 있는 기회를 제공함으로써 삶의 보람과 자신의 가치를 발견할 수 있는 기회를 주는 데 목적이 있다.

둘째, 노인들이 교육활동과 지역사회활동에 적극적으로 참여함으로써 사회에 대한 소속감과 참여의식을 갖도록 하는 데 목적이 있다.

셋째, 젊은이들에게는 노인들로부터 역사적 시각과 구체적인 역사적 지식 그리고 그들이 아직 경험하지 못한 시기의 구체적인 삶과 경험을 배울 수 있는 기회와 인생을 보는 시각을 제공해 주는 데 목적이 있다.

넷째, 사회의 측면에서는 풍부한 인적자원을 제공받을 수 있을 뿐만 아니라 그 인적자원의 활용을 통하여 지역사회의 결핍된 부분들까지 혜택을 미치게 할 수 있으며, 사회성원들 간의 유대의식을 공고히 하는 데 목적이 있다.

노인에 의한 교육은 비단 형식화된 교육의 장에서만 이루어지는 활동에 국한되는 것이 아니라 사회와 넓게는 인간의 모든 삶 속에서 이루어지는 교육적이고 무형식적·비형식적 교육의 영역까지 모두 포함하는 것으로 노인들이 평생을 통해 이룩하고 축적한 지식과 경험·전문성·기술들은 여러 영역에서 교육적 효과로 발휘할 수 있다.

〈표 6-2〉 **노년교육의 범위**

구 분	노인을 위한 교육	노인에 관한 교육	노인에 의한 교육
학습자	노인	모든 연령의 학습자	모든 연령의 학습자
교수자	(노인을 포함하여) 모든 연령이 가능	(노인을 포함하여) 모든 연령이 가능	노인
목적	재교육, 사회적응, 여가활용, 직업준비 등	노년기 준비, 노인이해, 직업준비 등	세대 간 이해 확대, 사회참여, 사회봉사 등
주요 내용	노인의 특성, 노년기에 필요한 건강, 여가, 직업기술 등	노인의 특성, 노화과정에 적응하기 위한 지식과 기능, 고객으로서의 노인의 특성 등	노인의 경험과 지혜가 기여할 수 있는 역사적 사실, 전통, 지식과 기능, 각종 봉사활동 등

출처 : 허정무(2007). 노인교육학 개론. 경기 : 양서원 재구성.

5. 영역별 노년교육 프로그램

노년교육은 영역별 프로그램에 따라 크게 정서적, 사회적, 경제적, 건강적, 지적 교육 등으로 나눌 수 있는데 다음과 같다.

첫째, 정서적 교육으로 노인은 경제활동에서 은퇴하므로 소득이 단절되고 이에 따라 생리적·신체적 안전에 대한 욕구가 결핍되기 쉽다. 더욱이 노쇠현상으로 인하여 질병에 쉽게 걸리는가 하면, 각종 신체적·정신적 장애로 말미암아 생리적 및 정신적 안정은 어느 시기보다 결핍되기 쉽다.

또한 일선에서 은퇴하고 자녀들이 출가하고, 친구들이 하나둘 죽게 되면, 고독과 고립이 밀려오면서 인생의 황혼기에 어려움을 겪게 된다. 따라서 노인에게 있어서 정서적 극복을 위한 교육은 매우 중요한 교육적 과제이다.

둘째, 사회적 교육으로 노인복지에서 대상으로 하는 교육이 사회적으로 개입할 필요가 있다고 인정되는 사회적 봉사활동 프로그램을 말한다. 여기서 사회적 교육이란 인간이 가지고 있는 기본 욕구가 개인적 차원에서가 아니라 사회적 차원에서 발생 가능하다는 인식이 이루어졌을 때 존재하게 된다. 사회적 교육에 대해서는 여러 가지 분류가 쓰이고 있는데, 노인복지서비스와 관련된 교육을 중심으로 보면 노인복지 분야에서 논의되고 있는 양로원, 고아원 방문, 정보지 발간지원 등의 사회활동교육을 위한 프로그램을 들 수 있다.

셋째, 경제적 교육으로 경제적인 교육은 인간의 생리적 욕구뿐만 아니라 자기실현을 충족하는 데 가장 필요한 요소라고 할 수 있다. 경제적으로 안정된 노인들은 자신에게 알맞은 취미생활뿐만 아니라 젊은 시절부터 노력해 온 보다 높은 차원의 자기실현을 위해 정진할 것이다. 그러나 경제적으로 안정되어 있지 못한 노인들은 그가 비록 젊은 시절에 자기실현을 위해 노력했을지라도 노인이 되어 생리적 욕구의 생활로 되돌아가는 경향이 있다. 이러한 맥락에서 볼 때 노인의 경제적 교육은 노후생활에서 다른 어떤 요인보다 선행되어야 할 교육으로 취업교육, 퇴직준비교육 등이 그 대상이 된다.

넷째, 건강교육으로 신체적 질병에는 급성질환과 만성질환이 있는데 노년기에는 일반적으로 급성질환은 줄어들고 만성질환이 증가하는 경향이 있다.

즉, 노인이 되면 '성인병'이라고 불리는 고혈압, 당뇨병, 심장질환, 관절염과 같은 질병이 대부분 노인에게 찾아온다. 이와 같은 현상은 연령증가에 따른 생물학적 퇴화현상으로 저항력이 약화되어 발병률이 증가하기 때문이다.

따라서 노년기에는 젊었을 때에 비해 질병의 발생빈도가 높을 뿐만 아니라 회복기간도 오래 걸리므로 이를 예방하기 위한 노인건강교육 프로그램이 그 대상이 된다.

다섯째, 지적 교육으로 노인의 심리적 특성과 행동양식은 적어도 60여 년 이상 겪은 개인의 경험적 사건, 문화적 변화의 결과이므로 다양한 개인차를 보일 수 있다. 세대차와 사회변화를 이해하기, 은퇴생활에 필요한 지식과 생활 배우기, 정치 · 경제 · 사회 · 문화에 관한 최신동향 알기, 건강증진을 위한 폭넓은 지식 갖추기 등의 내용이 포함되어야 한다.

이처럼 노인교육 내용의 영역별 프로그램을 통해서도 앞으로의 노인세대는 지금 세대와는 현저하게 다를 것으로 전망하고 있음을 알 수 있다. 이미 앞에서 언급한 바와 같이 노인인구의 수적 증가는 물론이며, 지금보다 경제적 · 교육적 수준이 높아져서 노인들의 교육욕구나 사회구성원으로서 사회참여 욕구도 증대될 것으로 예상되고 있다.

6. 노년교육 관련 정책 및 제도

1) 노년교육 관련 법률

우리나라의 노인교육 관련 법령으로는 평생교육법과 노인복지법, 저출산 · 고령사회기본법 등을 들 수 있다.

(1) 평생교육법

평생교육법은 1982년 사회교육법에서 1999년 평생교육법으로 다시 2008년 일부 개정되었다. 평생교육법은 문민정부의 교육개혁위원회가 대통령에게 제안한 일련의 교육개혁 방안으로 누구나 언제, 어디서나 원하는 교육을 받을 수 있는 평생학습사회, 즉 에듀토피아(edutopia)의 건설이 핵심이념이었다. 평생교육법이 사회교육법에서 대체된 취지는 첫째, 교육관계법의 기본 체제 구축, 둘째, 21세기 열린교육사회・평생학습사회를 건설하는 데 적합한 법으로의 개편 필요, 셋째, 국민의 학습권과 학습자의 선택권을 최대한 보장하여 평생학습의 분위기 조장이었다. 이 평생교육법에서는 노인교육에 대해 특별히 언급하고 있지 않고, 동법 제2조 제1항에서 규정하고 있는 학교교육을 제외한 모든 형태의 조직적인 교육활동으로 정의하고 있어, 학교교육을 제외한 모든 형태의 조직적인 교육활동이라는 측면에서 개념적으로 노인교육이 포함되어 있다고 이해할 수 있다.

(2) 노인복지법

노인복지법은 노인의 보건과 복지에 관한 사항을 규정한 법률로서, 노인의 질환을 사전예방 또는 조기발견하고 질환상태에 따른 적절한 치료・요양으로 심신의 건강을 유지하고, 노후의 생활안정을 위하여 필요한 조치를 강구함으로써 노인의 보건복지 증진에 기여함을 목적으로 한다.

노인교육 관련 시설은 노인복지시설 중 노인여가복지시설로 분류하고, 여기에 노인교육 기능을 주요 기능으로 하는 노인교실, 노인교육을 부가적인 기능으로 하는 노인복지관, 휴식과 여가 기능을 주로 하는 경로당, 노인휴양소를 포함시키고 있다. 이와 같이 노인복지법에서는 직접적으로 "노인교육" 또는 "노년교육"이라는 개념을 사용하고 있지 않으며, 단지 노인교육을 노인여가복지의 범위 안에 포함시키고 있어 노인복지법상으로도 노인들을 위한 교육의 중요성을 간과하고 있다.

(3) 저출산・고령사회기본법

저출산・고령사회기본법은 저출산・고령사회의 문제를 해결하기 위하여 2005년 제정되었다. 본 법은 저출산 및 인구고령화에 따른 변화에 대응하는 저출산・고령사회 정책의 기본 방향과 추진체계에 관한 사항을 규정하고 있는데, 그중 노인교육과 관련된 조항은 크게 두 개 조항 정도다.

제15조 평생교육과 정보화 관련 조항 제1항에서는 "국가 및 지방자치단체는 모든 세대가 평생에 걸쳐 학습하고 능력과 적성에 따라 교육을 받을 수 있도록 교육의 기회를 제공하고, 이를 위한 교육시설의 설치·인력의 양성 및 프로그램의 개발 등 필요한 시책을 강구하여야 한다"고 규정하고 있다. 또 제2항에서는 "국가 및 지방자치단체는 세대 간 정보의 격차를 해소하기 위하여 정보화교육, 프로그램 개발 및 장비 보급 등 필요한 시책을 강구하여야 한다"고 규정하고 있다.

또 취약계층 노인에 관한 제16조에서는 "국가 및 지방자치단체는 저출산·고령사회 정책을 수립·시행함에 있어서 여성노인·장애노인 등 취약계층의 노인에 대하여 특별한 배려를 하고 도시·농어촌지역 간 격차 등 지역의 특수한 상황을 반영하여야 한다"고 규정함으로써 직접적이진 않지만 일부 노인교육과 관련한 기본적인 방향을 제시하고 있다.

2) 노년교육 정책 및 제도

고령화 시대의 노인들은 경제적 자립을 위한 재취업과, 지역사회 시민으로서의 역할, 자원봉사활동 및 급변하는 환경에 적응하기 위한 새로운 기술습득을 위해서, 또는 노년기의 새로운 사회화와 질 높은 개인의 삶을 위해서 그리고 자발적인 학습에 대한 갈망으로 인해 노인교육을 희망하고 있다.

우리나라 노인교육정책의 특징은 첫째, 노인교육의 실효성을 보장할 만한 구체적인 조항으로 법제화되어 있지 않다는 것이고, 둘째, 노인교육을 전담할 행정체계가 보건복지부와 교육부, 고용노동부, 문화체육관광부 등으로 다원화되어 있다.

(1) 교육부의 노년교육정책

교육부의 노년교육정책은 "사회통합 증진을 위한 평생학습지원·강화"에서 두 개의 과제로 제시되고 있다.

첫째, 고령화 사회에 대비한 노년교육 활성화의 과제로서, 고령화의 진전에 따라 증가하는 고령자층의 교육수요에 효과적으로 대응할 수 있는 제도적 기반을 마련하고, 노인인구 증가에 따른 사회적 부담을 해결하기 위하여 노인 복지보다 예방적이고 생산적인 차원의 노인교육에 중점을 두는 '선진국형 노인정책'으로의 전환을 추진한다는 것이 기본적인 정책의 방향이다.

둘째, 퇴직자를 중심으로 자원봉사운동 전개의 과제로 '참 배움, 참 나눔'의 학습문화 창출을 위한 평생학습 자원봉사운동을 전개하고, '전문직 퇴직자들을 활용한 평생학습 자원봉사'를 활성화하며, '교육 · 복지 · 자원봉사'의 결합을 통한 자발적 평생학습활동을 촉진시킨다는 것이 기본적인 정책의 방향이다.

(2) 보건복지부의 노년교육정책

보건복지부의 노인교육 관련 정책 역시 미미한 수준이다. 보건복지부의 노인복지정책의 목표는 크게 네 가지로 나눌 수가 있는데 첫째, 노인생활 안정 기반을 위한 기초소득 보장이며, 둘째, 건강한 노후생활 보장을 위한 기초의료보장이고, 셋째, 복지서비스 제공 기반을 확충이며, 넷째, 활기찬 노년문화의 형성을 위한 기초교육 보장 등이다.

(3) 문화체육관광부의 노년교육정책

문화체육관광부에서는 2005년부터 복권기금 예술사업의 일환으로 지역 문화원을 통하여 <땡!땡!땡! 실버문화학교>사업을 펼치고 있다. 이 사업은 노년세대가 문화역량을 발굴 · 개발하고, 문화를 매개로 다른 세대와 소통하고 지역과 연계하여 사회참여 및 봉사활동 그리고 나아가 장기적으로는 일자리까지 창출하며 지역의 문화리더로 성장하는 적극적인 문화실천사업이다.

7. 우리나라 노인교육 관련 기관

우리나라에서 운영되고 있는 노인교육은 운영기관을 기준으로 다음과 같이 크게 다섯 가지로 나눠볼 수 있다.

1) 노인교실 및 노인대학

노인교실은 노인여가복지시설에 속하며, "60세 이상의 노인들에 대하여 사회활동 참여욕구를 충족시키기 위하여 건전한 취미생활, 노인건강 유지, 소득보장, 기타 일상생활과 관련한 학습 프로그램을 제공하는 교육기관"으로 당해 지역 시장, 군수, 구청장에게 신고하도록 되어 있다. 노인교실은 노인학교 혹은 노인대학 등으로도 불리며, 개인이나 등록된 사회단체가 교육법에 의한 형식이나 절차 없이 자의로 설립한 기관이며, 시설과 장소에 상관없이 설립자에 의해 학칙이 정해지고 교재, 수업연한, 강사, 교육과정, 학생관리, 경비 조달 등도 자체적으로 이루어지고 있다.

노인교실의 이용대상은 60세 이상 노인으로 정원은 50명 이상이며, 주 1회 이상의 교육을 실시하여야 한다.

2) 노인복지관과 사회복지관

사회복지관은 노인만을 대상으로 하는 복지시설은 아니지만 대부분 그 주요 서비스 대상이 노인이라 할 수 있다.

사회복지사업법 시행규칙에 의하면, 사회복지관의 사업내용 중 교육문화 사업에 아동 · 청소년 방과 후 교실운영 사업, 성인기능교실 사업, 노인여가 · 문화 사업, 문화복지 사업이 포함된다. 그중 노인여가 · 문화 사업은 노인을 대상으로 제공되는 각종 사회교육 및 취미교실 운영사업으로, 그 내용으로는 건강운동교실, 여가 프로그램, 교양교육 프로그램, 경로당 지원 사업 등이 있다.

노인복지관은 “노인의 교양·취미생활 및 사회참여활동 등에 대한 각종 정보와 서비스를 제공하고, 건강증진 및 질병예방과 소득보장·재가복지, 그밖에 노인의 복지증진에 필요한 서비스를 제공함을 목적으로 하는 시설”이다. 노인종합복지관은 만 60세 이상 노인을 대상으로 교육 프로그램을 운영하고 있으며, 복지관 회원을 대상으로 복지관에 따라 무료에서 월 1만 원 내외의 회비를 받는다. 노인복지관에서 실시하는 구체적인 노인교육 프로그램 내용은 복지관마다 특화된 내용 면에서는 조금씩 차이가 있긴 하지만 대체적인 내용은 거의 유사하게 진행되고 있다.

3) 대학 평생교육원의 노년교육 프로그램

대학의 평생교육원 프로그램 중 노인 학습자를 대상으로 개설된 프로그램은 여타 노인교육시설에 비하여 상대적으로 교육비가 비싸 많은 노인 학습자가 참여하기에는 경제적인 어려움이 있다. 이와 같은 문제를 해결하기 위하여 정부는 2002년도부터 각 대학에 협조를 구하여 일부 대학에서는 노인에게 할인 및 무료수강 혜택을 제공하고 있다. 한편 비노인 학습자나 노인 관련 전문가를 대상으로 하는 ‘노인에 관한 교육’ 프로그램도 최근 고령화 사회의 진입과 함께 고령친화산업에 대한 기대감으로 빠르게 증가하고 있는 추세이다.

4) 종교기관에서 운영하고 있는 노년교육기관

종교단체는 그 특성상 시설자원, 인적자원, 재정자원 및 조직자원이 풍성하며 그 운영 및 다양한 지원이 가능하다. 종교단체가 가지고 있는 시설자원은 넓고 다양한 용도의 공간 등은 종교단체들이 노인대학을 운영하는 데 있어 좋은 조건으로 작용한다. 종교단체에서의 노년교육시설이 비약적으로 성장할 수 있었던 것은 노인에 대한 관심을 지원할 수 있는 시설자원과 다양한 인적자원 동원이 가능했기 때문이다.

종교단체의 상당수가 대체적으로 노인교육에 양질의 서비스를 제공할 수 있는 신도들을 확보하고 있으며 이를 적극 활용하고 있다. 종교단체 내 교육,

교양, 레저, 건강, 스포츠 등 여러 방면의 전문가가 종교적인 차원의 봉사와 섬김, 자비라는 종교적 신념을 가지고 교육자로도 활약하고 있다.

5) 평생학습관에서의 노년교육 프로그램

평생학습관에서의 노년교육 프로그램이 상대적으로 활성화되고 있는 이유는 비교적 저렴하면서도 수준 높은 프로그램이 운영되고 또 접근성도 비교적 좋기 때문으로 보인다. 그러나 아직까지는 노인학습자들의 노인교육에 대한 인식 부족과 평생교육사 등 담당인력의 노인교육에 대한 인식 부족으로 크게 활성화되지는 못하고 있는 형편이다.

제3절 노인체험교육

노년기에 있어서 노인에게 맞춘 적절한 생활환경은 노후의 삶을 영위하는 데에 편리성과 쾌적성, 그리고 안전사고에 대한 대비로 삶의 질을 향상시킬 수 있을 것이다. 현대 노인의 생활환경은 노인이 자신의 독립성을 유지하면서 안전하고 안락한 일상생활을 유지할 수 있는 생활공간을 확보할 수 있도록 사회적 차원에서 다양한 노력이 필요하다. 이러한 상황에서 비노인층에게 노인의 신체적 특성과 생활공간을 경험하게 하는 노인체험교육은 노인의 신체적 제한과 일상생활에서 활동의 어려움 그리고 노년기 생활상의 과제를 이해하게 함으로써 세대 간 상호 이해와 통합을 추구하는 교육활동이다.

노인체험교육(education for aged experience)을 통하여 새로운 사회적 과제로 등장하고 있는 '고령사회'에 대응하기 위하여 노화와 관련된 다각적인 대응방안을 모색한다. 또한 급속도로 확대되어질 노인 관련 산업(senior industry)에서 노인에 관련한 기본 지식과 감성 그리고 생활패턴 등의 체험경험을 전달하고 적용하여 노인에게 최적(optimization)의 케어 제공은 물론이고 노인의 입장에서 제품을 개발하여 사용하기 편리한 제품과 서비스의 제공도 기대할 수 있다.

1. 체험교육의 의미

체험교육은 강의실에서 강의를 듣는 수동적 교육의 상대적인 의미로서 몸소 행함으로써 배우는 학습(learning by doing)이라 할 수 있다. 이는 학습자 스스로가 체험을 통한 학습을 의미하는 것으로 능동적이고 자율적인 학습인 것이다. 체험은 학습목표를 이루기 위한 필수적인 과정이지만, 강의실에서 이루어지는 일방적인 강의식 수업과 비교해 볼 때 체험학습이라고 하는 것은 교육과정과 관련된 내용들을 일상생활에서 직간접적으로 경험하면서 진행되는 학습자 주도적인 학습을 말한다.

또한 체험학습은 실제로 체험과정을 통해서 효율적으로 유도해 줄 수 있는 교육이면서 주변 환경과 일상생활에 보다 흥미와 관심을 갖게 하고, 탐구·관찰·분석능력을 키워 학습을 촉진할 수 있게 도와주는 학습방법의 하나라 하겠다.

현재 운영 중인 체험교육의 대표적인 형태를 보면, 노인생애 체험, 소방안전 체험, 응급구호 체험, 과학교실 체험, 학교현장 체험, 예절 체험, 생명공학 체험, 문화유적답사 체험, 자연생태 체험, 우주과학 체험, 전통놀이 체험, 농촌활동 체험 등의 다양한 체험교육이 운영되고 있으며, 또 개발되고 있다.

2. 체험활동의 정의

체험(experience)이란 "개개인의 주관 속에서 직접적으로 볼 수 있는 의식내용이나 의식과정"이며, 몸소 직접 어떤 것을 인지하고 행동하는 과정으로 경험과 거의 유사한 개념이지만 미묘한 차이점을 갖고 있다. 즉, 경험은 체험보다 간접적이며 감각이나 자기 관찰을 통해서 얻는 과정을 이야기한다. 체험활동(activity for experience)은 기존의 전시(exhibit) 관람이나 시청각기재를 활용한 간접교육의 한계를 탈피하여 직접 체험해 보거나, 만져보기, 이야기하면서 대화하는 상호작용(interactive hand-on)을 통해 전시물이나 제품에 대한 내용을 이해해 나가는 능동적인 전시활동 형태이다. 따라서 전시체험활동은 새로운 전시연출 방법으로 흥미와 지적인 호기심을 자극하여 관심을 갖게 해주고, 적극적인 참여를 유도하는 결과를 통하여 전시하는 본래의 목적을 달성하고자 하는 것으로서 높은 교육적 효과로 인하여 대부분의 전시(exhibit)에 체험활동이 적극적으로 도입되고 있다.

1) 노인체험교육의 필요성

우리 사회는 지난 반세기 동안 고도성장을 이룩한 산업화로 인해 경로효친사상보다는 개인주의 가치관이 팽배해지고, 핵가족화로 인한 3세대 동거가구의 수는 줄고 1세대 가구나 독거세대가 늘고 있는 실정이다. 또한 평균수명의 연장과 함께 낮은 출산율로 인하여 더 이상 가족이 노인의 삶을 책임질 수는 없으며, 국가와 가족 그리고 노인 개개인 모두가 새로운 역할정립이 요구되고 있다.

노인체험교육(education for aged experience)은 노인이 되었을 때의 신체적 변화와 그것과 동반되는 문제를 가상적으로 체험함으로써 노인에 대한 막연한 편견에서 벗어나 노인을 이해하고 노인에 대한 태도를 변화시킬 수 있는 기회를 제공하고 있다.

또한 노인을 위한 사회환경 및 상품개발 등에 유용하게 활용되어짐으로써 노인체험활동은 세대 간의 유대감 증진과 개개인의 노후에 관한 준비를 마련할 수 있는 기회를 제공하며, 보다 나은 노인의 생활환경을 조성하는 데 도움을 주고 있다.

2) 노인체험교육의 개념

노인체험교육은 비노인세대가 노인세대의 신체적·감각적 상태를 가상체험함으로써 세대 간 상호 이해와 통합을 추구하는 교육이다. 즉, 노인세대가 사회 속에서 분리당하는 것이 아니라 동등하게 통합되는 것에 관한 교육의 의미이므로, 노인체험활동은 노인에 대한 이해를 돕기 위한 교육과정에 적용할 수 있는 유용한 프로그램이다. 이는 신체적 노화상태를 경험함으로써 노인에 대한 이해를 증가시키기 위해 개발되었고, 이미 서구에서는 주로 자원봉사자 및 노인을 돌보는 홈헬퍼(home helper), 그리고 보건의료인의 교육에 사용되고 있다. 신체적인 노화 정도와 그 특징에 관한 노인체험교육 활동은 노인의 심신상황을 파악하고, 노년기 생활상의 과제를 이해하게 함으로써 고령사회에서 노화와 관련된 다각적인 대응방안을 모색하는 데 기여하고 있다.

3) 노인체험용구의 특징

노인체험용구는 고령사회를 먼저 경험하고 있는 일본과 미국 등에서 개발되어 사용하고 있으며, 우리나라에서는 대화메디피아(주)에서 한국형으로 노인체험복을(experience suit for aged YW-100) 개발하여 보급하고 있는데, 성남 고령친화종합체험관 및 대한노인회 노인생애체험관, 삼성휴먼센터 등에서 체험교재로 활용하고 있다.

노인체험용구는 노화로 인한 신체적 기능 저하의 불편함을 체험하기 위한 제품으로 보호대 및 특수안경, 손발에 추 등을 장착하여 80세 정도 노인의 신체적 상태를 유사하게 느낄 수 있도록 제작되었다. 즉, 노인체험복(experience suit for aged)을 착용하고 시계 보기, 신문 보기, 약 먹기, 전화 걸기, 음료수 먹기, 식사하기, 계단 오르고 내려오기 등 일상을 체험함으로써 노인이 생활 속에서 겪는 애로와 불편을 느껴보는 과정으로, 본인 스스로 노인의 육체적·정신적 변화를 체감해 보도록 하는 것은 노인체험활동에서 가장 기본적이면서도 핵심적인 사항이다.

그리고 주의할 점은 노인체험복을 착용 후에 체험자가 느끼게 되는 갑작스러운 신체적·심리적 노화의 변화에 대한 이질감과 반감, 그리고 안전사고에 대한 사전교육도 미리 이루어지도록 해야 한다.

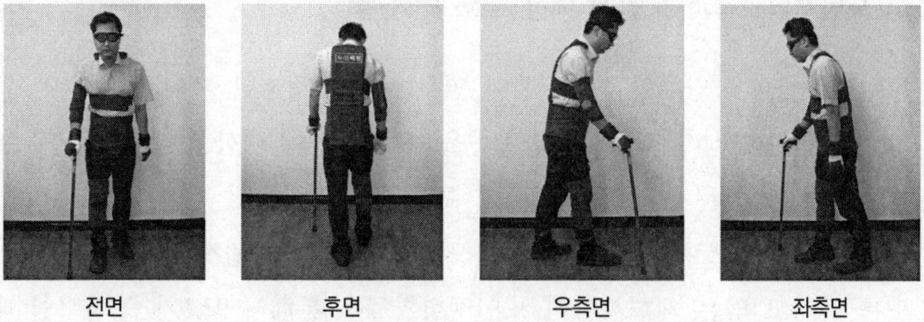

그림 6-1 노인체험복(YW-100) 착용모습

출처 : 대화메디피아(주). www.daewhamedipia.com 재구성.

4) 노인체험용구의 구성

현재 활용되고 있는 노인체험용구들은 각 제조사별로 고령자의 신체가동 영역과 신체상태를 통계적 데이터와 자료들을 참조하여 제작된 것으로 제조사에 따라 차이점을 보이고 있지만, 현재 국내에서 가장 많이 활용되고 있는 노인체험용구(YW-100)의 구성은 다음과 같다.

〈표 6-3〉 **노인체험용구의 구성과 체험기능**

구 분	용구명칭	구 성	체험방법과 체험기능
시 각	안경	백내장 녹내장용	눈 질환 상태에 맞는 체험안경을 선택하여 시각의 변화를 체험한다.
청 각	귀마개	발포 귀마개 좌우 2개	고난청용 발포 귀마개를 귓속에 삽입하여 고음영역 차단상태를 느껴본다.
촉 각	장갑	좌우 한 벌	손 장갑을 착용하여 촉각의 느낌을 둔화시킨 상태를 체험한다.
근골격계	손 관절 구속대	손가락 손 일체형	손 장갑 위에 손 관절 제어대를 끼고 손 관절의 부자유스러움을 체험한다.
	등 구속대	특수금속 재질의 등 고정부	특수금속으로 제작된 등 구속대를 이용하여 등의 구부러진 상태를 체험한다.
	무릎 관절 구속대	특수재질이 삽입된 무릎 관절 구속대	무릎 관절의 각도를 제한함으로써 일어나기와 앉기, 걷기 등의 부자유스러움을 체험한다.
	팔 관절 구속대	특수재질이 삽입된 팔 관절 구속대	팔 관절의 각도를 제한함으로써 식사하기, 물건 들기 등의 부자유스러움을 체험한다.
	접이형 지팡이	4단 접이식 지팡이	보행의 불편함을 도와주는 보행보조기구
	웨이트 커프	좌우 손목커프 좌우 발목커프	손목과 발목에 무게감을 주어 근력이 저하된 상태를 체험한다.

출처 : 대화메디피아(주). 사용설명서 재구성.

5) 노인체험교육과 노인에 대한 태도 변화

우리나라에서 노인체험교육에 관한 연구는 주로 청소년, 대학생, 일반인, 그리고 전문인을 대상으로 노인체험활동을 통해 노인에 대한 지식과 태도가 어떻게 변화하고 있는지를 입증하는 데 초점을 두고 있다.

일반인을 대상으로 한 연구에서는 노인에 대해서 중립적이거나 부정적인 태도를 가지고 있는 체험자들이 노인체험활동을 통해서 92%가 긍정적인 태도나 인식을 갖게 되었으며, 노인에 대한 공감적 이해, 노인에 대한 행동적 태도 변화, 노인을 위한 주변 환경의 변화인식에 대한 이해가 증진된 것으로 조사되었다. 또한 노인체험활동을 질적 연구한 조사에서도 노인체험활동을 경험한 체험자들의 유형은 동정형, 두려움형, 저항형, 이해형, 대처형, 호기심형으로 나타났는데, 체험자들은 노인체험활동을 통해서 노인에 대해 동정심과 이해심을 경험하였으며, 주변의 노인과 부모, 그리고 자기 자신의 노후를 위해 어떻게 준비할 것인지를 체험한 것으로 조사되었다. 한편으로는 이러한 긍정적인 경험 이외에도 노인체험교육이 노화에 대한 두려움과 저항감과 같은 부정적인 감정도 경험한 것으로 나타났다.

그렇지만 노인체험교육은 전반적으로 노인에 대한 태도와 인식에 긍정적으로 변화되었으며, 자신의 노후에 대한 인식 변화와 노인 관련 업무만족에서도 긍정적인 영향을 미치는 것으로 나타나 노인체험교육의 중요성을 보여주고 있다.

6) 노인체험교육의 활용범위

우리나라도 노인체험교육의 중요성을 인식하여 최근 전국 5대 도시(성남, 부산, 대구, 광주, 대전)에 노인체험교육을 실시할 수 있는 상설 체험장을 설치, 운영하고 있으며, 각종 민간기업(삼성생명, 교보생명 등)과 단체(대한노인회, 화성시 사회복지협의회 등), 그리고 복지관(관악노인복지관, 영통사회복지관 등)과 대학(한림대·숭의여대·대덕대·대동대·광주보건대) 등에서도 상설 체험장을 설치하여 노인체험교육을 실시하고 있다.

노인체험교육이 노인 관련 교육과 현장에서 어떻게 활용 가능한가에 대한 주요 내용은 다음과 같다.

① 인간의 생애교육 과정에서 노년에 관한 교육으로 활용될 수 있다는 점이다. 초·중·고·대학생들을 대상으로 하는 노인교육 관련 프로그램의 일부로 활용함으로써 노인을 이해할 수 있는 기회를 제공할 수 있다.

② 노인과 관련된 교육전문가 집단들이 노인의 신체상태를 직접 체험함으로써 노인과 관련된 현장의 적용과 학문적 이해의 깊이를 도모할 수 있다.

③ 기업의 예비퇴직자나 일반 성인들을 대상으로 한 은퇴자 교육이나 교양강좌에서 노인체험교육을 실시함으로써 평생교육의 일환으로 적용될 수 있으며, 동시에 체험자 자신의 노후를 조명하고 설계할 수 있는 기회를 제공할 수 있다.

④ 노인과 관련한 업무종사자들을 위한 보충교육의 일환으로 활용될 수 있다. 노인담당 간호사를 비롯한 의사 및 의료기관 관계자, 그리고 노인복지 관련 기관 직원들을 대상으로 노인체험교육을 실시함으로써 업무의 효율성과 보다 나은 케어서비스를 증진시킬 수 있다.

⑤ 고령친화산업에 종사하는 사람들에게 상품을 개발하는 데 도움이 된다. 노인의 신체적 특성을 고려한 주택 및 건물 설비와 노인을 위한 휴식공간, 공원 건축 그리고 노인에게 최적화된 생활용구의 모양, 전화기 벨소리의 조정, 주방용품, 의료용품 등을 개발하는 데 도움이 된다.

⑥ 노인체험교육은 대학축제, 지역사회연대 프로그램, 노인의 날, 어버이날, 설날, 추석 등 지역행사로 활용되어짐으로써 세대 간 교류를 증진할 수 있는 기회를 제공해 준다.

⑦ 노인의 입장에서 노인과 관련한 사회법규나 복지법을 제정하는 데 기여할 수 있다.

3. 노인체험활동의 유형

노인체험활동은 체험활동 장소에 따라 체험관형과 이벤트형으로 구분할 수 있는데, 상설 체험관형은 노인의 일상생활 환경을 특별히 고안하여 설치된 노인체험관에서 체험활동을 실시하는 것을 말하며, 이벤트형은 공간에 구애받지 않고 강의실이나 공원, 그리고 각종 건강축제 등에서 체험활동을 실시하는 것을 말한다.

두 가지 유형은 각기 다른 장단점을 가지고 있다. 체험관형의 경우 의도된 체험을 효율적으로 체험할 수 있다는 측면에서 효과가 높으나 지역에 따른 접근성에 문제가 있으며, 이벤트형의 경우 장소에 구애받지 않고 실시할 수 있다는 장점을 가지고 있으나, 공간과 환경적인 면에서 노인체험활동에서 의도한 내용들을 충분하게 체험할 수 없다는 단점이 있다. 또한 노인체험활동은 노인신체 체험을 도와주는 장비세트를 착용하거나 체험복을 입고서 이루어지는 것으로 주로 손이나 발 관절의 부자연스러움과 몸이 무거워지는 것, 촉감이 무뎌지는 것, 시각과 청각의 기능이 떨어지는 것과 같은 신체적인 체험을 통해서 심리적인 변화와 사회적인 변화를 체험하도록 하고 있다.

Chapter 07 노년기 여가활동과 자원봉사

제1절 노년기 여가활동

현대사회의 여가는 대중들의 사회적·문화적 욕구를 충족시키기 위한 중요한 부분으로 평가되기 시작하였다. 경제성장과 생활수준이 높아짐에 따라 여가에 대한 관심이 급속히 증가되었고, 사람들은 사회생활에 지친 몸과 마음의 피로를 풀고 문화적인 생활을 누리려는 욕구로 인해 여가문화는 급속히 발전하고 있는 추세이며, 여가를 즐기려는 현상은 인간의 삶에 커다란 영향을 미치게 되었다. 여가는 시대와 학자, 학문 분야에 따라 다양한 의미로 사용되고 있으며, 인간 삶의 중요한 부분으로 인식되고 있다.

1. 여가에 관한 정의

여가(leisure)라는 용어는 그리스어의 스콜레(scole)의 정지, 중지, 평화 및 평온을 의미하는 데 비해 라틴어의 오티움(otium)은 아무것도 하지 않는 것을 의미한다. 어원상 전자는 자기개발(self-cultivation)을 위한 적극적인 정신활동 상태를 뜻하는 데 반해, 후자는 소극적인 무위활동의 상태를 뜻한다. 그러나 이들 어원들은 모두 정지상태와 평화상태를 내포하면서 시간적 의미가 부여되어 남은 시간(spare time)에서 자기를 위한 시간으로 발전하였다. 한편 생산과 소비의 관점에서 볼 때 스콜레(scole)는 창조적 노동과 문화적 소비를 특징으로 하는 데 비하여 오티움(otium)은 구속적 노동과 생산적 소비를 특징으로 한다. 그러나 양자는 자기수양과 생산을 위한 시간이라는 점에서 상통하고 있어 자기수양의 개발을 위한 시간에 그 어원적 의미를 찾을 수 있다.

머피(Murphy)는 여가는 개인의 판단과 선택에 의해 갖게 되는 자유시간으로, 자신을 위한 활동에 개입하는 의미로 해석하여 자신을 핵심으로 한 활동을 통해 즐거움과 만족감을 주는 것이라 하여 기존의 개념에 개인의 자유와 재량의 의미를 더하였다. 카플란은(Kaplan)은 여가를 노동에 대한 반대 개념으로 자발적이며 즐거운 모든 활동을 여가로 간주하였으며, 플로이드(Floyd)는 일에서 벗어나 자유의사에 의해 기분전환과 즐거움을 추구하는 활동으로 보았으며, 듀마제디에(Dumazedier)는 "여가는 사회나 가정, 혹은 노동에 대한 책임에서 벗어난 활동이며, 참가자의 의사에 따라 휴식, 기분전환, 지식의 확대, 자발적인 사회활동의 참가 또는 개인의 창조에 대한 가능성을 자유롭게 구사할 수 있는 활동"이라고 하였다. 따라서 여가는 직업과 노동으로부터 해방을 의미하며 자유시간보다는 자유정신에 더 비중을 두고 있다. 여기서 자유는 단순한 자유시간이라기보다 선택의 자유(freedom of choice)를 의미한다 할 수 있다. 즉, 한가하고 할 일 없는 시간이 아닌 시간을 어떻게 보낼 것인가의 시간활용 과정 및 방법에도 의미를 중히 여기는 것이다.

이러한 점에서 볼 때 여가란 생활에서 모든 의무와 책임을 벗어난 자유재량의 시간으로 구속받지 않는 자유시간이라는 의미와 함께 선택의 자유라는 의미를 지니고 있어 자유로운 시간을 인간 개개인이 자기개발을 추구하는데 이용한다는 뜻이 포함된 것으로 볼 수 있다.

2. 여가의 기능

여가는 개인적 측면에서 일상생활에서 오는 육체적 · 정신적 소진(burn out)을 보수, 회복시키고 인간을 권태로부터 구출하는 기분을 전환해 주며 사회적 측면에서 노동과 함께 문화의 창조 및 계승을 위해 중요한 기능을 하고 있다. 또한 여가는 폭넓고 자유로운 사회적 활동을 통해 육체, 감정, 이성의 도야를 가능하게 하는 자아실현의 기능을 포함하고 있다. 따라서 여가는 신체와 건강에 도움을 주고 사회적 발달에 공헌하며, 재생산 능력을 높일 수 있는 순기능적 역할을 하고 있는데, 이러한 여가의 순기능은 다음과 같이 설명할 수 있다.

첫째, 신체적 기능(physical function)이다. 여가는 일상생활 특히 노동생활에 있어서의 육체적 피로를 회복시켜 준다는 것이다. 일찍이 러스크(Rusk)는 여가를 "미래의 예방책"이라고 하였는데, 이는 여가가 신체의 균형적 건강유지에 적극적인 효과가 있기 때문에 여러 가지 질병요인을 사전에 예방하는 역할을 담당하는 것을 의미하였다.

둘째, 심리적인 기능(psychological function)이다. 여가는 사회적 책임에서 오는 일상의 압력을 기분전환을 통하여 해방시켜 주고 개인에게 상상의 세계를 열어주며, 전문화되고 반복적인 노동에서 오는 권태감이나 지루함을 해소시키는 생리적 기능이 있는 것이다. 즉, 집단관계나 대인관계 속에서 쌓인 욕구불만, 갈등, 좌절감, 정서적 불안 현상을 해소하고 정서적 안정을 구하고자 하는 기능이다. 그러므로 여가는 정신의 소모를 통하여 보다 나은 정신력의 원천을 재생시키고 왕성한 활동력을 가지게 하는 기능을 지니고 있다.

셋째, 교육적 기능(education function)이다. 여가는 개인의 지적 능력을 향상시키는 것으로 여가의 목표와 교육의 목표는 일맥상통하는 점이 있는 것이다. 따라서 여가는 노동이나 학습과 상반되는 것이 아니라 오히려 그것들이 자연스럽게 이루어지도록 돕는 기능을 가지고 있다.

넷째, 사회적 기능(social function)이다. 여가는 자연스러운 사회관계 속에서 각자의 위치를 자각하게 하고 사회적 역할을 배우게 하며, 인간관계의 조화적 태도와 기술을 익히는 사회적 기능을 갖는 것이다. 즉, 사회적 가치나 유형의 인식, 타인의 권리와 즐거움에 대한 이해를 향상시키며 사회생활 속에서 자신의 위치를 정립하여 나가는 가운데 사회 내에서의 자신의 역할을 자각하게 해준다.

다섯째, 문화적 기능(cultural function)이다. 현대사회에 있어서 여가는 개인이 시간적 · 정신적으로 자유로운 상태에서 재창조와 자아발견을 위한 것이라고 전제할 때 여가시간에 이루어지는 음악, 미술, 연극, 영화 등과 같은 예술활동은 문화를 건전하게 발전시키며 창조의 기쁨을 개인적으로 충족시켜 가는 과정에서 문화적 진보가 달성되는 것이다.

여섯째, 자기실현적 기능(self-actualization function)이다. 여가는 기계문명의 팽배에 따른 인간의 피지배 현상으로부터 자아를 탈출시켜 인간성의 해방 가능성을 제고시켜 주며 자기실현의 조건을 제공하는 역할을 하는 것이다.

3. 여가활동의 특성

여가활동은 여가주체인 이용자가 시간과 비용 등의 요인이 충족되는 조건하에서 여가욕구를 실현하기 위해 자발적으로 참여함으로써 만족하는 능동적인 과정으로, 여가주체와 그의 행동에 영향을 주는 모든 변수 간의 체계적인 상호작용의 결과로 파악할 수 있으며 여가활동이 지니는 일반적인 특성은 다음과 같이 구분할 수 있다.

첫째, 여가활동은 여가이용자의 자유로운 선택의 결과로 행해지며 인간의 자발성에 기초한다.

둘째, 여가활동은 어떤 동기에 의하여 추진되는 행동이며 금전이나 시간적 조건이 구비되었거나 여가객체의 유인에 따른 결과로 이루어진다.

셋째, 여가활동은 인간의 욕구와 밀접한 관련이 있다.

넷째, 여가활동은 그 행위의 결과에 의하여 만족수준이 달라진다. 이것은 여가객체의 질 및 여가산업의 서비스 정도에 의하여 좌우된다.

다섯째, 여가활동은 이동을 전제로 한 행동으로서 이용자가 직접 여가자원이나 시설로 접근해야 하며 이러한 특징은 여가활동 시에 잘 나타난다.

여섯째, 여가활동은 여가시간을 즐기는 하나의 과정으로서 일정한 단계에 따라 연속적인 행동이 발생하게 된다.

일곱째, 여가활동은 행동적인 특징을 가지는데 그 행동에 영향을 주는 외적 환경요소와 개인적 요인의 끊임없는 변화에 따라 여가활동도 수시로 변화하게 된다.

이와 같은 점에서 여가활동을 소비자 행동의 하나로 볼 경우 여가상품과 서비스를 구매하고 이용함에 직접적으로 관련된 의사결정 단위로 이해할 수 있으며, 또한 여가현상을 하나의 시스템적 작용으로 본다면 여가활동은 여가주체와 그의 행동에 따른 모든 변수 간의 체계적인 상호작용의 결과로 파악할 수 있다.

4. 여가활동의 만족요인

1) 여가만족의 개념

부(Burr, 1970)는 "만족"이라는 것은 한 개인이 가지고 있는 행위의 결과에 대한 기대와 실제로 받은 보상 사이의 일치의 정도라고 하였다. 이를 여가행위에 적용시키면 여가활동 참가자는 즐거움, 성취, 건강 증진과 같은 보상을 얻거나 이끌어 내었을 때 여가활동이 만족스럽다고 생각한다는 의미로 볼 수 있으며, 여가만족에 대한 접근은 다른 객관적인 척도의 사용보다는 현재 삶의 질을 평가하기 위한 것을 반영하다고 하였다.

여가만족은 여가경험을 평가의 의미로 볼 수 있지만 평가가 되는 시기, 장소, 대상 등의 관점에서 서로 다를 수 있다. 따라서 여가만족은 특정 여가활동을 통해 개인이 추구하는 목적 및 욕구를 달성했을 때 느끼는 활동에 대한 긍정적 인식 또는 주관적 만족감이라고 말할 수 있다.

듀마제디에(Dumazedier, 1974)는 여가활동을 통한 만족상태가 종료되거나 파괴되면 개인은 그에 상응하는 활동을 지속하지 않는다고 주장하면서 여가만족을 특정한 욕구에 부응하는 기대감으로 정의하였다.

이렇듯 여가만족은 단순하게 이용 가능한 서비스의 수와 다양성을 증진시킴으로써 향상되는 것이 아니라 일부 이용 가능한 여가서비스를 본인 스스로나 혹은 다른 사람의 도움을 받아 개인적으로 의미 있는 활동 또는 내적으로 동기유발된 활동을 통하여 나타나는 활동에 대한 만족감으로 정의되고 있다.

2) 여가활동 만족의 하위요인

(1) 심리적 요인

사람들은 활동에 참여함으로써 자신의 개인적 재능과 능력을 시험할 수 있다. 또한 성취감을 맛봄과 동시에 자기를 표현할 수 있고 새로운 경험을 추구할 수 있다. 따라서 개개인은 선택의 자유가 제공된 활동에 참여하기 위해 내적으로 동기화되고 자신의 자아실현의 욕구를 충족시키는 활동들이 참여동기를 유발하게 된다.

(2) 사회적 요인

사람들은 집단에 소속함으로 인해 안정감과 행복감을 얻게 되는데 사회적 만족은 사회적 적응에 기여하는 사회적 관계의 유지 또는 개발을 위하여 임의 집단 또는 단체에 참여하는 것을 말한다. 이러한 행동은 소속의 욕구를 갖게 되며 사회적 상호작용을 통해 고립되지 않게 한다. 여가활동을 통해 사람들과의 교류가 가능하며 공통된 관심사를 통한 집단의 형성은 소속의 만족감을 이끌어 낼 수 있다.

(3) 휴식적 요인

인간의 몸은 재충전의 시간을 필요로 하는데 감정노동(emotional labor)이 많은 현대인들은 신체적 휴식뿐만 아니라 정신적인 휴식도 필요로 한다. 이때 여가활동은 인간에게 휴식 및 원기회복의 기회를 제공할 뿐만 아니라, 일상 속에서 일어나는 각종 스트레스를 해소하는 데 직간접적으로 도움을 주게 되는데, 이는 휴식, 긴장해소, 그리고 정서적 안정을 얻게 될 때 느끼는 만족감을 의미한다.

(4) 환경적 요인

보기 좋은 떡이 먹기 좋듯이 여가활동 시 물리적 환경들이 아름답게 꾸며져 있을 때 참여자들이 더욱 큰 만족감을 얻을 수 있고 흥미와 재미를 더할 수 있을 것이다. 심리적인 안정감이나 미적 가치를 충족시키는 환경은 모든 물체가 완벽해 보일 때 나타나며 개인이 참여하는 여가활동에 더욱 만족감을 느끼게 한다.

5. 노년기 여가의 의미

노년기에는 경제적인 부와 더불어 정신적·심리적 문제가 더욱 중요시되는 시기이므로, 노인의 욕구를 충족시켜 주고 도움이 되는 여가선용의 개발은 매우 필요한 일이다.

파커(Parker)는 노인의 여가활동은 노인의 건강상태에도 지대한 영향을 미치는 요인이 되며 좋은 건강상태와 이에 따른 기동력은 여가활동의 폭을 넓게 유지할 수 있게 하며, 여가활동 참여빈도도 높게 유지할 수 있다고 하였다. 이는 노년기의 능동적 여가활동은 노화 대처전략으로서의 여가활동이 성공적 노화, 생산적 노화, 활동적 노화를 위한 하나의 수단으로 사용될 수 있다 점을 의미하였다.

노인에게 있어서 여가개념은 재생산의 수단 또는 심신의 피로회복 등을 목적으로 하는 젊은이들의 여가성격과는 근본적으로 그 유형을 달리한다. 노인의 경우 본인의 의사와는 관계없이 늘어난 남는 시간, 즉 일상생활이 바로 여가의 연속이기 때문에 여가 자체의 즐거움보다는 무료함이라는 문제를 제기하고, 그것이 노인들에게 정신적·정서적 고통을 안겨주는 결과를 초래한다. 노인에게 아무리 많은 시간이 주어져 있다 하더라도 그 시간을 이용할 수 있는 기술과 지식이 없으면 유용한 활동을 할 수 없게 된다. 그러므로 여가활동은 단순히 아무런 준비 없이 참여할 수 있는 것도 있겠지만 많은 경우 지식과 기술이 있어야만 여가활동에 참여할 수 있고 그에 따른 다양한 즐거움을 이끌어 낼 수 있는 것이다. 또한 노인들의 여가는 일상생활과 깊은 관련을 가지고 있어 종종 자신들의 활동과 여가가 통합한 형태로 나타나기도 하는데 여가는 신체적·심리적·사회적인 면과 관련하여 여러 가지 혜택을 제공할 가능성이 있다. 이러한 활동들은 개인의 다양한 목적을 성취하게 하는 수단이 되며 궁극적으로는 노인의 성공적 노화를 돕는 일차적 수단이 되기 때문이다. 따라서 노년기의 여가를 유익하게 보낼 수 있도록 배려하는 것은 노인의 고독과 소외감을 극복하는 데 필수적인 요인인 것이다.

6. 노년기 여가의 특성

노년기의 여가라 함은 두 가지의 특성을 지니고 있는데 하나는 노년기에 있어서도 일정한 사회적·가정적 역할이 있어 그 역할을 추구하는 도중에 가지게 되는 여유 있는 시간을 말할 수 있으며, 다른 하나는 자신에게 부과된 일정한 역할이 없어 막연하게 보내는 긴 시간을 말한다.

그러므로 노년기는 지나친 여가시간으로 여가 자체가 즐거움이라기보다는 무료함이라는 문제를 제기하고 있으며, 또 그것이 노인들에게는 정신적·정서적 고통을 안겨주는 결과를 초래하기도 한다. 따라서 노년기는 여가로 인해서 제기되는 고통과 문제점을 어떻게 감소시킬 수 있는가 하는 것에 초점을 맞추어야 하는 가운데 다음과 같은 노년기 특유의 특성을 지니고 있다.

1) 사회적 특성

노년기 여가의 특성은 오랜 사회적 경험과 체험을 바탕으로 한다. 그러나 그 체험은 한 분야의 전문성을 갖추었지만 그것은 색다른 일을 하는 데 두려움을 갖게 하고 주저하게 만드는 하나의 요인이 될 수도 있다. 그러므로 대부분의 노인들은 그들이 종사해 왔던 일에 동떨어지지 않은 여가생활을 찾는 것이 바람직하다.

또한 노년기는 이제까지 수행해 온 사회적 위치에서의 권리와 의무가 제외되게 되어 주관적으로 느끼는 해석과 사회의 요구에 괴리가 생기게 되며, 그에 비례하여 자신의 수행능력도 현실적으로 많은 차질이 생긴다는 것을 깨닫게 된다.

2) 심리적 특성

노년기는 자신의 의지나 능력과는 무관하게 사회로부터 소외당하고 이탈되었다고 믿게 된다. 사회적·가정적 지위 상실로부터 오는 심리적인 소외감과 불안심리를 통제하기 위한 해결책으로 여가생활이 절실히 필요하다. 노인은 바람직한 여가생활을 통해 자신의 역할상실감에 대한 긍정적인 극복이 가능하며 이를 계기로 해서 보다 안정된 노년을 보낼 수 있게 된다.

3) 신체적 특성

노년기를 규정하는 가장 외적인 특성인 신체적 특징은 신체적 노화로 인한 건강의 악화, 만성질환의 발병, 시각이나 청각 등 감각기능의 감퇴 등이 일어나게 된다.

또한 기존의 규칙적인 일상적 활동에서 은퇴로 인하여 제외됨으로 인해 규칙적인 생활리듬이 깨어져 신체기능이 급격히 쇠약해 간다. 이러한 신체적 능력의 감퇴를 잘 조절하여 정상적인 상태로 노후를 보내기 위해서는 노후의 여가활동을 얼마나 바람직하게 보내느냐가 관건이라 하겠다.

7. 노년기 여가활동의 유형

노인 여가활동의 유형은 그 시대의 사회적·문화적·경제적 상황에 따라 변화하기에 생활이 향상되고 문화가 발전할수록 여가문화도 다양해지게 된다.

여가의 유형도 이를 반영하여 여가를 즐기는 개인의 성격이나 과거의 생활관습에 따라 각기 다를 수도 있고 연령, 교육 정도, 건강상태, 경제적 수준, 생활습관, 선호도 등에 따라 여가활동의 유형이 달라질 수 있다.

노년기 여가활동의 유형은 학자마다 다양하게 제시하고 있지만 다음과 같이 몇 가지 유형으로 나누어 볼 수 있다.

하비거스트(Havighurst, 1970)의 여가활동 유형 분류는 다음과 같다.

① **가사활동** : 세대 간의 유대, 쾌적한 가정형성, 요리활동

② **가족생활활동** : 육아, 친지방문, 가족구성원과의 통신

③ **종교활동** : 미사참여, 교회를 위한 봉사활동, 성경공부

④ **정치활동** : 정당활동

⑤ **사회봉사활동** : 자선사업, 사회복지활동

⑥ **우인관계** : 친구, 이웃과의 교제

⑦ **취미오락** : 원예, 화폐수집, 스포츠, 음악감상, TV 시청 등

고든(Gordon, 1976) 등은 다섯 가지로 여가활동의 형태를 구분하였는데, 첫째, 혼자서 조용히 휴식이나 수면을 취하는 긴장해소활동(relaxation)형이며, 둘째, 친구를 만나거나 TV 시청, 경기관람, 오락, 독서 등 기분전환활동(diversion)형이며, 셋째, 신체적 능력이나 지적인 지식을 동원하여 개인운동, 학습활동, 여행, 정치적 활동 등 능동적인 활동을 시도하는 발전적 활동(developmental)형이며, 넷째, 미술, 음악, 문학 등에 관심이 많으며 집수리 등을 통한 환경을 개선하는 창조적 활동(creativity)형이며, 다섯째, 생리적 욕구에 관심이 많으며 대부분의 여가시간을 감각적 쾌락을 추구하는 감각적 쾌락활동추구(sensual transcendence)형으로 분류하였다.

한편 우리나라의 김한희(2002)는 노년기 여가활동 유형을 다음과 같이 구분하였다.

첫째, 근로형(勤勞形)은 자기 자신이나 가족의 생계에 보탬이 되기 위해 노동을 해야 하는 경우이다. 소득이 목적인 경우 이외에도 여가시간을 이용하여 부업이나 시간제 근무 또는 비정규직으로 소일겸 간단한 노동을 통해 소득을 올리는 경우와 가계에 보탬이 되기 위해 가족구성원의 사업장이나 농촌 등에서 일을 거들며 소일하는 경우가 이에 해당된다. 전자는 생활에 보탬이 되고 수입의 장점을 가지며, 후자는 자신의 건강·인간관계 유지·주위의 존경심 표현 등을 통해 보람과 자기만족을 느낄 수 있는 장점을 지니고 있다.

둘째, 한거형(閑居形)은 사회에서 중책을 맡거나, 어려운 일을 해야 하는 분야에 종사하다가 은퇴하여 비교적 여유 있는 생활을 하는 유형이다. 일보다는 자서전·독서·그림·음악 등의 취미를 가지며, 심신을 위해 지내는 여가이다. 가끔 사회활동에 참여하거나 취미생활·여행 등으로 시간을 보내기도 하지만, 대체적으로 한가롭게 자기 시간을 가지며 조용한 노후를 보낸다.

셋째, 사교오락형(社交娛樂形)으로 게이트볼·낚시·여행 등 클럽의 조직화로 은퇴한 노인들의 모임이다. 모임을 통해 인간관계 유지 및 형성, 정보교환 등이 용이하며, 요즘은 레저스포츠의 개발 및 보급에 따라 노인뿐 아니라 대부분의 여가인구가 이에 해당된다고 볼 수 있다.

넷째, 자기완성형(自己完成形)은 젊었을 때 하고자 했으나 이루지 못한 부족한 부분을 노후의 충분한 시간을 이용해 보완하고자 하는 유형이다. 예를 들면, 종교에 몰두하거나 미술·음악·철학·문학 등 사회생활 당시에 하고자 했으나 시간적·개인적인 여러 사유로 인해 하지 못했던 것을 노년기에 배우거나, 각종 교양강좌, 토론회, 세미나 등에 참석하면서 인격을 형성하는 일에 여가의 대부분을 보내며 만족을 찾는 경우이다.

다섯째, 참여활동형(參與活動形)은 각종 사회활동에 참여하고, 정치·경제·지역사회 개발활동 및 각종 사회봉사 등으로 여가를 보내는 것이다. 사회봉사활동의 경우 은퇴 후 충분한 여가시간을 본인의 자아만족과 사회통합 관점에서 볼 때 매우 바람직한 여가활동이며, 노인 자신의 인식전환 및 적극적인 참여를 유도하기 위한 다양한 프로그램 개발과 보급이 필요하다.

여섯째, 폐쇄형(閉鎖形)이다. 건강이 좋지 않아 활동이 부자유스럽고 외출이 귀찮고 자신의 삶을 한탄하면서 거의 인생을 포기하고 폐쇄된 공간인 집에서 쓸쓸히 시간을 보내는 유형으로 주로 홀로 지내며 공원벤치에서 하루 종일 시간을 보내기도 한다. 이 유형은 노인 여가시간이 하루의 대부분임을 고려할 때 그들에게 정신적·정서적·신체적으로 악영향을 초래한다.

8. 노년기 여가활동에 영향을 미치는 요인

현대 생활의 역동성은 사람과 활동과의 관계를 일시적인 형태로 변형시켜 놓고 있으며, 특히 노년기에는 여가활동의 참여형태와 참여횟수에 많은 변화를 가져오고 있다. 이러한 사실은 여가활동과 같이 선택의 기회가 많은 활동과 더 깊은 관련성을 갖는다. 그러므로 노년기 여가활동에 영향을 미치는 요인에 관심을 기울여야 한다.

1) 자녀의 성장과 독립

자녀들을 독립시켜 떠나보낸 후의 빈둥지(empty nest) 상태에서는 부모의 역할을 찾거나 지금까지 시간적 여유가 없어 하지 못했던 여가활동에 관심을 가지고 적극적으로 참여할 수 있게 된다. 자녀들과 동거한다 하더라도 부모의 역할이 상실됨에 따라 빈둥지 상태와 마찬가지로 노인의 역할이나 활동에 변화를 가져올 수 있다.

2) 퇴 직

퇴직은 사회적으로 노령기의 시작을 의미하지만 한편으로는 허무함과 허탈감을 느낄 때도 있다. 의무적인 일에서 벗어나 자유로이 활동할 수 있는 시간으로 여가활동에 가장 큰 영향을 미치는 요인의 하나이다.

3) 경제적 조건

경제적 여건은 노인의 여가활동의 유형과 양에 영향을 미치는 중요한 요인이다.

여가활동 참여를 위한 교통비, 참가비, 회비, 준비비 등의 비용이 드는 경우가 많다. 그러므로 경제적으로 여유 있는 노인들은 보다 다양하고 많은 여가활동을 즐길 수 있으나 경제적으로 빈곤한 노인들은 여가를 즐길 여유가 충분치 못하다는 것이다.

4) 건강상태

건강상태는 노년기의 여가활동에 영향을 미치는 중요한 요인이 된다. 즉, 좋은 건강상태와 기동력은 여가활동의 폭을 넓게 유지할 수 있게 하고, 또한 여가활동 참여빈도도 높게 유지할 수 있다. 여가활동에 영향을 미치는 요인은 한 가지의 요인 충족으로는 충분하지 못하다. 왜냐하면 다양한 요인들이 동시에 충족되어야 여가활동에 만족을 느낄 수 있겠지만, 건강 하나로는 모든 것을 만족할 수 없기 때문인 것이다. 그렇지만 건강은 여러 요인 중에서도 최우선의 만족요인이라 할 수 있다.

5) 노인들의 생활 습관 및 목표

노인들의 경우 무료하고 무의미한 시간이 주체하기 힘들 정도로 생겨나게 되고, 더불어 그 속에서 역할상실과 고독의 문제가 발생한다. 남은 여생을 창조적인 삶을 살아가려면 무엇보다도 긍정적인 삶의 목표를 구체적으로 설정하고 생활할 때에만 무료한 생활에서 벗어날 수 있기 때문이다.

개인의 생활 습관과 목표가 다양하고 습관적으로 이루어질 때 여가활동의 횟수가 많아지게 된다. 다양한 목표를 가진 사람은 하나의 목표를 가진 사람보다 목표달성을 위해 더 많은 여가활동에 참여하게 될 뿐 아니라 반복적으로 습관화한다는 것이다.

6) 지역 주거환경

지역 주거환경은 노인의 여가활동 참여에 높은 영향을 미치는 중요한 요인이다.

생활환경의 변화, 즉 이웃에 노인이 많거나 복지시설이 있는 곳으로 이사하게 되면 노인의 활동범위는 넓어질 가능성이 많고, 반면에 이웃에 노인이 없거나 적은 곳으로 이사하게 되면 활동의 범위와 빈도가 줄어들게 될 가능성이 커지게 되고, 또한 행동반경에 관련된 교통수단도 노인의 여가활동에 영향을 미치는 중요한 요인이다.

즉, 노인들은 신체적으로 쇠약해져서 이동에 어려움이 따르고 이로 인해 여가활동에도 제약을 받을 수 있기 때문이다.

9. 우리나라 노인의 여가활동 현황

1) 노인여가시설의 종류

(1) 노인여가시설의 구분

노인의 여가선용과 노인의 사회참여 확대를 위하여 국가 또는 지방자치단체에서는 노인여가복지시설을 설치, 운영하고 있다.

노인여가복지시설의 유형과 기능은 노인복지법 제36조 제1항에 의하여 다음과 같이 분류하고 이용대상자는 다음과 같다.

① 경로당

지역 노인들이 자율적으로 친목도모 · 취미활동 · 공동작업장 운영 및 각종 정보교환과 기타 여가활동을 할 수 있도록 하는 장소를 제공함을 목적으로 하는 시설로서 이용대상자는 65세 이상이어야 한다.

노인을 위한 사랑방으로 시작된 경로당은 노인들이 동년배들과 손쉽게 어울릴 수 있는 자연스러운 모임의 장이고, 대화 및 취미 · 오락, 정보교환을 통해 소외 및 고독에서 벗어날 수 있는 중요한 역할을 하고 있다.

국가 또는 지방자치단체는 시 · 군 · 구별로 모범 경로당 시상제도를 마련하여 우수시설에 대한 시상과 모범적인 운영사례를 타 경로당에 파급하도록 노력하고 있다.

② 노인교실

노인들에 대하여 사회활동 참여욕구를 충족시키기 위하여 건전한 취미생활 · 노인건강 유지 · 소득보장, 기타 일상생활과 관련한 학습 프로그램을 제공함을 목적으로 하는 시설로 이용 대상자는 60세 이상이어야 한다.

노인교실은 1972년 종로 태화관의 '서울평생교육원'을 시작으로 하여 1970년대 후반과 1980년대에 급속히 설립된 시설로 노인의 여가활동과 교육의 두 가지 기능을 담당하고 있다. 그러나 현재 운영되고 있는 노인교실은 노인복지법상의 노인여가복지시설로 설치되어 있고, 대부분 교육적 측면보다는 무료한 시간을 때우는 역할이 더 강조되고 있다. 국가로부터의 재정지원은 일괄적이지는 않지만 대체로 등록된 노인교실에 대해 지방자치단체별로 약간의 지원을 하고 있는 실정이다.

③ 노인복지관

무료 또는 저렴한 요금으로 노인에 대하여 각종 상담에 응하고, 건강의 증진, 교양, 오락, 기타 노인의 복지증진에 필요한 편의를 제공함을 목적으로 하는 시설로 60세 이상의 자를 이용대상자로 한다.

노인복지관은 규모에 따라 서울시 및 대도시에서 노인종합복지관, 노인복지관으로 다른 지역에서는 노인복지회관 등의 명칭이 사용되고 있으나 노인복지법에서는 노인복지관으로 규정되어 있다.

노인복지관은 노인들이 거주하는 지역사회에서 이들의 욕구에 따라 무료나 실비로 이용하는 시설이며, 제공되는 서비스는 교양, 오락 등의 여가서비스뿐 아니라 상담, 건강증진, 급식 등 재가복지서비스도 포함하고 있다.

최근 노인복지관 이용자들의 증가와 긍정적인 반응으로 인하여 노인여가문화의 메카로 노인복지관이 급부상하고 있으나, 규모와 기관 수에 비해 이용노인 수가 많고 재정, 전문인력 등의 부족으로 양질의 서비스를 제공하기에는 부족한 실정이다.

④ 노인휴양소

노인들에 대하여 심신의 휴양과 관련한 위생시설, 여가시설, 기타 편의시설을 단기간 제공함을 목적으로 하는 시설로 60세 이상의 자 및 그와 동행하는 자로 하고, 이용인원이 정원에 미달 시 정원의 100분의 30에의 범위 안에서 그 외의 자도 이용할 수 있게 하고 있다.

노인휴양시설은 2013년 말 전국에 9개소가 운영되고 있지만 그동안 많이 알려져 있지 않고 또한 운영 및 제반 사항에 대한 연구가 필요하여 2011. 12. 7. 이후부터 신규 설치가 불가한 상황이다.

2) 노인여가시설 현황

우리 사회는 산업구조의 변화, 사회가치와 구조의 변화 속에서 노인인구의 급속한 증가를 경험하면서, 기존의 저소득층 노인과 건강하지 않은 노인 중심의 선별적이고 일방적인 사회복지시스템으로는 노인이 가지고 있는 다양한 욕구를 해결하는 데 한계를 가질 수밖에 없게 되었다.

건강한 노인과 건강하지 않은 노인, 저소득층 노인과 중산층 이상 노인들의 서로 다른 복지욕구에 대해 다양하고 전문적이며 개별적인 정책적 접근이 필요하게 되었고, 이러한 관점에서 노인복지서비스의 방향도 저소득층 노인에게서 일반 노인을 대상으로 하는 보편적 복지로의 체계 및 인식전환을 가져오게 되었다.

〈표 7-1〉 **노인여가복지시설 현황** (2013. 12. 31. 기준)

구 분	경로당	노인복지관	노인교실	노인휴양소
시설 수	63,251	319	1,413	9

주) 노인휴양소는 2011. 6. 7. 노인복지법 개정으로 2011. 12. 7. 이후 신규 설치 불가
출처 : 보건복지부(2014). 노인복지시설 사업안내.

지역사회의 대표적인 노인여가복지시설인 경로당은 2013년 말 약 6만 3,251개소가 운영되고 있으며, 지역사회 내의 프로그램과 서비스를 연계 · 조정 · 지원할 수 있는 경로당 순회 프로그램 관리자 배치를 추진하여 2013년 말 280명이 활동하고 있다.

노인복지관은 2013년 말 319개소가 설치 · 운영되고 있으며 이용자들의 증가와 긍정적인 반응으로 노인여가문화의 메카로 노인복지관이 급부상하고 있으나 아직 미설치 지역이 많아 계속적인 시설 신축의 필요성이 대두되고 있다.

노인교실은 일반적으로 '노인대학', '노인교실', '노인학교' 등의 다양한 명칭으로 통용되고 있으며, 2013년 말 전국적으로 1,413개소가 설치, 운영되고 있다.

노인휴양소는 전국에 9개소가 설치 운영되고 있으나 노인복지법 개정으로 2011년 12월 이후 신규 설치가 불가하고 있다.

노인복지관, 경로당, 노인교실, 노인휴양소 등의 노인여가복지시설이 전국적으로 운영되고 있으나 외국에 비해 아직도 우리나라 노인들은 주로 집 안내에서 소극적인 여가활동을 하고 있는 실정이다. 이는 지역사회에서 여가시설에 접근하기가 불편하여 이용하지 못하고 있다는 2014년 노인실태조사 결과도 있으므로 정부와 지역사회는 노인들이 창조적이고 적극적으로 여가생활을 할 수 있도록 다양한 프로그램을 개발・보급하여야 한다. 또한 노인여가시설의 확충과 함께 지역적으로 소규모 복지관을 많이 설치하여 지역사회에서의 접근성을 높여주어야 한다.

3) 노인여가활동 현황

보건복지부에서 실시한 2014년도 노인실태조사에 따르면, 우리나라 노인들의 주된 여가활동이 TV보기와 같은 휴식활동으로 나타나 다양한 여가 프로그램의 개발과 함께 노인들의 적극적 참여도 요구되고 있다.

(1) 여가문화활동

지난 1년간 실시한 노인의 주된 여가활동에서 휴식활동이 차지하는 비율은 90.2%로 가장 높았고, 그 다음이 취미오락활동 42.5%, 사회 및 기타 활동 40.1%, 스포츠 참여활동 10.2%, 문화예술 참여활동 5.8%, 관광활동 4.0%, 스포츠 관람활동 1.2%, 문화예술 관람활동 0.9% 등의 순으로 나타났다.

구체적으로는 휴식활동에는 TV 시청의 참여비율이 82.4%로 가장 높았고, 산책 17.8%, 음악감상 4.5%이었다.

취미오락활동에는 독서·만화책·종교서적 보기가 11.3%로 비율이 가장 높았고, 화초·텃밭 가꾸기 10.1%, 화투·고스톱 등 9.3%, 등산 5.7%, 바둑·장기·윷놀이 등 4.8%, 낚시 1.0%이었다.

사회 및 기타 활동은 종교활동 8.3%, 그 외 사회활동(봉사활동, 단체활동, 모임 등) 31.8%이다. 관광활동에는 자동차 드라이브 0.7%, 여행(문화유적 및 자연명승지 방문, 소풍) 3.3%이었다.

문화예술 관람활동과 문화예술 참여활동은 전체 노인의 6.7%만이 참여하고 있었는데, 악기연주, 노래교실에 참여하는 노인의 비율은 3.6%이며, 미술활동(그림, 서예 등) 1.4%, 춤·무용 0.5%, 기타 0.7%이다. 영화보기 0.7%, 전시회(박물관, 연극, 음악연주회)에 참여하는 노인의 비율은 0.3%로 조사되었다.

〈표 7-2〉 **노인의 여가활동과 사회활동 현황** (중복응답 가능)

구 분	휴식활동	취미오락활동	사회 및 기타 활동	스포츠 참여활동
참여율	90.2%	42.5%	40.1%	10.2%
하위활동	TV 시청 82.4% 산책 17.8% 음악감상 4.5%	독서 11.3% 화초 가꾸기 10.1% 화투, 고스톱 9.3% 등산 5.7%	종교활동 8.3% 그 외 사회활동 31.8% 기타 활동 2.6%	각종 스포츠 활동

출처 : 보건복지부(2015). 2014년 노인실태조사.

우리나라 노인들의 여가활동 참여의 특징은 지역이나 성별, 연령별로 관계없이 휴식활동 참여에 가장 높게 나타나고 있으며, 남자노인은 취미오락활동이 45.7%로 두 번째로 참여비율이 높고, 사회 및 기타 활동 33.1%, 스포츠참여활동 12.3%, 문화예술 참여활동과 관광활동 각각 5.1% 순이었다.

반면 여자노인은 사회 및 기타 활동이 45.0%로 두 번째로 높고, 취미오락활동 40.2%, 스포츠 참여활동 8.7%, 문화예술 참여활동 6.3%, 관광활동 3.1% 순이었다.

또한 연령이 높을수록 휴식활동에 참여율이 증가하였고 연령이 낮을수록 취미오락활동과 스포츠 참여 및 관람 활동, 관광활동, 문화예술 참여 및 관람활동에 참여율이 증가하는 경향이 있다. 그러나 사회 및 기타 활동과 연령 간에는 별다른 경향성은 없는 것으로 나타났다.

이와 같이 우리나라 노인의 주요 여가활동은 TV 보기와 같은 시간 보내기가 대부분으로 여가활동의 질적 부분에 대한 지적을 아니할 수 없다. 따라서 여가생활과 관련하여 연장된 노년기를 활기차고 풍요로운 삶을 느낄 수 있도록 전환시키기 위한 다양한 여가 프로그램의 개발이 요구되는 것이다.

(2) 여행경험

지난 1년간의 여행유무와 여행을 한 경우 여행횟수를 조사한 결과 29.7%가 여행을 하였고, 여행을 한 경험이 있는 경우는 1회가 56.8%로 가장 많고, 2회 23.2%, 3회 7.8%, 4회 이상 12.2% 등으로 나타났다.

여행경험률은 1회에서는 시골노인이 33.6%로 도시노인의 28.6%보다 더 높았지만, 2회 이상에서는 도시노인이 높았다. 성별로는 남자노인이 32.0%로 여자노인 28.1%보다 약간 더 높았으며, 연령별로는 65~69세 연령군이 37.2%로 가장 높았고, 70~74세 연령군 31.7%, 75~79세 연령군 25.9%, 80~84세 연령군 21.2% 등으로 연령이 높을수록 여행경험률이 낮았고, 유배우 노인이 32.5%로 무배우 노인 25.3%에 비하여 더 높은 경험률을 보였다. 가구형태별로는 노인부부가구가 32.4%의 여행경험률로 가장 높았고, 자녀동거가구 29.6%, 노인독거가구 25.3% 순이었다. 현재 취업자 36.8%가 미취업자 26.9%보다 여행경험률이 더 높았으며, 기능제한이 없는 경우가 32.5%로 기능제한이 있는 경우 16.0% 보다 약 두 배 정도 더 높은 수준이었다.

따라서 여행경험이 있는 경우 여행빈도를 2회 이상 기준으로 살펴보면 도시노인이 시골노인보다 여행횟수가 더 많고, 성별로 보면 남자노인이 여자노인에 비해 높았다. 또한 연령이 낮을수록, 배우자가 있는 노인, 자녀동거가구 및 노인부부가구, 교육수준 및 가구소득수준이 높을수록, 그리고 기능상태에 제한이 없는 경우 여행횟수가 더 많은 것으로 나타났다.

(3) 사회단체활동

노인이 참여하고 있는 사회단체 종류별 참여율을 살펴보면, 친목단체활동에 43.3%가 참여하고 있으며, 동호회활동에 4.9%, 정치사회단체 0.5%로 친목단체를 제외한 단체활동이 활발하지 않은 것으로 나타났다.

사회단체활동에 참여하는 경우 사회단체 종류별 활동참여 빈도를 비교하여 보면, 친목단체활동은 월 1회가 51.1%이고, 2주 1회는 18.7%, 월 1회 미만 16.0%, 주 1회 8.7%, 주 4회 이상 3.0%, 주 2~3회가 2.5% 등으로 절반 이상이 월 1회 참여하는 것으로 나타났다. 동호회 활동은 월 1회가 43.8%로 가장 많았고, 2주 1회는 13.7%, 주 1회 13.3%, 월 1회 미만 11.5%, 주 4회 이상 8.9%, 주 2~3회 8.8% 등이다. 성별로는 남자노인이 여자노인에 비하여 참여빈도가 약간 높은 편이며 대체로 연령이 높을수록 참여빈도가 높은 경향을 보였다.

정치사회단체는 월 1회가 56.6%로 가장 많았고, 월 1회 미만이 23.2%, 2주에 1회 11.9%, 주 4회 이상 8.3%이었다. 성별에서는 도시노인 및 남자노인의 참여율이 더 높고, 사회단체활동 참여와 동일하게 연령에 따른 경향성은 보이지 않고 있다.

따라서 사회단체 종류별 활동참여를 노인의 특성별로 비교하면, 대체로 도시노인이 시골노인보다 더 활발한 것으로 남자노인, 배우자가 있는 노인, 노인부부가구, 교육수준 및 가구소득이 높을수록, 취업노인 및 신체적 기능상태에 제한이 없는 경우 각각 상대적으로 사회단체 참여율이 높게 나타났다.

제2절 노인과 자원봉사

자원봉사활동이란 다른 사람이나 물질의 힘에 의지하지 않는 개인의 자유로운 결정으로 경제적 이득을 얻기 위한 직업의 형태가 아닌 무상으로 개인이나 집단 그리고 지역사회에서 발생되는 제반적인 사회문제를 예방·해결하고, 사회적 환경을 개선하기 위하여 자신이 가지고 있는 재산, 지식, 시간, 노력 및 기술 등의 자원을 제공하는 활동이라 하겠다.

1. 자원봉사활동의 정의

인간은 서로 교류하고 무언가를 성취하여 인정을 받고, 타인에 대한 사회적 책임을 지고 새로운 경험을 하고자 하는 자원봉사에 대한 속성을 지니고 있다. 자원봉사(volunteer work)는 인간의 자발적인 의지와 욕망을 나타내는 자유의지(voluntas)에서 유래한 것으로, 영어로는 '지원자', 프랑스어로는 '기쁨의 정신'이라는 의미를 가지고 있다.

자원봉사라는 용어는 1930년 세계 사업가 대회에서 처음으로 사용되었는데 현재는 자원봉사자, 자원봉사활동의 의미로 사용되고 있으며, 미국사회사업가협회(1995)에서는 자원봉사를 '개인, 집단, 지역사회에서 발생하는 다양한 문제를 예방·통제·개선하기 위하여 여러 조직이나 기관에서 아무런 보수 없이 자발적으로 수행하는 활동'이라고 규정하고 있다.

한국사회복지협의회(1987)에서는 "자원봉사활동이란 사회문제의 예방 및 해결 또는 국가의 공익사업을 수행하고 있는 공·사조직에 자발적으로 참여하여 반대급부를 받지 않고 인간존중의 정신과 민주주의 원칙에 입각해 필요한 서비스를 제공하여 이타심의 실현과 자기실현을 성취하고자 하는 활동"이라 하였다. 따라서 자원봉사에 대한 개념 및 특성을 전반적으로 종합해 보면, 자원봉사란 개인, 집단, 지역사회의 복지 증진을 위하여 특정한 보상이나 대가를 요구함 없이 자발적이고 지속적으로 참여하는 활동이라고 정의할 수 있다.

2. 자원봉사활동의 기능

자원봉사활동은 국가적 차원에서 개인에 이르기까지 다양한 기능을 지니고 있는데 다음과 같은 기능으로 구분할 수 있다.

1) 자기개발과 자원봉사

봉사자 개인은 자원봉사활동을 통해서 봉사자 자신에게 의미 있는 일로서 개인의 시간, 기술, 지식 및 능력을 가치 있고 의미 있는 일에 활용하여 봉사자 스스로 생활의 의미를 찾을 수 있는 자존의식과 정신건강 증진에 도움이 될 수 있다. 또한 다른 사람이나 공공복지를 위한 활동에 참여함으로써 인격의 성숙과 발전을 꾀할 수 있는 기회가 된다.

그러므로 자원봉사활동은 각 개인이 한 인간으로서 자신을 사회적 존재로서 자각하여 스스로 타인에게 또는 타인들과 더불어 봉사하는 경험을 통하여 자신의 인격적 성장과 발달 그리고 자신의 잠재능력을 실현하는 기회를 갖게 하는 것이다. 이와 같은 자기발전과 성숙은 삶을 보다 의미 있고 보람되게 꾸밀 수 있는 계기를 마련해 주는 것이고, 인간의 가치와 존엄성에 대한 신념을 강화시켜 주고 공동체 감정 내지 지역사회 감정의 존중과 충성심을 자극하여 전체 사회와 국가의 삶의 질적인 향상을 가져오는 데 참여할 수 있는 기회를 제공해 주는 것이다.

2) 사회개발과 자원봉사

자원봉사활동의 기본적이고 원칙적인 동기는 시민 각자가 자신들의 시간과 열정을 국가사회의 발전과 성숙에 이바지하겠다는 자발적이며 이상적인 동기이다.

그러므로 자원봉사활동의 경험을 통하여 국가와 사회상황에 대한 이해가 증진되고 개인적인 성숙이라는 변화를 가져오게 되는 것이다. 즉, 국가와 사회가 당면한 실제적 문제의 범위와 복잡성을 인식하게 되고, 국가발전이란 정부의 활동만으로 이루어질 수 없다는 사실을 이해하게 된다.

사회개발과 관련한 자원봉사의 기능들을 요약하면 다음과 같다.

첫째, 지역사회 활성화 기능을 들 수 있다. 자원봉사는 사회에 사랑과 기쁨을 심어줌으로써 지역사회를 활성화시키는 데 도움을 주는 기능을 한다.

둘째, 사회정책의 개발과 수정, 지원 기능이다. 이것은 개인의 사회에 대한 인식을 넓히고 문제의 해결을 도모하여 제도의 개선을 위한 계획과 활동에 직접 참여하도록 하는 기능이다.

셋째, 복지사회 구현기능을 들 수 있다. 자원봉사는 시민들에게 복지사회를 구현함에 있어서 주변에 어떤 문제가 있고 이 문제를 어떻게 해결해 나가야 하는가를 배우게 하는 학습의 장을 제공하거나 계몽의 기회를 줌으로써 사회의 비인간적인 분위기를 인간적인 분위기로 전환시키는 기능을 한다.

따라서 자원봉사의 기능은 개인의 자기실현, 가정의 서비스 제공기능뿐 아니라 지역사회 문제해결의 기능, 나아가서 지역사회 구성원의 자발적 참여에 의해 지역사회 문제를 자치적으로 해결함으로써 복지공동체를 만드는 운동으로 이해될 수 있다.

3. 자원봉사활동의 특성

자원봉사활동은 자원봉사정신, 자발적 활동, 자발적 조직이라는 세 가지 요소를 중심내용으로 복지향상을 위해 인도주의(humanitarianism)와 사회연대(solidarity) 의식에 기초하여 자발적으로 비공식적 또는 공식적 자원봉사기관에서 계획되고 의도된 실천노력이라 할 수 있으므로 자원봉사활동의 특성을 다음과 같이 이해할 수 있다.

첫째, 자원봉사활동은 각 개인이 사회적 존재로 자각하고 스스로 타인에게 또는 타인과 함께 봉사활동을 경험함으로써 인격적 성장을 가져옴과 동시에 자신의 잠재능력을 실현하는 자아실현성의 특성을 가지고 있다.

둘째, 자원봉사활동은 자유의지에 따라 자발적으로 이루어지는 활동이어야 하며 이웃이라는 연대감 속에서 자발적으로 도움을 주고받아야 한다.

셋째, 경제적으로 대가를 바라지 않고 비영리적인 행위로서 순수한 의미에서의 무보수성이라는 특성이 있다.

넷째, 자원봉사활동은 타인의 인격을 존중하며 이웃과 더불어 사는 가치관에 바탕을 두고 있는 이타성을 기초로 한다.

다섯째, 자원봉사활동은 사회에 영향을 주고 사회적 책임을 다하는 것이다. 사회성이란 각 개인이 다른 사람들과 공통성을 가졌다고 의식하고 소속감을 느낄 때 발생한다.

여섯째, 자원봉사는 공동체 의식을 높일 뿐 아니라 그러한 삶을 실현하는 장이다. 공동체성은 사회에 대한 소속감, 주인의식, 확고한 투지력, 적극적인 참여 없이는 불가능하다.

일곱째, 자발성에 바탕을 둔 행위가 자신만의 이익이 아니고 지역사회의 구성원이나 욕구를 지닌 사람들의 복지향상과 관련된 것을 의미한다.

여덟째, 자원봉사는 민주주의 철학과 깊은 관계를 맺고 있다. 그래서 민주주의적 사회제도를 가진 국가, 지방, 지역공동체 등의 조직체나 단체는 자체 유지와 안정, 성장과 발전을 위하여 구성원들의 자발적인 시간제공과 그들의 에너지 제공에 크게 의존하지 않으면 안 된다.

아홉째, 자원봉사활동의 특성으로 지속성이다. 자원봉사활동은 일회적이고 우연한 활동이 아니라 일정 기간 지속되는 프로그램을 가지고 있어야 하며, 활동 자체가 임의로 변경되거나 단절되어서는 소기의 목적을 달성할 수 없는 것이다.

이와 같이 자원봉사활동의 특성을 고려하여 자원봉사가 활성화되기 위해서는 봉사자 스스로 자원봉사에 참여할 수 있도록 각 기관이나 단체는 사전의 기획단계를 거쳐 다양한 홍보방법을 도출하여 참여의 기회를 마련해야 하며, 또한 사전교육을 실시하여 기관과 지역사회에 대한 바른 이해로 공공의 차원에서 자원봉사활동의 의미를 부여해야 연대성이 증가될 수 있다. 그리고 자원봉사의 지속성 향상을 위하여 공식・비공식적인 형태의 보상을 실시하는 등의 체계적인 관리과정을 수립하여야 한다.

4. 노인자원봉사활동의 현황

1) 노인자원봉사활동의 필요성

노인자원봉사는 노인문제 해결이라는 차원에서의 '노인을 위한 봉사'와 노인의 사회활동 증진을 위한 '노인에 의한 봉사'를 필요로 하고 있는데, 이는 수명이 연장되고 노인인구가 급증하고 있는 고령사회에서 노인자원봉사는 시대적으로 요구되는 활동이라 할 수 있다.

또한 현 세대 노인들은 경제문제, 건강문제, 소외감 등으로 봉사자의 도움을 필요로 하고 있으며, 건전한 여가활동과 보람 있는 노후생활을 위해 자원봉사활동이 필요성을 느끼고 있다.

노인의 자원봉사활동 필요성은 다음과 같이 요약할 수 있다.

첫째, 자기성숙으로서 사회·심리적인 욕구를 적절하게 충족하지 못하면 삶의 의욕을 상실하게 되어 활기찬 노후생활을 영위하기 어렵게 되므로, 여가가 많은 노인에게 있어서는 자원봉사가 정신적인 안정과 삶의 보람을 가져다 주는 좋은 활동이라 하겠다.

둘째, 공동체 의식의 강화이다. 노인도 그 지역에 살고 있는 주민이므로 지역사회의 한 구성원으로서의 역할을 수행해야 한다. 생활의 지혜와 경험을 갖춘 자로서 지역공동체의 발전을 위해 나름대로의 역할을 수행해 나갈 때에 지역사회의 진정한 어른으로서의 존경을 받을 수 있게 되는 것이다.

셋째, 자원봉사의 당사자성이다. 지리적으로 가깝고, 상황적으로 유사한 욕구를 지닌 사람이 자원봉사를 하게 될 때에 발휘되는 것으로써 당사자 본인뿐만 아니라 지역사회의 전체적으로도 매우 중요한 의미를 갖게 되는 것이다.

넷째, 노인인력의 활용은 복지자원의 다원화로 국가재정의 부담을 완화하고 사회적인 통합을 가져오게 하는 바람직한 모습이라 할 수 있다.

2) 노인자원봉사활동의 효과

노인자원봉사활동은 노인의 여가시간을 유용하게 활용함으로써 사회문제를 해결하고, 노인의 사회참여를 통해서 사회통합적인 노후생활을 영위하게 하여 소외와 고독의 문제를 해결하는 데 중요한 역할을 하고 있다.

노인자원봉사활동의 효과는 개인적인 측면과 사회적인 측면 두 가지로 나누어 볼 수 있다.

(1) 개인적 측면

첫째, 퇴직으로 상실된 사회적 지위와 역할을 보충해 준다. 자원봉사활동에 참여함으로써 사회의 일원으로서의 지위와 자원봉사활동을 하는 구체적인 조직 속에서 새로운 지위에 맞게 맡겨진 일을 보다 자발적이고 기쁜 마음으로 할 수 있게 해준다.

둘째, 사회의 일선에서 물러나 자칫 상실되기 쉬운 자신의 사회적 가치성을 회복하거나 유지할 수 있게 해주어 아직도 자신이 사회에 유용하고 중요한 존재가 되고 있다는 가치를 깨닫게 해준다.

셋째, 노년기의 자아상을 긍정적으로 유지시켜 주고 자존심을 유지, 향상시켜 줄 수 있다.

넷째, 소외감을 극복하는 데 유익하다. 자원봉사활동은 다시 자신을 사회 속에 참여시킴으로써 사회로부터의 소외감을 극복할 수 있게 해준다.

다섯째, 자기성장과 자아실현을 돕고 창의성과 책임성을 발휘할 수 있는 기회를 제공해 준다.

여섯째, 자원봉사활동을 통해 취업에 도움이 되는 기술을 습득할 수 있다.

이처럼 자원봉사활동의 참여는 일의 수행을 위한 창의성을 발휘할 수 있는 기회를 제공하고 일을 책임성 있게 수행할 수 있는 계기를 만들어 주어 자신을 옛날처럼 책임성 있는 존재로 느끼게 해준다.

(2) 사회적 측면

첫째, 노화 또는 노인에 대한 인상을 긍정적으로 바꿔놓는다. 노령에도 불구하고 별지장 없이 중년기 때와 다름없이 사회를 위해 일할 수 있다는 것을 일반 사람들에게 보여줌으로써 노화와 노인에 대하여 긍정적으로 생각할 수 있는 증거를 보여줄 수 있다.

둘째, 노인이 스스로 노인을 돌보는 상황은 시대적 변화에 적절하게 수용하는 것이다.

셋째, 노화현상은 자칫 신체적 노쇠, 정신능력의 감퇴, 퇴직, 친구나 배우자의 죽음과 같은 부정적인 결과를 중심으로 인식되기 쉬우나 자원봉사활동 참여는 노화과정을 경험 및 지혜의 축적, 기술 및 활동 능력의 향상과 같은 긍정적인 결과를 중심으로 보게 할 수 있다.

넷째, 오랫동안 사회에서 활동하여 온 경험과 지식들은 자원봉사활동을 통해 지역사회의 문제를 완화 또는 해소하는 데 공헌하게 된다.

다섯째, 노인들의 사회봉사활동은 사회의 많은 젊은이들을 자극하여 젊은 시절부터 사회봉사활동에 참여할 수 있도록 하는 데 도움을 준다.

따라서 노인이 사회복지를 위한 봉사활동에 자원봉사자로서 활동하는 것은 사회의 부족한 복지요원을 보충하는 데도 큰 의의가 있으며, 특히 노노케어(老老care)와 같이 노인 스스로 노인을 돕는 일은 노인을 더 잘 이해할 수 있어 적절한 도움을 줄 수 있고 도움을 받는 노인의 입장에서도 친근감과 심리적 안정감을 가지고 도움을 받을 수 있어 크게 장려되어야 한다.

3) 노인자원봉사활동 분야와 내용

노인자원봉사활동은 개인과 가정을 중심으로 한 자원봉사와 지역사회에서의 자원봉사 영역으로 나누어 살펴보면 다음과 같다.

(1) 개인과 가정을 중심으로 한 자원봉사 분야와 내용

자신의 이익이나 목적을 위한 것이 아니라 타인을 존중하고 이웃과 더불어 살아가는 이타주의적 특성에서 실천하는 개인과 가정 중심의 자원봉사활동 영역은 다음과 같다.

〈표 7-3〉 개인과 가정을 중심으로 한 노인자원봉사 분야와 내용

가정봉사활동	봉사내용
가사보조	가사보조는 청소나 세탁 등의 생활환경에 필요한 일들의 지원과 생필품 구입과 급식서비스 등의 식생활 지원이다.
의료 및 재활 서비스	의료 및 재활 서비스에는 재활기구 사용보조, 병원안내, 간병, 물리치료, 운동, 마사지, 임종간호 등이 있다.
사회적 보호	어려움에 처한 개인과 가정이 올바른 사회생활을 하도록 인도하는 봉사활동으로서 맞벌이가정의 어린이 봐주기, 노인이나 장애인의 말벗, 외출동행 등이 있다.
청소년 선도운동	학교 주변, 유원지, 오락시설 주변 등 취약지역에 펼쳐지는 청소년 선도운동이다.
가정의례봉사	조상들에게 지켜야 할 각종 의례에서부터 전통가정이 지켜 내려오고 있는 우리의 미풍양속의 전수이다.
어려운 노인 돕기	병상에 누워 있거나 빈곤하거나 장애가 있는 노인 등 정상적인 활동을 하기 어려운 노인들을 돕는 것이다.

(2) 지역사회에서의 자원봉사와 내용

자원봉사는 개인과 가정을 대상으로 할 뿐만 아니라 지역사회를 대상으로 보다 광범위하게 이루어질 수 있으며 그 활동영역을 정리하면 다음과 같다.

〈표 7-4〉 지역사회에서의 노인자원봉사와 내용

지역봉사활동	봉사내용
노인입소시설	양로시설이나 요양시설 등 노인입소시설에서 노인이 자원봉사를 하는 것으로 예능 지도, 레크리에이션 지도 등
복지관활동	노인복지관에서 노인이 자원봉사를 하는 것으로 전화상담, 시설의 운영을 돕기 위한 후원회원 모집, 직업지도 및 알선, 프로그램 보조 등
환경정화활동	환경정화활동은 쓰레기 줍기, 쓰레기 분류 및 관리, 나무심기, 환경오염 조사 및 계몽, 산불감시 등
문화예술활동	판소리 지도, 미술교육, 서예지도, 도자기 기술지도, 연극 및 춤 지도 등
범죄예방활동	폭력상담·교육 및 계몽, 유해환경 조사 및 퇴치캠페인 등
교통안전관리 활동	건널목 교통정리, 지하철 안전지도원, 각종 행사를 위한 교통질서 정리, 교통단속 감시원 등
정치 및 사회 활동	부정선거 감시, 선거사무소 사무보조, 투·개표 참관인 등
강사·지도자 활동	학술, 문예, 체육, 문화재 보호, 청소년 지도 등 많은 활동모임을 통해 해당 분야에 경험이 많은 노인이 참여하여 도움을 주고 지도하는 활동 등

한편 노인이 개별적으로 진행할 수 있는 자원봉사의 프로그램은 다음과 같이 구분할 수 있다.

첫째, 개인적인 특기를 활용하는 분야이다. 글씨, 노래, 이야기, 수예, 매듭, 편지쓰기, 기타 개인적 특기를 활용하여 여러 기관이나 시설에서 가르쳐 주고, 만들어 주고, 벗이 되어주는 것이다.

둘째, 교육과 훈련을 받아 전문가로서의 역할을 하는 분야이다. 비행청소년 상담, 보육원 봉사, 장애자에 대한 봉사, 호스피스 노인을 위한 복지시설에서의 활동이 있다.

셋째, 자원봉사활동을 위한 소요자금을 모으는 분야이다. 바자회 개최, 중고품 판매수집, 일일찻집, 폐품활용 등을 실시할 수 있다.

4) 노노케어(老老care)

노노케어의 기원은 일본의 '노노개호(老老介護)'라는 말에서 나온 것으로 '노노개호'는 노인을 뜻하는 노(老)가 두 개 겹쳐 있고 거기에 '돌봄'이라는 뜻의 케어(care)가 합성되어 만들어진 일본식 조어라 할 수 있는데, 일본에서는 이미 노인이 된 가족이나 친척이 고령의 부모, 배우자 등을 수발하는 상황을 가리켜 '노노개호(老老介護)'라는 표현을 사용해 왔다. 노인들만 사는 가정에서 상대적으로 건강한 노인이 거동할 수 없는 '와상(臥床)'의 노인을 돌보는 경우를 의미하는 것이다.

한편 미국의 경우는 1973년부터 '시니어 친구(Senior Companions)'라는 프로그램을 실시하고 있는데 '시니어 친구'는 60세 이상의 자원봉사자들이 도움이 필요한 고령자들에게 말벗이 되어주거나 쇼핑과 대금지불 등을 대신함으로써 고령자의 생활을 돕는 것으로 '시니어 친구'는 자원봉사의 뜻이 담겨 있는 것으로 노노개호의 의미도 지니고 있다.

우리나라에서 '노노케어'라는 용어를 사용하기 시작한 것은 2005년 보건복지부 노인일자리 사업 내에 복지형 사업으로 '노인이 노인을 돌보는 사업'을 시작하면서부터이다. 복지형 일자리는 사회·경제·문화적 소외계층을 대상으로 정부가 제공하는 사회서비스로 이용자의 사회적응을 돕고 안정적 생활을 유지할 수 있도록 지원하는 것이다. 전체 복지형 일자리 가운데 '노노케어'가 절반 이상을 차지하고 있다

또한 정부는 2011년부터 '노노케어' 참여자격을 기초노령연금 수급권자로 제한하여 빈곤한 노인들이 우선적으로 참여할 수 있도록 하고 있으며, 만 65세 미만자에게는 재산세액을 조회하여 참여를 제한하고 있다. 이때부터 '노노케어' 사업을 세분화해 독거노인 돌봄지원사업, 거동불편노인 돌봄지원사업, 생활시설이용자 돌봄지원사업 등 세 가지로 구분해서 운영되고 있다.

이렇듯 우리나라에서 '노노케어'는 '노노케어 일자리 사업'이라는 좁은 뜻으로 사용할 수도 있지만 '노인이 노인을 돌보는' 모든 형태를 총칭하는 용어라 할 수 있겠다.

5) 우리나라 노인자원봉사활동 현황

노인의 직업경력과 인생연륜 등을 통한 재능기부와 자원봉사 등은 노인의 사회참여를 높일 수 있을 뿐만 아니라 세대 간의 사회통합 등의 측면에서도 긍정적인 효과가 있다. 보건복지부에서 실시한 2014년도 노인실태조사에 따르면 우리나라 노인들의 자원봉사활동의 현황은 다음과 같다.

먼저 자원봉사활동 경험에 대한 실태를 살펴보면, 현재 자원봉사활동을 하고 있다는 노인은 4.5%로 매우 낮은 수준이며, 과거에 참여한 적은 있으나 현재는 활동을 하지 않는 노인이 14.5%, 나머지 81.0%는 자원봉사활동에 한 번도 참가한 적이 없다고 하여 매우 낮은 자원봉사 참여율을 보이고 있다.

〈표 7-5〉 **노인자원봉사활동 실태**

참여 여부	참여하고 있다	현재 활동하지 않음	참가한 적 없음
비 율	4.5%	14.5%	81%

출처 : 보건복지부(2015). 2014년 노인실태조사.

자원봉사활동을 하는 경우 얼마나 자주 참석하는지 살펴보면, 월 1회가 25.6%로 가장 많았고, 주 1회 22.6%, 월 1회 미만 16.7%, 주 2~3회 13.5%, 2주 1회 11.4%, 주 4회 이상 10.2% 등의 순이었다.

〈표 7-6〉 **노인자원봉사활동 참여빈도**

참여빈도	월 1회	주 1회	월 1회 미만	주 2~3회	2주 1회	주 4회 이상
비 율	25.6%	22.6%	16.7%	13.5%	11.4%	10.2%

출처 : 보건복지부(2015). 2014년 노인실태조사.

현재 자원봉사활동을 하고 있는 기관이나 단체를 살펴보면, 종교기관이 25.4%로 가장 많았고, 그 다음은 지방자치단체 20.6%, 경로당 16.2%, 복지기관 15.4%, 민간단체 10.6%, 개인적 활동 8.8% 등의 순이었다.

〈표 7-7〉 **노인자원봉사활동 참여기관**

참여장소	종교기관	지방자치단체	경로당	복지기관	민간단체	개인활동	기 타
비 율	25.4%	20.6%	16.2%	15.4%	10.6%	8.8%	3%

출처 : 보건복지부(2015). 2014년 노인실태조사.

또한 자원봉사활동 분야에서는 사회복지 분야(장애인, 아동, 노인 봉사 등)가 56.8%로 가장 많았고, 환경보호 분야(환경정비활동, 재활용 운동 등) 18.2%, 교통질서 분야(안전 지킴이, 기초 질서 캠페인 등) 8.9%, 보건의료 분야(의료봉사, 호스피스 활동 등) 5.3%, 교육활동 분야(강의, 방과 후 교실, 도서관 지원 등) 4.3%, 문화체육 분야(박물관, 생활체육활동 지원 등) 3.6% 등의 순으로 나타나 전체의 절반 이상은 사회복지 분야에서 자원봉사활동을 하고 있음을 알 수 있다.

〈표 7-8〉 **노인자원봉사활동 분야**

활동분야	사회복지	환경보호	교통질서	보건의료	교육활동	문화체육	기 타
비 율	56.8%	18.2%	8.9%	5.3%	4.3%	3.6%	2.9%

출처 : 보건복지부(2015). 2014년 노인실태조사.

어떤 종류의 자원봉사활동에 참여하고 있는가를 살펴보면 단순 노력봉사활동이 77.0%로 가장 높았고, 그 다음 취미(교육) 등으로 습득한 지식과 기술을 활용한 봉사활동 14.9%, 직업경력·자격증 등 전문성을 활용한 봉사활동 8.0%이었다.

〈표 7-9〉 **노인의 봉사활동 종류**

봉사종류	단순 노력봉사	지식기술봉사(취미)	전문성 활용(자격증)	기 타
비 율	77.0%	14.9%	8.0%	0.1%

출처 : 보건복지부(2015). 2014년 노인실태조사.

자원봉사활동에 참여 중인 노인의 특성을 살펴보면, 도시노인과 남자노인, 배우자가 있는 노인, 취업 중인 노인, 기능제한이 없는 노인이다. 가구형태별로는 기타 가구의 참여율이 가장 높았고, 다음이 노인부부가구, 자녀동거가구이며, 노인독거가구는 가장 낮았다. 연령은 낮을수록, 교육수준 및 소득수준이 높을수록 자원봉사활동 참여율이 높게 나타났다.

그리고 현재 자원봉사활동에 참여하는 노인의 3/4 이상이 지식이나 전문성을 활용한 봉사활동보다는 단순한 노력봉사에 참여하고 있다는 것을 알 수 있으므로 노인들의 다양한 경험과 전문지식이나 기술을 활용한 질 높은 봉사도 필요하겠다.

Part 04

노년기 질환과 건강관리

Chapter 08 노년기 질환관리와 건강

Chapter 09 치매의 이해

Chapter 10 호스피스(Hospice) 활동과 웰다잉(Well-dying)

Chapter 08

노년기 질환관리와 건강

제1절 노년기 질환관리

노년기는 신체적으로나 사회적으로 모든 활동이 쇠퇴하는 시기로서 다른 연령층에 비교해 볼 때 단순히 연령이 높은 시기라는 사실 외에도 노인층은 이들만의 독특한 사회인구학적 특성을 가지고 있다. 우리나라는 최근 평균수명이 급속도로 연장되어 전 인생주기의 1/3 이상이 노년기에 달하고 있으므로, 노년기를 어떻게 건강하고 의미 깊게 보내는가에 따라 개인의 삶은 달라진다.

노화과정은 평생 동안 계속되는 과정이므로 노인인구는 노화에 따른 기능의 저하로 다른 연령층에 비해 상대적으로 질병에 이환될 확률이 높을 뿐이지 모든 노인이 반드시 건강문제를 가지고 있는 것은 아니라는 점을 주의하면서 노인의 건강관리에 접근해야 한다. 그러나 노인들은 신체적 쇠퇴로 여러 가지 질병을 지니고 있는 경우가 많아 유병의 유형 및 구조와 정신건강 상태에 영향을 주는 요인들이 다른 연령계층과는 다르다는 점 또한 고려하여야 한다.

1. 건강과 질병의 개념

건강을 잃으면 모든 것을 다 잃는 것이라고 하였다. 이는 건강은 신체적 독립을 유지하고 개인의 일상생활을 영위하며, 개인의 삶의 목표를 추구하고 달성하는 데 필수적 조건이기 때문이다.

건강은 일반적으로 사람이 살아가기 위해 필수적인 활동인 식사, 수면, 운동 등의 일상생활을 특별한 어려움 없이 스스로의 힘으로 수행할 수 있는 상태이며, 충분한 체력, 영양 및 에너지를 갖추고 신체 장기나 세포조직의 생리적 기능이 충분히 발휘되고 있는 상태이다.

건강을 신체적 상태에 초점을 맞추어 이해하기에는 부족한 부분이 있다. 왜냐하면 건강의 개념은 신체적 측면에 국한하지 않고 인간의 생물학적 측면, 심리적 측면, 사회적 측면 모두에서 최적 상태여야 할 것이기 때문이다. 따라서 노년기의 질병 없는 건강상태는 자립적이고 활기찬 노후생활을 유지하는 데 필수 불가결한 요소라 할 수 있다.

〈표 8-1〉 **건강의 개념**

구 분	상 태
의학적 측면	질병, 질환, 증상, 장애 등이 없는 상태
역할 수행상의 측면	자신에게 주어진 일상적 역할을 수행하는 데 어려움이 없는 상태
개인과 환경 간의 상호작용적 측면	물리적·사회적 환경의 스트레스에 적절하게 적응해 가는 상태
행복론적 측면	전반적 안녕과 자아실현의 목표를 달성할 수 있는 능력

2. 만성질환 유병률 및 사망원인

노년기에는 다른 연령층에 비하여 상대적으로 질병에 이환될 확률이 높으며, 여러 가지 질병을 복합적으로 가지고 있는 경우가 많아서 유병구조도 다르게 나타난다. 남성은 암, 뇌혈관질환, 심장질환, 만성 하기도질환, 당뇨가 많은 편이고, 여성 또한 남성과 같이 암, 뇌혈관질환, 심장질환, 당뇨, 만성 하기도질환 순으로 나타났다.

〈표 8-2〉 **우리나라 각 년도 사망원인** (단위 : 명/인구 10만 명당)

구 분	2000	2005	2010	2013
악성신생물(암)	144.0	133.8	144.4	111.8
뇌혈관질환	89.3	64.1	53.2	52.8
심장질환	46.4	39.3	46.9	50.4
당뇨병	27.3	24.2	20.7	21.8
자 살	14.6	24.7	31.2	17.3
운수사고	27.0	16.3	13.7	6.4

출처 : 통계청(2014). 사망원인통계 각년도.

우리나라 노인의 40% 이상이 자신의 전반적 건강상태를 건강하지 못하거나 매우 나쁜 수준으로 인식하고 있다. 특히 연령 증가에 따라 자신의 건강상태를 더욱 나쁜 수준으로 평가하고 있으며, 유병률과 활동제한일수 및 와병일수를 전 연령층과 비교했을 때 노인이 훨씬 높았는데, 예를 들면 우리나라 전체 건강보험 가입자 1인당 연간 평균 이용일수는 19일이었지만, 노인의 경우는 요양기관 연간이용일수가 68일로 조사되어 전체 연령층의 3배 이상으로 나타났다(국민건강보험통계, 2014).

우리나라 65세 이상 남녀 노인의 사망원인 질환은 대부분 만성질환이다. 남녀 모두에게 나타난 1순위 사망원인은 암, 뇌혈관질환, 심장질환 순으로 나타났으며, 암 종류별 사망률은 남자는 폐암, 위암, 간암 순이었고, 여자의 경우는 폐암, 위암, 대장암 순으로 나타났다. 이러한 질환들은 젊었을 때의 생활습관에 의해서도 영향을 받고 있음을 시사하고 있다.

또한 우리나라 노인의 42.5%가 신체의 의존상태에 놓여 있으며, 일상생활의 기존적인 동작에 제한을 받는 노인은 11.8%이며, 연령별 ADL(Activities of Daily Living) 제한 정도는 연령이 높을수록 높아지며 남자보다 여자가 다소 높다. ADL 항목 중 가장 어려움을 느끼고 있는 것은 목욕, 대소변 보기, 세수하기 순으로 나타났다(보건복지부 고령자통계, 2012).

3. 노인성 질환의 특징

노인성 질환은 만성 퇴행성 질환으로 근본적인 치료와 간호가 목적이기보다는 장기적으로 계속 관리를 하면서 증상의 악화예방과 합병증 예방을 위한 복합적인 관리가 중요하다. 노인성 질환군은 급성질환보다는 만성질환이 대부분으로 합병증을 동반한 복합적 증상으로 나타나는 경우가 많다.

1) 질병유발 위험요인에 대한 민감도가 높다

노인은 위험요인에 노출되었을 때 청장년에 비해서 쉽게 질병에 이환되며 위험요인으로 인한 질병의 예후를 예측하기가 어렵다.

2) 질병으로 인해 의식장애를 일으키기 쉽다

노인은 뇌졸중과 같은 질환뿐만 아니라 대사성 질환이나 가벼운 폐렴, 설사 등에도 의식장애를 가져오기 쉽다.

3) 속발증이나 합병증을 초래하기 쉽다

노인은 일단 질병에 걸리면 합병증에 걸리기 쉽다. 예를 들면, 뇌졸중에서 폐렴으로 폐렴에서 심근경색증으로 진전되기 쉬운데 이는 장기의 노화 때문이라고 할 수 있다.

4) 수분과 전해질의 균형이 깨지기 쉽다

노인은 신장기능이 약화되므로 소변의 농축능력 및 수분의 재흡수 능력이 저하되기 때문에 질환 시 신체변화에 따른 수분 및 전해질의 적응이 따라주지 못하게 되는 경우가 많다. 전해질의 불균형은 의식장애나 심장수축기능의 이상과 신경이상 등을 초래하기도 한다.

5) 증상이 뚜렷하지 않다

노인은 생체의 반응성이 떨어지므로 질병에 이환되었어도 가벼운 증상을 느끼는 것 이외에 해당 질병의 전형적인 증상을 겪지 않는 경우가 있다. 식욕부진이나 전신 허약감 등을 느낄 때에도 정확한 임상검사를 받을 필요가 있다.

6) 관절 경축과 욕창을 수반하기 쉽다

노인의 경우 신체적 변화로 인해 혈액순환기능이 저하되어 피부의 건강상태를 유지하는 능력이 떨어지게 되며, 골격근의 수축력이 저하되어 쉽게 관절이 굳어 버리게 된다. 이를 방지하기 위해서는 질환치료나 간호를 시작하는 시점부터 세심한 배려를 할 필요가 있다.

7) 일상생활수행능력(ADL)의 저하가 일어나 누워 지내는 상태가 오기 쉽다

노인은 질병 자체가 치유되어도 침상에서 누워 지내는 상태가 계속되기 쉽다. 누워 지내지 않도록 가능하면 안정기를 짧게 하고 활동을 늘리도록 주변에서 도와주는 것이 중요하다.

4. 노인의 신체학적 특성

1) 심혈관계의 변화

심혈관계의 변화는 인체의 모든 장기에 산소와 영양소의 공급에 차질을 주므로 노화의 가장 중요한 변인이 된다. 65세 이상 노인의 과반수 정도는 심근경색증, 협심증, 울혈성 심부전 혹은 심전도 이상과 같은 심장질환을 가지고 있으며, 65세 이상 노인들의 높은 사망원인의 하나이며, 노화가 진행됨에 따라 심장, 동맥, 정맥, 혈액계에 변화가 생긴다.

〈표 8-3〉 **심혈관계의 변화와 임상증상**

노화 관련 변화	임상증상
심장	
심근세포로 지방성 물질 축적	심근의 경화
심근세포 수 감소	심근의 수축 지연, 속도감소
심장의 섬유화 증가	심박출량 감소
심근의 크기 증가	심장비후
심실 충만 용량 감소	이완기 지연 및 이완기압 상승
대동맥과 관상동맥 경화	수축기압 상승
좌심실 후 부하(after lode) 증가	심부전정, 허혈성 심장질환
동방결절의 세포 수 감소	심부전맥
혈관	
내막의 지방성 및 섬유성 물질 축척	동맥경화
혈소판 응혈과 지질 침착	
혈관 내 반경의 축소	협심증 혹은 심근경색
중막의 근육에 칼슘 축적	고혈압 혹은 저혈압
대동맥과 관상동맥 경화	
동맥 수용체 기능의 약화	
심혈관 보상기전의 지연, 부전	실신, 기립성 저혈압으로 위험
혈액	
골수체 지방 축적	조절기능의 약화
적혈구의 유연성 감소	용혈성 빈혈
혈소판 응집력의 증가	혈전형성의 용이성
섬유소 용해능력의 감소	뇌혈관의 경화, 뇌색전증, 뇌졸증

출처 : 국민건강보험공단(2010). 표준장기요양이용계획서 재구성.

심혈관계의 노화를 지연시키기 위해서는 적절한 운동을 꾸준히 실천하고 염분과 기름기 적은 음식을 고루 섭취하는 것이 좋다.

두 시간 이상 같은 자세로 서 있거나 앉아 있는 등의 부동상태를 취하는 경우는 직립성 저혈압이나 혈전형성의 가능성을 우려하여 걷거나 머리를 낮게 하고 쉬는 것이 좋다.

2) 호흡기계의 변화

폐기능은 노화과정, 질병, 환경적 요인에 따라 변화한다. 노인의 호흡기 생리는 특히 장기간 침상 안정 시 무기폐, 폐렴 등에 취약하다. 노인은 비생산적인 기침, 불충분한 섬모운동, 약화된 호흡근육, 저산소증 등이다. 노화에 따라 운동능력을 약화시키고 다양한 폐질환의 소인이 되며 폐질환이 있을 때 쉽게 회복되지 않는다.

〈표 8-4〉 **호흡기계의 변화와 임상증상**

호흡기능	생리적 변화	임상증상
호흡양상	흉벽의 신장력 증가 우선 흉벽의 탄력성 감소 호흡근의 양과 강도 감소	폐활량 감소 잔기량 증가 호기율 감소
산소화	환기-관류의 부적절 심장박동 총량 감소 정맥 혼합산소 감소 생리적 사강 증가, 가스교환 가능한 폐포면적 감소 CO_2 확산량 감소	동맥의 산소분압 감소 동맥과 폐포 간의 농도 차이
환기조절	저산소혈증과 과탄산혈증에 대한 증상과 말초의 화학수용체의 반응 감소	일회 호흡용적 감소 호흡 수 증가
폐의 방어기전	섬모 수의 감소 점막섬모의 청소효과 감소 기침반사 감소 인체 및 세포면역 감소 IgA(면역글로부린) 생산 감소	분비물의 청결기능 감소 감염에 대한 감수성 증가 흡인의 위험성 증가
수면과 호흡	환기추진력의 감소 상부기도의 근긴장도 증가 각성의 감소	수면 동안 무호흡, 호흡 감소 동맥혈 산소의 불포화 증가 흡인의 위험성 증가 코를 고는 것
운동능력	근육의 부조화 근량의 감소 호흡근의 효과 감소 예비량 감소	최대 산소소비량 감소 낮은 수준의 운동에서 호흡곤란
호흡양상	저산소혈증과 과탄산혈증에 대한 반응 감소 호흡역학 변화	호흡 수 증가 일회용 호흡량 감소 분당 환기 증가

출처 : 이향련(2006). 성인간호학. 서울 : 수문사 재구성.

3) 근골격계의 변화

노인의 근골격계 관련 정상변화는 키의 감소, 체지방량(lean body mass)과 피하지방 분포의 변화, 뼈의 다공성 증가, 근육위축, 움직임이 느려짐, 뼈의 강도 감소와 관절의 강직 등이다.

① 노화로 인해 척추 추간판의 수분소실로 간격이 좁아져 키는 50세 이후 20년마다 1~2cm씩 작아져서 80세가 되면 대부분 키가 5cm 정도 감소한다.

② 자세와 걸음걸이의 변화로 중심부가 이동한다.

③ 40~50세 사이에 뼈의 질량과 밀도가 서서히 감소되기 시작하며 여성은 폐경기 이후에 현저히 감소한다.

〈표 8-5〉 **근골격계의 변화와 임상증상**

노화 관련 변화	임상증상
추간판의 간격이 좁아져 키의 점진적 감소 확장된 상태에서 흉곽의 강직 피질성뼈와 주상뼈의 생산 감소 피하지방의 감소와 제지방(근육과 뼈)량의 감소 근육의 수축과 이완시간 지연 관절과 인대의 뻣뻣함	굽은 등과 함께 낙상위험 증가 술통 모양의 흉곽 골절위험의 증가 날카로운 몸의 곡선(윤곽) 근육강도의 감소 반응속도 느려짐 상해위험의 증가

출처 : 국민건강보험공단(2010). 표준장기요양이용계획서 재구성.

4) 소화기계의 변화

노인의 장관(소장, 대장)은 분비・흡수, 운동성의 감소가 특징이다. 타액의 감소로 구강건조증, 위장운동이 느리고 노화로 인해 복근이 약화된다. 간은 50~70세 사이에 크기가 20% 줄어들지만 기능은 크게 영향을 받지 않는다. 노인은 철, 비타민 B12, 엽산의 흡수가 감소되어 빈혈을 초래할 수 있다. 특히 노인은 소화기계와 관련된 많은 건강문제를 호소하지만, 소화기계 질환으로 사망하는 경우는 거의 없다. 노화 관련 소화기계 변화보다는 노인의 심혈관계와 신경계 변화의 결과로, 말초신경증과 만성질환도 위역류, 위부전 마비, 변실금의 원인이 될 수도 있다.

① 미각의 변화로 단맛과 짠맛이 둔화되어 건강문제를 일으킬 수 있다.

② 타액분비가 줄어들어 타액(아밀라제)으로 인한 탄수화물 소화에 영향을 미치고, 구강건조증이 발생하고, 음식섭취에 어려움을 느낀다.

③ 음식물의 연하작용에 변화(연하장애)가 오면서 삼키는 데 2배의 시간이 걸린다.

④ 식도를 지나는 시간이 길어져 불편감이나 흡인위험으로 75세 이상 노인 대부분에 연하기능에 문제가 있는 것으로 보고되고 있다.

⑤ 소장과 대장의 위축으로 영양분 흡수가 느려지고 불완전해진다.

⑥ 주 장관(소장, 대장)이 넓어지고 팽창되며 췌액분비가 줄어들어 지방소화에 영향을 미치게 된다.

⑦ 췌장암과 췌장염의 발생빈도는 노인에게 더 높이 나타난다.

5) 비뇨기계의 변화

〈표 8-6〉 **비뇨기계의 변화**

신 장	무게와 크기의 감소 네프론 수 감소 간질조직의 증가 사구체의 감소 사구체와 세뇨관의 경화 신혈류 감소와 사구체 여과율 감소, 신혈류량 감소 : 감염위험 증가
방 광	방광평활근과 탄력조직의 저하로 잔뇨량의 증가 방광게실 발생 방광용적이 250mg 정도 감소 : 실금의 위험성 증가 배뇨근의 안정적 감소와 방광근육의 일반적인 위축으로 : 불수의적 방광수축이 증가한다.
요 도	여성노인의 에스토르겐 감소로 요도점막이 얇고 연해 긴급뇨, 빈뇨에 영향을 미친다. 여성에서 요도협착이 올 수 있다.
전립선	남성에서 양성 전립선 비대로 방광출구가 폐쇄되기도 한다. 전립선 비대로 방광출구가 좁아져 방광압이 증가하고 방광벽을 비후시킨다. 방광벽이 비후되면 방광게실, 잔뇨량 증가, 역류성 요실금, 요역류가 발생하여 신장을 손상시킬 수 있다.

출처 : 김귀분 외(2007). 노인간호학. 서울 : 현문사 재구성.

6) 생식기계의 변화

〈표 8-7〉 **생식기계의 변화**

노화 관련 변화	임상증상
여성 에스트로겐의 감소	– 생식기 조직의 위축 – 난소의 크기 위축 – 자궁위축 – 질이 짧아지고 탄력성 감소 – 질의 PH 증가 – 요도긴장 증가 – 골반적 근육의 이완 – 유방조직의 위축 – 선조직이 감소하고 지방조직이 증가 – 뼈소실의 증가 – 안드로겐의 증가(안면의 털 증가) – 감정의 변화 : 우울, 안절부절
남성 테스토스테론의 감소	– 성부속 기관의 기능적 퇴화(전립선, 부고환, 정관) – 근육의 양, 강도, 지구력 감소 – 정자 형성 감소 – 발기와 사정능력 감소 – 성욕감소 – 골량(bone mass)의 감소 – 감정변화, 안녕감 감소

출처 : 국민건강보험공단(2010). 표준장기요양이용계획서 재구성.

7) 피부기계의 변화

노화와 관련된 피부조직 및 기능의 변화는 백발, 주름이 깊어지며 손톱이 두꺼워지는 현상을 보인다. 피부의 변화는 1차적으로 햇빛과 같은 환경과 관련이 있으며 유전적인 것과도 관련이 있다. 표피의 각질층 대사회전 속도는 나이가 들면서 50% 가까이 감소하며, 이 결과로 상처치유능력이 감소되고, 보호막 기능이 떨어지며, 피부에 바르는 약물흡수가 늦어진다. 멜라닌세포 수가 감소함에 따라 자외선으로부터 보호기능이 약해지며, 피부는 창백해지고 백발이 된다. 그러나 노출부위는 멜라닌세포가 오히려 증가되어 노인성 흑자(senile lentigine)가 생기게 한다. 특히 손등과 팔목의 흑자는 더욱 그러하다.

8) 감각기관의 변화

노화로 인한 감각기관의 변화는 노인의 삶을 더욱 의존적으로 만드는 주요한 요인 중 한 가지이다. 감각적 인지는 다른 사람과 상호작용하는 능력 또는 다른 사람과 새로운 관계형성의 능력, 위험에 대한 반응 및 일상생활에 영향을 미친다. 노인의 감각기관은 파킨슨병, 뇌졸중, 치매성 질환, 당뇨병 등과 같이 동시에 존재할 수 있는 질환들로 인해 매우 복잡한 관계를 가지고 있으며, 노인이 사용하는 약물이나 개인적 차이도 있다.

① 시각

흔히 노안이라는 원시와 각막의 이상으로 인한 난시의 발생으로 시력이 현저히 떨어지고 체액량의 감소로 눈물 생성이 적어져 고통을 호소하는 경우가 많다.

- 백내장 : 50대 이상의 연령에서 시력저하를 일으키는 가장 흔한 안질환으로 눈 속 수정체(렌즈)가 하얗게 혼탁되어서 시력이 떨어진 것을 백내장이라 한다.
- 녹내장 : 안압이 상승되고 시신경이 손상되어 손상된 시신경 부위에 해당하는 시야장애가 발생하는 것으로 말기가 되면 중심부만 보이고 주위는 보이지 않는 Tunnel Vision만 남게 된다.

② 청각

청각의 노화는 내이의 변화로 일어나며 세포의 탈증식으로 인하여 청력의 감소와 균형감각계 기능을 저하시킨다.

- 노인성 난청(presbycusis) : 노화의 결과로서 진행되는 청력상실이며, 이는 외이, 내이에 영향을 미치는 심각한 문제이다. 노인성 난청은 양측성 청력손실이 특징이며, 처음에는 고음에 대한 감지력이 저하(스, 츠, 트, 프, 크와 같은 고음)되다가 점차 중증도 음과 저음의 감지력도 감퇴된다.

③ 미각

노화의 진행으로 맛을 감지하는 능력도 떨어지는데, 이는 미각세포의 수직 감소에서 나타나지만 완전한 기능은 상실하지 않는다. 미각세포의 80% 정도 감소로 다른 맛에 대한 감각은 퇴화하나 쓴맛은 그대로 유지되어 쓴맛을 더 잘 느낀다.

④ 후각

노화의 진행으로 후각세포의 수도 감소하게 되어 기능이 퇴화현상을 보이나 완전한 기능은 상실하지 않는다. 비강 내의 후각섬유 위축으로 냄새에 둔해 안전사고에 대한 위험이 증가한다.

9) 신경계의 변화

노화로 인한 신경계의 구조적·기능적 변화는 서로 연관되어 개인의 유전적 측면과 뇌의 어떤 영역의 손상인가에 따라 다르게 나타난다. 노화에 따라 신경계의 1차 단위인 뉴런이 감소하고 재생되지 않으며 뇌혈류의 흐름과 산소 사용의 감소가 있다. 그중 가장 눈에 띄는 구조적 변화는 뇌 크기의 감소, 신경전달물질의 감소, 대뇌이랑(회)의 위축, 뇌실의 확대를 포함한다. 노화 관련 신경계의 구조적 변화는 노인에게 여러 가지 문제가 나타날 수 있으나, 일반적으로 감각운동기관의 변화, 기억과 인지기능의 변화, 수면양상의 변화, 고유 수용체의 변화가 다양한 속도로 나타난다. 노화에 따른 대뇌의 구조적 변화는 뇌 무게의 감소, 뉴런 수의 감소, 노인성 반(plague)과 신경섬유의 꼬임(neurofibrillay tangle) 증가를 볼 수 있다.

5. 노인의료비의 증가

평균수명의 향상에 따른 건강한 노인의 증가와 함께 건강하지 못한 노인의 증가도 이어지고 있어 노인의료비의 지출은 타 연령층에 비해 빠른 속도로 증가하고 있다. 2013년 우리나라 국민의 전체 의료비는 꾸준히 증가하여 50조

원을 돌파하였으며, 노인의료비 또한 증가하여 65세 이상 노인인구 574만 명의 요양급여비용은 17조 5283억 원으로 전체 의료비의 34.5%를 차지했다. 아울러 노인 1인당 요양급여비용은 305만 원으로, 전체 1인당 요양급여비용의 3배이며, 노인 1인당 요양기관 방문일수는 연간 68일인 것으로 나타났다. 이는 노인인구가 전체 인구의 12% 수준임을 감안할 때 이러한 현상은 노인인구의 증가가 국민의료비 총액을 증가시키는 주요 요인임을 보여주고 있다(국민건강보험통계, 2014).

6. 주요 노인성 질환의 특성과 관리

노인에게 주로 이환되는 주요 질환의 특성을 살펴보고 노인환자의 질환관리 방법을 살펴보기로 한다. 노인환자의 질환관리 방법은 개인차를 고려하여 개인별로 계획·실행하는 것이 필요하고, 물리적인 환경조성과 보호적인 환경조성을 실시하여 안전을 위협하는 행동이나 비정상적인 행동 등이 적게 나타나도록 하는 보완적 환경이 필요하다.

1) 고혈압(Hypertension)

혈압은 동맥벽에 미치는 혈액의 압력을 의미한다. 심장이 혈액을 펌프질할 때 생기는 압력이다. 혈압을 재면 두 단계로 표시된다. 예를 들면, 140/90mmHg일 때 높은 수치는 수축기 혈압이고 낮은 수치는 이완기 혈압이다. 혈압의 수축기압 정상범위는 90~140mmHg이며 이완기 혈압의 정상범위는 60~90mmHg이다. 안정된 상태에서 반복 측정하여 140/90mmHg 이상이면 고혈압이라고 할 수 있다.

(1) 고혈압의 원인

고혈압의 원인은 아직 확정되지 않았으나 역학조사 자료에서 고혈압과 강한 통계적 연관성을 보인 위험요인으로는 유전적 요소, 스트레스, 연령, 높은 식염섭취량, 과다지방 섭취, 정신적 긴장감, 과체중, 혈액지질, 부족한 운동량 등이 있다.

(2) 증상

초기에는 증상이 없다가 어지럽거나 가슴이 아프기도 하고 비출혈, 혈뇨, 기억력 감퇴(뇌세포의 일시적 허혈로 인한)와 두통, 어지러움증, 이명 등의 증상이 있으며, 아침에 자리에서 일어났을 때 목뒤가 아프다든가 하는 것이 느껴질 때는 신속한 검사를 받아야 한다.

그림 8-1 고혈압 증상

출처 : 서울아산병원. 가정의학과.

(3) 노년기 고혈압의 특징

① 장년기에 발병해서 노년기까지 지속하고 있는 본태성 고혈압과 동맥경화성 고혈압이 있다.

② 혈압조절기능의 이상에 의해 심장 박출량에 직접 영향을 받기 쉽다.

③ 혈압수용체의 기능저하와 자율신경계의 불안정 등에 의해 체위에 의한 혈압변동, 특히 기립성 저혈압을 자져오기 쉽다.

④ 고혈압은 경과가 장기간에 걸쳐서 일어나기 때문에 뇌, 심장, 신장 등 주요 장기의 기능저하를 합병하고 있는 경우가 많다.

(4) 질환관리

① 혈압의 상승요인을 제거하여 준다(과격한 육체운동, 외부 기온의 갑작스러운 변화, 음주, 흡연, 변비 등).

② 의사의 처방에 따라 올바른 투약으로 약물의 부작용을 방지한다.

③ 적절한 운동으로 체중조절을 한다(근육강화를 위한 무리한 육체적 운동이나 갑자기 힘을 쓰는 운동을 피한다).

④ 적절한 식이요법을 권장한다. 포화지방산 및 염분을 제한하고 신선한 야채 등에서 칼륨(K+)을 섭취한다.

2) 뇌졸중(중풍)(Lschemic Cerebrovascular Disease, Stroke)

중년기 이후에 발병률이 높은 신경계 질환으로 뇌혈관에 이상이 생겨 산소 영양분의 공급을 필요로 하는 뇌조직의 기능저하로 나타나는 임상증상을 말한다. 흔히 중풍이라고도 불리며 세계에서 3대 사망원인의 하나로 알려진 위험한 성인병이며, 우리나라 노인장기요양보험에서도 대상자의 질환 중 1위를 차지하고 있다. 뇌졸중은 사고경고 증상과 함께 나타나기도 하지만 경고증상 없이도 나타날 수 있으며, 증상은 일반적으로 24시간 이상 지속되며 대개는 영구적인 후유증을 남기게 된다.

(1) 원인

① 고혈압, 동맥경화증, 동맥염, 뇌정맥 기형

② 심장질환(심근경색증, 부정맥, 심장비대증)

③ 혈액 내 콜레스테롤, 지방질 등이 높을 때

④ 당뇨병, 혈우병, 재생불량성 빈혈, 약물중독, 피임약복용자, 뇌혈관 기형 동맥류, 비만, 좌식생활, 운동부족, 흡연 등

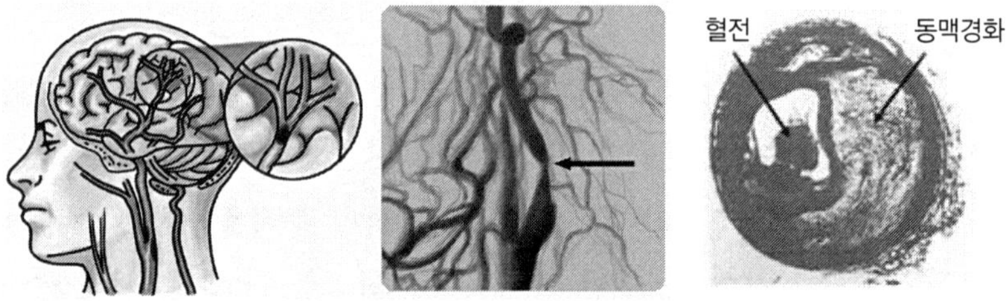

그림 8-2 **뇌졸중 상태의 뇌와 혈관영상**

출처 : 서울아산병원. 신경과.

(2) 분류

① 허혈성 뇌졸중

뇌경색증이라고도 하며 동맥경화증이나 죽상경화증 등에 의해 생기기 쉬운 혈청이나 정맥혈관 내에서 혈류를 부분 또는 전체적으로 막아 뇌조직의 손상과 기능장애를 가져온 경우를 말한다.

② 출혈성 뇌졸중

뇌혈관 벽이 약해진 상태에서 고혈압 등으로 혈관 내의 압력을 견디지 못해 결국 혈관이 파열되거나, 교통사고 등으로 인하여 뇌조직 손상과 기능장애를 가져온 경우를 말하는데 뇌 실질 출혈과 지주막하 출혈로 구분한다.

③ 일과성 허혈증

언어장애, 마비현상 등이 나타났다가 24시간 이내에 회복될 수도 있으나 재발 또는 위험할 수 있으므로 의사의 검진이 필요하다.

(3) 뇌졸중의 전조증상

① 실제 뇌혈관이 막히는 것은 보통 활동 중에 일어나기보다는 취침이나 휴식 중에 일어난다.

② 폐쇄된 혈관의 부위에 따라서 뇌경색이 발생한 부위의 반대편 사지에 근력이 떨어지고 감각이 저하되는 등의 마비현상이 나타난다.

③ 말투가 어눌해지거나 음식을 제대로 삼키지 못하고 사레가 걸리는 현상을 보이게 된다.

④ 어지럽거나 똑바로 서 있기 힘든 평형감각의 저하와 물체가 두 개로 보이거나 시야가 좁아지기도 한다.

⑤ 뇌로 가는 혈류의 공급이 서서히 차단되는 경우 이를 보상하기 위해 우회혈류(collateral circulation)가 생겨 증상이 아주 미미하게 생겼다가 일과성으로 회복되는 경우도 있다.

(4) 주요 증상

흔히 편마비나 편측감각 이상, 뇌 내압의 상승이 나타나거나, 장애로는 반맹증, 지각장애, 언어장애가 있으며, 그 외 여러 가지 신경장애들이 나타난다.

① **뇌 내압의 상승** : 뇌출혈 시 뇌 내압이 상승하여 오심, 구토, 두통 등의 증상을 보인다.

② **마비증상**

- **편마비** : 신체의 한 측으로 감각 및 운동 지각이 상실된다.
- **안면마비** : 입이 돌아가며 침이 흐르고 입 한쪽으로 밥알이 자꾸 낀다.
- **언어장애** : 좌측대뇌 손상 시 오른쪽 편마비와 함께 동반된다.
- **운동실조증** : 소뇌에 이상이 있을 때에는 보행 시 바로 걷지 못한다.

③ **복시** : 물체가 겹쳐 보인다.

④ **연하곤란** : 삼키는 근육이 마비되어 음식물을 잘 삼키지 못하고 사례가 잘 든다.

⑤ **지적능력 저하** : 판단력, 기억력, 계산력 등이 저하된다.

⑥ **장운동의 저하** : 변비현상이 잦다.

(5) 질환관리

① **재활간호** : 운동장애, 언어장애 등 기능장애에 대한 재활을 돕는다(보행연습, 발음연습 등).

② **욕창방지 및 피부보호** : 누워 있는 환자의 경우 매 2시간 마다 체위변경을 실시한다.

③ **관절가동범위 운동의 실시** : 관절경축을 예방하기 위해 실시하며 수동에서 능동으로 점차 발전시킨다.

④ 연하곤란으로 인한 흡인성 폐렴방지와 객담의 배출을 용이하게 하기 위해 가습기를 틀고 가끔씩 흡인(suction)을 실시한다.

3) 당뇨병(Diabetes Mellitus)

당뇨병은 과혈당증 또는 혈당의 만성적 증가를 특징으로 한다. 혈당의 증가는 인슐린(insulin)의 결핍과 인슐린 생성장애에 의한 것이다. 과혈당증이 어느 수준에 도달하면 당은 신장을 통해 소변으로 배설된다. 당뇨병의 원인으로는 유전, 바이러스, 노화, 스트레스, 약물, 비만, 가족력, 임신이상증 등에서 볼 수 있으며, 45세 이상에서 주로 나타나는데 65세 이상의 노인에게서 나타나는 경우는 전체 당뇨병 환자의 40% 정도가 된다.

(1) 주요 증상

① 다뇨, 다식, 다음(고혈당 증세)

② 차고 축축한 피부, 신경과민, 안절부절(저혈당 증세)

③ 체중감소, 피로감, 식욕항진, 공복감

④ **합병증 유발** : 백내장, 녹내장, 심한 소양감, 감염증, 손발의 감각 이상, 혈관의 이상으로 인한 심혈관질환 발생 시 주의한다.

↗ 그림 8-3 **당뇨병 증상**

출처 : 서울아산병원. 내분비내과.

(2) 진단

① 다뇨, 다식, 다음의 세 가지 증상과 혈당농도가 200mg 이상일 때

② 공복 시 혈당농도가 2회 이상 120mg 이상일 때

③ 식사 2시간 후 경구 당부하 검사 2시간 이후의 혈당농도가 200mg일 때, 만일 당부하 검사를 통해 당뇨병이라 진단되면 합병증 검사를 해보아야 한다.

(3) 질환관리

① 혈당의 정상화에 노력한다.

② 표준체중의 유지에 노력한다.

③ 정상 혈중지질 유지에 노력한다.

④ 정상적인 혈압 유지에 노력한다.
⑤ 혈당조절이 안 되면 경구용 혈당하강제를 사용한다.
⑥ 합병증 예방 및 정기적인 검진을 받도록 한다.
⑦ 발 관리를 철저히 하여 괴사에 주의한다.

• 식이요법

먼저 키에 맞는 체중관리, 표준체중 : (키 − 100) × 0.9 ± 5 유지노력이 필요하다.

음식은 골고루 섭취하며 유부, 삼겹살, 프랑크소시지 등 단백질이 많이 들어 있는 음식은 섭취하지 않는 것이 좋다.

• 운동요법

운동을 하게 되면 인슐린이나 약물의 양을 줄일 수 있다. 그러나 운동 시 저혈당을 일으킬 수 있으므로 주의를 요한다.

4) 천식(Asthma)

천식이란 주기적으로 일어나는 호흡곤란을 말한다. 즉, 숨이 몹시 차고 기침을 하는 병으로 가래가 심한 경우와 그렇지 않은 경우가 있다.

(1) 원인

기관지 천식은 유전병은 아니지만 환자의 자녀들은 다른 사람들에 비해 체질적으로 발병할 가능성이 높다고 할 수 있다. 그러나 천식의 발병에는 체질적인 요인만 관여하는 것은 아니며, 먼지, 꽃가루, 곰팡이, 음식, 세균 등의 환경적 요인도 중요하다. 환경적 요인 중 하나가 알레르겐이라고 부르는 공기 중 물질이다. 꽃가루, 먼지, 진드기 등이 여기에 해당하는데, 일부 환자에서는 이들 알레르겐이 면역반응을 일으켜 기관지의 염증을 초래하며 성인 환자의 경우 약 1/3에서 알레르겐이 문제가 되어 발생된다.

그림 8-4 천식의 원인

출처 : 대한의학회. 대한호흡기학회.

(2) 증상

기관지 천식의 특징적인 증상은 호흡곤란, 기침, 가래 및 가슴에서 쌕쌕 소리(천명음)가 나는 것이다. 천식의 증상이 고정됐을 때는 기침과 담이 나오고 가래 끓는 소리가 나는 것, 기침과 담이 나오는 것, 기침만 콜록콜록하는 것, 목에 가래가 끓는 소리만 나는 것 등의 네 가지 증상으로 나눌 수 있으나 때에 따라서는 번갈아 일어난다. 어느 경우이든 강약의 차이는 있으나 숨이 찬 증상이 따른다. 기침만 할 경우에는 진단하기 어려운 때도 있다. 이런 증상들은 간헐적으로 나타나거나 저절로 호전되기도 한다.

특히 야간에 증상이 악화되는 경우가 많으며, 운동할 때나 자극적인 냄새, 담배연기, 탁한 공기 등에 노출되면 호흡곤란 발작이 올 수 있고, 감기를 앓고 나서 증상이 심해질 수도 있다. 천식이 오래되면 합병증으로 만성기관지염, 기관지 확장증, 폐기종, 폐성심(肺性心 : 폐의 질환이 원인이 되어서 심장이 악화된 상태), 자연기흉, 피하기종이 생길 수 있다.

(3) 관리방법

많은 천식환자들이 천식발작이 있을 때만 일시적으로 치료하고 지내는데, 이것은 올바른 천식관리 방법이 아니다. 천식발작은 심해져서 사망에 이를 수도 있으며 장기적으로는 기도의 염증이 계속되어 폐기능이 영구히 회복되지 않는 일이 생기기 때문이다.

① 환경요인 관리 및 악화요인 관리

천식의 증상을 생기게 하거나 악화시키는 환경요인(집먼지 진드기, 꽃가루 등)을 제거하거나 그것과 접촉하는 일이 없도록 하는 것이다. 그리고 천식을 더욱 악화시키는 요인들을 잘 관리하여야 한다. 담배연기, 자극적인 냄새, 공해 등은 천식을 더욱 악화시키는 요인들이다.

② 약물치료

천식의 주된 치료는 약물치료이다. 천식의 치료제는 투약 후 즉시 효과가 나타나서 증상을 완화시키는 속효성 약제와 장기적 투여로 기도의 알레르기 염증을 가라앉히는 두 가지로 분류할 수 있다. 이들 약은 천식환자가 항상 휴대하고 다녀야 하며 급성 악화증상이 있을 때 가장 유용하다.

5) 심부전(Heart Failure)

심부전은 그 자체가 질병은 아니며 심장의 부적절한 수축작용으로 말미암아 신체조직이 필요로 하는 혈액을 충분히 내보내지 못해 나타나는 관련 증상을 말한다.

(1) 원인

① 심근기능의 장애(심근경색증, 심근염)
② 심장에 대한 과중한 부담(고혈압, 승모판이나 대동맥 판막 등의 협착증과 폐쇄부전)
③ 외부로부터 심확장을 제한하는 조건이 부가된 경우(심낭염)
④ 만성 폐질환의 합병증(만성폐쇄성 폐질환, 폐기종, 진폐증)
⑤ 전신 발열 및 갑상선 기능 항진증
⑥ 갑작스러운 체액의 불균형

(2) 증상

① 호흡이 곤란하다.
② 부종이 발생한다.
③ 심장이 비대해진다.

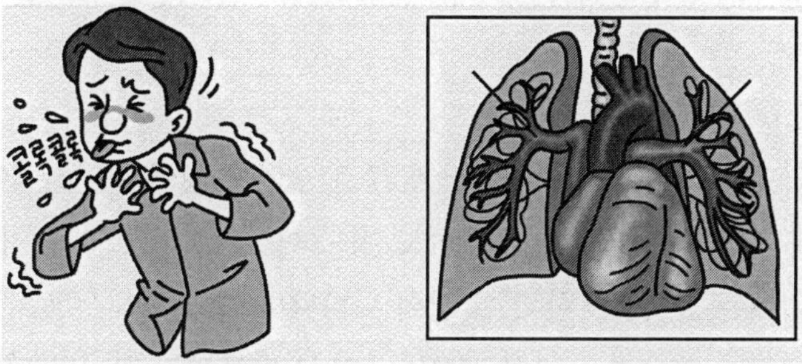

[호흡곤란] [폐성 고혈압]

그림 8-5 심부전병 증상

출처 : 서울아산병원. 심장내과.

(3) 심부전 노인환자의 증상을 악화시키는 요인

① 감염증(감기, 염증성 고열)
② 식염의 과잉섭취
③ 복용약물의 중지(강심제 등)
④ 과도한 스트레스
⑤ 부정맥, 빈혈, 임신, 갑상선 기능 항진, 폐질환, 소화기 질환, 약물의 오남용

(4) 질환관리

① 폐울혈에 수반된 호흡곤란의 완화를 위해 좌위 또는 반 좌위를 취한다.
② 커피나 담배 등의 자극제를 제한한다.
③ 적절한 운동으로 체중을 관리한다.
④ 부종관리를 위하여 섭취량과 배설량, 그리고 체중을 측정하고 기록한다. 수분과 염분을 제한한다.
⑤ 금연, 항공여행, 고산지방 방문 자제, 고온 · 한랭 · 다습환경 노출에 주의한다.

6) 욕창(Bed Sore, Decubitus Ulcer)

욕창은 오랜 시간 동안 정도 이상의 지속적인 압박이 주 원인이 되어 발생하는 것으로, 피부를 비롯하여 뼈와 피부 사이의 조직이 손상된 상태의 압박성 궤양(pressure ulcer)이다. 피부가 벌겋게 되거나 차츰 손상되어 염증이 진행되고 심해지면 결국은 골수염이나 패혈증 등으로 사망할 수 있다고 알려져 있다.

(1) 원인

욕창은 오랫동안 누워 있는 사람에게 주로 생기는 것이지만 휠체어 같이 장시간 고정된 의자에 앉아 있는 경우에도 정도 이상의 압력이 가해지면 생기는 것이다. 초기에는 불긋불긋한 얼룩 같이 나타나며 그 압박되는 상태가 지속되어 상황이 변하지 않으면 물집이 잡히거나 피부가 트면서 상처가 되고, 결국은 조직이 죽게 되어 계속 진행되는 경우에는 뼈에 접해 있는 피하조직의 심한 손상으로 뼈가 보일 정도로 심해져 여러 가지 문제를 야기하게 된다. 가장 흔한 것은 압력에 의한 것으로 중력이나 일반 압력에 의한 것이고, 습기나 마찰, 영양부족 상태나 기력의 부족으로 결국은 미세혈관에 혈액과 영양, 산소공급이 되지 않는 것이 원인으로, 이것들이 공급되지 않으면 세포와 조직이 죽어서 떨어져 나간다. 주로 후두부나 척추뼈의 튀어나온 부위, 견갑부, 팔꿈치, 천골부위(꼬리뼈), 둔부, 좌골, 손목 외측, 무릎, 발목, 발 뒷꿈치 등에 많이 발생한다.

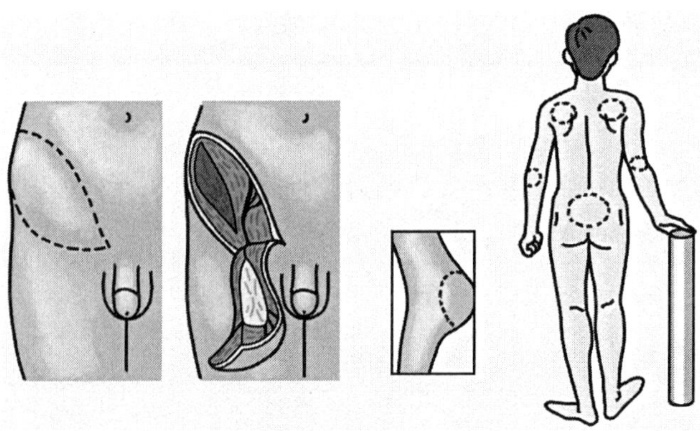

그림 8-6 욕창이 생기기 쉬운 부위

출처 : 서울아산병원. 외과.

(2) 욕창의 예방방법

자세 변환용구, 베개(다양한 크기로 여러 개), 도우넛링(고무제품은 탄력붕대나 거즈 등으로 싸서 사용), 스폰지롤, 에어매트리스 등의 여러 보조기구, 마사지용 로션, 파우더, 드레싱세트 등을 준비한다.

① 신체의 한 지점에 대한 지나친 압력편중을 막기 위해 1~2시간마다 체위를 변경한다.
② 욕창 발생 가능성이 높은 부위의 압력을 감소시켜 준다.
③ 마찰을 유발하는 관리행위를 피한다.
④ 습기조절에 유의한다.
⑤ 환자 자신이나 제공자에 의한 피부손상에 주의한다(손톱, 반지, 시계 등).

7) 퇴행성 관절염

퇴행성 관절염은 노인에게 가장 흔한 관절염으로 관절을 구성하는 여러 가지 성분 중에서 연골과 그 주위의 뼈에 퇴행성 변화가 나타나서 생기는 관절염으로 중년기 이상 노년에 주로 발생한다. 이는 방사선 촬영상의 변화와 특징적인 증상으로 진단을 내릴 수 있는데, 방사선 검사상 가장 많이 침범되는 관절은 손가락 끝 관절이고, 슬관절, 고관절 순으로 흔히 발병한다.

(1) 질환의 특징

① 손가락 끝 관절염은 대개 증상이 없다.
② 슬관절, 고관절염은 대개 증상을 나타낸다.
③ 어깨, 팔꿈치, 손목의 관절은 대개 발병하지 않는다.
④ 퇴행성 관절염은 류마티스 관절염과는 달리 대개 열은 없고 관절이 뻣뻣하게 느껴지고, 움직일 때 통증이 있어 잘 움직이지 못하게 되어 근육까지 약화된다.
⑤ 오랫동안 방치할 경우 관절의 변형까지 초래하는 가장 흔한 관절질환이다.

(2) 원인

이전에는 단순히 노화에 따른 관절의 퇴행변화와 여기에 무리한 하중부하가 원인으로 생각하였으나, 최근 연구에 따르면, 종족, 성별, 유전적 경향, 호르몬의 영향, 관절의 모양, 노화현상 등 여러 가지 요인이 복합적으로 작용하여 발생하는 것으로 추정된다. 즉, 나이는 높을수록 그리고 여성일 경우와 비만인 사람이 걸릴 확률이 높다.

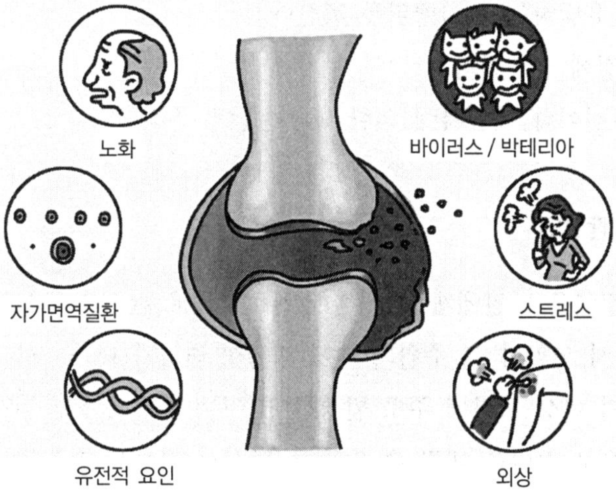

그림 8-7 **관절염의 원인**

출처 : 서울아산병원. 류마티스내과.

(3) 증상

① 관절통이 생긴다.

② 관절강직이 발생한다.

③ 압통이 생긴다.

④ 관절의 비후, 잡음, 부종, 관절가동 범위(rom)의 감소가 관찰된다.

⑤ 방사선적 변화 : 초기에는 특이한 소견이 없으나 점차 연골하골 경화, 낭종, 관절간격의 감소, 골극(뼈조직의 염증이나 변화로 인해 뼈의 표면에 새로 생기는 뼈)이 나타난다.

(4) 질환관리

현재 관절염 자체를 예방하거나 치료하는 약물은 특별이 없기 때문에 치료의 목적은 통증을 경감하고 생활의 질을 향상시키며 기능적 독립성을 유지하는 것이다.

① 체중감소 및 운동을 실시한다.

② 의사의 처방에 따른 진통소염제를 복용한다.

8) 골절(Fracture)

골절은 노인의 기능을 손상시키는 심각한 건강문제이다. 골절은 뼈와 관절의 외상에 의해서 발생하며 골다공증이나 신생물과 같은 병리적 과정에서도 발생하는데, 노인에게 있어서 골절은 치유가 대단히 느리고 다양한 합병증을 유발하기도 한다.

(1) 골절의 주요 원인

① 낙상 : 노인에게 나타나는 가장 흔한 원인이다.

② 교통사고 : 일반적으로 흔한 골절의 원인이다.

(2) 노인골절의 주요 발생부위

① 대퇴골 근위부(허벅지의 굵은 뼈)

② 요골 말단부(팔꿈치 아래 손목단)

③ 척추 및 쇄골에 흔히 발생한다.

- **고관절 골절(Hip Fracture)**

나이에 따라 발생률이 증가하며 특히 75세 이상 노인에게 많이 발생한다. 고관절 골절은 직접 외상에 의해서 발생하며, 낙상, 기타 외상으로 골절되면 환측 하지가 단축되고 외전된다. 환자는 골절부위에 압통과 심한 통증을 호소한다.

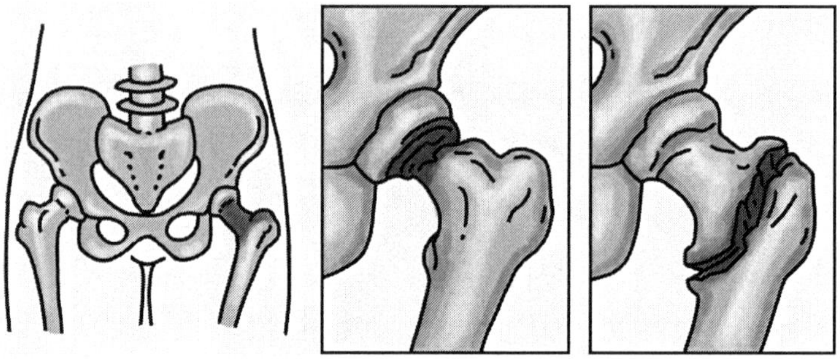

대퇴경부 골절대퇴전자 간 골절

그림 8-8 **고관절 골절**

출처 : 서울아산병원. 정형외과.

(3) 질환관리

① 통증의 경감 또는 예방할 수 있는 체위를 취한다.

② 견인장치를 적용한 노인은 잘 적응할 수 있도록 돕는다.

③ 수술 후에는 활력징후, 섭취량과 배설량을 주의 깊게 감시한다.

④ 호흡기계 합병증 예방을 위해 자주 체위를 변경하고 심호흡과 기침을 유도한다.

⑤ 침상에서 일어나 보행을 시작할 때 지팡이를 안전하게 사용하는 방법을 교육한다.

⑥ 다리 꼬고 앉기, 낮은 의자 앉기, 다리를 외전시킨 상태로 옆으로 눕기 등의 행동은 금한다.

⑦ 환측으로 눕지 않도록 한다.

⑧ 양말이나 신발을 신을 때 고관절이 심하게 굴곡되지 않도록 한다.

제2절 복지용구의 활용

복지용구는 재가에서 요양을 받는 재가급여서비스 대상자의 요양을 지원하는 물품들로서 대상노인들의 자립을 지원하고 수발자의 부담을 경감시켜 당사자뿐만 아니라 부양자인 가족구성원의 삶의 질을 개선시키는 역할을 하고 있다.

주로 재가에서 복지용구를 이용하여 지역사회에서 활동하는 것을 가능하게 하고, 신체기능 저하 등으로 상태가 악화된 경우에도 복지용구를 활용하여 삶의 질을 유지할 수 있으므로, 복지용구는 요양서비스를 용이하게 함은 물론이고, 부양자 및 서비스제공자의 건강악화 예방 등을 통해 의료비용의 절감효과도 기대할 수 있기 때문에 지속적인 관심이 요구되고 있다.

1. 복지용구의 정의

우리나라에서 복지용구는 고령이나 노인성 질병 등의 사유로 일상생활을 혼자서 수행하기 어려운 노인이나 심신장애인 등의 기능적 능력을 증진, 유지, 개선하여 일상생활의 편의와 안전을 증진하는 데 사용되는 물건, 설비부품, 제품시스템 등으로, 노인장기요양보험법에서는 수급자의 일상생활 또는 신체활동 지원에 필요한 기구를 제공하거나 대여하는 용구로 정의하고 있다.

1) 복지용구 급여

복지용구 급여란 심신기능이 저하되어 일상생활을 영위하는 데 지장이 있는 노인장기요양보험 대상자에게 일상생활 또는 신체활동 지원에 필요한 용구로서 보건복지부장관이 정하여 고시하는 것을 구입하거나 대여해 주는 것으로, 노인장기요양보험법 제23조 제3항과 시행규칙 제19조 제2항에 의한다.

2) 복지용구의 유형

복지용구의 유형은 구입과 대여품목으로 구분하여 제공하고 있는데, 구입 가능 품목은 내구기간이 짧고 비교적 단가가 저렴하며 다른 사람이 쓰던 것을 반복 사용하는 데 거부감이 있는 품목들로 이동변기, 목욕의자, 성인용 보행기, 안전손잡이, 미끄럼방지용품(매트, 미끄럼방지액, 양말), 간이변기(간이대변기 · 소변기), 지팡이, 욕창예방방석, 자세변환용구 등 9개 품목이다. 한편 대여품목은 내구기간이 길고 고가인 품목으로 수동휠체어, 전동침대, 수동침대, 욕창예방매트리스, 이동욕조, 목욕리프트, 배회감지기, 경사로 등 8개 품목으로 등록되어 있다.

〈표 8-8〉 **복지용구 급여품목 정보**

	구입품목(9종)	대여품목(8종)
품목명	① 이동변기 ② 목욕의자 ③ 성인용 보행기 ④ 안전손잡이 ⑤ 미끄럼방지용품(매트, 방지액, 양말) ⑥ 간이변기(간이대변기 · 소변기) ⑦ 지팡이 ⑧ 욕창예방방석 ⑨ 자세변환용구	① 수동휠체어 ② 전동침대 ③ 수동침대 ④ 욕창예방매트리스 ⑤ 이동욕조 ⑥ 목욕리프트 ⑦ 배회감지기 ⑧ 경사로

출처 : 노인장기요양보험 홈페이지(http://www.longtermcare.or.kr).

품 목	용 도	품 목	용 도
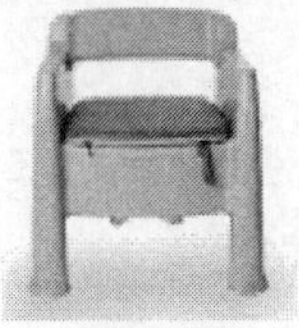 이동변기	화장실로 이동하기 어려운 분에게 대소변을 처리할 수 있는 도구이다.	 성인용 보행기	보행이 불편한 분들의 보행 보조를 위한 보조기구
 목욕의자	목욕 시 대상자의 자세 유지 및 편안한 목욕 실시	 안전손잡이	수발자의 노고를 줄이고 어르신의 자립환경을 조성
 미끄럼방지용품	실내에서 미끄러지지 않게 하여 사고를 예방	 간이변기	이동이 불가능한 상태에서 용변을 해결
 지팡이	보행이 불편한 어르신에게 보행 보조함	 욕창예방방석	장시간 앉아 있을 때 욕창을 예방
 자세변환용구	장시간 누워 있는 분들의 자세 및 위치를 변환		

그림 8-9 복지용구 구입전용품목 : 9개 품목

출처 : 노인장기요양보험 홈페이지(http://www.longtermcare.or.kr).

품 목	용 도	품 목	용 도
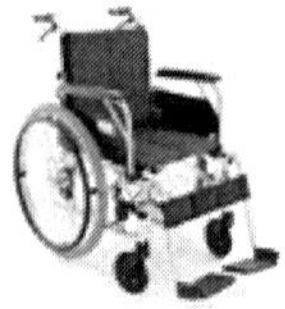 수동휠체어	보행이 불가능하거나 장시간 보행이 곤란한 경우 이용	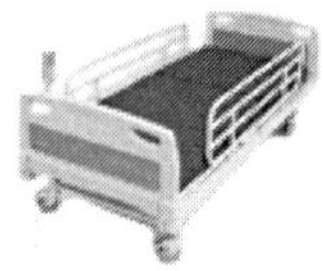 전동침대	일어서는 동작 등을 보조하고 자립을 지원
 수동침대	일어서는 동작 등을 보조하고 자립을 지원	 욕창예방메트리스	체중을 분산하고 통풍을 원활하게 하여 욕창을 예방
 이동욕조	거동이 불편한 대상자가 스스로 욕실까지 이동할 수 없을 때 거실이나 침대 등에서 목욕을 시킴으로써 본인은 물론 수발자의 부담을 경감하기 위함	 목욕리프트	하지가 불편한 고령자가 욕조에서 목욕할 수 있도록 함으로써 노인의 청결유지와 혈액순환 원활화를 도모하고 수발자의 경감을 위함
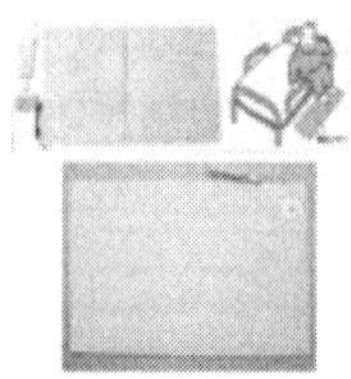 배회감지기	인지장애가 있는 어르신의 배회 및 실종을 미연에 방지	 경사로	수동휠체어 또는 성인용보행기 이용 시 이동성 확보 및 안전사고 예방

그림 8-10 **복지용구 대여전용품목 : 8개 품목**

출처 : 노인장기요양보험 홈페이지(http://www.longtermcare.or.kr).

3) 복지용구 급여체계 및 급여방식

(1) 현행 복지용구 급여체계

현행 장기요양보험 급여대상 복지용구 급여체계는 공급자가 국민건강보험공단에 제품의 선정을 요청하면, 보험자인 국민건강보험공단은 제품을 승인하고 제품 승인 후 복지용구사업소는 공급자에게 제품의 공급을 요청하게 되어있다. 제품을 복지용구사업소에 공급하면, 이용자가 제품을 신청하고, 복지용구사업소는 공급자에게 공급가격을 지불하고, 복지용구사업소는 공단에 비용지불 청구를 하는 구조이다.

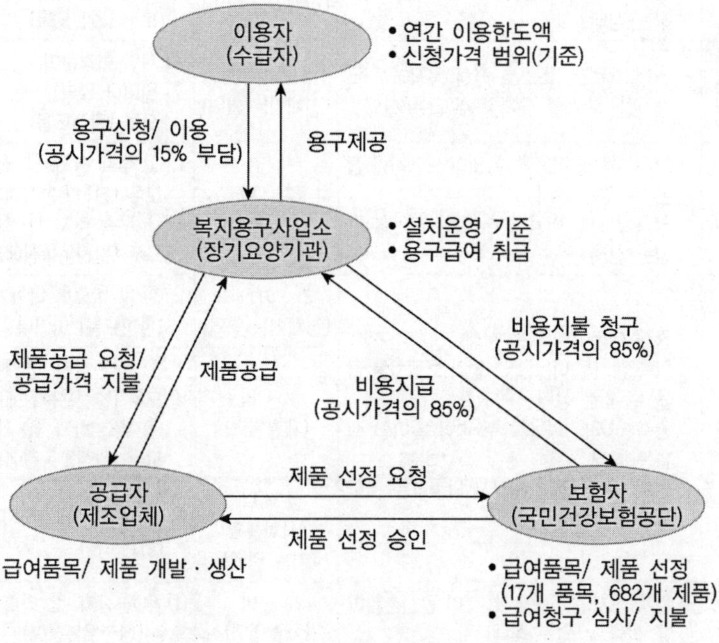

그림 8-11 현행 복지용구 급여체계

출처 : 한국보건산업진흥원(2012). 복지용구산업 시장규모 추계와 활성화 방안.

(2) 복지용구 급여대상자

노인장기요양보험 수급자 중 시설급여를 이용하지 아니하고 재가급여를 이용하여 장기요양서비스를 받는 수급자들이 복지용구 급여대상자이다. 재가급여에서 장기요양서비스를 받으면서 복지용구의 구입 아홉 가지 품목 및 대여 여덟 가지 품목에 대하여 서비스를 지원을 받을 수 있으나, 사용하고 있던 중 장기요양시설에 입소하게 되면 그 시점부터 재가급여가 중단되고 시설급여로 전환되므로 이때 사용하던 복지용구를 반납하여야 하며, 또한 시설에 입소하여 있는 동안에는 구입품목에 해당되는 복지용구도 지원을 받을 수 없게 된다. 수급자가 의료기관(병 · 의원)에 입원한 기간 동안에는 복지용구 중 전동침대, 수동침대, 이동욕조, 목욕리프트는 사용할 수 없게 급여제한을 두고 있다.

〈표 8-9〉 **품목별 사용이 불필요한 신체기능 상태 판정기준**

<table>
<tr><th>품목별</th><th>사용이 불필요한 신체기능 상태</th><th colspan="2">신체기능 상태 판정기준</th></tr>
<tr><td>이동변기</td><td>- 변의를 느끼지 못하는 상태
- 완전와상으로 항상 기저귀를 착용해야만 하는 상태</td><td>2 - 가 - 1
[신체기능 영역]</td><td>⑪ 소변 조절하기,
⑫ 대변 조절하기
모두 [완전도움]</td></tr>
<tr><td>목욕의자</td><td>- 완전와상으로 스스로 전혀 움직이지 못해 앉은 자세를 유지할 수 없는 상태</td><td>2 - 가 - 1
[신체기능 영역]</td><td>⑥ 체위 변경하기,
⑦ 일어나 앉기
모두 [완전도움]</td></tr>
<tr><td>보행차</td><td>- 양측 상지를 이용할 수 없어 보행차를 잡을 수 없는 상태
- 양측 하지를 이용할 수 없어 일어설 수 없는 상태</td><td>2 - 바
[재활영역]</td><td>1. ① 우측 상지, ② 좌측 상지 모두 [완전운동장애] 이거나
2. ③ 우측 하지, ④ 좌측 하지 모두 [완전운동장애]</td></tr>
<tr><td rowspan="3">보행
보조차</td><td rowspan="3">- 중심 이동이 어려운 상태
- 양측 상지를 이용할 수 없어 보행차를 잡을 수 없는 상태
- 양측 하지를 이용할 수 없어 일어설 수 없는 상태
- 인지능력이 없어 혼자서 외출하는 것이 위험한 상태</td><td>2 - 가 - 1
[신체기능 영역]</td><td>1. ⑨ 방 밖으로 나가기 [완전도움] 이거나</td></tr>
<tr><td>2 - 바
[재활영역]</td><td>2. ① 우측 상지, ② 좌측 상지 모두 [완전운동장애] 이거나
3. ③ 우측 하지, ④ 좌측 하지 모두 [완전운동장애] 이거나</td></tr>
<tr><td>2 - 나
[사회생활 기능 영역]</td><td>4. ⑧ 근거리 외출하기 [완전도움]</td></tr>
<tr><td>안전
손잡이</td><td>- 양측 상지를 이용할 수 없어 안전손잡이를 잡을 수 없는 상태</td><td>2 - 바
[재활영역]</td><td>① 우측 상지, ② 좌측 상지 모두 [완전운동장애]</td></tr>
<tr><td>미끄럼
방지용품</td><td>- 일어서는 것이 불가능하여 혼자서 보행이 불가능한 상태</td><td>2 - 바
[재활영역]</td><td>③ 우측 하지, ④ 좌측 하지 모두 [완전운동장애]</td></tr>
<tr><td>지팡이</td><td>- 양측 상지를 이용할 수 없어 지팡이를 잡을 수 없는 상태
- 양측 하지를 이용할 수 없어 일어설 수 없는 상태</td><td>2 - 바
[재활영역]</td><td>1. ① 우측 상지, ② 좌측 상지 모두 [완전운동장애] 이거나
2. ③ 우측 하지, ④ 좌측 하지 모두 [완전운동장애]</td></tr>
<tr><td>욕창예방
방석</td><td>스스로 체위 변경하기, 옮겨 앉기, 방 밖으로 나가기가 가능한 상태</td><td>2 - 가 - 1
[신체기능 영역]</td><td>⑥ 체위 변경하기,
⑧ 옮겨 앉기,
⑨ 방 밖으로 나가기
모두 [완전자립]</td></tr>
<tr><td>자세변환
용구</td><td>스스로 체위 변경하기, 일어나 앉기가 가능한 상태</td><td>2 - 가 - 1
[신체기능 영역]</td><td>⑥ 체위 변경하기,
⑦ 일어나 앉기
모두 [완전자립]</td></tr>
<tr><td>전동침대</td><td>집 안에서 스스로 이동이 가능한 상태</td><td>2 - 가 - 1
[신체기능 영역]</td><td>⑨ 방 밖으로 나가기 [완전자립]</td></tr>
<tr><td>수동침대</td><td>집 안에서 스스로 이동이 가능한 상태</td><td>2 - 가 - 1
[신체기능 영역]</td><td>⑨ 방 밖으로 나가기 [완전자립]</td></tr>
</table>

욕창예방 매트리스	스스로 체위 변경하기와, 일어나 앉기, 옮겨 앉기가 가능하고, 욕창이 발생하지 않은 대상자	2 – 가 – 1 [신체기능 영역]	⑥ 체위 변경하기 ⑦ 일어나 앉기, ⑧ 옮겨 앉기 모두 [자립]
		2 – 마 [간호처치 영역]	④ 욕창간호 [없다]
이동욕조	집 안에서 스스로 이동이 가능한 상태	2 – 가 – 1 [신체기능 영역]	⑨ 방 밖으로 나가기 [완전자립]
목욕 리프트	집 안에서 스스로 이동이 가능한 상태	2 – 가 – 1 [신체기능 영역]	⑨ 방 밖으로 나가기 [완전자립]

출처 : 보건복지부 홈페이지. 법령 고시자료.

(3) 복지용구 급여방식

급여품목 중 신체기능 상태에 따라 필요하다고 국민건강보험공단이 인정한 품목만을 복지용구 급여확인서에 명시하여 통보하도록 규정되어 있다. 노인장기요양 인정자는 복지용구 급여확인서에 명시되어 있는 복지용구 품목에 한하여 구입 또는 대여할 수 있으며, 제품별 수가에서 본인부담금을 부담하고 구입하거나 대여, 사용하는 방식이다. 복지용구사업소는 해당 품목만을 수급자에게 제공할 수 있다.

복지용구 급여확인서는 노인장기요양인정서, 표준장기이용계획서와 같이 통보되는데, 복지용구 급여확인서에는 수급자에게 제공이 가능한 복지용구와 사용이 불필요한 복지용구가 명시되어 있고, 발행일 현재 기존에 제공받았던 복지용구 품목에 관한 내용도 기록되어 있다. 또한 복지용구의 급여는 연간 한도액 내에서 제공받을 수 있도록 급여의 제한을 두고 있는데, 2009년 1월 1일부터 급여비용이 160만 원으로 상향 조정되어 제공하고 있다. 구입금액과 대여료의 합산금액이 연 한도액을 초과하는 경우에는 초과분에 대하여 전액 수급자 본인이 부담하여야 한다.

복지용구의 급여비용은 본인부담률이 급여수가의 15%를 부담하고 의료수급권자와 경감자는 급여수가의 7.5%를 부담하며, 기초생활수급권자는 본인부담액을 본인이 내지 않고 전액 지방자치단체가 부담하고 있다.

〈표 8-10〉 **복지용구의 내구연한과 사용제한**

품목명	내구연한	수 량	품목명	내구연한	수 량
이동변기	5년	1개	목욕의자	5년	1개
보행차	5년	1개	보행보조차	5년	1개
욕창예방방석	3년	1개	지팡이	2년	1개
안전손잡이	없음	4개	간이변기	없음	2개
자세변환용구	없음	5개	미끄럼방지용품	없음	5개
전동침대	10년	1개	수동침대	10년	1개
수동휠체어	5년	1개	이동욕조	5년	1개
욕창예방매트리스	3년	1개	목욕리프트	3년	1개

출처 : 노인장기요양보험 홈페이지(http://www.longtermcare.or.kr).

4) 복지용구서비스 제공절차

(1) 복지용구사업소 방문상담

일반수급자인 경우에는 복지용구사업소를 방문하여 복지용구 제품 및 이용에 관한 상담을 통하여 복지용구를 구입 및 대여하여 사용한다. 이때 장기요양인정자 또는 보호자는 장기요양급여인정서를 제출하여야 하며, 보호자는 신분증을 지참하여야 한다. 수급자 중 의료급여법에 따른 수급권자는 먼저 주소지를 관할하는 시장・군수・구청장에게 장기요양급여를 신청을 하여야 한다. 이때 장기요양인정자는 장기요양기관 입소이용신청서, 재가급여서비스 내역서(필요한 복지용구에 관한 품목, 우수제품코드 및 모델명, 급여수가, 이용하고자 하는 장기요양기관에 관한 내용을 기록함), 표준장기이용계획서, 복지용구 급여확인서, 장기요양인정서를 제출하여야 한다. 장기요양급여 신청을 받은 주소지 관할 시장・군수・구청장은 접수된 장기요양기관 입소이용의뢰서와 재가급여서비스 내역서를 승인하여 장기요양인정자 관할 건강보험공단지사와 장기요양인정자가 이용하고자 하는 장기요양기관에 통보하여야 한다. 장기요양기관은 통보된 입소이용의뢰서와 재가급여서비스 내역서의 내용에 따라 장기요양인정자에게 복지용구를 판매 또는 대여 서비스를 제공할 수 있다.

(2) 급여가능 여부 조회

복지용구사업소는 장기요양인정자가 이용하고자 하는 복지용구의 급여가능 여부를 건강보험공단 노인장기요양보험 포털사이트 또는 건강보험공단지사를 통하여 조회한 후에 장기요양인정자에게 지정되어 있는 복지용구 품목에 대한 급여를 제공하여야 한다. 수급자가 의료급여법에 따른 수급권자의 경우 장기요양기관 입소 이용의뢰서에서 확인한다.

(3) 복지용구 제공 계약체결

복지용구사업소를 방문한 장기요양인정자와 복지용구 이용에 관한 계약을 체결하고 복지용구사업소는 계약서 2부를 작성 1부를 수급자에게 발급하고, 1부는 복지용구사업소에서 보관한다.

복지용구 이용 계약체결에 따라 복지용구사업소는 본인부담률에 따른 본인부담금을 장기요양인정자에게 수납받고 복지용구를 제공한다. 복지용구를 제공할 때에는 복지용구 사용방법, 사용상 유의사항, 고장 시 대처방법 등을 안내하여야 한다.

(4) 계약체결 내용 통보

복지용구사업소는 장기요양인정자와 체결한 계약내용을 건강보험공단 노인장기요양보험 포털(복지용구 계약내역서 등록화면)에 직접 등록하거나 모사전송으로 지사에 장기요양급여 계약내용을 통보하여야 한다. 계약내용이 변경된 경우에도 동일한 방법으로 처리하여 변경내용을 통보한다.

(5) 급여비용 청구 및 지급

복지용구사업소는 장기요양인정자와 계약을 체결하고 제공한 복지용구서비스 급여비용을 제공 월 다음 달 1일부터 건강보험공단 노인장기요양보험 포털사이트를 통하여 청구한다. 건강보험공단은 복지용구사업소가 청구한 내역을 심사한 후 복지용구 급여비를 신청, 접수한 순서대로 지급한다.

〈표 8-11〉 **복지용구 급여 이용절차**

절 차	내 용
1. 복지용구 방문상담	• 수급자 및 가족 등이 사업소를 방문하여 이용상담 • 장기요양급여 인정서 제출 • 수급자 중 의료급여법에 따른 수급권자는 먼저 주소지를 관할하는 시장 · 군수 · 구청장에게 장기요양급여를 신청하여야 한다(장기요양기관 입소, 이용의뢰서를 사업소로 통보).
2. 급여가능 여부 조회	• 복지용구사업소 • 복지용구 급여 확인서 혹은 인터넷 및 유선으로 수급자의 신청내용에 대한 급여가능 여부를 조회한다(공단 포털 또는 지사). • 수급자가 의료급여법에 따른 수급권자의 경우 장기요양기관 입소 · 이용의뢰서를 확인한다.
3. 복지용구 제공계약 체결	• 복지용구사업소 · 수급자 • 계약체결(사업소는 계약서 2부를 작성 1부를 수급자에게 발급하고, 1부는 보관) • 급여계약서(예시문 복지용구자료실 참조, 동 서식은 포털에서 계약내역 등록 후 출력 가능) • 복지용구사업소 본인부담률에 따른 본인부담금을 수납하고 복지용구를 제공한다. • 복지용구 사용방법, 사용상 유의사항, 고장 시 대처방법 등을 안내한다.
4. 계약체결 내용 통보	• 복지용구사업소 • 공단포털(복지용구 계약내역서 등록화면)에 직접 등록한다. • 또는 모사전송으로 지사에 통보한다(장기요양급여 계약내역서). • 계약내용이 변경된 경우에도 동일하게 처리한다.
5. 급여비용 청구 및 지급	• 복지용구사업소 • 인터넷 청구 • 전산매체 청구(공단본부) • 등록된 계약내역만 심사 지급

출처 : 노인장기요양보험 홈페이지(http://www.longtermcare.or.kr).

제3절 노인의 영양관리

1. 노인의 영양문제

나이가 들면서 몸에는 여러 변화가 생기고 그에 따라 영양상태나 영양 요구량도 달라진다. 특히 여러 가지 만성질환을 가지는 노인들의 영양을 어떻게 평가하고, 보다 더 건강한 노인들의 삶을 위한 영양관리는 어떻게 할 것인가의 문제이다.

나이가 들면서 노인의 신체적 큰 변화는 체내 근육량의 감소와 지방의 증가인데, 특히 노인여성의 경우 근육질 감소가 남성보다 심하며, 골다공증이 동반되는 경우가 많다. 그러므로 노인의 경우 고단백질 식사와 함께 적절한 근력운동과 유산소 운동이 필요하다.

노화에 따라 맛과 냄새에 대한 민감성도 줄어들게 되는데, 혀에서 맛을 감지하는 미뢰의 수가 아이와 성인일 때 평균 245개이지만, 74~85세 노인은 88개로 감소한다. 이로 인해 노인에서 30세 때보다 단맛은 2배, 짠맛은 3.5배, 신맛은 1.5배, 쓴맛은 3배 정도로 증가하므로, 이러한 미각의 변화가 식욕을 저하시키고 음식을 더 짜게 섭취하게 하여 혈압에 영향을 미치게 된다. 또한 노인의 영양문제에서 가장 중요한 요소가 치아문제인데 65세 이상 노인의 반 정도가 치아가 거의 없는 것으로 나타나고 있으며, 틀니는 60세 이상 노인의 20%, 70세 이상 노인의 48%가 소유하고 있다. 그리고 의치를 하게 되면 저작능력이 75~85%밖에 되지 않기 때문에 음식선택에서도 제한을 받게 된다.

음식물이 섭취되어 소화가 이루어지는 장에서도 노화에 따른 변화가 발생된다. 위점막이 위축되어 흡수에 영향을 미치는 위축성 위염이 60세 이상 노인에게서 많이 발생하고 있으며, 또한 장운동이 미약하여 변비가 흔하게 발생되는데, 음식섭취량의 감소와 수분과 식이섬유소 섭취 제한 그리고 운동부족 등이 그 원인이다.

1) 노인 영양불량의 원인

노인의 영양불량 원인은 한 가지 이유보다는 여러 가지 원인들에 의해 발생되는 경우가 많다. 노인의 영양불량 원인은 우선 나이가 들어감에 따른 신체적 변화에 의해서 발생되는데 주요 원인은 다음과 같다.

첫째, 나이가 들면 소화흡수기능이 떨어지고 흡수 후 대사기능도 저하가 된다.

둘째, 맛을 느끼는 감각이 떨어져 식욕이 떨어지고 음식을 더 짜게 먹는 경향이 생긴다.

셋째, 노인은 여러 가지 만성질환을 가지는 경우가 많고, 그에 따라 많은 약물을 복용하게 되며, 이러한 노인성 질환과 약물들이 소화기능에 장애를 주는 경우가 발생하게 된다.

넷째, 경제적 어려움도 한 원인이 되고 있는데 홀로 거주하는 독거노인의 경우 혼자 음식을 준비하여 식사를 하면서 제대로 균형 잡힌 식사를 하기 어려워지기 쉽다.

그림 8-12 **노인 영양불량의 원인**

출처 : 보건복지부. 대한의학회.

2) 노인의 영양상태 평가

노인은 영양불량이 많고 영양이 좋지 않은 상태에서 각종 질환을 이겨내기 어렵기 때문에 노인의 영양평가는 매우 중요하다.

식이섭취 평가는 영양섭취 상태를 평가하기 위해서 개인의 음식섭취량을 조사하는 방법으로, 식이섭취 평가에는 지난 24시간 동안에 섭취한 식품의 종류와 양을 기억해 내는 '24시간 회상법'과 조사대상자가 직접 일기형식으로 먹은 것을 기록하는 '식사기록법', 일정 기간 동안에 섭취한 식품의 종류와 빈도를 조사하는 '식품 섭취빈도 조사법'이 있다. 영양성분의 섭취량은 한국영양학회 등에서 개발한 컴퓨터 프로그램을 이용하여 계산할 수 있으며, 계산된 영양소 섭취량을 영양 권장량(RDA : Recommended dietary allowances)과 비교하여 평가하면 된다. 일반적으로 영양 권장량의 75% 미만을 섭취하면 영양결핍의 위험성이 있는 것으로 판단하게 된다. 일반적으로 식이섭취 조사를 통해 영양상태를 평가하여 보지만 노인의 기억력 감퇴 등으로 정확성이 떨어질 수 있으므로, 여러 가지 영양선별 평가도구들이 외국에서 개발되어 이용되고 있다.

우선 소개할 영양평가도구는 영어로 각 항목의 앞 알파벳을 모아 기억하기 쉽게 만든 Determine Your Nutritional Health이다. Nutrition Screening Initiative(NSI)가 개발한 것으로, 노인들에서의 영양불량 위험요인인 질병(disease), 섭취부족(eating poorly), 치아결손이나 구강통증(tooth loss, mouth pain), 경제적 어려움(economic hardship), 사회적 고립(reduced social contact), 많은 약물복용(multiple medicines), 체중변화(involuntary weight loss or gain), 일상생활기능의 저하(need for assistance in self-care), 80세 이상의 초고령(elderly; age > 80)에 대한 평가항목으로 이루어져 있다. 각 항목의 중요도에 따라서 가중치를 다르게 부여하고 있으며, 총점이 0~2점이면 영양불량 위험도가 아주 낮은 상태이고, 3~5점은 중등도의 위험군, 6점 이상은 고위험군으로 분류되고 있다.

〈표 8-12〉 **노인 영양상태 자가 평가도구**

항 목	'예'라고 답하면
평소에 먹던 음식의 종류나 양을 바꾸어야 할 정도의 질병이 있다.	2
하루에 한 끼의 식사를 한다.	3
과일이나 야채, 우유나 유제품을 먹지 않는다.	2
맥주나 소주 혹은 와인 등의 술을 거의 매일 하루에 3잔 이상 마신다.	2
치아나 구강 문제로 음식을 먹는 데 지장이 있다.	2
식품을 구입하는 데 필요한 돈을 충분히 가지고 있지 않다.	4
거의 대부분의 식사를 혼자 한다.	1
하루에 먹는 약의 종류가 세 가지 이상이다.	1
원하지는 않았지만 6개월 동안에 체중이 5kg 이상 늘거나 줄었다.	2
다른 사람의 도움 없이 시장을 보거나 요리하고 식사하는 것이 신체적으로 힘이 든다.	2

전체 영양점수 판정
0~2 : 좋음, 6개월 후에 다시 한 번 검사한다.
3~5 : 약간 영양불량의 위험요인이 존재, 식습관과 생활습관 개선을 위해 노력해야 하며 3개월 이후에 다시 검사한다.
6점 이상 : 높은 영양위험 요인이 존재, 의사나 영양사 등 전문가의 도움을 받아 영양상태를 개선시켜야 한다.

출처 : 보건복지부. 대한의학회 재구성.

한편 노인들의 영양평가를 할 때 노인의 기억력에 의존해야 하고, 노인의 일상적 생활을 주위 가족들이 가까이서 자주 관찰하기 어려운 경우도 있어 병력, 청취, 설문 등으로 영양불량을 발견하기가 어려운 경우가 많은데, 가장 쉽게 노인의 영양상태를 파악할 때 중요한 것은 체중의 변화이다. 즉, 1~3개월 동안 기존 체중의 5% 이상 6개월 동안 10% 이상의 체중감소가 있을 때는 병원을 방문하여 그 원인을 찾아보아야 한다. 혈액검사를 통해서 노인의 빈혈상태나 알부민, 콜레스테롤과 같은 영양 관련 혈액지표를 통해 노인의 영양상태를 파악할 수 있다.

3) 노인의 영양관리

영양상태가 좋지 않는 노인의 경우 의료진과 함께 가족 및 노인환자 본인도 치료원칙과 방향에 대한 이해가 필요하다. 왜냐하면 의료진의 투약이나 시술 등으로 노인의 영양상태를 좋게 하는 역할과 더불어 가족과 노인 스스로 지속적이고 적절한 영양섭취를 하는 것이 필요하기 때문이며, 1차적으로 노인의 영양치료 방향은 총열량과 영양성분의 섭취를 증가시키는 것이다.

고혈압이나 당뇨가 있는 경우 저염식, 저콜레스테롤 등의 제한된 식사를 권유하는 경우를 흔히 볼 수 있는데, 이러한 식이요법은 만성질환을 치료하는 것에 매우 중요하다. 단, 잊지 말아야 할 것은 노인에게 이러한 제한식이 오히려 식욕저하를 일으켜 전반적인 영양결핍을 초래하는 경우도 흔하므로 주의가 필요하다. 예를 들면, 당뇨를 가지고 있는 노인환자에게 엄격한 칼로리 제한을 한다든지 고혈압 환자에게 심한 저염식을 제공하여 입맛을 떨어뜨리는 경우는 질환을 치료하기에 앞서 노인의 전체 영양상태에 큰 문제를 유발시키기 때문이다.

그러므로 질병을 가지고 있는 노인에게 식이요법을 할 경우는 일반적 식이제한 원칙에 앞서 노인의 전반적 영양상태나 평소 식생활 습관 및 식이요법 수용도 등을 파악하여 개인별로 받아들여질 정도로 조정하는 것이 좋다. 늘 혼자서 식사를 해야 하는 독거노인의 경우 환경적 요인이 영양불량의 원인이 될 수 있기에 가족과 지역사회의 자원들을 이용하여 이러한 노인들의 식사준비와 식사 등이 소홀히 되지 않도록 배려하여야 한다.

4) 노인의 영양 권장량

한국영양학회에서는 65세 이상 노년층을 65~74세와 75세 이상군으로 구분하여 영양 권장량을 설정하여 식품구성탑을 제시하였는데, 식품을 다섯 군으로 분류하여 각 식품군의 식품들 중 한국인이 많이 섭취하는 대표적 식품을 중심으로 1인 1회 분량을 설정하여 하루에 섭취해야 할 횟수를 제시하였다.

각 층의 크기와 위치는 실제 식생활에서 차지하는 중요성과 양을 개념적으로 표현하였다. 65~74세 노인들에 대해서 곡류 및 전분류는 각 식품의 1회 분량을 하루에 남자는 4회, 여자는 3.5회 섭취가 바람직하며, 채소 및 과일류는 1회 분량을 남, 여 각각 7회와 6회 섭취를 권장하고 있다. 고기, 생선, 계란 및 콩류는 각각 4회와 3회이며, 섭취량은 작으나 칼슘의 섭취를 위하여 중요한 우유 및 유제품은 남녀 모두 1회, 농축 열량원인 유지, 견과 및 당류는 가능하면 적게 섭취할 것을 권장하고 있다.

그림 8-13 **노인을 위한 식품구성탑**

출처 : 보건복지부. 대한의학회.

5) 장수를 위한 식생활의 조건

장수와 관련하여 각종 연구에서 얻은 장수를 위한 식생활의 조건은 다음과 같다.

첫째, 소금을 가능한 적게 섭취한다. 소금은 고혈압, 동맥경화, 뇌졸중 등 각종 성인병을 이루는 혈관계 질환과 관련성이 높다.

둘째, 동물성 지방을 과도하게 섭취하지 않도록 한다. 육류에 많이 포함된 포화지방은 동맥경화의 주범이다.

셋째, 채소나 과일을 많이 먹는다. 장수지역인 코카서스나 지중해, 실크로드의 오아시스 지역에서는 채소나 과일을 많이 먹는다.

넷째, 우유, 요구르트나 치즈를 먹는다. 우유와 같은 유제품은 균형 잡힌 영양소를 포함한 건강식품으로 요구르트 등 발효유는 장에 좋은 세균을 키워 건강에 이롭다.

다섯째, 생선이나 콩으로 질 좋은 단백질이나 타우린(taurine)을 섭취한다. 세계적 장수촌인 오키나와에서는 콩을 사용한 두부요리를 많이 먹고 있다.

여섯째, 편식을 하지 말고 여러 가지 음식을 균형 있게 먹는다. 다채롭고 다양한 음식을 섭취하는 것이 균형 있는 영양섭취의 기본이다.

일곱째, 알맞은 운동을 한다. 나이를 먹어도 자신의 건강상태에 맞는 가벼운 운동을 하거나 일을 하는 것은 노인의 건강유지에 필수이다.

여덟째, 어느 음식물에 어떤 영양이 있는가, 어떠한 식사법이 몸에 좋은가를 적극적으로 배운다. 자신이 먹는 음식에 어떤 영양소가 많은지 관심을 기울인다면 전체적 영양균형을 맞추고 식생활 계획을 세우는 데 도움이 될 것이다.

아홉째, 가족이나 사회와의 연계를 소중히 하여 식사도 친구나 가족과 함께 한다. 장수지역의 식사모습은 대체로 여러 명이 모여 대가족으로 식사를 한다는 점이다.

열번째, 사소한 일에 구애받지 말고 세상살이를 발전적으로 명랑하고 즐겁게 보낸다. 아무리 영양가가 높은 진수성찬을 접한다 하여도 즐겁게 그것을 받아들이지 않는다면, 우리 몸에서 소화가 잘 되어 좋은 영양섭취가 되기는 어렵기 때문이다.

〈표 8-13〉 **노인을 위한 식생활 지침**

	실천방법
1	채소, 고기, 생선, 콩 제품 반찬을 골고루 먹는다.
2	우유제품과 과일을 매일 먹는다.
3	짠 음식을 피하고 싱겁게 먹는다.
4	많이 움직여서 식욕과 적당한 체중을 유지한다.
5	술을 절제하고 물을 충분히 마신다.
6	세끼 식사와 간식을 꼭 먹는다.
7	음식은 먹을 만큼 준비하고 오래된 것은 먹지 않는다.

출처 : 보건복지부. 대한의학회 재구성.

Chapter 09

치매의 이해

제1절 치매의 이해

치매는 노인의 기질적 병변에 의한 기억력장애, 언어장애, 행동장애, 성격변화 및 기타 지적 능력의 상실이 특징적으로 나타나는 대표적인 노인성 질환으로, 우리나라에서도 치매에 대한 관심은 점차 증가하고 있지만 질병이라기보다는 아직도 정상적인 노화과정의 일부로 치부하고 있는 경향이 매우 높고, '노망' 또는 '망령'이란 단어를 사용하여 부정적이고 차별적인 표현을 하고 있다.

치매는 질환의 특성상 치매 정도에 따라 차이가 있지만 대체로 일반노인에 비해 일상적 활동이나 기능의 손상이 심각해서 보호와 도움이 많이 필요하게 되어 치매노인을 부양하는 주 부양자의 희생과 부담이 매우 크다. 또한 시간이 지남에 따라 혼자서 할 수 있는 일이 거의 없어지게 되어 치매노인은 물론 부양가족의 신체적 · 심리적 스트레스(physical distress, psychological distress)가 매우 심각하여 치매노인 부양자를 '제2의 치매희생자'라고 하기도 한다.

선진국에서는 이미 치매노인을 부양하고 관리하는 가족의 부양부담을 완화하기 위한 방법으로 치료와 재활 및 다양한 사회적 서비스를 제공하고 있으며, 우리나라도 치매노인의 부양부담과 관리에 도움을 주고자 2008년 노인장기요양보험을 실시하였고, 2014년 7월부터는 노인장기요양보험에 새로이 '치매등급'을 신설하여 사회보험서비스를 실시하고 있어 치매노인 관리의 심각성에 대처하고 있다.

1. 치매노인의 증가

우리 사회는 산업화와 도시화로 인한 경제소득의 향상과 의료기술의 발달 그리고 보건위생 환경의 조성으로 평균수명이 급격히 늘어나면서 노인인구가 증가하고, 이에 따라 만성퇴행성 질환의 일종인 치매에 걸린 노인의 수도 급증하게 되었다. 치매노인이 급격히 증가하고, 이에 따른 부양과 수발, 간병, 요양비용 등을 둘러싸고 가족 간의 갈등이 일어나면서 가족해체와 같은 문제 등으로 확대되고 있어 노년기의 치매가 사회문제화 되고 있다.

2012년 보건복지백서에 의하면, 우리나라 노인을 대상으로 치매검사를 실시한 결과 전국 노인의 9.1%가 치매질환을 앓고 있다는 사실이 밝혀졌으며, 이 가운데 경증(mild)이 64.7%, 중등증(moderate)이 23.6%, 중증(severe)이 11.3%의 비율로 구성되어 있다. 또한 국민건강보험의 치매진료비 추이를 살펴보면, 2008년 3,828억 원에서 2013년 1조 742억 원으로 3배 이상 증가하고 있어 비용의 심각성을 보이고 있는 가운데 치매노인은 앞으로도 꾸준히 증가할 것으로 예상되고 있다.

〈표 9-1〉 **치매노인 수 추계**

구 분	2009	2010	2011	2012	2015	2020
65세 이상 노인 수(%)	5,193(10.7)	5,357(11.0)	5,537(11.3)	5,741(11.7)	6,380(12.9)	7,701(15.6)
치매노인 수(천 명)	445	469	495	522	578	750
치매유병률(%)	8.6	8.8	8.9	9.1	9.4	9.7

출처 : 보건복지부(2015). 치매노인 유병률 조사 재구성.

1) 치매의 정의

"치매(dementia)"라는 어원은 라틴어에서 유래된 말로 "정신이 없어진 것"이라는 의미를 가지고 있다. 사람이 태어날 때부터 지적 능력이 모자라는 경우를 정신지체(mental retardation)라고 부르는 반면에, 치매는 정상적인 지적 능력을 유지하던 사람이 다양한 후천적인 원인으로 인해 뇌기능이 손상되면서 기억력, 언어능력, 판단력, 사고력 등의 지적 기능이 지속적이고 전반적으로 저하되어 일상생활을 영위하는 데 상당한 지장이 초래되는 상태를 말한다.

치매의 정의에 대해서는 수세기 동안 많은 관점에서 설명되어 왔는데 가장 보편적으로 인정되고 있는 치매의 정의는 다음과 같다.

첫째, 지적 능력의 감소가 선천적인 것이 아니고 후천적으로 나타난 현상이다.

둘째, 뇌의 부분 손상으로 인한 국부적인 증상이 아니라 전반적인 정신증상이다.

셋째, 기억력, 지능, 인격기능의 장애가 전반적으로 있다.

넷째, 인지장애에도 불구하고 의식장애는 없어야 한다.

(1) 가역성 치매의 원인

치매의 원인은 매우 다양하나 일반적으로 크게 가역성 치매와 비가역성 치매로 구분되고, 현재까지의 연구에서는 10~20% 정도만이 치료가 가능한 가역성 치매로 판명되고 있다. 가역성 치매의 원인으로는 우울증이나 약물, 알코올 및 화학물질 중독에 의한 정신과적 질환을 들 수 있으며, 대사성 원인으로 전해질 장애, 갑상선 질환, 비타민 결핍증, 일시적인 뇌기능의 장애를 초래하는 감염성 뇌질환, 두부외상 등이 있는데, 이러한 원인들의 치매는 치료가 가능하다.

(2) 비가역성 치매의 원인

비가역성 치매의 원인으로는 퇴행성 뇌질환이 대표적이며 퇴행성 뇌질환은 뚜렷이 밝혀진 병인이 없이 주로 신경병리학적 또는 임상적 측면에 대해 현상을 기술하는 기준에 근거하여 각각의 증후군으로 구분되는 경우가 대부분이다. 퇴행성 뇌질환으로 인한 치매는 알게 모르게 시작되어 점진적으로 진행되므로 발병시기를 명확히 알 수 없는 경우가 많다. 중추신경계의 병리학적 변화는 신경세포나 신경섬유가 서서히 쇠퇴하여 나아가서는 뇌 조직이 소실되고 뇌척수액이 차지하고 있는 뇌 부위의 부피가 커지는 소견을 볼 수 있다.

비가역적인 치매를 주 증상으로 동반하는 퇴행성 뇌질환에는 알츠하이머병, 혈관성 치매, 픽병 등이 있으며, 치매와 다른 신경학적 증상이 동반되어 나타나는 경우는 헌팅톤병, 다발성 신경계 위축 등을 들 수 있는데 이러한 치매는 현재로서는 치료가 불가능하다.

2) 치매의 종류

의학지식의 발전으로 치매를 원인에 따라 분류하고 있다. 노인치매의 가장 대표적인 것은 알츠하이머성 치매와 혈관성 치매로 한국의 경우 치매환자의 70% 이상이 이 두 가지 유형에 해당된다고 보고되고 있으며, 서양의 경우에 알츠하이머형이 약 50%, 혈관성이 약 15~20%, 혼합형이 약 15~20%, 기타가 약 10~20%되는 것으로 추정하고 있다.

(1) 알츠하이머 치매

알츠하이머 치매는 치매의 원인질병으로서 가장 흔하고 원인적 치료가 불가능한 대표적인 치매이다. 독일 정신과 의사의 이름(Alois Alzheimer)에서 명명된 것으로, 이는 뇌의 신경세포가 급속하게 사멸해 가는 질환으로 결과적으로 뇌의 기억능력의 상실을 수반하게 되어 심한 건망증이 발생하게 된다.

알츠하이머 치매노인은 새로운 것을 기억하는 것이 극히 곤란해지고 나이처럼 변화하는 것들은 잘 잊어버린다. 그리고 기억은 현재에서 과거를 향해 상실되어 가므로 자칫 연령이 젊어질 수도 있다. 따라서 현재와 과거의 연결이 끊어지는 것에 대한 강한 불안감을 가지고 살아간다.

알츠하이머 치매노인은 뇌손상으로 인해 상실된 기억을 마음대로 창조하여 허구의 이야기를 만들어 낸다. 또한 건강인이었을 때의 이치와 초월행위결정기준이 논리적이거나 손익에 따르지 못하고, 오직 감성에 의존하는 경향을 가진다.

(2) 혈관성 치매

혈관성 치매의 유형으로는 다발성 경색치매, 대뇌아밀로이드 혈관증, 다발성 대뇌색전증, 동맥질환, 심장성 치매 등이 있다. 혈관성 치매는 뇌의 수질에 작은 뇌경색이나 뇌출혈이 발생하는 병으로, 뇌 조직의 신경섬유 일부가 곳곳에서 끊겨진 상태라고 볼 수 있다.

뇌를 컴퓨터에 비유하면 알츠하이머성은 기억소자가 파괴된 상태인 반면, 혈관성은 전기배선이 끊겨지고 혼선된 상태라고 설명할 수 있다. 그렇기 때문에 뇌로부터의 운동명령이 근육에 전달되지 않아 반신마비나 근육의 운동성이 저하되거나 촉각 등을 비롯하여 통증을 느끼는 감각, 온도감각 등에 장애가 발생한다. 뇌의 신경섬유는 그물모양으로 얽혀 있어서 일부 신경섬유가 끊겨 있어도 필요한 정보는 가까이 있는 다른 경로를 통해 우회하여 전달된다. 그러나 우회하는 과정을 거쳐야 하기 때문에 정상인에 비해 정보처리 속도가 느리게 되며, 결과적으로 판단이나 외부환경에 대한 반응속도가 늦어지거나 왜곡되게 된다. 따라서 정보전달이 느린 상태에서 갑작스러운 환경의 변화나 대량의 정보가 전달되면, 그 처리가 불가능해져서 흥분·혼란상태에 이르게 되고 그 결과 불안이 발생하게 된다.

뇌는 장소에 따라 그 기능이나 역할에 차이가 있으므로 뇌경색이 발생한 장소에 따라 기능저하에도 차이를 보인다. 즉, 혈관성 치매에서는 기억의 띠가 여기저기 구멍이 뚫린 상태이기 때문에 기억은 그 사이의 남겨진 장소를 통하면 현재에서 과거로 연결될 수 있다.

(3) 알콜성 치매

주정중독에 의한 치매로서 우리나라의 경우 지역사회에서 심각한 문제가 되고 있는 실정이며, 주정중독을 치료하거나 대량의 티아민을 투여함으로써 알콜성 치매의 발생을 예방할 수 있다.

(4) 파킨슨병에 의한 치매

도파민이 부족하여 운동신경망이 원활하게 작동하지 못하여 생기는 치매로 주로 운동신경장애가 발생한다.

(5) 픽병에 의한 치매

픽병은 뇌의 전두엽에서 발생하며 주된 증상은 성격장애, 행동장애, 언어장애, 기억장애이지만, 초기에는 다른 장애가 일어나기 전에 기억장애가 더 심하게 나타난다.

(6) 헌팅톤병에 의한 치매

유전성이며 몸과 정신에 영향을 주는 뇌의 퇴행으로 생기는 병이며, 30~50세 사이에 주로 발병하며 주된 증상은 지적 장애, 손발과 얼굴 근육이 불규칙적이고 비자발적으로 움직인다.

(7) 크로이츠펠트 - 야곱병에 의한 치매

아주 희귀한 병으로 광우병에 걸린 소고기를 먹을 경우 뇌에 구멍이 뚫려 뇌에 치명적인 손상을 입히게 된다. 주된 증상은 정신이상이 나타나고 몸을 움직이지 못하며 실명을 하고 손과 다리가 약화되어 마지막에는 의식불명이 된다.

(8) 루이소체 치매

루이소체가 대뇌세포에 미완성으로 발견되는 뇌의 퇴행성 병변에 의해 일어나는 질환이며, 운동장애가 나타나고 섬망이나 환시와 같은 정신병 증상이 잘 일어난다.

(9) AIDS에 의한 치매

AIDS 환자의 반 이상이 무감동, 건망증, 집중곤란, 정신병적 증상, 보행실조, 근육경련 등을 보인다.

(10) 중금속과 화학물질에 의한 중독성 치매

여러 가지 종류의 독성물질들이 중추신경계에 각종 장애를 일으키며 뇌손상을 일으켜 치매상태에 이르게 한다(구리와 납 등의 중금속과 살충제와 가스 화학물질 등).

(11) 정상압 뇌수종에 의한 치매

보행장애와 요실금 등의 증상을 특징으로 한다. 신경외과적 수술에 의해 원인을 제거하면 치매가 호전될 수 있기 때문에 조기발견이 중요하다.

(12) 두부 외상

교통사고 같은 외상이나 권투선수 후유증, 주의력 결핍, 만성적 피로감, 기억력과 언어장애, 정신기능의 둔화로 발생한다.

(13) 대사성 장애에 따른 치매

저산소증, 저혈당, 요독증, 갑상선 기능저하증, 비타민 부족(thiamine, B12, 엽산 등) 등에 의해 치매가 발생한다.

〈표 9-2〉 **알츠하이머형 치매와 혈관성 치매의 차이**

구 분	알츠하이머형 치매	혈관성 치매
발병연령	70대부터 증가	60대부터 증가
성별 발병률	여성에 많음	남성에 많음
혈관질환・심장질환 고혈압 등 기존병 여부	없음	있음
뇌의 변화	뇌의 위축, 세포의 탈락, 노인반	뇌경색과 출혈에 의한 뇌의 국소적 병변
경 과	서서히 진행	뇌경색 등의 발병마다 단계적으로 진행
정신증상	전반적 치매	얼룩반점 치매
신경증상	간혹 있음	통상적으로 있음
병 식	초기부터 결여	말기까지 있음
인격변화	초기부터 보여짐	말기까지 인격이 보존됨

출처 : 한국치매예방협회 자료실 재구성.

제2절 치매의 증상과 치료

1. 치매 진행단계

치매의 진행과정은 치매의 질병 정도와 사람에 따라 개인차가 있지만 일반적으로 물건을 잃어버리는 행위가 현저하게 발생하는 건망증기, 정보판단에 혼란이 생기게 되는 혼란기, 일상생활에서 도움이 필요한 치매기의 3단계로 나눌 수 있다.

1) 건망증기

건망증기는 물건을 잃어버리는 행위가 심하게 보이는 초기단계이다. 같은 물건을 몇 번이나 묻고 간단한 사물과 사람의 이름도 생각나지 않아 이것저것 같은 대명사를 사용하는 경우가 눈에 띄게 늘어난다.

2) 혼란기

혼란기는 지능장애의 진행으로 정보에 대해 바른 판단이 서지 않는 시기이다. 그 때문에 혼란이 생겨 망상, 환각과 같은 문제행동이 생기게 된다. 시간과 장소에 대한 인식이 없어지는 지남력장애도 그 단계에서 발생하게 되며, 배회와 불결한 행동 등을 하기 때문에 보호를 제공하는 주변의 보호자에게 상당히 어려운 시기이다.

3) 치매기

치매기는 자신의 이름도 잊게 되고 가족도 알아보지 못하는 말기단계이다. 말도 의미가 없는 단어의 나열이 되고, 자택 화장실이 있는 곳도 잊어버리게 되기 때문에 항상 케어가 필요하게 되는 것이다. 점차 체력도 쇠퇴되어 거동불능 상태가 되며 면역기능도 저하하기 때문에 질병의 감염도 쉽게 된다.

일반적으로 건망증기로부터 치매기에 이르기까지 짧은 사람은 3~4년, 긴 사람은 10년 이상 걸린다고 하고 있으나 각각의 단계는 개개인 사례마다 달라지기에 실제로는 건망증기가 오래 지속되는 사람도 있고 혼란기가 오래 지속되는 사람도 있다.

2. 치매의 증상

치매노인의 증상은 크게 인지적 장애 증상과 정신행동 증상으로 구분할 수 있다.

1) 인지적 장애 증상

치매는 전반적인 인지기능의 장애를 나타내고 있는데, 기억력, 지남력, 언어기능, 추상능력, 판단력 등 지적 능력의 전반적인 기능저하가 일어난 상태를 가리킨다. 정신박약과 그 증상은 비슷하나 정신박약은 태어날 때부터 선천적으로 장애가 있다는 점으로 치매와는 구별이 된다.

(1) 기억력 장애

초기에는 새로운 것을 잘 기억하지 못하지만 진행할수록 오래된 것도 망각하게 된다. 많은 사람들이 흔히 알고 있는 치매에 대한 오해 중 하나가 옛날일을 잘 기억하고 있으면 기억력이 괜찮은 것이므로 치매가 아니라고 생각하지만, 오래된 일들은 치매 중기에 이르러서야 손상되기 시작하므로 옛날일을 기억하고 있다고 해도 최근 일에 대한 기억이 현저히 저하되었다면 치매일 가능성이 있는 것이다.

(2) 지남력 장애

시간, 장소, 사람에 관한 파악력이 저하되는 것으로 일반적으로 시간에 대한 장애가 먼저 나타나 날짜관념이 흐려지기 시작하고 점차 진행되면 계절이나 밤낮도 구분하지 못하게 된다. 장소에 대한 파악력이 흐려지게 되면 늘 다니던 길도 헷갈리게 되어 길을 잃는 일이 생기며, 나중에는 집 안에서도 방이나 화장실을 구분해서 찾아가지 못하게 된다. 치매가 상당히 진행된 다음에야 사람에 대한 지남력이 손상되는데, 심하지 않을 때는 가끔씩 만나는 사람을 알아보지 못하다가 말기에 이르게 되면 자신의 자녀나 배우자와 같은 매우 가까운 사람도 알아보지 못하게 된다.

(3) 언어장애

말을 표현하는 능력이나 이해하는 능력이 점차 감퇴되는 것으로 초기에는 적절한 단어를 떠올리지 못해 말문이 막히는 정도의 증상을 보이다가 점차 다른 사람이 하는 말을 제대로 이해하지 못해 엉뚱한 대답을 하거나 횡설수설하기도 하며 말기에 이르면 아예 표현력을 상실하여 함구증 상태가 되기도 한다.

(4) 인지기능장애

치매에 걸리면 판단력, 추상력, 사고력, 실행능력, 공간구성력 및 지각력, 계산력 등 다양한 고등인지기능들이 손상되는데, 치매의 종류나 심각도에 따라 다양한 양상으로 나타난다.

2) 정신행동 증상

치매는 치매노인 자신이나 환자를 돌보는 가족을 고통스럽게 만들어 병원이나 요양시설 등의 시설입소에 이르게 하는 것은 기억력 감퇴와 같은 인지기능장애가 아니라 다양한 형태의 비인지적 문제행동 증상 때문이다. 이러한 증상들은 초기보다는 중기 이후에 빈번하게 나타나다가, 와상상태에 가까울 정도로 기력이 저하되는 단계에 이르면 오히려 줄어드는 경향을 보이기도 한다.

(1) 망상

망상 중에서 가장 흔한 형태는 자신의 물건을 누군가 훔쳐갔다는 내용의 도둑망상이다. 또한 누군가 자신을 해치려 하거나, 버리려 한다는 내용의 피해망상, 간병인이 사기꾼이라는 내용의 망상, 배우자가 부정한 짓을 했다고 믿는 부정망상 등 다양한 형태의 망상이 출현할 수 있다. 이러한 망상으로 인해 난폭행동이나 우울, 불안, 초조행동이 유발되기도 한다.

(2) 환각

환각이란 실제로 존재하지 않는 것을 마치 있는 것처럼 느끼는 것이다. 치매노인에서 가장 흔한 환각은 환시이고, 환청도 비교적 자주 나타난다.

(3) 오인

환각과는 달리 실제로 존재하는 것을 실제와는 다르게 인지하는 것을 말한다. 가장 전형적인 예로는 거울에 비친 자신의 모습을 보고서 다른 사람을 대하듯이 행동하거나 텔레비전에 나온 인물의 영상을 보고서 마치 자신 앞에 실제로 존재하는 사람을 대하는 것처럼 반응하는 것 등을 들 수 있다. 이 밖에도 방에 놓여 있는 베개를 자신의 아기인 것처럼 다루는 행동과 같이 물건에 대한 오인도 나타날 수 있다.

(4) 우울증

치매환자에게 나타나는 우울증은 일반 노인에게 나타나는 것과 같은 형태로 나타날 수 있다. 즉, 잠깐 동안 나타나는 경미한 우울감에서 극단적인 허무감, 비관적 사고, 죽음에 대한 집착, 의욕이나 즐거움의 상실, 식욕 상실 및 체중 감소, 초조감, 죄책감, 울음 등을 보이는 주요 우울증까지 다양한 양상으로 나타나며, 환자 자신의 심적 고통과 함께 치료나 재활에 대한 거부적 태도, 식사거부 등의 문제로 이어져 예후에 부정적인 영향을 미칠 수 있다.

(5) 불안증세

망상과 관련된 걱정, 주변 상황이 파악되지 않는 데 따른 막연한 불안, 특정 대상에 대한 공포반응, 공황발작, 긴장되어 보이는 얼굴 표정이나 몸가짐 등 다양한 양상으로 불안증세가 나타날 수 있다.

(6) 초조행동

초조행동이란 사회적으로 부적절한 언어(또는 음성) 및 신체활동을 총칭하는 용어로서 넓은 의미에서의 초조행동에는 공격적 행동이 포함되나 공격적 행동을 따로 구분하는 경우도 있다. 언어적 또는 물리적 공격행동 이외에 초조행동에 속하는 것들로는 명백한 이유 없이 방황하면서 돌아다니는 '배회행동'과 무의미해 보이는 부적절한 동작의 반복, 안절부절못하면서 왔다 갔다 하는 행동, 동일한 문장이나 질문, 불평 등을 되풀이하는 것 등의 '반복행동' 이 있다.

(7) 성격변화

치매환자가 성격변화를 보이는 경우는 드물지 않다. 가장 흔한 경우는 활동이 이전에 비해 위축되고, 소극적 · 수동적인 자세를 나타내며, 원래 즐겨하던 취미활동이나 집안 대소사에 대해 무관심, 무감동해지는 등의 변화를 나타낸다.

(8) 수면의 변화

정상 노인에게도 노화과정의 일부로서 총 수면 시간의 감소나 수면 중에 깨는 횟수가 증가하는 등의 변화가 나타날 수 있으나, 치매환자에서의 수면 변화는 이보다 훨씬 더 극심한 형태를 띠는 경우가 많다.

(9) 식욕의 변화

많은 환자들이 치매의 진행과 함께 식욕이나 음식기호 등의 변화를 보인다. 이러한 변화로 인해 영양상태나 체중의 심각한 변화가 초래되기도 한다.

(10) 성욕의 변화

드물긴 하지만 일부 환자에서 언어적 혹은 신체적인 성적 표현을 노골적으로 하거나 다른 사람이 있는 데서 자위행위를 하는 등과 같이 항진된 성적 행동을 나타내는 경우가 있다.

3. 치매의 진단

치매의 조기진단은 현재까지 치매의 근본적인 치료방법이 실현되지 않은 상태이기 때문에 매우 중요하다. 조기진단은 환자를 효율적으로 치료할 수 있으며 증상의 완화는 물론 치료의 반응을 높일 수 있기 때문이다.

1) 치매 조기진단의 필요성

(1) 원인 치유가 가능한 치매를 발견할 수 있다(약 15% 내외).

(2) 치매의 진행과정을 늦출 수 있다.

(3) 정상적인 능력을 오랫동안 보전할 수 있다.

(4) 이를 통해서 환자 자신이나 가족들의 심적 부담 및 경제적인 부담을 덜 수 있기 때문이다.

2) 치매검사

(1) 기본적으로 신체적 검사를 실시한다.

(2) **신경인지기능검사 실시** : 기억, 지능, 언어력 검사, 집중력 검사를 체계적으로 실시해야 한다.

(3) **뇌영상검사** : 전산화단층촬영검사, 자기공명영상, 양전자방출 단층촬영 및 단일광자 전산화단층촬영검사

(4) 척수액에서 유전자검사 및 뇌생체조직검사 등을 실시한다.

4. 치매의 치료

치매는 매우 다양한 원인에 의해서 발생하게 되며 원인질환별로 치료방법이나 예후가 현저한 차이를 보이므로, 치료에 앞서 정확한 원인진단이 내려져야 한다. 결핍성 질환이나 대사성 및 중독성 질환 등 치료 가능한 원인에 의한 치매의 경우라면, 해당 원인질환을 조기에 적절히 치료함으로써 치매도 함께 치료될 수 있다. 그러나 치매원인의 절반 이상을 차지하는 알츠하이머 치매의 경우에는 질병의 경과 자체를 차단하거나, 원래의 상태로 회복시킬 수 있는 치료제는 현재까지 개발되어 있지 못한 상태이므로 완치를 기대하는 것은 무리라고 할 수 있다. 그렇지만 완치는 힘들다고 하더라도 증상을 개선시킬 수 있는 각종 약물치료, 정서적 지지, 환경 조절 및 행동적 접근, 가족교육 등의 비약물적 치료 등을 통해 치매를 앓고 있는 환자나 간병하는 가족의 고통과 부담을 상당 부분 덜어주는 것은 가능하다. 또한 알츠하이머 치매와는 달리 혈관성 치매의 경우 증세가 심하지 않은 초기에 적극적인 치료를 시작할 경우 상당한 정도로 진행을 차단하는 것이 가능하며, 경우에 따라서는 시간 경과에 따라 회복되는 양상을 보이기도 한다. 또한 혈관성 치매의 주요 위험요인으로 알려지고 있는 고혈압, 당뇨병, 고지혈증, 비만, 흡연, 심장병 등을 미리 잘 조절할 경우 예방효과가 큰 것으로 알려져 있다.

5. 치매노인의 질환관리

1) 치매노인의 관리

치매노인의 관리에서 가장 중요한 것은 관리의 목표이다. 치유가 매우 어려운 치매성 노인의 관리목표를 어떻게 정할 것인가의 문제는 간단하지 않다. 치매를 완치할 수는 없어도 치매노인이 질 높은 삶을 살 수 있도록 하는 것이 관리목표의 하나일 것이다. 더 중요한 것은 어떠한 치매상태에 있더라도 비록 중증치매라고 할지라도 치매노인이 마음 편하게 정신적으로 안정된 상태로 살아가는 것이 중요하다.

(1) 치매관리의 기본 내용

① 치매의 상태를 파악한다

치매노인은 개개인에 따라 증상과 상태가 다르다. 우선 개별적으로 치매의 상태를 아는 것이 치매관리의 첫걸음이다. 치매에 걸린 것을 확인한 다음 치매의 정도, 즉 지적 기능의 정도를 파악하는 것이다.

가능하면 치매의 1차 요인이 알츠하이머 치매인가 혈관성 치매인가, 기타 다른 질병에 의한 치매인가를 파악해 두는 것이다. 이는 치매의 1차 요인에 따라 관리방법도 다르고, 예후도 다르며, 관리하는 데 주의해야 할 점도 다르기 때문이다.

더욱이 2차 요인인 신체상태, 정신상태, 생활환경에 대해서도 대략 판단해 두는 것이 좋다. 또한 치매성 노인의 과거직업, 어떠한 인생을 살아왔는가? 등의 생활력도 치매증상과 관련되기 때문인데, 이러한 노인에 대한 정보과정을 통해서 치매노인에 대한 이해가 깊어지며 관리방법에 대한 중요한 정보도 얻을 수 있는 것이다.

② 치매노인이 할 수 있는 것은 하도록 하고 할 수 없는 것은 무리하게 시키지 않는다

치매노인은 자신이 원해서 치매에 걸린 것이 아니라 질병에 의해 지적 기능이 저하된 상태에서 생활할 수밖에 없는 것이다. 이러한 노인에게 무엇은 할 수 있고 무엇은 할 수 없는가를 판단하여 가능한 범위 내에서 스스로 생활을 하도록 하고 할 수 없는 것은 무리하게 시키지 않는 것이 좋다.

③ 치매노인의 세계를 수용적 태도로 받아들인다

알츠하이머형 치매노인은 과거의 세계에서 살아가는 경우가 많다. 그 상태에 대해 현실세계를 인식시켜 현실세계에서 살도록 자극을 주는 것도 좋으나, 반드시 잘된 것이라고 할 수 없을 것은 노인에게 혼란을 주기 쉽기 때문이다. 오히려 치매노인의 세계를 받아들이는 것이 도리어 안정을 가져오는 사례가 많이 발생한다. 그 때문에 치매노인의 말 내용이 현실과 괴리되어 있어도 우선 그 세계를 받아들이는 것 같이 말을 경청하는 접근방법이 적절하다.

④ 감정을 배려한다

치매는 지적 기능이 저하된 상태이지만 치매노인은 인간으로서 감정활동은 남아 있는 것이다. 지적 기능이 저하되어 자신의 생각과 걱정 등을 적절한 방법으로 표현할 수 없기에 감정적으로 행동하는 경우가 많다. 그 같은 연유로 치매노인의 감정에 대한 배려가 중요하다. 치매노인이 어떠한 기분인가 어떠한 성격인가를 파악하면서 말하는 것이다.

말 내용과 함께 말하는 방식의 배려가 중요하게 된다. 즉, 여유 있는 템포의 말, 정중한 말 사용, 신중한 태도 등으로 상대방을 배려하는 것이다. 또한 시설에서는 의도적으로 치매노인의 감정을 배려한 시설 내의 분위기도 중요하다. 과도한 생활잡음이 나는가, 안정될 수 있는 분위기, 폐쇄되고 구속감이 없는 온화한 분위기 등을 만들어 가는 것은 치매노인의 감정에 대한 배려로 고려하여야 한다.

⑤ 신체상태의 관찰과 대응

치매노인은 자신의 신체상태를 정확하게 호소하는 경우가 드물다. 복통이 있어도 배가 아프다고 말하지 않는 경우가 많으며, 무언지 모르게 원기가 없고 식욕도 없고 누워 있는 경우가 많다. 또한 다리가 골절되어도 자신의 다리가 아프다고 말하지 않는 경우도 있으며, 침대에 누워 오랜 시간을 보내기도 하고 아파도 서서 걸으려고 하는 사례도 있다.

치매관리자는 치매노인의 신체적 변화에 빠른 판단과 적응이 필요하다. '어떻습니까?'라고 추상적으로 질문하는 것이 아니라 '배가 아프지 않습니까?', '다리가 아프지 않습니까?'라고 구체적으로 물어서 '예'와 '아니오'로 대답할 수 있도록 질문을 해서 확인하는 것이다. 때로는 실제로 치매노인의 복부를 만져보거나 다리를 조금 움직여 보는 것이다. 또한 수시 관찰을 통하여 신체에 무엇이든 질환이 의심되면 의사에게 진찰을 의뢰하여야 한다.

⑥ 신체안전에 주의한다

치매노인은 지적 기능이 저하되어 있기 때문에 자신의 신체적 안전을 유지하기 어렵게 된다. 더욱이 나이가 들면서 또는 지병 때문에 시력과 청력이 저하되고, 뇌경색에 의한 편마비와 변형성 관절염 등 운동장애가 더해져 점점 신체의 안전이 위협받게 된다. 위험상황에 노출되는 것을 방지하고 화상의 예방 등 노인신체의 안전예방도 치매관리의 기본 중 하나인 것이다.

밝은 조명의 복도, 계단의 손잡이, 미끄러지지 않는 목욕탕 바닥, 시설로부터 외출 감시 등 안전사항에 관해 점검·개선을 해야 한다. 단, 신체의 안전에 치중하는 나머지 노인의 행동자유를 빼앗아서는 아니 되며, 안전을 지키면서도 과도한 신체적 구속은 피해야 하는 것이다. 안전과 자유보장이라는 것은 상반될 수도 있지만 치매노인의 관리에서는 두 가지 모두의 균형이 필요하다.

Chapter 10 호스피스(Hospice) 활동과 웰다잉(Well-dying)

제1절 호스피스(Hospice) 활동

호스피스는(hospice) 인간존중, 인간이해 및 인도주의에 입각하여 죽음이 예견되는 환자와 그 가족의 삶의 질을 유지하고 생애 마지막 순간을 평안하게 맞이하도록 환자와 가족의 신체적・정서적・사회경제적・영적 요구를 충족시키며 사별가족의 고통과 슬픔을 경감시키기 위한 총체적인 돌봄행위(holistic care)이다.

1. 호스피스 활동의 개념

호스피스(hospice)의 어원은 라틴어의 호스피탈리스(hospitals)와 호스피티움(hospitium)에서 기원된 것으로 알려져 있다. 원래 호스피탈리스는 주인을 뜻하는 호스페스(hospes)와 치료하는 병원을 의미하는 호스피탈(hospital)의 복합어로서 주인과 손님 사이의 따뜻한 마음과 그러한 마음을 표현하는 장소의 뜻을 지닌 호스피티움(hospitium)이라는 어원에서 변천되어 왔다. 이것이 주인과 손님의 따뜻한 마음이 전달되는 장소로 변천하여 말기환자가 최대한 자신의 품위와 인격을 가지고 남은 삶을 보내도록 도와주는 것으로 의미되었다.

호스피스의 기원은 중세에 성지 예루살렘으로 가는 사람들을 위하여 편히 쉬도록 하고 아픈 사람과 죽어가는 사람을 위해 숙박소의 제공과 필요한 간호를 베풀어준 것에서 시작되었고 하룻밤 쉬어가던 숙박소를 "호스피스"라 하였으며, 이러한 이유로 호스피스의 개념이 한 생에서 다른 생으로 가는 여행자에게 문이 열려 있다는 것을 의미하는 것으로 해석되기도 하였다.

현대에 와서는 이 의미가 확장되어 죽음을 눈앞에 두고 있는 말기환자들을 임종할 때까지 가능한 한 육체적·정신적·사회적으로 평안하도록 돌보아 주며, 자신의 삶을 잘 정리하여 이 땅에서의 남은 시간을 의미 있게 보낼 수 있도록 도와주는 활동을 가리키는 말로 사용되고 있다. 특히 암이나 에이즈와 같은 불치병을 선고받고 더 이상 의학적으로 소생할 가망성이 없으며 앞으로 생명이 약 3~6개월 정도 남아 있는 시한부 말기환자들을 전인적으로 돌보아 줄 뿐만 아니라 아울러 환자의 가족도 격려하고 지지해 주는 활동을 의미하고 있다. 근래의 호스피스 활동은 이외에도 환자가 임종하였을 때에는 장례를 도와주며 그 유가족들이 속히 슬픔에서 벗어나 정상적인 사회생활을 할 수 있도록 도와주는 프로그램도 포함하고 있다.

모든 사람은 고통 없이 품위 있게 죽을 수 있는 권리가 있으며 대부분의 경우에 호스피스는 치료(curing)가 아닌 돌봄(caring)에 초점을 두고, 환자의 가정에서 제공되기도 하고 독립된 호스피스 시설병원, 가정간호(nursing home) 및 기타 장기요양시설에서 제공되기도 한다.

이를 종합하면 호스피스 활동이란 말기환자와 그 가족을 위한 프로그램으로 임종환자와 그 가족들에게 신체적·심리적·사회적·영적 돌봄을 제공함으로써 임종환자에게는 인간답고 품위 있게 임종을 맞을 수 있도록 돕고 그 가족들에게는 삶의 질적 향상을 제공해 주는 것이라고 정리할 수 있다.

2. 호스피스 운동의 철학

호스피스 운동은 과학의 발달로 인한 인간존엄성에 대한 경시와 노인 소외, 임종자에 대한 소홀, 그리고 윤리관 및 가치관의 혼란에 대한 반응으로 생겨났다. 호스피스의 이론과 실제는 부분으로서의 인간이 아닌 신체적, 사회적, 영적 또는 그 이상의 합(sum)으로서의 인간을 이해하는 총체주의(holism)이다.

인간은 여러 부분의 합 이상이라는 사상과 철학을 기반으로 호스피스의 이론과 실제가 발전되어 왔으며, 과거의 치료중심에서 돌봄의 개념 및 그 사상을 강조하게 되었다. 따라서 호스피스는 대상자에 대한 연민(compassion)으로 표현되는 사랑이 돌봄에 깊이 내재되어 있다.

이러한 배경에서 호스피스에 대한 철학을 다음과 같이 정리할 수 있다.

첫째, 호스피스 대상자들을 돌보고 지지한다.

둘째, 호스피스 대상자의 여생을 가능한 한 편안하고 충만한 삶을 살게 도와준다.

셋째, 호스피스 대상자가 삶을 긍정적으로 수용하게 하고 죽음을 삶의 일부로 자연스럽게 받아들이게 한다.

넷째, 호스피스 환자의 여생을 연장시키거나 단축시키지 않으며 자연스럽게 생을 마감할 수 있도록 도와준다.

다섯째, 환자와 가족의 요구에 맞추어 가능한 모든 자원을 이용하여 그 요구를 충족시키고 지지하여 죽음을 잘 준비하게 한다. 이것은 죽음을 맞이하는 호스피스 환자로 하여금 소외된 채 외롭게 죽음을 맞이하지 않고 마지막 순간까지 인간답게 가치 있는 삶을 살 수 있도록 돌보는 것이다.

이러한 호스피스 운동은 죽음에 대한 새로운 인식의 전환을 갖게 하며 인간의 존엄성은 인간이 죽음을 맞는 그 순간까지 존중되어야 한다는 새로운 시각을 갖게 해준다. 결국 호스피스 철학은 인간존중, 인간사랑에 바탕을 둔 사랑운동으로 죽음을 하나의 과정으로 받아들이도록 도우며 삶의 가치를 의미 있는 순간임을 깨닫고 잘 살다가도록 도와주는 인간존중 운동이라 할 수 있다.

3. 호스피스 활동의 목적

호스피스 활동의 목적은 말기환자나 가족들이 평안하고 의미 있게 죽음을 맞이하도록 돕기 위해 질병과 관련된 증상 완화, 편안한 환경 제공, 그리고 환자나 가족들이 포기하지 않도록 지지하며 환자의 사망에 따른 가족들의 신체적·정서적 간호와 경제적 지원 등 사회복지적 지원을 제공하는 것이다.

현대 의학에서 무엇보다도 결여된 것은 돌봄(care)이다. 환자는 그 사람 고유의 가치관과 인생관을 가지고 있으나, 치료(cure)는 그 사람이 생각하는 바를 존중하기보다는 치료(cure)를 향한 패턴 속으로 진행되는 것이다. 호스피스 활동의 목적은 먼저 환자를 병든 한 사람의 인간으로서 돌봄(care)을 전제로 하는 것으로, 신체적 존재인 동시에 정신적, 사회적 존재로서 환자를 돌본다.

〈표 10-1〉 **전통적 치료중심 의료와 호스피스 완화의료의 비교**

	전통적 치료중심 의료	호스피스(완화의료)
목 표	병의 치료 – 생명연장	증상관리 – 삶의 질 향상 (생명연장, 단축시도 안함)
증상관리	소극적	적극적
대 상	모든 환자(생존 시만)	말기환자와 그 가족
주 관심분야	신체적 질병	전체적 (신체, 정신, 경제, 사회, 영적)
의사결정 방법	주로 의사가 결정	환자, 가족과 충분한 논의
서비스제공자	의료진(의사, 간호사)	다양한 직종의 팀

호스피스 케어에서는 의사와 환자의 관계는 강자와 약자의 관계가 아니라 서로가 인간의 한계와 약함을 지닌 인간끼리 병이라는 곤란한 상황에서 어떻게 대처해야 하는지를 함께 생각하고 함께 받쳐주는 것이 돌봄(care)의 기본적인 생각이다. 특히 의학계는 죽음은 의학의 패배로 여겨서, 불치병이라 하더라도 생명의 연장에 힘을 쏟으려는 것이 보편적인 생각이다. 그렇지만 생명의 연장 측면보다 그 질을 더 중요하게 생각하는 것이 호스피스의 목적이므로 호스피스활동의 주요 목적을 다음과 같이 요약할 수 있다.

첫째, 호스피스 대상자가 아무런 준비 없이 비참한 죽음에 도달하지 않게 하는 것이다.

둘째, 호스피스 대상자가 인간의 존엄성을 잃지 않도록 하는 것이다.

셋째, 호스피스 대상자가 거부할 수 없는 죽음의 문제를 사실적으로 전달하는 것이다.

넷째, 호스피스 대상자가 죽음에 대한 공포를 극복하게 하는 것이다.

다섯째, 호스피스 대상자가 죽음과 화해하여 죽음을 수용할 수 있도록 하는 것이다.

여섯째, 호스피스 대상자가 평온한 죽음을 맞이할 수 있도록 도와주는 것이다.

과거에는 환자의 질병치료와 생명연장에만 치중하던 의료행태가 현대사회에서는 질(質)을 추구하는 시대가 되었다. 모든 인간의 생명이 존귀하다는 것은 누구나 공감하는 것으로 이러한 의미에서 호스피스 활동의 목적은 가장 숭고한 인간성을 회복하고 구현하는 인간중심의 활동이라고 할 수 있다.

4. 호스피스 활동의 사회복지적 의미

호스피스는 자원봉사자들을 포함한 상호 훈련된 팀이 각각의 전문기술로 말기환자를 전인적(holistic approach)으로 치료하며 또 죽음을 준비시켜 준다.

환자는 질환의 말기단계에 도달할 때까지 여러 가지 다양한 종류의 아픔으로 괴로워하는데, 그것은 신체적 · 심리적 · 사회적 · 정신적 통증 등도 포함하고 있다. 호스피스 활동에서는 환자를 한 인간으로 대하면서 그 사람의 욕구와 그의 전체 모습을 있는 그대로 수용해 주면서 다양한 치료방법에 세심한 주의를 기울여 무엇보다도 통증이 조절될 것이라는 확신을 갖게 하는 것이 가장 중요한다. 환자가 느끼는 다양한 아픔(pain)의 종류는 다음과 같다.

1) 육체적 통증(Physical Pain)

의료적인 측면에서 가장 큰 문제는 신체적 통증(physical pain)이다. 대부분의 암환자들이 말기에 도달할수록 심한 통증을 느끼면서 심적으로도 더욱 큰 공포를 준다. 신체적 아픔에는 두 가지 종류가 있는데 급성의 통증과 만성의 통증이다. 의사는 급성 통증의 치료에 관해서는 잘 훈련되어 있다. 그러나 만성 통증의 치료에 관해서는 훈련되어 있지 않은 편이므로 만성통증은 호스피스 관리의 초점(key point)이 된다.

2) 정신적인 고통(Spiritual Pain)

호스피스 환자는 죽음을 직면한다. 죽음은 누구에게나 받아들이기 힘들다. 죽음이 우리 삶의 마지막이고, 모든 것이 끝난다고 생각한다면 어떻게 죽음을 받아들일 수 있겠는가? 호스피스에 있어서는 대상자로 하여금 죽음에 대해 바람직한 여러 가지 대처능력을 갖게 하면서 죽음을 승화시켜 궁극적으로는 편안한 임종을 할 수 있게 돕는다.

3) 정서적 문제들(Psychological Pain)

암이라는 진단을 받게 되면 누구든지 먼저 얼마 안 있으면 죽게 될지 모른다는 공포감을 느끼게 되므로 암환자들은 많은 정서적 변화를 겪게 된다. 환자가 현실을 부정할 경우, 호스피스팀은 아니라고 할 것이 아니라 감싸주고, 분노할 때는 하나의 과정으로 받아들여 참아주고, 타협할 때도 그것이 틀렸다고 할 것이 아니라 변함없이 진심으로 대해주고, 우울하여 말이 없을 때는 환자 옆에 가만히 있거나, 따뜻한 손짓이나 눈웃음 등으로 받아주어 환자가 현재를 수용하게 도와야 한다.

환자가 수용하는 시기에는 한 인격체로 대함으로써 그들이 죽음을 평화롭고 위엄 있게 맞이하게 하도록 한다.

4) 사회경제적 문제들

환자 자신이 죽게 되면 그간의 병원생활에서의 비용 또한 가족들에게 미칠 경제적 부담 등으로 환자는 깊은 고민을 갖게 되는데 호스피스 활동에는 의료사회복지사가 한 팀의 구성원이 되어 환자의 경제적 문제를 파악하여 도움을 주고 있다. 병원비뿐만 아니라 환자가 병이 나은 후 직장에 복귀하는 데 도움을 주며, 사후 유산문제도 처리하는 데 도움을 준다. 의료사회복지사는 경제적 문제, 사회적 문제 등 제반 문제 등을 해결해 줄 수 있다.

5. 호스피스의 활동유형

호스피스 활동은 대상자가 어느 곳에 있느냐에 관계없이 그리고 장소에 구애됨이 없어야 하며 지속적으로 돌보아 줄 수 있어야 한다. 이러한 유형의 호스피스 활동은 여러 형태로 발전해 왔으며 다음과 같이 구분할 수 있다.

1) 독립형 호스피스(Free Standing Hospice)

이 유형은 별도의 건물을 가지고 호스피스만을 독립적으로 운영하는 형태로 누구든지 환자를 의뢰할 수 있으며 자원봉사자 교육을 어느 기관에서 받았는지에 관계없이 봉사자로 참여할 수 있고 환자의 기존 주치의가 호스피스 가입 후에도 그대로 주치의로 연결될 수 있는 장점을 가지고 있다.

2) 병원 내의 산재형 호스피스(The Inpatient Scattered-Bed Consultative)

1975년 미국 뉴욕의 성누가 루즈벨트 병원에서 처음 시도되었다. 병원 내에 호스피스팀이 구성되어 필요한 간호를 수행하는 유형으로서 주로 내과나 암 병동에 호스피스 환자들이 다른 환자들과 함께 입원한 상황에서 호스피스를 제공받는다. 이 경우 일정 기간 입원한 후 퇴원하는 다른 일반 환자들과 다르고 또한 그들과 함께 입원생활을 해야 하는 점 등의 어려움이 있다.

3) 병원 내의 병동 호스피스(Hospice Unit with in a Hospital)

병원 내의 확보되어 있는 병동에서 호스피스 활동을 하는 유형으로 의료시스템이나 의료인력을 활용할 수 있는 장점이 있으나 타 직원 또는 사람들이 죽음의 장소로 볼 수도 있는 부정적인 측면도 있다.

4) 가정 호스피스(Home Hospice care)

호스피스 요원이 환자의 가정을 방문하여 돌보는 형태로서 전 세계적으로 가장 널리 이용되고 있는 보편적인 유형이다. 소요경비가 적고 환자로서는 자신의 집이라는 익숙하고 편안한 환경에서 돌봄을 제공받는다는 장점이 있는 반면에 가족의 부담이 크다는 단점도 있다. 그러나 증상조절이 어려운 경우나 임종을 위해 또는 가족들의 휴식을 위해 일시적인 입원을 허용하고 하루 24시간 언제라도 아무 때나 호스피스 요원과 연락이 가능하도록 함으로써 보완이 가능하다.

5) 양로원/ 시설 호스피스(Nursing Home for Hospice)

병원에 입원하기도 어렵고 가정에 있을 수도 없는 환자를 위해 가정과 같은 분위기에서 호스피스를 받을 수 있도록 마련된 시설의 형태로서 간호사가 24시간 상주하며 돌보고 의사는 정기적으로 방문하여 처방을 하게 된다. 미국의 경우, 환자가 양로원과 유사한 시설 호스피스에 입원할 때에도 가정 호스피스를 제공받고 있는 것으로 간주하여 보험금이 지급된다.

6) 주간보호 호스피스(Day-care Hospice)

주간보호 호스피스는 가정에 있는 호스피스 대상자가 아침에 왔다가 저녁에는 다시 가정에 돌아가는 통원형식으로, 낮 시간 동안 필요한 호스피스를 제공하는 시설이다. 낮 시간 동안 일하거나 또는 휴식을 취하는 것이 필요한 가족으로부터 말기환자를 맡아 돌보아줌으로써 가족의 부담을 덜어주는 장점이 있다.

7) 혼합형 호스피스(Multi-hospice)

이상의 여러 유형 중에서 두 가지 이상의 유형이 혼합 운영되는 경우를 뜻하며, 병원 내에 호스피스 병동을 운영하면서 가정 호스피스 사업을 병행하거나 산재형 호스피스를 병원 내에서 운영하면서 동시에 가정 호스피스 프로그램도 시행하는 등 다양한 유형이 있다.

6. 호스피스 활동의 구성

호스피스 활동의 특징은 임종자 한 사람을 여러 전문요원들이 팀을 이루어 임종자를 포괄적으로 돌본다는 것이다. 호스피스 대상인 말기환자는 신체적 · 정신적 · 사회적 · 영적 고통을 모두 가지고 있기 때문에 이러한 말기환자의 전인적 간호를 위하여 기능적 단위로서 케어를 제공하며 서로의 활동을 조정하는 다양하게 훈련이 된 개개인으로 구성된 상호 전문직팀(inter disciplinary team)이 호스피스팀으로 구성되어 있다. 호스피스 활동원칙 중의 하나가 팀 접근 활동이다. 호스피스가 환자의 신체적 · 정신적 · 영적 케어를 제공함과 동시에 환자의 가족에 대한 지지상담을 제공하므로 대부분의 팀 협력을 바탕으로 하는 접근을 필요로 하고 있다.

1) 대상자

호스피스 대상자는 의사의 진단으로 더 이상 치료가 불가능한 임종에 가까운 환자로서 의식이 또렷하고 의사소통이 가능하며 자신이 호스피스 돌봄의 대상이 된다는 것을 인식해야 하며 환자는 물론 그 가족까지도 포함한다. 호스피스 대상자의 요구가 충족되고 준비가 잘되면 죽음을 편안하고 존엄성 있게 맞이할 수 있다.

2) 장 소

호스피스 활동은 가정에서 또는 대상자를 한 곳으로 모으는 형태로서 모두 유용하며 호스피스를 위한 활동은 대상자가 그 순간에 어느 곳에 있느냐에 관계없이 지속적으로 돌보아 주어야 한다.

3) 구성요원

호스피스 활동은 각 환자의 특별한 요구를 충족시켜 줄 수 있는 여러 분야의 전문인으로 구성된 팀에 의해 제공되는 전문적인 업무와 비전문적인 업무로 구성된다.

우리나라 호스피스 기관들의 활동인력은 기본적 구성원인 의사, 간호사, 사회복지사, 성직자, 자원봉사자, 간호조무사, 약사, 영양사, 물리치료사 등의 활동인력으로 구성되어 있다. 이들은 한 팀이 되어서 적절한 계획을 유지시키고 발전시키기 위하여 정규적으로 만나며 각 구성원들은 어떤 상황을 중재하며 함께 일할 것인가를 결정하고 구성요원들은 각각의 호스피스 유형과 여건에 따라 다를 수 있다.

7. 호스피스 활동 팀의 역할

호스피스 활동은 치료가 아니라 돌봄의 개념이며 전인적(全人的)으로 환자를 돌보며, 그 가족들을 돕고 지지하기 위해서 전문직 팀과 비전문직 요원이 공동으로 사랑을 바탕으로 활동하는 프로그램이라고 할 수 있다. 호스피스활동 팀의 구체적 역할은 다음과 같다.

1) 호스피스 조정자(Hospice Administration Coordinator)

호스피스 계획을 평가하고 실행하고 조정하고 발전시키며 새로운 계획을 세운다.

또한 팀 구성원들을 조정하고 중개하며 팀이 통합되도록 한다.

지역사회에서도 호스피스를 대표하며 다른 건강전달 체계와도 관계를 맺으며 호스피스 간호계획을 평가·실행·조정하며 새로운 계획을 구상하고 상담이나 교육 계획을 세우며 호스피스 요원의 활동을 감독·조정한다.

2) 의사(Physician)

호스피스 활동의 의료책임자로서 치료적인 면보다 지지적이고 완화를 위한 계획을 세우고 증상을 관리하며 호스피스 의사의 대표자로서 호스피스에 참여하는 다른 의사를 돕고 정확한 진단을 통해 호스피스 대상 환자를 선별한다. 통증완화와 증상조절을 합한 계획을 세우고 적절한 조치와 처방을 내린다. 호스피스 의료책임자로서 계획을 세우며 의료인과 호스피스 요원을 교육시킨다.

3) 호스피스 간호사(Nurse)

간호사는 병원에서뿐만 아니라 환자의 가정에서도 직접 간호를 제공한다. 의학적으로 도움이 한계에 이른 완치가 불가능한 환자들과 그 가족들을 대상으로 심리적 안정을 돕고 증상완화 및 통증치료를 도와준다.

4) 사회사업가(Social Worker)

호스피스 사회사업가는 인간 생활의 제반 문제에 대하여 관여하며 원조를 제공하는 전문직이므로 임종과 사별이라는 특수한 상황에 수반되는 환자와 그 가족의 여러 문제를 해결하는 데까지 관여할 수 있다.

5) 성직자(Clergy)

임상사목에 대한 특수교육을 받은 자로 영적 간호의 조정자로서 임종환자와 그의 가족들에게 영적 요구를 충족시키고 보조한다. 영적인 담당자로 신앙문제에 전문적으로 도움을 주며 상담을 한다.

6) 자원봉사자(Volunteer)

자원봉사자는 호스피스 교육을 수료한 이후에 임종 전후의 환자방문 또는 가정방문을 통해 임종자와 그 가족의 필요한 요구사항을 잘 해결해 줄 수 있도록 지지하며 돕는다.

따라서 호스피스 케어를 담당하는 팀으로 호스피스 조정자, 의사, 간호사, 사회사업가, 성직자, 자원봉사자 등의 서비스는 환자나 그 가족의 삶의 질을 향상시킬 수 있는 프로그램 서비스로서 사회복지 실천에 기여하는 데 큰 의의가 있다.

8. 한국 호스피스의 역사와 현황

1965년 3월 15일 강원도 강릉에서 마리아의 작은자매회 수녀들에 의해 갈바리 의원이 세워져 임종환자들을 간호하기 시작한 것이 우리나라 호스피스의 시초였다고 할 수 있다. 1978년 의원 내에 임종실을 마련하여 주변의 어려운 환자를 돌보았으며, 1981년에는 14개의 병상을 마련하여 본격적으로 임종환자들을 돌보게 되었다. 1981년 8월 가톨릭대학교 성모병원에서, 1982년에는 가톨릭대학교 강남성모병원에서도 호스피스가 신설되었고, 1988년에는 세브란스병원 암센터와 춘천 성 골롬반 의원에서 가정간호 호스피스 프로그램을 시작하였으며, 이화여자대학교 간호대학에서도 가정 호스피스사업을 시작하여 전담간호사가 활동을 하였다. 1991년에 한국 호스피스협회, 1992년 3월에 한국 가톨릭 호스피스협회가 창립되었으며, 1995년에는 가톨릭대학교 간호대학에 WHO 지원의 호스피스 교육연구소가 설립되었다.

한편 갈바리 의원은 1989년 무료 환자들의 장기입원 및 재정적 어려움으로 호스피스 입원실을 폐쇄하고 가정방문 호스피스에 주력하여 강릉 시내 및 명주군을 거점으로 방문 호스피스를 위주로 실시하였다. 1995년부터 주위의 도움으로 2층 입원실을 정비하여 다시 입원환자들을 돌보고 있다. 또한 1988년 서울 미아동에서도 마리아의 작은자매회 집을 중심으로 가정 호스피스 활동을 전개하고 있으며, 현재는 후암동에서 모현(母峴 : 어머니의 언덕) 가정 호스피스로 활동하고 있다.

2015년은 갈바리 의원이 우리나라에 최초로 호스피스병원을 설립하고 임종환자를 돌보는 호스피스 활동의 50주년을 맞이하였다. 그리고 2015년 현재 호스피스를 전문적으로 제공하는 의료기관은 전국에 56개소이고, 약 880병상을 보유하고 있다. 2015년 7월부터 정부는 암 환자 호스피스에 대하여 건강보험수가를 적용하여 환자부담을 완화하고 존엄한 임종을 준비할 수 있도록 호스피스에 건강보험을 전면 적용하였다.

제2절 웰다잉(Well-dying)

존엄사의 논의는 하나의 생명체이며 인간이기에 어떤 죽음을 어떻게 맞이할지에 대한 사회적 관심을 일으키는 데 충분하였다. 이러한 관심은 급기야 웰다잉(well-dying)이라는 새로운 구호의 등장으로까지 이어진다. '잘 죽어가는 것'으로 직역이 가능한 웰다잉(well-dying)은 인간이 죽어가는 존재라는 사실을 좀 더 부각시킴으로써 죽음을 보다 잘 준비하고자 하는 바람을 표면화한 용어로 사람들로 하여금 이를 지향하게 하자는 의미이다.

1. 죽음에 대한 이해

인간이 살아가는 일상에는 늘 죽음이 함께하였기 때문에 죽음에 대한 인간의 관심은 인류 역사가 시작되면서 함께 시작되었다고 볼 수 있다.

우리가 죽음이라고 할 때 일반적으로 생명의 상실이나 모든 기능의 종말로 죽음은 최종적인 것이며, 곧 해당하는 유기체의 완전한 소멸로 이야기한다. 이렇게 죽음을 간단한 현상으로 생각해 버리기 쉬우나 어떤 상태를 가지고 죽었느냐에 따라 정의하는 것은 시대에 따라 변화하고 있어 정의가 그리 간단한 것만은 아니다. 현대사회에 있어서도 죽음의 정의는 사회에 따라서 다르고 시대에 따라서도 다르기 때문이다.

일리히(Illich, 1976)는 죽음의 정의를 역사적으로 여섯 단계의 발전과정을 거쳐온 것으로 분석하고 있다.

첫째 단계는 15세기에 있었던 현상으로 죽음의 정의를 "죽음의 무도(dance of dead)"라고 명명된다. 인생의 즐거움을 확인하기 위해서 죽음을 놓고 즐기며 무덤 위에서 춤도 추면서 술도 마시는 행위이다. 이때 죽음의 판단기준은 죽음에 임박한 사람의 코와 입 사이의 인중에 솜 따위를 놓아서 그 움직임 여부를 통해 죽음을 확인하였다. 또한 눈의 동공이 풀어졌는지 손발이 굳어오는지를 살피며 운명할 사람의 허리 밑에 손을 넣어 허리가 땅바닥에 밀착되어 손이 들어가지 않으면 운명한 것으로 간주하였다.

둘째 단계는 르네상스 시대에는 죽음이란 인생의 끝인 동시에 영생의 시작이라고 생각하였다.

셋째 단계는 부르주아의 죽음(bourgeois death)이라고 명명되었는데, 부르주아 계층이 나타나면서 돈 있는 사람들은 의사를 죽음의 지연자 또는 방지자로 활용하였다. 이러한 현상은 19세기까지 진전되어 왔으며, 여기에 동원된 의사들에 의해서 죽음이란 특정 질병으로 인한 결과라는 임상적 정의를 내리게 된 것이다.

넷째 단계는 1900년대까지는 죽음을 자연사(natural death)의 현상으로 해석하였다.

다섯째 단계는 죽음을 방지하기 위해서는 의사가 참여하여야 한다고 생각하여 불필요한 죽음(unnecessary deaths)을 방지하기 위하여 모든 의료수단을 동원하여야 한다는 사상이 지배하기 시작하였다.

여섯째 단계는 현대사회에 있어서는 죽음과의 총체적 전쟁(all-out war against death)을 치르고 있는 것으로 의미하였다.

즉, 죽음은 자연적 현상이라는 인식으로부터 모든 수단과 비용을 들여서라도 피하여야 할 비자연적 현상이라는 인식으로 변천해 왔다.

따라서 죽음에 대한 정의는 학자마다 각 나라의 문화에 따라 같은 문화권이라고 하더라도 연령, 가치관, 성격, 종교, 건강 등 다양한 요인에 의해 그 의미가 다르므로 정의를 내리기가 쉽지 않다.

2. 죽음에 대한 관점

1) 의학적 관점

고대로부터 현대까지 의학적 관점에서 죽음은 맥박과 호흡의 정지, 그리고 뇌기능의 정지로 규정되었지만, 현대 의학기술의 발달과 함께 죽음의 판정기준은 크게 두 가지의 쟁점을 불러일으키고 있다.

첫째, 심폐기능설에 근거하여 죽음이란 인간의 모든 기능, 즉 혈액순환의 완전정지 및 그에 따른 호흡, 맥박의 정지로 정의하는 생물학적 결정으로 호흡이나 심장이 계속 뛰는 한 살아 있다는 개념이다.

둘째, 뇌사에 대한 것으로 다른 장기가 살아 있더라도 뇌의 기능이 상실되어 사고할 수 없는 인간이 되었다면 이미 죽었다고 보는 개념이다.

우리나라는 대한의학협회(1983)에서 죽음을 '장 기능 및 호흡기능과 뇌 반사의 불가역적 정지 또는 소실'이라고 정의하였고, 1989년에는 죽음을 '장, 폐 기능의 불가역적 정지 또는 뇌간을 포함한 전 뇌 기능의 소실인 뇌사로서 판단한다'라고 그 정의를 확대하여 뇌사를 죽음으로 인정한 바 있다. 하지만 뇌사에 대한 판단은 종교적 윤리에 의하여 논란이 계속 이어지기도 했는데, 2000

년 '이식에 관한 법률'이 시행되면서 뇌사는 공식적인 사망상태로 인정받았다. 세계의학총회는 이보다 훨씬 앞선 1968년 시드니선언을 통해 뇌사를 사망으로 인정했고 오늘날 대부분의 국가는 뇌사를 사망으로 인정하고 있다.

2) 철학적 관점

철학자들은 죽음을 철학적 주제의 하나로 중요하게 다루어 왔다. 소크라테스(Socrates)와 플라톤(Platon)은 죽음을 '출생과 더불어 영혼은 육체의 감옥에 갇히고, 죽음에 이르러 육체를 떠난다'라고 주장했고, 아리스토텔레스(Aristoteles)는 플라톤의 이원론적 세계관을 비판하며 영혼을 육체의 형상 또는 가동원리로 이해하였으며, 쇼펜하우어(Schopenhauer)는 '철학이란 죽음의 연습'이라는 소크라테스의 말을 인용하여 삶과 죽음은 다른 것이 아니라고 하였다.

프로이트(Freud)는 인간의 삶은 삶과 죽음의 두 본능 간의 투쟁이며 인간의 삶은 원초부터 이미 죽음이라는 것이 어떤 통일된 방식으로 존재하고 있어 무생물의 상태로 삶의 존재를 충동질하여 끌고 가므로 결국 죽음에 이른다는 의미에서 죽음을 삶의 목적으로 보고 있다.

하이데거(Heidegger)는 죽음에 대한 인식은 경험을 통해서가 아니라 인간 의식의 내재적인 것으로 선험적 구조라고 하였다. 즉, 인간은 항상 일상에서 죽음에 직면해 있으며 죽음이 먼 미래의 어떤 것이 아니라고 강조하였다.

한편 니체(Nietzsche)는 개인은 자신의 이익을 위해 자신의 죽음을 의도적으로 야기할 권리가 있다고 말하며 이성적 죽음형태로서의 안락사를 허용하였다.

3) 종교적 관점

인간은 종교를 통해서 죽음에 대한 원초적 불안과 공포를 극복하고 초월할 수 있는 신념과 제도를 만들어 내었다.

첫째, 기독교는 인간 그 자체는 한정적이나 신의 존재와의 관계성 속에서는 신적 영을 보유한 신성한 존재로 변화하여 죽음의 세계에서 영생 가능하다고 인식하고 있다. 또한 기독교에 있어 죽음은 생물학적 죽음 자체보다는 부활사상에 중점을 두어 죽음을 새로운 존재로 이끌어 주는 희망의 시작으로 보고, 인간의 죽음은 무상의 끝이 아닌 성취이며 완성의 행위로 인식된다.

둘째, 가톨릭에서는 생사 간에 중간적 지대인 연옥(가톨릭 교리에서 연옥은 천국으로 가기에는 자격이 부족하지만 지옥으로 갈 정도의 큰 죄를 짓지 않은 죽은 자들의 영혼이 머무르는 곳으로, 영혼들은 연옥에서 보내는 고통스러운 시간을 통해 이승에서의 죄를 씻고 정화한다. 죄의 크고 작음, 이승에서의 회개와 선행 등 다양한 요소에 따라 연옥에서 머무는 시간은 달라질 수 있다고 보며 이러한 체류기간을 가톨릭에서는 신의 뜻이 작용한 신비로움이라고 정의한다)에 대한 개념을 가지고 있으며, 살아 있는 자들이 죽은 자를 위한 위령기도를 통하여 죽은 자가 하나님과 영원한 일치를 이룬다고 본다.

셋째, 불교에서는 죽음관의 핵심으로 생사즉열반(生死卽涅槃)으로 이해할 수 있다. 즉, 삶과 죽음이 대비 속에 존재하지 않기 때문에 공포의 원인이 되는 죽음을 따로 개념화하지도 않는 것이다.

불교의 죽음인식은 기본적으로 인간이 죽게 되면 그 영혼은 계속 남아 다시 다른 몸을 받아 태어난다는 윤회사상과 인생을 고해로 여기며 생전의 업보에 기초하고 있다. 업이 청산될 때까지 반복되는 윤회의 과정을 겪어야 하고 이런 업이 완전히 소멸되었을 때 열반에 이르게 된다는 것이다.

넷째, 유교사상에서는 사람이 죽으면 영혼이 육신을 떠나 영원히 가버린다고 생각하지 않았다.

유교에서 삶과 죽음은 자연의 법칙에 의한 회귀의 과정으로서 순환관계로 보고, 육체의 죽음은 단절이 아닌 생의 일부로 받아들이고 하늘에 운명이 달려 있기 때문에 순종하는 것이다. 그래서 유교에서는 사후에도 현세와 같은 삶을 계속한다는 계세사상(繼世思想)으로 인해 사자에 대한 장송을 신중히 하고 또한 제사를 극진히 드렸으며 존경(尊敬)을 올리며 생시와 같은 상식을 올리는 것이다.

4) 사회문화적 관점

사회문화적 관점에서 죽음은 '일반화된 사회문화의 요소나 종교의 기능은 물론 개인이 삶의 과정에서 취득한 지위, 역할, 인생관, 성별, 사회계층, 심신의 건강, 교육수준, 인간관계' 등의 소실에 의한 다양한 변인에 의하고 있다.

3. 죽음의 종류

인간생활에 다양한 삶의 종류가 있듯이 죽음의 종류 또한 어떻게 죽었느냐에 따라 다양하게 나타난다.

죽음의 종류는 자살과 타살, 병사, 자연사, 사고사 등으로 크게 분류할 수 있지만, 그것들을 더 구체적으로 살펴본다면 죽음의 경우는 수없이 많은 현상들이 있다.

이러한 죽음에 대한 처리는 사망원인에 따라 각각 다르게 처리되어야 하고, 또 이를 수습하는 자들의 업무가 전문성이 있어야 한다.

1) 자 살

자살이란 간단히 말하면 스스로 자기 자신의 목숨을 끊는 것을 말한다. 자살은 옛날부터 어느 민족에게나 있는 현상이지만 옛날에는 인구가 많지 않았고, 사회 자체가 단순하였기 때문에 자살이란 그리 흔하지 않았다. 그러나 산업사회의 발달과 더불어 사회가 복잡해지며 혼란스럽고, 인구가 폭증하게 되면서부터 자살이 크게 증가하고 있다. 더구나 경제적으로 어렵게 사는 개인이나 국가에서보다 부유한 사회에서 자살률이 더욱 높다는 사실은 이해하기 힘든 부분이다. 한 사회에 있어서도 전쟁이나 기아, 재난 때보다 평화로운 상태에서 더욱 자살률이 높은 것이 일반적이다. 또 집단자살의 경우도 있는데, 한 명 이상이 죽는 동반자살의 경우는 자신의 처지를 비관한 나머지 가족을 동반하여 자살을 하는 경우와 종교적 맹신에서 비롯된 자살, 사랑문제로 인하여 연인끼리의 동반자살 등의 다양한 경우도 있다.

2) 타 살

타살이란 자신의 의지와 상관없이 죽는 죽음이라 정의할 수 있다. 사회생활을 하면서 개인적 원한관계에 있거나 채무관계, 조직 폭력배에 의한 죽음 등이 있으며, 집단적 타살이 발생하는 경우도 있다.

전쟁으로 인한 타살, 국가 간의 사상적 문제로 인한 집단 타살, 천재지변으로 인한 집단 타살, 전염병 등으로 인한 집단 타살, 교통수단으로 인한 집단 타살 등으로 분류된다. 이렇게 넓은 의미에서의 타살은 위에서 정의했듯이 자신의 의지와 상관없이 다른 동기에 의한 죽음을 말하는 것이다.

3) 병 사

질병에 의한 사망은 넓은 의미에서 본다면 자신의 의지와 상관없는 죽음, 즉 타살로 분류될 수 있겠으나, 질병의 유형이 워낙 많은 관계로 분류를 하기에는 많은 어려움이 따른다. 옛날에는 있었으나 지금은 없어진 전염병, 새로운 사회에 접어들면서 발생하는 신종 질환의 병, 식생활 습관과 사회생활에 있어서 업무상 받는 스트레스가 원인인 병들이 많이 발생하여 죽음에 이르고 있다.

4) 자연사

자연사에 대한 부분은 굳이 논할 필요는 없겠으나, 아무리 건강한 삶이라고 해도 인간은 늙고 병들고 또 그렇게 세상의 종말을 얻는 것이다. 개인의 식생활 습관이나 살아가는 방식에 의한 차이는 있을 수 있겠으나 사람은 누구나 태어나면 반드시 죽는다는 것이다.

5) 사고사

사고사 역시 넓은 의미로 해석한다면 타살로 볼 수도 있겠으나, 각종 산업 재해로 인한 사망, 보행 중이거나 교통사고로 인한 사망, 화재 또는 천재지변으로 인한 사망, 취미생활이나 여가활동을 즐기다가 당하는 사고에 죽음 등이 있다.

4. 죽음의 과정

1968년 정신의학자이며 호스피스의 선구자로 엘리자베스 퀴블러 로스(Elisabeth Kubler-Ross)는 '사람들은 죽음을 눈앞에 두었을 때 어떠한 심경의 변화과정을 경함하게 되는가?'에 대한 체계적 연구를 실시하였다. 그의 연구에 의하면, 다소 차이는 있으나 거기에는 어떤 공통점이 있다는 사실을 확인하고 그 심경변화의 과정을 "죽음의 과정(dying process)"이라고 명명한 후 이것을 하나의 학술적 용어로 사용하고 있는데, 이는 400여 명의 말기 환자에게 심층적으로 반복면접을 실시한 조사에 의하여 발견한 공통된 과정을 죽음의 다섯 단계로 구분하였는데 다음과 같다.

부정과 고립(denial and isolation)

↓

분노(anger)

↓

타협(bargaining)

↓

우울(depression)

↓

수용(acceptance)

그림 10-1 Kubler-Ross(1968)의 죽음의 다섯 단계

1) 부정과 고립(Denial and Isolation)

임종에 가까운 사람들이 경험하는 첫 단계는 부정으로 자신의 병이 치유될 수 없음을 깨닫게 될 때 느끼는 현상으로 환자의 언어 또는 행동으로 나타나게 된다. 환자에 따라 이 단계가 죽음의 순간까지 지속되기도 하지만 대부분은 계속 부정하지는 않고 차차 서서히 부정을 포기하고 덜 격한 방어수단을 사용하기 시작한다.

2) 분노(Anger)

첫 번째 단계인 부정과 고립을 더 이상 유지할 수 없게 될 때 사람들은 부정을 분노와 사나움, 원망으로 대체하게 된다. 자신의 죽음에 대한 반발과 함께 자신은 죽어야 함에도 불구하고 다른 사람들은 건강하게 살아남는 것에 분노를 느끼는 것이다. 환자는 '하필이면 내가'라고 말하면서 자신, 가족 혹은 병원 직원 심지어는 신에게까지 분노를 직접적으로 표현한다. 이 단계는 주위 사람들이 극복하기 매우 어려운 단계로 분노가 수시로 바뀌고 감정을 주위에 전가시킨다. 환자 자신은 곧 죽게 되고 사람들이 자기를 잊을 것이라는 사실을 받아들이기 힘들기 때문에 목소리를 높이고 불평을 하며 주위로부터 관심을 끌려고 노력한다.

3) 타협(Bargaining)

이 단계는 잘 알려져 있지 않은 단계이나 환자에게는 다른 단계와 똑같이 중요하다. 이 단계는 기간이 짧으며, 부정과 분노의 단계를 거친 환자는 이 단계가 되면 불가피한 사실을 어떻게든 연기하려고 하는 타협을 시도한다.

과거의 경험으로 미루어 착실한 행동을 보이고, 특별한 헌신을 하기로 맹세함으로써 그 보상을 받을 수 있다고 생각한다. 타협은 대부분 절대자와 하는 타협이며, 자기 몸의 일부나 전체를 기증하겠다는 사람들도 있는데 이러한 행동은 다음 단계를 위해 준비하는 것임을 이해해야 한다. 환자들의 이런 타협적인 태도와 내용에 비합리적인 면이 나타나기도 하는데, 이때에 타협의 내용을 거절하거나 묵살해서는 아니 된다.

4) 우울(Depression)

우울의 단계에 이르면 많은 환자들은 위축되고 무기력해지며 불안해지면서 가족과 친구들에게 마지막 인사를 할 시간이 다가옴을 깨달으면서 세상과 자신을 분리시킬 준비를 하게 된다. 더 이상 회복의 가망성이 없음으로 인해 자신의 질병을 더 이상 부인하지 못할 때, 증상의 악화로 몸이 현저하게 약해짐을 느낄 때 겪는 초연한 자세와 무감동, 분노는 잠시 후 극도의 상실감으로 바뀌어 우울증에 빠지게 된다.

5) 수용(Acceptance)

수용의 단계에 이르면 환자들은 죽음이라는 현실을 거부하지 않고 받아들이게 된다. 이 최종단계에서의 공통된 심정은 “내가 못다 한 일도 있으나 이제 나는 끝났다. 이제는 내가 할 말도 없다. 나는 갈 준비가 돼 있다”라고 생각하며 자포자기를 한다. 이들은 혼자 있고 싶어 하고 바깥 세상의 소식을 들으려 하지 않고 누가 가만히 앉아 그의 손을 잡고 있길 바란다. ‘나는 지금 무엇을 할 수 있을까’라는 환자의 물음에 환자의 임종준비에 대해 알려주고 사랑하는 이의 죽음을 수용해야 하는 가족의 상실감을 표현해 주어야 한다.

모든 환자가 위에서 말하는 죽음의 다섯 단계를 반드시 다 거치는 것은 아니며, 한 단계를 지나는데 몇 시간, 또는 며칠이 걸린다고 예견할 수 없다. 사람에 따라 몇 단계를 건너뛸 수도 있고 몇 분 안에 수용의 단계에 도달할 수도 있으며, 몇 년이 걸려도 수용의 단계에 도달하지 못하는 경우도 있다. 이는 종교적 신앙이 얼마나 깊으냐에 따라, 죽음에 대한 어떤 확신을 가지고 있는가에 따라 다르게 나타나는 것이기 때문이다.

그 외 알폰스 디켄(Alfons Deeken, 1994)은 퀴블러 로스(Kubler-Ross)의 이론 마지막 단계에 "기대와 소망"을 추가하여 죽음의 6단계 이론을 발전시켰다. 즉, 기대와 소망의 단계에 들어간 환자들은 자신이 회복될 수 있다고 하는 희망을 갖는 것이 아니라 영원한 생명, 그리고 내가 과거에 사랑했던 사람과 다시 만날 수 있다고 하는 소망에 대한 기대를 갖게 되는 것이다. 죽어가는 사람이 점점 다가오는 죽음을 수용할 뿐만 아니라 사후의 생명에 대한 희망과 기대를 품고 있다는 것이다.

5. 임종자의 상태

죽음을 앞둔 사람들은 평소와는 다른 특수한 심리상태에 놓이게 된다. 일반적으로 죽음을 맞는 사람의 심리적 반응은 신체적 공포반응, 외로움, 비애감, 소멸감으로 나누어 설명될 수 있는데, 환자는 경험이 없는 상태에서 죽음을 맞이하게 되므로 심각한 공포반응을 나타낸다. 또한 자기의 인생이 물거품 같다는 생각을 갖거나 또는 자신이 이미 쓸모없는 존재로 전락함에 따라 주위 사람들로부터 고립되었다는 허탈한 느낌을 가지게 되고, 환자는 자신의 무력함을 느끼게 되어 가능성 속에서 자신만만했던 생활이 막을 내림으로써 점점 비애감과 소멸감에 빠져들게 된다.

1) 고통에 대한 두려움

죽음에 대한 두려움은 흔히 고통에 대한 두려움과 직결되어 있으므로 죽어간다는 것, 그 자체가 아주 고통스러운 경험으로 다음과 같다.

첫째, 말기 임종에 가까운 환자들에게 육체적으로 다가오는 고통은 실제적이다. 이들이 겪는 최대의 육체적 고통을 의학적으로 통증이라고 불리는데, 이는 실제적이고 잠재적인 조직손상과 관련된 불쾌한 감각적이고 정서적 인 경험이다.

둘째, 육체적인 고통 외에도 더 크고 강도가 높은 고통을 느낄 수 있는 것이 바로 정신적인 고통이다. 내가 죽음을 앞두고 있다는 것을 아는 것은 사랑하는 사람과 헤어져야 한다는 것이고, 그 사람이 소유하고 있는 모든 것을 잃는다는 실로 엄청나고 끔찍한 정신적인 고통을 의미한다.

셋째, 사회적 고통은 남아 있는 가족들에 대한 걱정에서 오는 고통이다. "내가 떠나고 나면 남은 가족들이 어떻게 살아갈까?" 또는 내가 더 이상 사회활동을 못함으로써 가족들이 받게 될 시간과 감정, 경제적 어려움으로 "내가 가족들에게 부담을 주는 구나"라고 생각하게 됨으로써 임종자가 느끼는 무기력감에서 오는 고통을 의미한다.

넷째, 영적(靈的)인 고통은 환자들은 인생이 무의미하다는 생각이 많아지게 되어 고통을 받게 되는 것이다. 자신의 인생에서 성취한 것이 너무 적다고 생각하고 너무 빨리 죽는 것이 아닌가 하고 생각하게 된다.

2) 외로움에 대한 두려움

임종에 가까운 사람이 가장 큰 고통스러울 때는 마지막 죽음의 단계에서 혼자라는 사실을 느낄 때이다. 죽음에 다가가는 그 순간에 혼자 가야 한다는 그 사실 그 자체로 인간은 매우 큰 외로움과 고통을 느끼게 된다. 또한 이 죽음에 대한 고통을 자신이 혼자 외롭게 겪고 있음을 생각하며 고통스러워 한다.

3) 미지의 세계에 대한 두려움

모르는 것에 대한 두려움으로 예측할 수 없는 미래에 대한 것이다. 임종자는 가까운 장래에 자신이 죽는다고 하는 두려움과 공포를 갖는다. 죽음에 대한 무지(unknown of death)는 다양한 두려움을 가져온다. "이 세상 후에는 어떤 운명이 될 것인가?", "죽은 후에 나의 육체는 어떻게 될 것인가?", "남은 가족들은 어떻게 될 것인가?", "다른 이들은 나의 죽음에 대해서 어떤 반응을 보일까?", "생의 목표와 계획은 어떻게 되는 것인가?" 등이다.

4) 벌(罰)에 대한 두려움

보편적으로 사람들이 믿고 있는 생각은 모든 인간은 죽고 나면 반드시 심판을 받는다는 것이다. 즉, 좋은 일을 했으면 보상을 받고, 나쁜 일을 하면 그에 대한 벌을 받는다고 하는 보편적인 믿음을 가지고 있다.

그리스도교나 다른 종교에서도 천국은 영원한 행복을 누리는 장소이고 지옥은 벌을 받는 장소라고 하는 식으로 가르치고 있기 때문에 죽고 나서 벌을 받을지도 모른다는 두려움을 느끼는 것이다.

5) 개인적 소멸에 대한 두려움

이것은 죽음을 앞둔 인간의 기본적인 두려움이다. 자기를 보존하려는 것이야 말로 인간이 가지고 있는 본능이다. 죽음을 직면한다는 것은 바로 한 개인이 지닌 모든 것, 존재 자체를 잃어버린다는 것과 동일한 말이다. 자기를 끊임없이 보존하고자 하는 이 같은 본능 때문에 죽음에 앞서서 자기가 가지고 있는 모든 것이 소멸된다.

그러나 어떤 사람들은 영생이 있다는 신념을 가지고 있다. 이런 사람들은 자신이 죽고 나서 자신의 육체와 영혼이 사라진다는 두려움을 초월할 수 있다. 따라서 사후에 영생이 있으며 영원한 미래가 있다고 하는 긍정적인 자세는 죽어가는 환자들에게 죽음에 대한 두려움을 극복하는 최선의 방법인 것이다.

6. 웰다잉(Well-dying)

1) 웰다잉(Well-dying)의 정의

최근 경제적 여유가 생기고 평균수명이 늘어나게 되면서 '얼마나 오래 살면서 행복하게 살 것인가?'라는 웰빙(well-being)에 대한 높은 관심을 지나서 상대적 개념으로 이해되는 웰다잉(well-dying)에 관심이 높아지고 있다.

웰다잉(well-dying)은 편안한 죽음, 좋은 죽음, 품격 높은 죽음을 의미하며, 잘 죽어가는, 행복하게 죽어가는, 훌륭하게 죽어가도록 '아름답고 편안한 죽음을 준비하는 것'이라고 할 수 있다.

바트너거(Bhatnagar, 2013)는 좋은 죽음이라는 것은 마지막 이벤트와 같이 질병에서 오는 죽음불안과 관련이 있다고 주장할 만큼 인간의 어느 한 영역만이 만족되는 상황에서의 죽음이 아님을 전제할 때 죽음과 신체적·사회적·정신적·영적 건강 모두 긍정적인 통합이 이루어질 때 진정한 웰다잉이며 다음과 같이 정의하였다.

첫째, 신체적 측면에서 웰다잉은 강제적인 기계적 장치에 의지하지 않고 통증과 고통 없이 생의 마지막을 가치 있고 편안하게 마무리하는 것이다.

둘째, 사회적 측면에서 웰다잉은 의학적으로 무의미한 삶을 지속하도록 강제하는 것은 인간의 인격과 인권을 침해하는 것이므로 의학적·법적 권리가 보장되어야 한다는 것이다.

셋째, 정신적 측면의 웰다잉은 정신적으로 두려움 없이 자연스럽게 죽음을 수용하며 삶을 마무리하는 것이다.

넷째, 영적 측면에서 웰다잉은 종교적 행위를 통하여 영혼을 깨워주는 상태에서 죽음을 맞이하는 것이라고 할 수 있다.

따라서 웰다잉은 이러한 신체적·사회적·정신적·영적 영역이 잘 공존되어 인간으로서의 존엄을 지키며 주변 정리를 하고 편안한 마음으로 죽음을 맞이하는 것이다.

2) 웰다잉(Well-dying)의 의미

웰다잉(well-dying)은 죽음의 질적 차원을 높이려는 시도라 볼 수 있다. 여기에 노화에 대한 대처인 '잘 나이 들기'라는 '웰에이징(well-aging)'까지 합쳐져 '잘 살고', '잘 나이 들고', 잘 죽어가기'가 행복한 인생을 위한 구호로 제시되고 있다.

또한 웰다잉(well-dying)은 간혹 좋은 끝맺음을 뜻하는 '웰엔딩(well-ending)'으로 대체하여 사용하기도 한다.

현대 의학의 발전으로 인간의 평균수명이 길어지고 생애주기에서 노년기가 길어졌으며 생애발달 단계에서 길어진 노년기를 효율적이고 잘 살아내기 위해 웰다잉에 대한 관심이 높아지고 있다. 웰다잉은 말 그대로 '잘 죽는 것'을 뜻한다. 죽음은 인간이라면 누구나 피할 수 없는 현실이며 누구나 맞이하는 생애발달의 한 과정이고 누구에게나 동일한 현상이지만, 죽어가는 사람이 보여주는 모습은 서로 크게 다르다. 죽음에 대한 준비는 '잘 죽는 것'과 연관되어 있어 잘 죽을 수 있다는 것은 '얼마나 잘 살았는가' 또는 '얼마나 잘 준비하였는가'로 바꿔 말할 수 있다.

3) 죽음준비교육의 필요성

알폰스 디켄(Alfons Deeken, 1994)은 죽음교육은 삶의 교육과 같은 의미로 설명하였는데, 인간이 삶을 영위하면서 자신에게 주어진 한시적인 시간의 중요성을 깨닫게 하여 '어떻게 하면 보다 훌륭한 삶을 살 수 있을 것인가?'라는 것에 대해 생각할 기회를 갖게 된다고 하였다.

인간으로서 존엄에 가득 찬 죽음을 맞이하기 위한 마음의 준비를 습득하는 것은 모든 인간에게 필요한 교육이므로 죽음준비교육은 다음의 네 가지 차원에서 실시되어야 할 필요가 있다고 제시하였다.

첫째, **지식의 차원** : 학제적으로 다양한 죽음학(thanatology)의 연구성과를 전달한다.

둘째, **가치관의 차원** : 각 개인은 자기의 가치관에 대해 재점검과 재평가를 실시하여 확고한 윤리관을 갖는다.

셋째, **감정의 차원** : 죽음에 대하여 감정적 · 정서적 반응을 스스로 느끼고, 그 극복을 도모한다.

넷째, 기술의 차원 : 구체적인 기술의 습득을 익힌다.

따라서 죽음준비교육은 성인뿐 아니라 아이들도 삶의 부정적인 측면을 솔직하게 인정하고, 죽음의 제 측면에 대해 정신적으로 건강한 지식을 습득하게 함으로써 죽음에 대한 두려움을 감소시키고 죽음을 긍정적으로 수용하며, 죽음에 대처한 준비 등을 할 수 있게 한다.

4) 한국의 웰다잉 교육 프로그램

우리나라에서 죽음준비교육이 시작된 것은 1973년부터이다. 그러나 대부분의 죽음준비교육이 노인 혹은 호스피스 대상자와 그 가족으로 대상을 한정하고 있으며, 이마저도 종교단체와 대학 등에서 지식을 일방적으로 전달하는 식의 교육으로 이루어지고 있다. 그 후 2006년 서울시립 노원노인종합복지관에서 실시한 '아름다운 생애 마감을 위한 Senior 죽음준비학교' 이후 죽음 준비교육이 다시 사회적 관심의 대상이 되어 한국고령사회교육원, 서울노인복지센터, 인천남구노인문화센터, 각당복지재단 등에서 웰다잉 프로그램을 실시하여 웰다잉에 대한 이해를 높이는 계기가 되고 있다.

우리 사회의 정서상 죽음에 대한 거부감이 깊은 탓에 정규 교육제도는 일부 대학을 중심으로 동국대학교에 생사의례학과, 을지대학교에 장례지도학과, 그리고 한림대학교 생사학연구소 등에서 이루어지고 있는 상황이지만, 오래전부터 죽음에 대한 연구는 지속적으로 시행되어 왔으며, 최근에는 죽음에 대한 인식 증진과 함께 웰다잉 지도사 양성을 위한 프로그램도 실시되고 있다. 대한노인회 부설 "한국고령사회교육원" 웰다잉 프로그램(well-dying program)은 웰다잉 지도사를 양성하기 위한 교육 프로그램으로 매주 1회씩 총 8회기로 구성되어 있다.

〈표 10-2〉 **웰다잉 지도사 대상 웰다잉 프로그램(2014)**

회 기	주 제	내 용
1	죽음준비교육의 필요성	죽음에 대한 경험과 느낌 나누기 (사전 죽음불안척도 측정)
2	삶과 죽음에 대한 일반적 이해	Hot Age(은퇴 후의 30년을 말한다)
3	죽음에 대한 다양한 이해	심리적 · 학문적 · 경험적 죽음 이해
4	무의미한 연명치료와 윤리	존엄사에 대한 다양한 관점의 토론
5	법률적인 죽음에 대한 이해	장기기증, 유서쓰기
6	바람직한 장례문화	나의 장례식 식순 짜기
	그룹활동	전통적 장례문화 중 개혁할 부분
7	임종체험	내게 한 달밖에 주어지지 않는다면
8	아름다운 삶, 아름다운 마무리	다시 삶이 주어진다면 새로운 인생설계, 자신에게 쓰는 결단의 편지

자료 : 한국고령사회교육원(2014) 재구성.

따라서 웰다잉 프로그램(well-dying program)은 삶과 죽음이 의미, 삶과 죽음의 결정에 영향을 끼치는 고통스러운 감정과 유쾌한 감정의 개인가치관을 이해하고, 죽음에 대한 바른 태도를 갖게 함으로써 삶을 더욱 건전하게 살아가도록 돕는 교육 프로그램인 것이다.

Part 05

노년기 복지정책

Chapter 11 노년기 복지정책

Chapter 12 고령친화산업의 이해

Chapter 11

노년기 복지정책

제1절 고령자 고용보장정책

1. 고용보장정책

노인고용정책은 정부가 주체가 되어 공공복지(public welfare)를 추진하는 각종 정책 중에서도 노인복지를 위한 소득정책의 하나이다. 과거 한국 노인의 노후생활은 대부분 가족에 의해 보호되어 왔으나, 가족구조의 변화와 가족관계의 약화는 자녀의 부양기능 약화로 이어져 노인의 경제적 자립을 강하게 요구하고 있다. 그러므로 노인빈곤에 대하여 개인이나 가족에 우선하여 지역사회와 국가가 먼저 책임감을 지녀야 하며, 노인의 국민최저선(national minimum)은 어떠한 경우에도 정부나 사회가 집합적으로 보장해야 하는 사회복지의 하한선이라고 할 수 있다.

노인들의 기본적인 욕구충족 과정에서 그들이 개별적으로 해결할 수 없거나 하기 어려운 취업의 경우, 국가의 개입이 요구되고 국가의 책임하에 그 행정적 지원이 이루어져야 하기 때문에 공적인 전달체계가 중요한 역할을 수행해야 한다. 고령자의 고용을 증진하는 정책들의 법적 근거가 되는 법률들은 고령자고용촉진법, 노인복지법, 고용보험법 등을 들 수 있다.

1) 고령자고용촉진법

「고용상 연령차별 금지 및 고령자 고용촉진법」에 관한 법률에서는 고령자가 그 능력에 적합한 직업에 취업하는 것을 지원·촉진함으로써 고령자의 고용안정과 국민경제의 발전에 이바지함을 목적으로 하는 법이다. 이 법은 고령자 고용에 관한 정부의 책무, 사업주의 책무, 고령자의 고용차별 금지에 관한 사항을 명시하고 있다. 정부의 고령자 취업지원과 관련하여 고용노동부장관은 구인, 구직, 정보수집, 고령자에 대한 직업능력 개발훈련, 사업주에 대한 고용지도, 사업주의 고령자 교육, 훈련 및 직업 환경 개선에 대한 지원, 고령자의 취업알선기능 강화, 고령자 고용정보센터의 운영, 고령자 인재은행의 지정, 중견전문인력 고용지원센터의 지정, 고령자 인재은행의 지정취소 등에 관한 노력과 지원을 기울여야 할 것을 규정하고 있다. 동법은 고령자의 고용촉진을 위해 대통령령이 정하는 일정 수 이상의 근로자를 사용하는 사업주는 기준 고용률 이상의 고령자를 고용하도록 노력해야 한다. 또한 사업주는 고령자 고용노력 의무와 함께 고용노동부장관이 요청할 경우 고령자 기준 고용률 이행계획을 수립·제출하여야 한다. 한편 정부와 고용노동부장관은 고령자 고용촉진을 위한 세제 지원, 우선고용직종의 선정, 우선고용직종에 대한 고용, 고용확대의 요청, 내용 공표 및 취업알선 중단 등에 관한 노력을 기울이도록 명시하고 있다.

이와 함께 우리나라 법령의 경우 구체적 정년연령에 관한 명시사항은 없으나, 사업주가 근로자의 정년을 정하는 경우에는 그 정년이 60세 이상이 되도록 노력하여야 한다고 밝히고 있다. 또한 대통령령이 정하는 일정 수 이상의 근로자의 사업주가 정년을 현저히 낮게 정한 경우 고용노동부장관은 사업주에게 관련 계획을 작성하여 제출할 것을 요청할 수 있으며, 이 계획서가 적절하지 않다고 인정될 때 그 계획의 변경을 권고할 수 있다. 이 밖에 정년퇴직자의 재고용, 재고용 지원, 정년연장에 대한 지원 등에 관해 명시되어 있으며, 고용노동부장관은 위의 사항과 관련된 보고와 검사, 과태료 등에 관한 권한을 갖게 된다.

고령자고용촉진법 시행령에서는 고령자를 55세 이상으로, 준고령자를 50세 이상으로 규정하고 있고, 고령자 기준 고용률이 적용되는 사업주는 상시 300인 이상의 근로자를 사용하는 사업장으로 당해 사업장 상시근로자 수의 100분의 3으로 고령자 채용을 규정하고 있다. 또한 사업주는 고령자 우선고용직종제도에 따라 우선고용직종에 대한 채용현황 제출, 정년연장에 관한 계획의 작성 제출, 사업주 권한의 위임, 과태료의 부과 등의 책임이 있음을 명시하고 있다.

2) 노인복지법

노인복지법 제3장 보건·복지조치에 관한 법령 제23조에서 국가 또한 지방자치단체는 노인의 사회참여 확대를 위하여 노인의 지역사회봉사활동 기회를 넓히고 노인에게 적합한 직종의 개발과 그 보급을 위한 대책을 강구하며, 근로능력이 있는 노인에게 일할 기회를 우선적으로 제공하도록 노력하여야 한다고 명시하고 있다. 국가 또는 지방자치단체는 노인의 지역봉사활동 및 취업의 활성화를 위하여 노인지역봉사기관, 노인취업알선기관 등 노인복지관계기관에 대하여 필요한 지원을 할 수 있다고 명시하고 있다. 또한 제25조에서 생업지원과 관련하여 국가 또는 지방자치단체, 기타 공공단체가 설치, 운영하는 공공시설 안에 식료품, 사무용품, 신문 등 일상생활 용품의 판매를 위한 매점이나 자동판매기의 설치를 허가 또는 위탁할 때에는 65세 이상자의 신청이 있을 경우 이를 우선적으로 반영하도록 하고 있다.

이와 함께 노인복지법 제24조에서는 국가 또는 지방자치단체는 사회적 신망과 경험이 있는 노인으로서 지역봉사를 희망하는 경우에는 이를 지역봉사지도원으로 위촉할 수 있다고 규정하고 있다. 지역봉사지도위원회의 업무는 국가 또는 지방자치단체가 행하는 업무 중 민원인에 대한 상담, 조언, 도로교통 정리, 주·정차 단속 보조, 자연보호 및 환경침해행위 단속보조와 청소년 선도, 충효사상교육, 전통의례 등 전통문화의 교육, 문화재 보호 및 안내, 기타 대통령령이 정하는 업무로 규정하고 있다.

3) 고용보험법

고용보험법은 고용보험의 시행을 통하여 실업의 예방, 고용의 촉진 및 근로자 직업능력의 개발, 향상을 도모하고 국가의 직업지도, 직업소개기능을 강화하며, 근로자가 실업한 경우에 생활에 필요한 급여를 실시함으로써 근로자 생활의 안정과 구직활동을 촉진하여 경제·사회 발전에 이바지함을 목적으로 하고 있다.

고용보험법 제19조에서 고령자 고용촉진을 명시하고 있는데, 고용노동부장관은 고령자가 노동시장에서 취업이 곤란한 자와 고용을 촉진하기 위하여 고령자 등을 새로이 고용하거나, 기타 이들의 고용안정에 필요한 조치를 취하는 사업주에 대하여 대통령령이 정하는 바에 따라 필요한 지원을 할 수 있다고 명시하고 있다. 또한 고용보험법 시행령 제25조에서는 고령자 고용지원금을 수급받을 수 있는 사업주의 요건에 대해 명시하고 있고, 제26조에서는 고령자 고용촉진장려금을 포함한 다른 장려금들이 고용유지 지원금과 중복되지 못하게 규정하고 있다.

한편 임금피크제 지원금 제도는 근로자의 고용안정을 전제로 임금이 삭감될 경우 임금삭감액의 일부를 보전수당으로 2018년까지 정부가 직접 근로자에게 지원하는 제도이다.

고령화 대책으로 마련된 "임금피크제도"는 근로자가 일정 연령에 도달한 시점부터 임금을 삭감하는 대신 근로자의 고용을 보장하는 제도로 정년보장과 임금삭감을 맞교환하는 제도라 할 수 있다.

2016년부터 정년 60세가 의무화되면서 그동안 시행하던 임금피크제도가 일부 수정 되어 실시되고 있다. 먼저 지원대상은 정년을 60세 이상으로 정하고 55세 이후부터 임금을 감액하는 제도를 시행하는 해당 사업주에게 고용되어 18개월 이상 계속 근무한 근로자의 경우가 해당된다. 근로자는 '임금피크제' 실시로 인하여 피크임금(감액 적용 이전 연도)에 비해 임금이 10% 이상 감액된 경우에 피크임금 대비 10% 이상 낮아진 금액을 지원받을 수 있으나 1인당 연간 1,080만 원 한도를 넘지 못한다. 또한 임금감액 이후 연간소득이 7,250만 원 이상인 근로자는 임금피크제 지원에서 제외하고 있다.

2. 고령자 고용정책 현황

현재 우리나라에 시행되고 있는 고령자 고용은 복지적 측면(보건복지부)과 인력활용(고용노동부)이라는 두 가지 측면에서 긍정적인 효과를 기대할 수 있다는 인식하에 노인고용 상담 및 알선을 통하여 노인들에게 여가선용 및 소득을 올릴 수 있는 기회를 부여하고 있다.

고령자 고용촉진법 관련 프로그램으로는 고용노동부의 고령자 고용촉진 장려금 제도, 고령자 인재은행, 고용안정센터와 고급인력 정보센터, 고령자 적합 직종개발, 단기직무 적응훈련 등이 있으며, 노인복지법 관련 프로그램으로는 보건복지부에 노인취업지원센터, 노인공동작업장, 노인일자리사업, 시니어클럽 등이 있다. 이 외에도 서울특별시에서 운영하고 있는 고령자취업알선센터가 있다.

1) 고령자 고용촉진법에 의한 노인고용정책

(1) 고령자 고용촉진 장려금 프로그램

고령자의 고용촉진을 활성화하기 위한 고령자 고용촉진 장려금 프로그램으로 세 가지 종류의 장려금제도를 운영하고 있다. 첫째, 고령자 다수고용 장려금을 지급하는 것이고, 둘째, 고령자 신규고용 장려금으로서 사업주가 신규고용 고령자에게 6개월간 지급한 임금을 지급하며, 셋째, 고령자 재고용 장려금으로서 퇴직한 준고령자(45세 이상)를 2년 이내에 재고용한 사업주에게 장려금을 지급하고 있다.

(2) 고령자 인재은행

'고령자 인재은행'은 1991년 12월에 제정되어 1992년 7월부터 시행된 '고령자고용촉진법' 제11조에 의해 노동부가 1993년부터 시작한 사업으로 '고령자 인재은행'은 시·도 및 지방노동관서 직업알선 창구와 연계하여 55~70세의 고령자와 경로당에서 취업신청이 많은 70~80세의 노인연령층을 대상으로 하는 것이다. 첫째, 고령자에 대한 구인·구직 등록, 직업지도 및 취업알선이며,

둘째, 취업희망 고령자에 대한 직업상담 및 정년퇴직자의 재취업 상담이고, 셋째, 기타 고령자 고용촉진에 필요하다고 인정하여 고용노동부장관이 정하는 사업 등을 수행한다.

(3) 고용안정센터와 고급인력 정보센터

노인직업알선 프로그램 중 '고용안정센터' 내에 설치된 '노인취업 알선팀'에서 실시하고 있는 Work-Net을 통한 노인취업알선 서비스업무가 있다. 그리고 고급인력 정보센터는 고용정책기본법에 의해 설치된 고용알선 프로그램으로서 사회 각 분야에서 전문지식과 경험 등을 축적하고 취직하는 고급인력 및 중견인력 등의 분야별 고급인력 Pool을 형성하여 취업을 알선해 주는 프로그램으로 '한국경영자총협회'에서 설치·운영되고 있다.

(4) 고령자 계속고용 및 직업능력 배양 프로그램

고령자 고용촉진법에 의하여 기업체가 근로자의 정년을 정하는 경우 60세 이상이 되도록 지도하고, 300인 이상 사업장의 근로자 정년이 현저히 낮은 경우 사업주에게 정년연한을 연장하도록 권고할 목적으로 정년연장계획서를 제출하도록 지도함과 아울러 정년에 도달한 고령자들을 대상으로 근무연장 또는 재고용을 위해 임금계약을 체결하도록 하여 계속 근무할 수 있도록 지도하는 프로그램이다.

(5) 고령자 우선고용직종 선정 및 채용권고

고령자 고용촉진법은 고령화 추세를 반영하여 고령자의 고용을 촉진할 수 있도록 고령자 우선고용직종을 선정·고시하여 국가 및 지방자치단체 등 공공부문은 해당 직종에 인력 채용 시에 준고령자 우선고용의무를, 민간기업에 대하여는 우선고용 노력의무를 부여하고 있다. 고용정책기본법 제6조의 규정에 따라 고용노동부장관은 고용정책심의회의 심의를 거쳐 고령자 및 준고령자의 취업에 적합한 직종을 선정하고, 선정된 적합직종을 홍보·보급함과 동시에 적합직종의 개발 등 고령자의 고용촉진에 필요한 사항에 대하여 조사, 연구하고 관련 자료를 정리, 배포하고 있다.

2) 노인복지법에 의한 노인고용정책

(1) 노인취업지원센터

노인취업지원센터는 보건복지부에서 지원하고 대한노인회가 위탁 운영하고 있는 취업알선기관으로, 노인들의 취업상담 및 취업알선을 위해서 1981년 노인인력은행으로 처음 시작한 이래 1997년 노인취업알선센터로 2004년 노인취업지원센터로 명칭을 변경하여 운영 중이다. 노인취업지원센터는 기존의 70개소 센터를 2013년 254개소(통합 22개소, 지회 232개소)로 확대 설치되어 운영되고 있는데, 지역사회 차원에서 구직을 희망하는 노인들을 대상으로 취업상담, 직업알선, 취업연계, 사후관리서비스를 제공한다.

(2) 노인공동작업장

노인공동작업장은 노인의 적성과 능력에 맞는 일거리를 마련하여 소득 및 여가선용의 기회를 제공하기 위하여 1986년부터 설치・운영되고 있는 사업으로, 현재 경로당, 노인복지기관 등에 630여 개소가 운영 중이다. 작업장 설치에 소요되는 예산을 국가와 지방자치단체가 각각 50%를 지원해 주고 특별한 기술이 없는 노인들에게 제품의 조립, 가공, 농산물 재배, 수공예, 봉투제작 등 단순작업 중심의 일거리를 제공한다.

(3) 노인일자리 사업

2001년부터 실시하고 있는 노인일자리 마련 사업이 노인의 사회경륜과 지혜를 활용하여 노인의 자원봉사 활성화를 목적으로 하고 있으며, 시・군・구를 대상으로 경로식당, 재가노인 식사배달, 말벗서비스 등 자원봉사활동비로 지원하고 있다. 동 사업의 법적 근거는 노인복지법 제23조 및 제24조의 노인의 사회참여자와 지역봉사지도원 제도에 있으며, '노인일자리'와 '자원봉사활동'과의 개념 구분 문제가 대두되고 있지만, 노인인력 운영사업에서 중요한 기능을 하고 있다.

최근에는 노인일자리의 양적 확충 및 질적 고도화를 위하여 정부는 한국노인인력개발원의 조직 확충 및 정책지원기능 강화를 통하여 노인일자리 아이템 개발, 시장분석, 매뉴얼 보급, 컨설팅 제공, 모니터링, 성과진단 등 민간분야 통합 솔루션 마련 및 구성원의 역량강화와 노인일자리 전문인력의 보강을 시행하고 있다.

〈표 11-1〉 **노인일자리 유형**

구 분		정 의	일자리
공공분야	공익형	지역사회의 발전 및 개발에 공헌하는 공익성이 강한 일자리	거리, 자연환경지킴이, 교통안전, 방범순찰 등
	교육형	특정 분야 전문지식·경험소유자가 복지시설 및 교육기관 등에서 강의	숲·생태·문화 해설사, 예절·서예·한자 강사
	복지형	사회활동이 어려운 소외계층의 생활안정과 행복추구를 지원	노노(老老)케어, 노인주거 개선, 독거노인 보호, 보육도우미
민간분야	시장형	제조, 판매, 서비스 등 사업을 연간 운영하면서 일정 수익이 발생	택배, 세탁방, 밑반찬 판매, 재활용품점, 농산물 판매
	인력파견형	수요처의 요구에 의해 파견되어 일정 임금을 지급받는 일자리	시험감독관, 주유원, 주례사, 가사도우미, 건물관리 등

출처 : 보건복지부 새로마지플랜 2015 재구성.

(4) 시니어클럽(Senior Club)

국고와 지방비 지원을 통하여 지역사회 내의 고령자일자리를 창출하려는 사업으로 2000년부터 보건복지부에서는 지역사회 내의 시니어클럽(CSC : Community Senior Club, 노인자활후견기관)을 정책으로 채택하여 시범사업으로 실시하고 있다. 2004년부터 정부에서 노인일자리 사업이 추진되면서 시니어클럽은 기존 수익창출형 사업과 관할 지방자치단체가 위탁하여 인건비가 지원되는 노인일자리사업 두 가지를 동시에 추진하는 기관으로 변경되어 2014년 전국 각지에 124개소가 설치·운영되고 있다. 이 클럽은 새로운 노년문화 형성 및 시니어들의 보다 행복한 삶을 위해 다양한 일자리 개발과 보급, 공동창업 지원 및 사회참여사업, 취업알선 등의 사업을 전개하고 있다.

제2절 고령자 소득보장정책

1. 소득보장정책

노인들의 노후생활에서 가장 문제가 되는 것은 '소득의 상실'로 인한 경제적 궁핍이다. 대부분의 노인들은 심신기능이 쇠퇴하게 되면서 노동능력이 감퇴되어 사회의 일선에서 물러나게 되고, 이로 인해 소득상실과 연결되는 것으로 노인의 소득상실문제는 노인연령층에서 가장 광범위하게 나타나는 사회문제로 지적되고 있다. 우리나라의 노인들은 소득상실이 경제적 빈곤의 가장 큰 이유인데, 이는 급속한 산업화 과정에서 나타나는 산업구조의 변화와 과학적 생산기술의 발달로 인해 조기은퇴를 하여 직업일선에서 물러나게 되었고 이는 소득의 조기상실을 초래하게 되었다.

노인의 경제적 빈곤문제를 해결하기 위한 노인의 소득보장 방식에는 직접적 현금급여인지 아닌지에 따라 직접적 소득보장제도와 간접적 소득보장제도로 나눈다. 직접적인 소득보장제도로는 연금제도, 국민기초생활보장제도, 기초연금제도 등이 있으며, 간접적인 소득보장제도로는 경로우대제도, 고용증진, 생업지원제도, 세제감면제도 등이 있다.

2. 직접적인 소득보장제도

1) 국민연금제도

국민연금제도는 1973년에 국민복지연금법의 제정으로 계획되어 1974년 시행할 예정이었으나, 종전의 근거법인 국민복지연금법을 국민연금법으로 전면개정하여 1988년 1월부터 비로소 10인 이상 사업장 근로자를 당연 적용대상으로 하는 국민연금제도가 실시되었다. 1992년부터는 이를 5~9인 사업장 근로자까지 확대 적용하였으며, 1995년 7월부터는 농어민연금이 실시되어 농어민 및 농어촌 거주자까지 적용되었다. 그 후 1999년 4월부터는 도시지역 주민까지 확대 적용하고 있다. 2007년 7월에 국민연금 전부개정 법률이 통과되어 오늘에 이르고 있다.

(1) 가입대상자

국민연금의 가입대상자는 국내에 거주하는 18세 이상 60세 미만의 국민으로 특수직연금 가입자인 공무원, 군인, 사립학교 교직원 등은 제외된다. 가입대상자는 당연적용과 임의적용으로 나뉘는데, 당연적용에는 사업에 종사하는 자인 사업장가입자와 도시 및 농어촌 지역 거주자인 지역가입자가 있다.

임의적용에는 당연적용 대상자 이외 가입신청한 자인 임의가입자와 20년 미만 가입자와 60세에 달하여 계속가입을 신청한 자인 임의계속가입자가 있다. 제도시행 초기 사업장가입자는 10인 이상 근로자를 상시 고용하는 사업장의 근로자를 적용대상으로 하였으나, 1992년부터 5인 이상 사업장까지 확대하였으며, 2003년에는 당연적용사업장 확대로 5인 미만인 사업장의 근로자까지 확대 적용하고 있다. 보험료는 가입자 소득의 9%(보험료율)로 사업장가입자는 사업주(50%)와 근로자(50%)가 분담하고 그 외 가입자는 전액 본인이 부담한다.

〈표 11-2〉 **국민연금 가입대상자 구분**

구 분	종 류	가입요건
당연적용	사업장 가입자	• 상시근로자 1인 이상 사업장에 종사하는 18~60세 미만 근로자와 사용자(의무가입) • 주한 외국기관으로서 1인 이상의 18세 이상 60세 미만의 대한민국 국민인 근로자를 사업장에서 사용하는 사용자와 근로자
	지역 가입자	• 사업장 가입자 이외의 18세 이상~60세 미만의 자로 당연히 지역가입자가 된다.
임의적용	임의 가입자	• 사업장가입자와 지역가입자가 될 수 없는 사람으로 60세 이전에 본인의 희망에 의해서 가입신청을 하며 임의가입자가 될 수 있다.
	임의계속 가입자	• 가입기간이 20년 미만인 가입자가 60세 도달하여 가입자격을 상실하였으나 가입기간을 연장신청하여 더 많은 연금을 받고자 65세에 달할 때까지 연장가입을 신청한 자

출처 : 국민연금 홈페이지 재구성.

(2) 국민연금 급여종류

국민연금의 급여종류에는 연금으로 지급되는 노령연금(분할연금), 장애연금, 유족연금과 일시금으로 지급되는 반환일시금, 사망일시금 등이 있다.

① 노령연금

국민연금가입자가 보편적으로 퇴직하는 연령인 60세에 도달했을 때('1953~1956'년생은 61세, '1957~1960'년생은 62세, '1961~1964'년생은 63세, '1965~1968'년생은 64세, '1969년 이후 출생자는 65세) 지급되며, 연금액은 보험료 납부기간(가입기간)과 가입 중 소득수준을 기준으로 결정된다.

② 분할연금

노령연금수급권자와 이혼한 배우자의 소득보장을 위하여 노령연금수급권자의 국민연금 가입기간 중 혼인기간을 공동기여(보험료 납부)로 인정, 노령연금 수령액의 일부(가입기간 중 혼인기간에 해당하는 연금액의 1/2)를 이혼한 배우자에게 지급하는 것이다.

③ 장애연금

국민연금 가입 중에 발생한 질병이나 부상으로 인하여 치료가 종결된 이후에도 장애가 남아 있는 경우, 그 정도에 따라 장애등급을 결정하고 연금을 지급하게 된다. 연금액은 장애 정도(장애등급)와 가입 중 소득수준에 따라 결정되며 장애 1~3급은 매월 연금으로 4급은 일시금으로 지급받게 된다.

④ 유족연금

국민연금 가입자 등이 사망했을 경우 가입자와 생계를 유지하고 있는 유족에게 지급하게 되고, 연금액은 가입자의 가입기관과 가입 중 소득수준에 따라 결정된다.

⑤ 반환일시금

국민연금 가입자가 60세에 도달하여 사망이나 국외이주 등으로 국민연금에 더 이상 가입할 수 없게 되었거나 연금을 받을 수 있는 요건을 충족하지 못한 경우 그동안 납부한 보험료에 이자를 더해 지급한다.

⑥ 사망일시금

국민연금 가입자가 사망하였으나 유족연금을 받을 수 있는 일정 범위의 수급대상자가 없을 때 장제비 성격으로 유족에게 지급하게 되고, 사망일시금액은 반환일시금에 준하여 지급하나 지급액에는 한도가 있다.

(3) 노령연금의 종류

일정한 연령에 달한 노령자에 대한 권리로서 정기적으로 지급되는 금전적 급부인 노령연금을 지급받기 위해서는 연령요건과 일정 기간 이상의 보험료 납입요건을 충족시켜야 하는데, 20년 이상 가입하고 60세 이상에 달했을 때 받게 되는 완전노령연금이 주된 것이나, 수급요건상의 여러 조건에 따라 감액노령, 조기노령 및 특례노령연금을 1993년부터 지급하고 있다.

① 완전노령연금

연금 가입기간이 20년 이상인 가입자 또는 가입자였던 자가 60세에 달하면 그때부터 그가 생존하는 동안 노령연금을 지급받게 된다.

② 감액노령연금

연금 가입기간이 20년 이상인 가입자 또는 가입자였던 자가 60세에 달하면 그때부터 그가 생존하는 동안 노령연금을 지급받게 되나, 가입기간이 15년 이상 20년 미만인 가입자 또는 가입자였던 자가 60세에 달하면 그때부터 그가 생존하는 동안 노령연금액에서 일정 금액을 감액한 감액노령연금을 지급받게 된다.

③ 재직자 노령연금

연금 가입기간이 20년 이상인 자로서 소득이 있는 업무에 종사하는 경우 60세 이상 65세 미만의 기간(특수직종 근로자는 55세 이상 60세 미만의 기간) 동안에 일정 금액의 연금인 재직자 노령연금을 지급받을 수 있다.

④ 조기노령연금

연금 가입기간이 20년 이상인 가입자 또는 가입자였던 자로서 55세 이상인 자가 소득이 있는 업무에 종사하지 않을 경우에는 60세에 달하지 않았더라도 본인의 희망에 의하여 그가 생존하는 동안 일정한 금액의 조기노령연금을 지급받을 수 있다.

(4) 소득 대체율

국민연금의 급여는 2008년 말부터 노령연금(2008년부터 지급 개시), 유족연금, 장애연금, 반환일시금 등으로 지급되고 있다. 노령연금의 급여수준을 소득대체율로 살펴보면, 1998년 말 국민연금 개혁으로 40년 가입 평균소득자를 기준으로 볼 때 급여수준을 종래의 최종 표준소득월액의 약 70%에서 60%로 하향 조정하여 노령연금의 월 수급액으로 지급하고 있다. 그러나 현행 국민연금은 저부담-고급여의 체계로 2036년경에는 연금수급자 증가로, 연금기금 수지에 적자가 발생하게 되고, 2047년에는 기금고갈이 예상되어 이러한 하향 조정은 2004~2007년까지 55%로 조정되었다. 또한 정부는 2070년까지 연금재정의 안정을 달성하기 위하여 2008년부터 급여수준을 표준소득월액의 50%로 재조정하였다.

2) 국민기초생활보호제도

공공부조에 의하여 행해지는 노후소득 보장의 중요한 방법이다. 국민기초생활보장제도의 전신인 생활보호제도에서는 생활보호를 받을 수 있는 노인은 65세 이상이어야 하고, 부양의무자가 없거나 부양의무자가 있어도 부양능력이 없고 재산이 정부에서 정한 일정 한도 이하인 자로 정했다. 생활보호제도는 1961

년 제정된 이후 1999년 8월 국민기초생활보장제도가 탄생되기 전까지 우리나라의 공공부조제도의 기본이었다. 2000년에 실시된 국민기초생활보장제도에서는 수급자를 기본적으로 최저생계비 이하의 저소득 국민으로 하되, 부양의무자가 없거나 부양의무자가 있어도 부양능력이 없거나 부양을 받을 수 없는 가구 중 소득과 재산이 정부에서 제시하는 기준 이하인 자를 대상으로 한다.

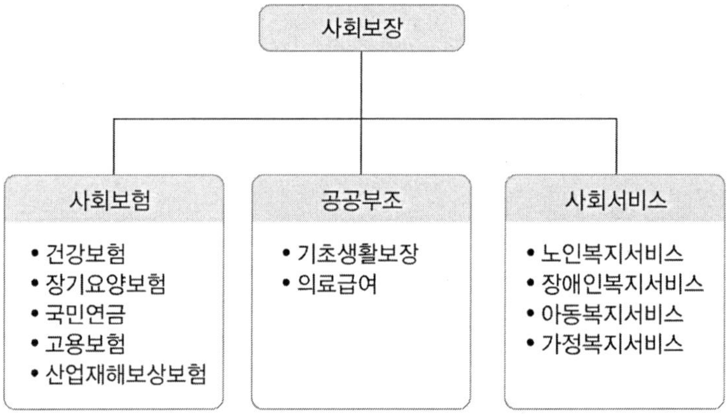

그림 11-1 **우리나라 사회보장의 체계도**

출처 : 보건복지부 홈페이지 재구성.

(1) 공공부조

사회보장기본법 제3조 제3호는 '공공부조'에 관해서 '국가와 지방자치단체의 책임하에 생활을 유지할 능력이 없거나 생활이 어려운 국민의 최저생활을 보장하고 자립을 지원하는 제도를 말한다'라고 정의하고 있다. 종래에는 '공적 부조'라는 용어를 사용하였으나, 1995년 12월 30일 법률 제5134호로 제정된 사회보장기본법에서 '공공부조'라는 용어를 사용하였다.

'공공부조'는 사회보장제도 중 사회보험 다음으로 큰 비중을 차지하고 있는 것이며, 소득·자산조사 프로그램으로 스스로 생활유지능력이 없거나 생활이 어려운 사람들에게 국가가 대한민국 헌법 제34조 제1항이 보장하는 인간다운 생활을 영위할 수 있도록 하는 제도이다.

'공공부조'는 기여금을 지불하지 않는다는 측면에서 가입자들이 지불한 기여금에 의한 소득·서비스를 보장하는 제도인 '사회보험'과는 구별되며, '공공부조'가 사후적으로 빈곤의 문제를 해결하는 '사회안전망(social safety net)'인 반면, '사회보험'은 사람들이 빈곤으로 떨어지지 않도록 미리 예방하는 제도이다.

〈표 11-3〉 **공공부조와 사회보험의 비교**

구 분	공공부조	사회보험
제도내용	저소득층의 최저생활 보장	사회위험에 대한 연대적 대응
지급대상	선별주의	보편주의
적용원리	무차별 평등주의	비례원리에 따른 형평주의
자격요건	소득 및 자산 조사	전체 국민

출처 : 국민연금 홈페이지 재구성.

(2) 국민기초생활보호제도에 의한 급여의 종류

① 생계급여

수급자에게 의복, 음식물 및 연료비, 기타 일상생활에 기본적으로 필요한 금품을 지급하는 것으로 현금급여 기준에서 가구의 소득인정액을 차감하여 산정한 금액 중 주거급여액을 제외한 금액을 지급한다.

〈표 11-4〉 **가구별 최저생계비(2014년 기준)**

구 분	1인 가구	2인 가구	3인 가구	4인 가구	5인 가구
최저생계비	603,403	1,027,417	1,329,118	1,630,820	1,932,522
현금급여기준	488,063	831,026	1,075,058	1,319,089	1,563,120

출처 : 보건복지부 홈페이지 재구성.

② 주거급여

수급자에게 주거안정에 필요한 임차료, 유지수선비 등을 지급하는 것으로, 현금급여 기준에서 가구의 소득인정액을 차감하여 산정한 금액 중 주거급여(22.032%)에 해당하는 금액을 지급하고, '자가가구 등'에 해당하는 수급자에게 가구별 현금급여액에 해당하는 금액을 차감하는 나머지를 주거현금급여로 지급한다.

〈표 11-5〉 **가구별 주거급여비(2014년 기준)**

구 분	1인 가구	2인 가구	3인 가구	4인 가구	5인 가구
주거급여	107,532	183,094	236,860	290,626	344,391
현물급여	28,000	48,000	63,000	77,000	92,000

출처 : 보건복지부 홈페이지 재구성.

③ 교육급여

수급자 중 중·고등학교에 재학하는 자를 대상으로 하며 입학금, 수업료, 교과서대, 부교재비, 학용품비 등을 지원한다.

- 고등학생 : 교과서대(12만 9천 5백 원), 학용품비(5만 2천 6백 원)
- 중학생 : 부교재비(3만 8천 7백 원), 학용품비(5만 2천 6백 원)
- 초등학생 : 부교재비(3만 8천 7백 원)

④ 해산급여

수급자가 출산한 경우 출산여성에게 1인당 60만 원을 현금으로 지급한다. 쌍둥이인 경우는 120만 원을 지급한다.

⑤ 장제급여

장제급여는 수급자가 사망한 경우 근로능력이 없는 자로만 구성된 가구에 75만 원을 지급하고 근로능력이 있는 가구는 50만 원을 현금으로 지급한다.

⑥ 의료급여

수급자 전체에게 급여한다.

3) 기초연금

기초노령연금제도는 노인복지법의 경로연금 부분을 연금법으로 대체한 제도로 2007년 국민연금의 개혁과 함께 기초노령연금법이 국회를 통과함으로써 2008년부터 65세 이상 저소득 노인에게 기초노령연금이 지급되어 오다가 2014년 7월 1일부터 기초노령연금제도가 폐지되고 기초연금제도로 시행되고 있다.

기초연금제도는 지금의 노인들은 국가발전을 위해 노력하고 자녀를 위해 희생하였지만, 정작 자신의 노후를 준비하지 못하여 노인들의 안정된 노후생활을 국가가 도와주기 위한 것이다. 우리나라는 1988년부터 국민연금제도가 시행되었지만 제도가 시행된지 오래되지 않아 국민연금에 가입하지 못한 노인들도 많고 가입을 했더라도 가입기간이 짧아 충분한 연금을 받지 못하는 노인이 많기 때문에 노후생활을 도와주고 연금혜택을 공평하게 하기 위하여 기초연금을 도입하게 되었다. 또한 이 제도는 국민연금제도가 성숙함에 따라 자동적으로 기초연금이 조정되므로, 미래의 재정부담도 줄어들게 되는 특징을 가지고 있다.

기초연금은 만 65세 이상 전체 노인 중 소득과 재산이 적은 하위 70%를 선정하여 지급하고 있다. 소득선정 기준액은 혼자 사는 노인은 월 소득이 93만 원 이하이며 배우자가 있는 노인은 월 소득이 148만 8천 원 이하여야 한다. 기초연금의 지급은 개인은 최대 월 20만 원을 부부 합산인 경우에는 최대 월 32만 원을 지급받을 수 있다.

〈표 11-6〉 소득 및 재산 선정기준액(2015년 소득기준)

단독 가구	부부 가구
930,000원	1,488,000원

출처 : 보건복지부 홈페이지 재구성.

4) 특수직역 연금

(1) 공무원연금

공무원연금제도 GEPS(Government Employees Pension System)는 우리나라 공적 연금의 효시로서 1960년 1월 1일 법률 제533호로 공무원연금법이 제정・공포됨으로써 실시되었다. 공무원연금제도의 목적은 공무원이 퇴직, 사망, 공무로 인한 부상・질병・장애 등으로, 경제적 어려움에 처할 때 적절한 수준의 급여를 제공함으로써 공무원 및 그 유족의 생활안정을 보장하는 것이다.

공무원연금제도는 직업공무원을 대상으로 하며 적용대상은 국가공무원, 지방공무원, 국가 또는 지방자치단체에 근무하는 기타 직원(위원회 전임직원 등) 및 업무・보수 등을 고려하여 행정자치부장관이 인정하는 자이다. 공무원연금 급여는 크게 장기급여와 단기급여로 구분된다. 장기급여에는 퇴직급여 4종, 장해급여 2종, 유족급여 8종, 퇴직수당 등 15종이 있으며, 단기급여로는 공무상요양비, 재해부조금, 사망조위금 등 3종이 있다. 이 중에서 가장 중요한 급여는 퇴직급여로 재직기간이 20년 미만인 경우에는 퇴직일시금이 지급되며, 20년 이상인 경우 본인의 선택에 따라 퇴직연금, 퇴직연금일시금 또는 퇴직연금공제일시금이 지급된다.

(2) 군인연금

군인연금은 당초 공무원연금에 포함되어 1960년부터 실시됐다. 그러나 신체적 장애나 전사 등 위험발생 비율이 높은 군인이라는 특수성을 반영하기 위해 1963년 군인연금법이 제정돼 독립했다. 현행법상 군인연금의 운영주체는 국방부장관으로 정부가 직접 기금의 관리책임을 맡고 있다. 군인연금은 원칙적으로 기여금을 납부하는 군인(부사관, 준사관, 장교)에게 적용한다. 그러나 사망보상금과 장애보상금은 기여금을 납부하지 않는 병사에 대해서도 지급한다. 기여금은 공무원연금과 마찬가지로 매월 7%로 공제하고 있다. 급여는 크게 퇴직급여, 유족급여, 재해보상급여, 재해보상금, 퇴직수당 등으로 나뉜다. 퇴역연금은 군인이 20년 이상 복무하고 퇴직할 경우에 전역 후부터 사망할 때까지 지급하는 급여이며, 퇴역연금공제일시금은 20년 이상 복무하고 퇴직한 군인에게 20년을 초과하는 복무기간에 해당하는 부분을 일시금으로 지급하고, 20년에 해당하는 것을 연금으로 받는 급여형태이다. 퇴역연금일시금은 20년 이상 복무하고 퇴직한 군인이 퇴역연금 대신에 전 근속기간에 대하여 일시금으로 지급받는 급여이다. 퇴직일시금은 20년 미만을 복무하고 전역할 때 받는 급여이다.

(3) 사립학교 교직원연금

사립학교 교직원의 퇴직, 사망 및 직무상 질병, 부상, 장애에 대해 급여를 지급하는 제도다. 1975년 1월 1일부터 시행됐으며 부담률과 급여내용 등 제도의 근간이 공무원연금과 거의 같다. 사학연금 적용대상은 초등학교부터 대학교에 이르는 모든 사립학교와 사립특수학교, 그리고 이를 설치·운영하는 학교 경영기관에서 근무하는 정규 교직원 등이다. 사학연금에 가입한 교수, 교사와 같은 교원이나 사무직원 등 개인은 월급의 7%를 기여금으로 납부한다. 여기에다 소속 법인과 정부가 합쳐서 7%를 추가로 내준다. 교직원이 퇴직할 때 지급하는 퇴직급여에는 퇴직일시금, 퇴직연금일시금, 조기퇴직연금, 퇴직연금, 퇴직연금공제 일시금 등이 있다. 재직기간에 따라 지급하는 급여의 종류가 달라진다. 기준은 20년으로 20년 미만 재직한 때는 퇴직일시금을 지급하며 20년 이상을 채워야만 퇴직연금 등을 선택할 수 있다.

3. 간접적인 소득보장제도

1) 경로우대제도

경로우대제도는 1980년 5월 8일을 기해 70세 이상 노인에 대하여 철도, 고궁, 능원, 목욕, 이발, 시외버스, 사찰 등 8개 업종에 50% 할인을 시작으로 출발하였다.

‘노인복지법 시행령’ 제19조에서는 ‘노인복지법 규정’에 의하여 65세 이상의 자에 대하여 그 이용요금을 할인할 수 있는 공공시설 종류와 그 할인율을 제시하고 있으며, 65세 이상인 자가 경로우대시설의 이용요금을 할인하여 이용하고자 하는 때에는 당해 시설의 관리자에게 주민등록증, 기타 연령을 확인할 수 있는 신분증을 내보여야 함을 규정하고 있다.

경로우대제도에 의한 시설의 종류 및 할인율을 살펴보면 다음과 같다. 공영 경로우대제도에서는 철도요금으로 통일호 운임의 50%, 무궁화호 운임의 30%를 할인해 주며, 수도권 전철, 도시철도, 고궁, 능원, 국·공립박물관, 국·공립공원, 국·공립 미술관 운임 또는 입장료를 100% 할인한다. 국·공립 국악원의 입장료는 50%를 할인하며, 공연장의 경우에는 그 공연장의 운영자가 자체 기획한 공연의 관람료에 한한다. 민영 경로우대제도에서는 국내 항공기 운임의 10% 할인하고 있으며, 타 경로우대업종(목욕, 이발 등)은 자율적으로 실시하고 있다.

2) 취업 증진

노인의 고용촉진을 위하여 고령자취업알선센터, 노인인재은행, 노인공동작업장 등의 운영을 통하여 노인의 취업을 알선하고 있으며, 특히 300인 이상 사업장에 대해서 55세 이상인 자를 3% 이상 고용하도록 권장하고 있다. 노인취업지원센터는 노인의 유휴노동력을 활용하여 인력난을 해소하고 노인의 적성과 능력에 맞는 일자리를 발굴하여 취업을 알선하며, 장·단기 취업알선대책을 통하여 노인들의 실질적인 소득보장 확보에 기여하고 있다. 그 외 서울특별시가 민간기관에 위탁하여 실시하고 있는 고령자취업알선센터가 운영되고 있으며, 노인공동작업장은 노인의 소득기회와 함께 여가활동기회를 제공할 목적으로 전국의 노인복지시설을 중심으로 설치되어 있다.

3) 세제혜택

3대 이상 대물림한 주택이나 노인과 5년 이상 동거하는 가족의 경우 주택 상속세를 공제하고 있으며, 60세 이상인 자에 대하여 상속세 인적 공제를 60세 이상 직계존속 부양자에게 부양가족공제를 65세 이상의 노인을 부양하는 자에 대한 경로우대공제와 직계존속과 2년 이상 동거하는 세대주에 대한 주택자금할증지원 등의 혜택이 실시되고 있다.

4. 기타 소득보장제도

1) 주택연금제도(역모기지론, Reverse Mortgage Loan)

주택연금제도는 주택을 소유하고 있지만 특별한 소득원이 없는 고령자에게 주택을 담보로 노후생활에 필요한 자금을 연금형태로 대출해 주는 상품이다. 주택을 담보로 한 장기대출의 한 형태로 장기주택저당대출이라 할 수 있는데, 시간이 흐를수록 대출잔액이 늘어나고 주택을 처분한 후 원리금을 일괄 상환하는 방식이다. 부동산을 담보로 장기주택자금을 대출받는 모기지론과 자금의 흐름이 반대이기 때문에 '역모기지론'이라는 이름이 붙여졌다.

금융기관은 종신시점까지 상환청구권을 행사할 수 없으며, 대출자는 중도 상환의무를 부담하지 않고 연금을 수령할 수 있다. '역모기지론'은 주택담보를 기초로 대출계약이 성립되기 때문에 대출신청자의 신용상태나 상환능력보다는 미래의 특정 시점에 예상되는 주택의 가치에 근거하여 대출금액이 결정된다. '역모기지론'은 노년층의 자산구성을 다양화하고 자금의 유동성이 증가하여 소비를 활성화시킬 뿐만 아니라 주거안정을 도모할 수 있다는 장점이 있다. 반면에 대출계약자가 예상수명보다 오래 살게 되어 총대출 금액이 주택가격을 초과하거나 미래의 주택가치가 하락할 위험도 있다.

(1) 가입 가능 연령

주택소유자가 만 60세 이상이어야 하나 부부공동으로 주택소유 시에는 연장자가 만 60세 이상이면 가능하다. 확정기간 방식은 주택소유자가 만 60세 이상인 자 중 연소자가 만 55~74세 이하이어야 한다.

(2) 주택 보유 수

부부 기준으로 1주택만을 소유하고 있어야 한다. 단, 상속, 이사 등으로 인한 2주택 보유자는 3년 내에 처분하는 조건으로 1주택을 가입 가능하다.

(3) 대상주택

대상주택은 시가 9억 원 이하의 주택 및 지방자치단체에 신고된 노인복지주택이다(상가 등 복합용도 주택은 전체 면적 중 주택이 차지하는 면적이 1/2 이상인 경우에는 가입 가능하다).

제3절 고령자 건강보장정책

노인들은 대부분 육체적 · 정신적 노화로 인한 노인성 질환을 가지고 있고, 노인병의 특성상 정기적인 진료나 장기적인 치료가 필요한 경우도 많기 때문에 건강문제가 그 무엇보다도 중요하기 마련이다. 따라서 노인들 스스로 노령에 따르는 심신의 변화를 지각하여야 하고, 정부는 노인질환을 조기에 진단하고 예방할 수 있는 건강진단 및 건강지도 그리고 보건교육을 실시하여 노인건강 증진을 도모하여야 한다.

1. 생애주기별 맞춤형 건강정보 제공 프로그램

사전예방적 건강관리 체계 구축의 일환으로 개인 생애주기별 맞춤형 건강관리서비스 제공을 위하여 건강정보 포털 및 모바일 포털을 통해 의료기관 진료비, 산후조리원 서비스 비용, 보건기관 건강증진서비스 등의 건강 및 의료정보를 제공하고 있다.

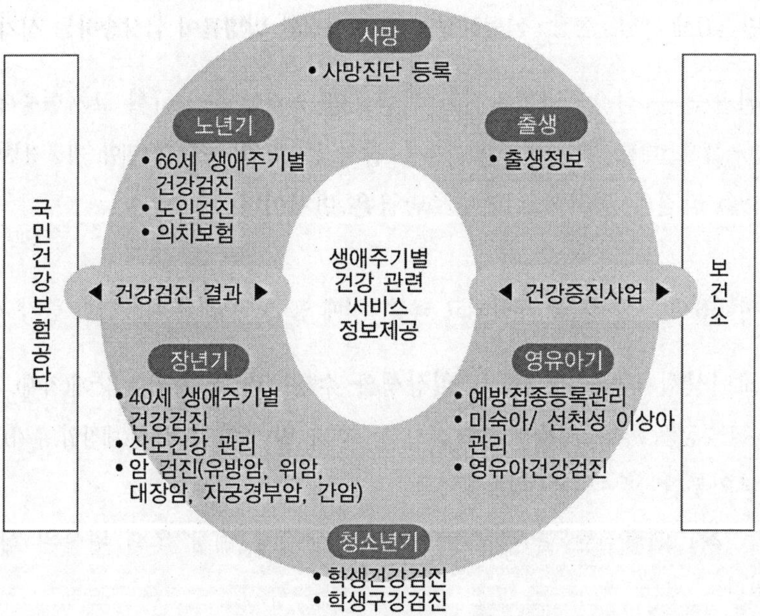

그림 11-2 생애주기별 맞춤형 건강관리서비스 제공

출처 : 보건복지부. 새로마지플랜 2015.

2. 생애전환기 건강진단

생애전환기 국민을 대상으로 성별·연령별 특성에 적합한 맞춤형 건강진단을 통하여 주요 만성질환 및 건강위험 요인을 조기발견, 조기치료 및 관리하여 건강증진을 도모하기 위하여 만 40세와 만 66세에 건강투자전략의 일환으로 생애전환기 건강진단을 실시하고 있다.

국민건강보험공단에서 실시하는 일반건강검진과 비슷한데 노인신체기능검사와 여성노인의 경우는 골밀도검사를 추가하였는데 다음과 같다.

성별, 연령별 특성을 고려한 과학적인 맞춤형 건강검진 프로그램 도입으로 질병의 조기발견 및 예방효과를 극대화하기 위하여 기존 일반건강검진에서 1·2차로 분리·실시되었던 검진항목을 통합하고, 생애주기별 성별·연령별 예방효과가 탁월한 필수검진 항목으로 설정하여 1차 건강진단으로 실시하고 있다.

1) 만 40세 : "암, 심장·뇌혈관질환 등 만성질환 발병률이 급상승하는 시기"

☞ 뇌졸중 등 심장·뇌혈관질환 위험요인 조기발견을 위해 고지혈증(중성지방, HDL－콜레스테롤), 복부비만(허리둘레) 검사 등 도입, 4종 암(위암, 자궁경부암, 유방암, 간암) 검진을 실시하고 본인부담금은 면제이다.

2) 만 66세 : "신체기능 저하되고 낙상, 치매 등 노인성 질환의 위험 증가 시기"

☞ 노인신체기능(근력, 평형성), 일상생활 수행능력, 인지기능장애(치매), 골밀도검사(골다공증, 여성), 시력·청력검사 등 추가 및 5종 암 검진(대장암 추가) 실시하고 본인부담금은 면제이다.

또한 "2차 건강진단"을 개편하여 "모든 수검자 대상"으로 의사의 상담이 제공된다.

3) 의사의 검진결과 상담을 신설하여 건강행태 개선 등 예방활동으로 연계함으로써 사전·예방적 건강관리 체계 구축

4) "개인별 건강위험평가(Health Risk Appraisal)" 도입

※ 뇌졸중, 당뇨 등 심·뇌혈관질환 발생위험도, 교정 가능한 위험요인과 개선목표를 제시하고, 개인별 특성에 맞는 교육자료를 제공한다.

5) "생활습관 평가 및 개선 처방" 등 사후관리(Follow-up) 프로그램을 도입

※ 다섯 가지(흡연, 음주, 운동, 영양, 비만) 건강 위험요인에 대한 생활습관 평가 및 처방, 상담을 제공하고 있다.

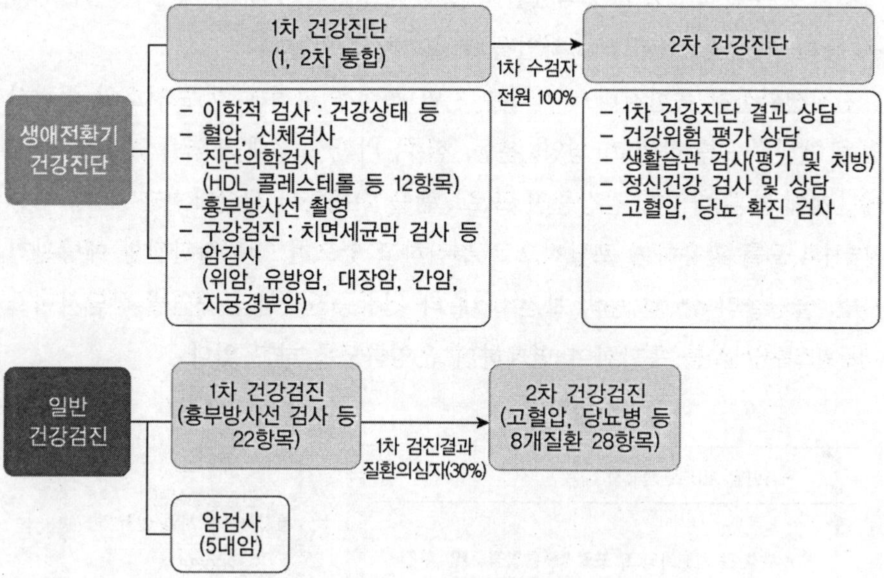

그림 11-3 생애전환기 건강진단체계

출처 : 보건복지부(2010). 생애건강진단지침.

3. 보건소 건강생활실천 통합서비스

보건소 건강생활실천사업이 전국사업으로 확대됨에 따라 건강증진의 개념을 확산시키고 지역사회 내 건강환경 조성 및 건강분위기 확산의 견인차 역할을 하는 계기가 되었으나, 지역사회마다 건강위험 요인이 다양하고 주민요구도가 다르므로 2008년도부터 "지역특화 건강행태 개선사업"으로 사업명을 변경하여 지역의 특성에 맞는 건강증진 프로그램을 개발하여 사업을 추진하고 있다.

2011년부터는 "건강생활실천 통합서비스 사업"으로 사업명을 변경하여 지역사회 특성에 맞는 건강증진 프로그램(대국민 홍보, 환경조성, 캠페인 등)을 개발함과 동시에 개인별 상담서비스(건강원스톱서비스)를 제공함으로써 개인의 건강관리의 필요성을 더욱 강조하였다. 또한 개인별 상담서비스(건강원스톱서비스)는 사업별로 부분적으로 제공되었던 개별서비스에서 사업 간 통합적 접근전략을 통해 '대상자 중심'으로 사업을 효율화하고 있다.

건강생활실천 통합서비스 사업은 지역 특성을 고려해 각 보건소의 중점사업을 개발하도록 하였고, 영양, 운동, 절주, 비만 등 4대 영역을 포함하여 생애단계에 따른 다양한 건강증진 프로그램을 수행하되 생활터(학교, 사업장, 병원, 지역사회 등)를 활용하여 포괄적으로 추진하고 있으며, 심뇌혈관질환 예방관리사업, 금연클리닉사업 등의 보건소 내 타 건강증진사업과 개인별 상담서비스(건강원스톱서비스)를 통합하여 연계하여 운영하도록 하고 있다.

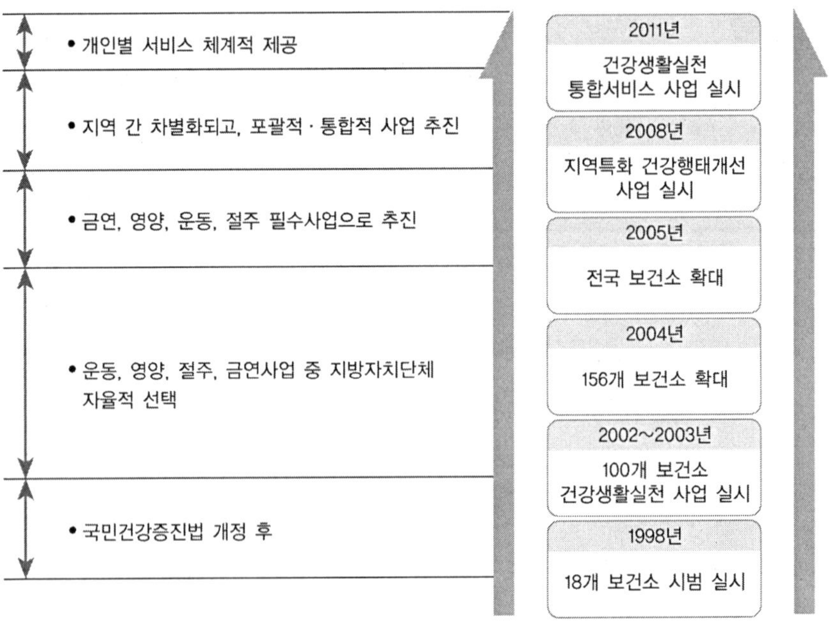

그림 11-4 건강생활실천 통합서비스 사업 추진경과

출처 : 보건복지부(2013). 보건복지백서.

4. 맞춤형 방문건강관리 사업

의료취약계층가구의 대상자 및 가족의 삶의 질을 향상하고 의료비를 절감하기 위하여 경제적 · 신체적 거동불편의 이유로 의료기관 접근성이 떨어지는 의료취약계층의 건강을 관리하고 건강문제를 스스로 관리할 수 없는 대상자를 조기에 발견하며, 생활습관의 개선을 통하여 합병증을 예방하고, 건강증진을 통해 주민 스스로 건강을 유지할 수 있도록 지원할 필요성이 증대하고 있다.

이 사업은 '국민건강 증진 종합계획'의 '건강수명 연장과 건강형평성 제고'를 위하여 취약계층가구의 건강증진을 도모하고자 건강취약계층가구의 가구원을 대상으로 생애주기별 건강위험 요인을 파악하고, 스스로 건강을 관리하는 능력을 향상시킬 수 있도록 지원하여 개인에게는 신체적 · 정신적 · 사회적으로 건강한 삶을 영위할 수 있도록 하여 건강한 지역사회를 조성하고 경제 · 사회 · 문화적 차이로 인한 건강격차를 완화시키도록 하고 있다.

5. 노인건강운동 활성화 사업

지역사회 노인들에게 사전예방적 건강관리에 초점을 둔 노인건강 프로그램의 보급을 확대하는 운동과 건강교육 등의 종합적인 노인건강운동사업으로 도시공원 건강교실과 자조모임 운동교실로 구분할 수 있는데, 도시공원 건강교실을 2013년 147개소를 운영하고 있고 자조모임 운동교실도 90개소를 운영하고 있다.

제4절 고령자 의료보장정책

의료보장정책은 개인이 신체적·정신적으로 건강한 생활을 유지할 수 있도록 국가가 개입하여 보장해 주는 정책으로서 의료보장은 질병, 부상, 분만, 사망 등으로 인한 생활상의 불안을 극복하고, 국민의 건강권을 실현하기 위해 필요한 보건 및 의료 대책을 국가나 사회가 제도적으로 보장하는 것을 말한다.

노인의 건강문제는 매우 복합적이고 다양할 뿐 아니라 장기적인 관리가 필요한 특성을 가지고 있는데, 건강에 영향을 미치는 주요 요인은 생활습관, 환경, 생물학적 요인 및 보건의료서비스 전달이므로 최적의 건강(optimal health) 유지에 필요한 대책이 타 연령층보다 매우 어렵다는 근본적인 문제가 있다. 따라서 노인에게 의료보장의 필요성 이유는 다음과 같다.

첫째, 노인의 보건 및 의료 정책은 노인의 삶의 질과 수명에 직접적으로 영향을 주며, 노인의 건강보호를 위한 서비스이다.

둘째, 노년기의 빈번한 질병, 예기치 않은 치매, 중풍 등 장기간 요양보호를 필요로 한 경우 고액의 의료비 부담을 개인적 차원에서 해결하기란 거의 불가능하다.

셋째, 질병에 대한 의료비 부담은 사적이고 상업적 보험으로 해결하려는 시도는 경제적 능력이 있는 노인은 가능하지만 대다수 노인들은 불가능하다.

넷째, 노인의 건강유지는 생활의 만족감을 향상시켜 주고 가족집단, 친족 및 근린집단, 지역사회, 나아가서는 국가사회 전체로의 통합을 촉진시켜 줄 수 있다.

다섯째, 노년기의 질병경험은 누구에게나 올 수 있는 보편적인 현상이기 때문이에 국가의 보장이 필요하다.

〈표 11-7〉 **사보험과 사회보험의 특성**

구 분	사보험(민간)	사회보험(공적)
가입방법	• 임의가입	• 강제가입
보험료	• 위험의 정도, 급여수준에 따른 부과	• 소득수준에 따른 차등 부과
보험급여	• 보험료 부담수준에 따른 차등급여	• 재정규모를 감안한 필요에 따른 균등급여
보험료 징수	• 사적 계약에 의한 징수	• 법률에 의한 강제징수

출처 : 보건복지부(2013). 보건복지백서 재구성.

1. 국민건강보험제도

국민건강보험제도는 생활상의 질병과 부상에 대한 예방, 진단, 재활에 대하여, 그리고 출산과 사망 및 건강증진에 대하여 보험급여를 실시함으로써 국민의 보건을 향상시키고 사회보장을 증진시키기 위한 제도이다. 즉, 국민의 건강을 유지하고 경제적인 부담을 줄여 가정생활의 안정을 도모하고자 하는 사회보험제도의 하나로서 보험의 원리를 이용하여 의료비의 지출부담을 국민건강보험 가입자 모두에게 분산하는 상부상조 정신을 계승한 것이라 할 수 있다.

현행 국민건강보험제도의 모태인 의료보험제도는 1977년에 500인 이상 사업장을 대상으로 도입되었다. 1979년에는 공무원과 사립학교 교직원이 의료보험에 포함되었고, 1989년에는 사회보험으로서 당초의 의료보험을 실시한 지 12년 만에 전 국민을 대상으로 하는 건강보험의 실현을 달성하였다. 또한 관리방식도 이른바 통합방식으로 바뀌어 2000년 7월 김대중 정부에 의해 현행 국민건강보험으로 일원화되었으며, 2003년 7월에는 재정통합도 이루어져 현재에 이르고 있다.

1) 적용대상

국민건강보험제도의 적용대상은 모든 국민이다. 직장가입자(68.4%)는 근로자와 사용자, 공무원 및 교직원, 그리고 그 피부양자로 구성되고, 지역가입자는 직장가입자를 제외한 자를 대상으로 한다. 지역가입자(28.8%)는 직장가입자를 제외한 사람들이다. 건강보험 대상자 중 피부양자는 직장가입자에 의하여 주로 생계를 유지하는 자로서 보수 또는 소득이 없는 자를 의미하며, 직장가입자의 배우자, 직계존속(배우자의 직계존속 포함), 직계비속(배우자의 직계비속 포함) 및 그 배우자, 형제·자매를 포함한다. 건강보험 대상에서 제외되는 146만 명(인구의 2.8%)은 국가로부터 보호를 받는 의료급여 대상자이다.

〈표 11-8〉 **적용인구 현황(2014년 3월 기준)** (단위 : 명)

분 류		적용인구	비율(%)
총 계		51,430,000	100.0
건강보험	계	49,970,000	97.2
	직 장	35,188,000	68.4
	지 역	14,782,000	28.8
의료급여		1,461,000	2.8

출처 : 국민건강보험공단 홈페이지 재구성.

2) 보험료

보수월액보험료는 가입자의 보수월액에 보험료율을 곱하여 보험료를 산정한 후 경감률 등을 적용하여 가입자 단위로 부과하여 보험료를 산정하고 있다.

〈표 11-9〉 **보험료 산정방법**

건강보험료 = 보수월액 × 건강보험료율(6.07%, 2015년 기준)

출처 : 국민건강보험공단 홈페이지 재구성.

3) 보험급여

보험급여에는 현물급여와 현금급여가 있다. 현물급여는 요양급여와 건강검진으로 나누어지는데, 요양급여는 가입자와 피부양자의 질병과 부상에 대한 예방과 치료에 따르는 제반 서비스를 총칭한다. 병원에 가서 받는 일반적인 의료서비스가 바로 이 요양급여이며, 건강검진은 질병의 조기발견을 위해 실시하는 것으로 2년마다 한 번 이상 하도록 되어 있다(비사무직은 1년에 1회). 현행 건강보험에서 제공하는 현금급여에는 요양비와 장제비 등이 있다. 요양비 중에는 요양기관 이외의 장소에서 출산을 한 경우에 지급되는 출산비 같은 것이 포함되고 장제비는 2008년 1월 1일부터 중지되었다.

4) 재정부담

국가는 매년 예산의 범위 안에서 해당연도 보험료 예상수입액의 100분의 14에 상당하는 금액을 국고에서 공단에 지원하고, 공단은 국민건강증진법에서 정하는 바에 따라 국민건강증진기금에서 자금을 지원받을 수 있다. 임금 근로자인 직장가입자는 보험료로 월정보수의 6.07%를 본인과 사용자가 각각 50%씩 납부한다. 지역가입자의 건강보험료는 가입자의 소득, 재산(전·월세 포함), 자동차, 생활수준 및 경제활동참가율을 참작하여 정한 부과요소별 점수를 합산한 보험료 부과점수에 점수당 금액을 곱하여 보험료를 산정한 후 경감률 등을 적용하여 세대단위로 부과하고 있다. 또한 65세 이상 노인, 장애인, 국가유공자, 오지, 벽지, 농어촌에 거주하면서 농어업에 종사하는 가입자에 대하여는 보험료의 일부를 경감해 주고 있다.

5) 본인부담금

우리나라의 건강보험은 가입자가 이용 시 진료비 총액에 대한 본인부담금이 발생되는데, 입원 시에는 총 진료비의 20%를 부담하여야 하고, 외래이용 시에는 병원규모와 1~3차 기관분류 정도에 따라 총 진료비의 60%에서 30%까지를 부담하여야 하고, 약제비의 30%를 부담하고 있다.

〈표 11-10〉 **국민건강보험 재원 조달체계**

구 분		직장 근로자	농·어민, 도시자영자
재원 조달	보험료	• 보수월액의 6.07% • 사용자, 근로자가 각 50%씩 부담 • 사용자가 원천징수하여 공단에 납부 • 공무원은 본인, 정부가 각 50%씩 부담 • 사립학교 교직원은 본인, 학교경영자, 정부가 각 50%, 30%, 20%씩 부담	• 소득·재산(자동차 포함) 등 등급별 적용점수를 합산한 보험료 부과점수에 점수당 단가(172원)를 곱한 금액 • 세대의 지역가입자가 연대하여 납부
	국 고	해당연도 보험료 예상수입액의 14%	
	건강증진기금	해당연도 보험료 예상수입액의 6%(단, 부담금 예상수입액의 65% 이내)	

출처 : 보건복지부(2015). 보건복지백서 재구성.

6) 운영체계

관리운영은 보건복지부가 건강보험에 필요한 제도와 정책을 결정하고 그 정책을 국민건강보험공단이 집행한다. 구체적으로 국민건강보험공단은 대상자의 자격을 관리하고 보험료를 거두어들이며 진료비를 병·의원에 지급하고, 잘못 지급된 부분에 대해서는 환수조치를 취한다. 병·의원이 청구한 진료비가 적정한지를 심사하는 기구로 건강보험심사평가원이 있다.

그리고 요양급여의 기준, 요양급여비용, 가입자의 보험료 수준 등 건강보험에 관한 주요 사항을 심의하고 의결하는 건강보험정책 심의위원회를 두고 있다.

2. 의료급여

2000년 10월부터 전면 시행된 국민기초생활보장법에 따라 생활보호법은 폐지되었지만, 생활보호법상 생활보호대상자와 저소득층을 대상으로 의료혜택을 제공하는 의료보호가 의료급여로 명칭만 바꾸었을 뿐 사업내용상에 있어서 큰 변화는 없다.

의료급여는 생활이 어려운 저소득 국민의 의료문제를 국가가 보장해 주는 공공부조제도로 건강보험과 함께 국민의 의료보장의 중요한 수단이 된 사회보장제도이며, 생활유지능력이 없거나, 생활이 어려운 국민의 최저생활을 보장하고 자립을 지원하는 국민기초생활보장의 개념을 진찰과 검사, 치료 등 의료보장의 측면에서 구체적으로 실현하는 제도이다.

국민기초생활보장법에 의한 수급자는 자동으로 의료급여수급자격이 주어진다. 그 밖에 이재민이나 독립유공자 등에게도 의료급여가 제공된다. 수급자는 근로능력을 기준으로 1종 수급자와 2종 수급자로 나뉜다.

1종 수급자에 해당하는 사람들은 근로능력이 없는 65세 이상 노인과 중증장애인이며 1종 수급자에게는 급여비 전액이 지급된다. 2종 수급자의 경우는 입원비의 80%를 지원한다. 2차와 3차 기관에서 외래진료를 받는 경우에는 진료비의 80%를 지원하고, 1차 기관 외래진료인 경우에는 본인부담금 1,000원을 제외한 나머지를 지원하고 있다.

의료급여제도는 공공부조의 일종이므로 일반 조세로 소요재정을 충당하는 것이 마땅하지만, 실제로는 각 시도에 설치한 의료급여기금에서 필요경비를 충당하고 있다. 의료급여기금의 재원은 국가보조금, 지방자치단체의 출연금 등으로 충당하는데, 국비 대 지방비의 분담비율은 서울특별시의 경우 50% 대 50%로, 기타 시·도의 경우에는 80% 대 20%로 구성되어 있다.

본인부담금은 1종 수급권자의 경우 2007년 7월 이전에는 입원 및 외래 진료비용을 전액 지방자치단체를 포함하여 국가가 부담하였으나, 2007년 7월 1일부터 외래진료에 대하여 건강생활 유지비를 지원하는 일부 본인부담 등 제도개선이 이루어지게 되었다. 2종 수급권자의 경우 입원 및 외래 진료비용에 대하여 일부 본인부담을 하고 일부 지방자치단체를 포함하여 국가가 부담하는 형태로 되어 있다.

3. 노인 안 검진 사업

2003년부터는 저소득층 노인에 대한 정밀 안 검진을 실시하여 안질환을 조기 발견하여 적기에 치료함으로써 노인들의 실명을 예방하고 일상생활이 가능한 시력을 유지하도록 지원하고 있다.

검사결과 안경이나 돋보기가 필요한 노인에게는 안경을 기증하고, 백내장 등 개안수술이 필요한 노인에게는 수술비 지원을 통한 노인 및 가족의 의료비 부담을 경감하고, 대상자의 단계적 확대로 노인건강을 체계적으로 보장하고자 노력하고 있다. 특히 안질환 및 노안으로 인하여 시력이 약화된 노인들을 대상으로 일상생활 적응을 지원하기 위한 재활 프로그램을 시범적으로 실시하고 있으며, 실명 또는 시각장애의 심화를 예방하는 노력을 하고 있다.

4. 노인 틀니시술 지원

어르신들의 틀니시술에 대해 건강보험급여를 적용함으로써 저작기능 개선을 통해 건강증진 및 삶의 질 향상을 도모하고 있다.

〈표 11-11〉 **노인 틀니시술 지원안내**

주요 급여내용	
완전틀니 (complete denture, full eenture)	전체틀니, 완전의치, 총의치라고도 하며 치아가 전혀 없는 상태에서 치아와 흡수된 잇몸을 수복해 주는 틀니
부분틀니 (partial denture)	부분의치, 국소의치라고도 하며, 치아가 부분적으로 남아 있을 경우 시행되는 보철물로, 결손된 치아를 하나의 보철물로 만들어 고정시켜 줄 치아에 여러 가지 구조물(클라스프 등)을 통해 틀니를 고정할 수 있도록 만든 틀니

출처 : 국민건강보험공단 홈페이지 재구성.

적용대상은 만 70세 이상 완전틀니(레진상, 금속상) 또는 금속상 부분틀니 장착자와 기존 레진상 완전틀니(레진상, 금속상) 또는 금속상 부분틀니 보유자가 포함되며 본인부담률은 요양급여비용 총액의 50%이다.

5. 노인장기요양보험제도

노인장기요양보험제도는 고령이나 노인성 질병 등으로 인하여 일상생활을 혼자서 수행하기 어려운 노인에게 신체활동 또는 가사지원 등의 장기요양급여를 사회적 연대원리에 의해 제공하는 사회보험제도로 노후의 생활안정을 도모하고, 그 가족의 부담을 덜어줌으로써 국민의 삶의 질을 향상시키는 데 이바지하고 있다.

1) 적용대상

제도의 적용대상은 전 국민이며 장기요양 신청대상자는 65세 이상 노인 및 노인성 질환을 가진 65세 미만 국민으로 하되, 6개월 이상 혼자서 일상생활이 어려운 자로 장기요양등급판정위원회에서 등급판정을 받은 국민으로 하고 있다.

2) 등급판정

장기요양 등급판정은 1차적으로 건강보험공단의 방문조사원이 방문조사를 통해 파악한 요양욕구 5영역 52개 항목에 대한 결과를 수행분석도에 적용하여 2차 판정을 위한 장기요양인정 여부 및 장기요양등급(1차 판정결과)을 산출하면, 등급판정위원회에서 1차 판정결과와 특기사항 및 의사소견서, 기타 심의 참고자료 등을 종합하여 장기요양인정 여부 및 장기요양등급을 최종 결정하는 것으로 하였다.

〈표 11-12〉 **장기요양 등급별 수준**

등 급	심신의 기능상태	장기요양 인정점수
1등급	일상생활에서 전적으로 다른 사람의 도움이 필요한 상태	95점 이상
2등급	일상생활에서 상당 부분 다른 사람의 도움이 필요한 상태	75점 이상 95점 미만
3등급	일상생활에서 부분적으로 다른 사람의 도움이 필요한 상태	60점 이상 75점 미만
4등급	심신의 기능상태 장애로 일상생활에서 일정 부분 다른 사람의 도움이 필요한 사람	51점 이상 60점 미만
5등급	치매(제2조에 따른 노인성 질병으로 한정한다)환자	45점 이상 51점 미만

출처 : 노인장기요양보험 홈페이지 재구성.

3) 장기요양급여 이용절차

장기요양급여를 이용하기 위하여 장기요양보험 가입자 또는 그 피부양자와 의료급여법에 따른 수급권자들이 국민건강보험공단에 의사소견서를 첨부하여 장기요양인정신청서를 제출하면, 국민건강보험공단에서는 소속 직원으로 하여금 신청인의 심신상태, 신청인에게 필요한 장기요양급여의 내용 및 종류 등을 조사한다.

신청조사가 완료된 때 조사결과서, 신청서, 의사소견서, 그 밖의 심의에 필요한 자료를 장기요양급여 등급판정위원회에 제출하고 등급판정위원회는 장기요양이 필요한 정도에 따라 장기요양등급을 판정한다. 등급판정위원회가 장기요양인정 및 등급판정의 심의를 완료한 경우 장기요양등급과 장기요양급여의 종류 및 내용 등을 포함한 장기요양인정서와 표준장기요양이용계획서를 작성하여 수급자에게 송부하고, 수급자는 장기요양인정서가 도달한 날부터 요양급여를 받을 수 있다.

(공단 각 지사별 장기요양센터) 신청
↓
(공단직원) 방문조사
↓
(등급판정위원회) 장기요양 인정 및 등급판정
↓
(장기요양센터) 장기요양인정서 및 표준장기이용계획서 통보
↓
(장기요양기관) 서비스 이용

그림 11-5 장기요양급여 이용절차

출처 : 노인장기요양보험 홈페이지 재구성.

4) 급여내용

① 시설급여

요양시설에 장기간 대상자가 입소하여 일상생활 지원 및 신체활동서비스 등을 제공하고 있다.

② 재가급여

대상자의 가정을 방문하여 신체활동 및 가사활동 등을 지원하고 목욕서비스와 간호서비스를 제공하며, 주간보호센터의 이용과 복지용구를 구입하거나 대여를 하는 서비스를 제공하고 있다.

③ 특별현금급여

장기요양 인프라가 부족한 지역이나 전염병 질환자 등 특수한 경우에 한하여 가족요양비를 지급하고 있다.

5) 재원조달 방식

장기요양보험의 재원조달 방법으로는 장기요양보험료의 징수, 국가의 부담, 본인일부부담금으로 조달한다. 장기요양보험료는 건강보험공단에서 장기요양보험료와 건강보험료를 통합하여 징수하되, 각각은 독립회계로 관리하고

장기요양보험료는 건강보험료에 장기요양보험료율을 곱하여 산정하고, 장기요양보험료율은 대통령령으로 한다. 국가는 장기요양보험료 예상수입액의 20%를 국고로 부담하고 의료급여수급권자의 장기요양급여비용과 의사소견서 발급비용 그리고 방문간호지시서 발급비용 중 공단이 부담하여야 할 비용 및 관리운영비의 전액을 국가와 지방자치단체가 분담한다. 본인일부부담금의 경우 재가급여는 당해 장기요양급여비용의 100분의 15, 시설급여는 당해 장기요양급여비용의 100분의 20을 부담하되, 국민기초생활수급자는 본인부담액 전액을 면제하고 의료급여수급권자, 소득, 재산 등이 보건복지부장관이 정하여 고시하는 일정액 이하인 자와 의료급여수급권자 등 저소득층은 각각 1/2로 경감(시설 : 10%, 재가 : 7.5%)하며 기초생활수급권자는 무료이다.

〈표 11-13〉 **보험료 산정방법**

장기요양보험료 = 건강보험료 × 장기요양보험료율(6.55%, 2015년 기준)

출처 : 노인장기요양보험 홈페이지 재구성.

6) 운영체계

관리운영은 기관을 별도로 설치하지 않고 '국민건강보험법'에 의하여 설립된 기존의 국민건강보험공단을 관리운영기관으로 하고 있으며, 노인장기요양보험법 제45조에 의거하여 보건복지부장관 소속 심의기구인 장기요양위원회가 장기요양보험료율, 가족요양비, 특례요양비, 요양병원간병비의 지급기준, 재가 및 시설 급여비용 등을 심의한다.

구체적으로 국민건강보험공단은 정책의 집행기관으로 대상자의 자격을 관리, 보험료 징수, 등급판정위원회의 운영 및 장기요양등급 판정에 관한 사항, 재가 및 시설 급여비용의 심사 및 지급, 특별현금급여의 지급과 잘못 지급된 부분에 대해서는 환수조치를 취한다. 그리고 장기요양인정, 장기요양등급, 장기요양급여, 부당이득, 장기요양급여비용, 장기요양보험료에 관한 사항에 대한 이의신청을 심리하고 의결하는 장기요양심사위원회를 두고 있다.

6. 치매예방관리사업

우리나라 65세 이상 노인인구의 약 8.9%인 49만 5천 명 정도(2011년 기준)가 치매노인으로 추정되고 있으며, 이 비율은 노인인구 증가에 따라 지속적으로 증가할 것으로 예상된다. 치매는 치매노인 본인은 물론 가족들에게 정신적 · 육체적 · 경제적으로 심각한 부담을 초래한다. 이로 인해 개인과 가족의 삶의 질이 저하되는 것은 물론이고, 공식 · 비공식 의료비용을 포함한 사회경제적 비용이 증가하여 국가재정에도 큰 부담으로 작용하고 있다.

정부는 2011년 8월에 '치매관리법'을 제정해 치매예방과 관리의 중요성을 범국가적으로 천명하고, 치매 치료와 관리 전반에 대한 국가적 관리체계를 수립해 나가기로 하였다. '치매관리법'은 치매관리종합계획의 수립, 국가치매관리위원회의 구성과 운영, 중앙치매센터 지정, 치매검진사업, 의료비 지원 등의 내용을 담고 있다.

그동안 정부는 치매의 조기발견 및 예방 강화, 종합적 · 체계적 치료관리 지원, 가족부양부담 경감 및 부정적 인식 · 편견 개선, 효과적 치매관리사업 추진을 위한 인프라 구축 등의 사업을 추진해 나갔으며, 전국 보건소 치매상담센터에 치매상담 전문요원을 배치하여 치매환자의 등록, 상담 · 교육, 방문지도, 치료 및 관리에 대한 각종 정보를 제공하고 있다.

치매는 조기에 발견하면 증상의 완화와 관리가 가능한 질병임에도 불구하고, 일반인들에게는 노화의 당연한 현상으로 치료가 되지 않는 병으로 잘못 알려져 있어서 정부는 치매증상의 완화와 예방에 관한 정확한 지식을 제공하고 치매에 대한 부정적 인식을 개선하기 위한 홍보사업을 함께 펼치고 있다.

제5절 고령자 주거 및 주택 보장정책

일반적으로 주거보장은 어디에 중점을 두느냐에 따라 주택보장과 주거보장으로 구분할 수 있다. 주택보장은 개인이 자신의 독립성을 유지하면서 안전하고 안락한 일상생활 공간을 확보하고 유지할 수 있도록 주택을 건설·공급하고, 여기에 관련된 서비스를 통하여 지원하는 사회적 노력을 의미한다. 이에 비해 주거보장은 주택보장을 전제로 그 주택에서 생활하는 사람에게 적합한 주거환경을 조성하기 위한 지원노력으로 주택의 복지기능 증진을 위한 노력을 말한다.

노인의 특성을 반영한 주거공간 및 주거환경은 노인의 신체적 독립성, 안정성, 프라이버시, 사회적 관계 및 활동의 참여, 노인복지서비스의 접근 등에 영향을 미치며, 나아가 노후생활의 전반적인 만족도를 향상시킬 수 있는 중요한 요인으로 작용하고 있다. 노인이 되면 가정에서 보내는 시간이 증가하며, 사회관계를 유지하는 생활중심이 되기 때문에 주거보장이 중요하고 필수적이라 할 수 있다.

1. 노인주거정책

1) 노인주거에 대한 정책적 접근

과거의 노인에 대한 인식은 사회적 약자이며 보호하여야 한다는 관점에서 이루어져 왔다. 그러나 고령사회로 접어든 현재에는 노인은 사회적으로 주요 구성원으로서 일정 역할을 맡아야 하는 의무와 능동적인 생활을 누리려는 권리를 갖는 주체자로 인식이 바뀌고 있다. 이러한 인식의 변화는 고령사회에 진입한 현대의 노인을 사회적 피부양자로서뿐만 아니라 사회적인 활동인구로서 참여하여야 하는 고령사회의 현실적 인식을 반영하는 것이다.

노인이 생산활동에 참여함으로써 우리 사회의 경제적 활동력이 유지될 가능성이 높으며, 또한 이들을 보호하는 사회적 비용의 감소를 위한 최적의 방법이기 때문이다. 이러한 관점에서 노인을 배려한 주거에 대한 정책이 필요하다. 노인을 위한 주거환경은 이제 피부양자로서 최소한의 소요공간 확보를 목표로 하는 것이 아니라 풍요로운 주거환경이 되어야 하며, 이를 통해서 고령자가 만족감을 느끼며 다른 모든 생활에 긍정적인 영향을 끼치게 된다.

우리나라에서는 2005년 제정된 '저출산 고령사회 기본법'에서 노인주거의 중요성을 언급하고 있으며, 산업자원부 기술표준원에서는 고령자를 위한 시설기준 '한국산업규격－KSP 1509(고령자 배려 주거시설 설계치수 원칙 및 기준)'을 2006년에 제정하였고, 건설교통부에서도 건설교통부장관 고시형식의 '고령자용 공동주택 설계지침'을 마련하였다. 이러한 시도들은 이전의 노인을 위한 일부 특별용도의 건물에만 적용하는 무장애공간의 설정의 개념을 넘어서서 모든 건축환경에서 노인을 배려하는 시설기준을 구축하고 있다는 점과 그들을 위한 적극적인 거주환경 조성을 위한 노력이라는 측면에서 의의를 갖는다.

2) 노인주거보장 방법에 따른 노인주거보장정책

노인주거보장이란 노화에 따른 신체적·심리적·사회경제적 특성을 감안한 구조의 주택건설과 기존 주택의 개조, 그리고 제반 사회적 지원을 통해 지역사회와 교류하는 동시에 개인 자신의 독립성을 유지할 수 있고, 그와 더불어 안전하고 안락한 일상생활의 공간을 확보 및 유지할 수 있도록 정부가 지원해 주는 사회적 노력을 의미한다.

노인의 소득감소와 가족 간의 분리에 따른 주거비용 부담을 해소하기 위한 우리나라 주택보장의 방법으로는 재가보호를 위한 주택보장과 수용보호를 위한 주택보장이 있다.

〈표 11-14〉 우리나라 노인주택보장제도

재가보호를 위한 주택보장		수용보호를 위한 주택보장	
방 법	프로그램	방 법	프로그램
저소득 노인 대상주택	영구임대주택 공공임대주택 국민기초생활보장제도 주거급여	수용보호 (입소)	양로시설 노인공동생활가정 노인요양시설 노인요양공동생활가정
노인용 주택공급	실비노인복지주택 유료노인복지주택		
세제혜택 금융혜택	주택상속세 공제 주택자금 할증융자		

출처 : 보건복지부(2013). 노인보건복지사업 재구성.

(1) 재가보호 목적의 주택보장

재가보호 목적의 주택보장은 수용보호시설이 아닌 일반 가정에서 생활하는 재가노인을 위한 주택보장 관련 서비스로서 크게 노인용 주택의 건설 및 공급에 의한 직접적 주택보장제도와 간접적 주택보장제도 등 두 가지로 나눌 수 있다. 직접적 주택보장제도에는 임대주택, 주거급여, 실비노인복지주택, 유료노인복지주택, 노인의 집이 있고, 간접적 주택보장제도에는 주택상속제 공제, 주택자금 할증 융자 등이 해당된다.

① 영구임대주택

영구임대주택제도는 6대 대도시를 비롯한 도시지역과 생활능력이 없는 생활보호가구(기초수급자, 국가유공자, 위안부 피해자, 장애인, 아동복지시설 퇴소자, 이탈주민 등) 중 거택보호자 및 자활보호자를 입주대상으로 저소득층의 주거안정에 목표를 두고 있다.

② 공공임대주택

공공기관 또는 민간기관이 재정 및 국민주택기금의 지원을 받아 전용면적 25.7평 이하로 건설하여 5년 이상 임대하는 모든 주택을 총칭하며, 영구임대주택, 국민임대주택, 50년 임대주택 및 5년 공공임대주택 등이 있다. 반면에 민간건설 임대주택은 임대사업자가 순수한 자기 자금만으로 건설한 임대주택이다. 공공임대주택은 복지 차원에서 공급하기 때문에 임대료를 시세보다 싸게 책정하여 임대한다.

③ 실비노인복지주택

65세 이상 노인 30세대 이상을 입주시킬 수 있는 단독주택이나 아파트를 건설·공급하여 저렴한 요금으로 주거의 편의를 제공하도록 하는 것으로, 보건복지부장관이 정하는 일정 소득 이하의 노인에게 저렴한 비용으로 분양또는 임대 등을 통하여 주거의 편의, 생활지도, 상담 및 안전관리 등 일상생활에 필요한 편의를 제공함을 목적으로 하는 시설이다. 이 시설은 실비보호대상자로서 단독취사 등 독립된 주거생활에 지장이 없는 65세 이상의 노인을 대상으로 한다.

④ 유료노인복지주택(실버타운)

60세 이상의 노인 30세대 이상을 입주시킬 수 있는 단독주택이나 아파트를 건설·공급하여 주거의 편의를 제공하고, 이에 소요되는 모든 비용을 입주자로부터 받도록 한 것으로서 노인에게 유료로 분양하거나 임대하는 시설로 입소대상자는 독립된 주거생활을 하는 데 지장이 없는 60세 이상의 노인이다.

⑤ 주거급여제도

2000년 10월부터 실시된 국민기초생활보장법에 의거한 공공부조 성격의 제도로서 기본적인 생계유지가 곤란한 모든 저소득층을 대상으로 매월 현금으로 지급하며 가구원 수에 따라 차등지급하고 있다.

⑥ 주택자금 할증융자

이 제도는 노인동거가족을 대상으로 한 주택지원제도로서 노인 본인 또는 배우자의 직계존속과 2년 이상 동거하고 있는 세대주가 주택을 매입 및 개량할 때 지원하고 전세보증금도 할증, 융자해 주는 제도이다.

(2) 수용보호 목적의 주택보장

수용보호 목적의 주택보장은 노인을 시설에 수용하여 보호하는 것을 목적으로 하여 제공하는 주택보장 관련 서비스를 의미하는 것으로서 질환의 유무에 따라 양로원과 요양원으로 입소자를 나뉘어 보호하고 있다.

① 양로시설

노인복지법에서 65세 이상의 노인으로서 신체, 정신 또는 환경상의 이유 및 경제적인 이유로 의지할 곳 없어 거택에서 보호받기 곤란한 노인을 수용하여 보호하고 있으며, 양로시설의 설립주체는 사회복지법인으로 되어 있으나 일부는 시·도립인 경우도 있다.

② 노인공동생활가정

노인공동생활가정은 일상생활에 지장이 없는 노인이 공동으로 생활하는 곳으로 노인그룹홈이라고도 한다. 가정과 같은 환경 속에서 5~9명의 노인에게 식사와 청소 등 일상생활서비스를 제공하고 공동생활을 통해 자립된 생활을 영위하기 위한 시설이다.

③ 노인요양시설

치매·중풍 등 노인성 질환으로 심신에 상당히 장애가 발생하여 도움을 필요로 하는 노인을 입소시켜 급식 및 요양, 기타 일상생활에 필요한 편리를 제공함을 목적으로 하는 시설이다.

④ 노인요양생활공동가정

치매·중풍 등 노인성 질환으로 수발을 필요로 하는 노인에게 가정과 같은 환경 속에서 식사와 청소 등 일상생활의 편의 제공과 요양서비스를 지원하는 시설로 5~9명이 함께 거주하는 시설이다.

3) 노인주택 보장의 원리

(1) 계속거주의 보장

노인은 장기간 거주하여 익숙해진 주택에 계속 사는 것이 가장 바람직하지만 경제적 부담 때문에 주택을 축소시켜야 하는 경우에는 자녀, 이웃, 지인과 지속적인 교류가 가능하고 익숙한 생활이 지속될 수 있는 지역사회 내 주택으로 이주하여 안심하고 지속적으로 노후생활을 영위할 수 있는 권리를 보장하여야 한다.

(2) 주거공간의 최저기준 확보

우리나라에서도 최근에는 주택보급률이 100%를 초과하였기 때문에 인간의 자립과 존엄성을 지키기 위한 인권보장의 일환으로서 주거공간의 최저수준보장은 최저생활 보장의 내용에 포함되어야 하는 것이다.

(3) 거주기회 평등의 보장

노인의 거주권리를 보장하기 위해 누구라도 어느 곳이든 원하는 지역에 거주할 수 있도록 해야 한다. 이 같은 거주기회 평등보장이 노후의 안정된 생활로 이어지게 되는 것이다.

(4) 정상화의 실현

정상화(normalization)란 '건강한 사람도 장애인도 젊은이도 노인도 모두가 함께 살 수 있는 공동체'라는 의미이며 '누구라도 인간의 존엄성을 가지고 생활할 수 있는 권리'를 행사할 수 있는 사회가 정상(normal)인 사회라는 국민적 공통인식을 갖는 것이 정상화의 지향목표다. 따라서 주거지 안팎에서 비록 장애노인이라 할지라도 자립적으로 일상생활이 가능할 수 있는 주택 및 지역사회 환경 개선이 요구되는 것이다.

4) 노인복지시설의 개념

노인복지시설이란 노인 삶의 질적 수준을 도모하고자 노인의 포괄적 욕구해결에 필요한 관련 서비스 및 프로그램을 제공하는 시설을 의미한다. 노인의 욕구는 주로 질병 및 건강 관리욕구와 생활 및 사회・문화・경제활동 욕구 등이 포괄적으로 관리되어야 하며, 연령 증가와 더불어 노인생활의 독립성이 감소되므로 관련 시설이나 전문가에 의존하여 욕구를 해결하게 된다. 따라서 노인복지시설은 개개인의 노인생활에 필요한 포괄적 욕구와 개인 해결로는 곤란하거나 보다 효과적이며 효율적 해결을 필요로 하는 경우에 이용하게 된다. 노인복지시설에서 제공되어야 할 포괄적 욕구해결기능은 노인의 질병 및 건강 관리와 보람 있는 생활 및 문화·사회활동 관리로 크게 구분할 수 있는데 질병관리와 생활관리의 구성비율에 따라서 노인복지시설의 종류와 형태가 구분된다.

5) 노인복지시설의 종류

노인복지법 제31조에서 노인복지시설의 종류를 노인주거복지시설, 노인의료복지시설, 노인여가복지시설, 재가노인복지시설, 노인보호전문기관 등 다섯 가지로 구분하고 있다. 세부시설은 2008년 4월 노인복지법의 개정을 통하여 변경되었으며, 양로시설, 노인공동생활가정, 노인복지주택, 노인요양시설, 노인요양공동생활가정, 노인복지관, 경로당, 노인교실, 노인휴양소, 방문요양서비스, 주야간보호서비스, 단기보호서비스, 방문목욕서비스, 재가노인지원서비스로 총 14개이다.

〈표 11-15〉 **노인복지시설의 종류**

분 류	시설종류
노인주거복지시설	• 양로시설 • 노인공동생활가정 • 노인복지주택
노인의료복지시설	• 노인요양시설 • 노인요양공동생활가정
노인여가복지시설	• 노인복지관 • 경로당 • 노인교실 • 노인휴양소
재가노인복지시설	• 방문요양서비스 • 주야간보호서비스 • 단기보호서비스 • 방문목욕서비스 • 재가노인지원서비스
노인보호전문기관	• 중앙노인보호전문기관 • 지역노인보호전문기관 • 노인쉼터

출처 : 보건복지부(2013). 보건복지백서 재구성.

2. 노인복지주택의 개념과 유형

1) 노인복지주택의 유사개념

(1) 실버주택

실버주택이란 고령자들이 살기 편하도록 지어진 주거공간으로 노인이 주로 시간을 보내면서 생활하는 거처이다. 넓은 의미의 실버주택에는 노인용으로 건립된 주택뿐만 아니라 기존 주택을 개조한 것과 돌봄기능이 부가된 요양시설도 포함된다.

(2) 노인주택

우리나라는 노인주택에 대한 법적 용어는 있으나, 연구기관 및 연구자에 따라 고령자주택, 고령자 전용주택, 노인주택, 실버주택, 실버타운, 은퇴촌 등 여러 가지 용어가 혼용되어 사용되고 있다. 노인주택이란 단순히 고령자들이 모여 사는 주택부터 고령자의 자립생활을 지원하기 위해 건축물 이외의 인적 서비스가 지원될 수 있는 주택 등 다양한 수준으로 규정되고 있다.

2) 노인복지주택의 개념

일반적으로 노인주택의 개념은 거주자가 노인일 경우를 말하며 노인의 자립생활과 프라이버시를 보장하는 설계와 설비를 갖춘 주거공간을 지칭하는 것이지만, 우리나라의 법률에서 노인복지주택이란 '분양 또는 임대 등을 통하여 주거의 편의, 생활지도, 상담과 안전관리 등 일상생활에 필요한 편의제공을 목적으로 하는 시설'로 주택이라기보다는 시설의 일환으로서 제한적으로 정의하고 있다. 그러므로 우리나라에서 노인주택을 이해하기 위해서는 노인복지법상의 노인주거복지시설에 대한 이해가 필요하다.

우리나라에서는 실버타운이라는 용어로 인식되고 있기도 하지만 실버타운은 노인복지주택과는 약간의 차이가 있다. 실버타운은 노인들을 집단적으로 수용하여 노후의 안정된 생활보장이 가능하도록 주거, 의료, 휴양 등 복합기능을 갖춘 주거단지로서 유료양로나 요양시설보다 큰 규모의 노인전용복합시설단지라고 할 수 있다.

따라서 노인복지주택은 노인복지법에 의한 주거시설로 60세 이상의 노인을 대상으로 급식, 주거의 편의 등을 제공할 목적으로 민간사업자가 전액 자부담으로 시설을 설치하고, 운영비는 입소노인의 본인 부담으로 조달하여 운영하는 시설이다.

(1) 노인복지주택의 유형

노인복지주택의 유형은 입지 특성에 따른 유형, 주거형태에 따른 유형, 입주방식에 따른 유형으로 분류할 수 있다.

좀 더 세부적으로 나누면 입지 특성에 따라, 주거형태에 따라서, 입주방식 및 소요비용 부담방법에 따라 다음과 같이 분류할 수 있다.

첫째, 입지 특성에 따른 유형으로 노인복지주택의 입지유형에 따라 도시형, 도심근교형, 전원·휴양지형으로 분류할 수 있다.

도시형은 도시에 위치하기 때문에 종래 생활권이 연장되어 가족과 교류가 가능하고 도시의 각종 편의시설을 충분히 활용할 수 있으며, 특히 입주를 희망하는 수요자의 확보가 가능하다는 장점이 있으나, 도시지역이기 때문에 높은 지가로 부지확보가 어렵고 이는 입주자의 입주부담금으로 연결될 수 있다. 또한 사업성으로 인해 건물이 고층화될 수밖에 없으며 근교형이나 전원형이 누리는 자연환경의 확보가 어렵다는 단점이 있다.

도심근교형은 도시형과 전원·휴양지형의 중간 형태로서 이 두 형태의 장점을 활용할 수 있고, 도시와 가깝고 교통이 정비되어 있어서 도시에 기반을 둔 입주자에게 유리한 유형이라고 할 수 있다. 토지가격이 비교적 안정적이기 때문에 넓은 부지를 확보할 수 있어 전원·휴양지형과 같은 쾌적한 주거환경을 유지할 수 있고, 시설계획에도 유리한 장점이 있으나 그린벨트 등 건축제한지역이 많아 입지선정의 어려움도 있다.

전원·휴양지형은 일반적으로 자연경관이 뛰어나거나 온천, 명승지 등 관광요소를 갖춘 곳에 위치하는 경우가 많다. 도시와 멀리 떨어진 곳에 위치하고 있기 때문에 다양한 생활 관련 편의시설이 갖추어져 있다. 응급상황 발생 시 종합병원 등의 의료시설이 멀고 교통이 불편한 점, 도시형의 장점인 생활권 연장의 어려움, 가족 간의 교류 및 도시기능의 활용 어려움 등의 문제점도 있다.

〈표 11-16〉 **입지형태에 따른 유형**

구 분	도시형	도심근교형	휴양단지형
입지별 특성	• 대도시에 입지 • 기존의 공동시설, 사업시설, 의료시설 등과 밀접한 관계를 유지할 수 있는 노인주거지역	• 도시와 가까운 곳에 입지 • 사회활동을 위한 대도시로의 왕래가 가능한 지역	• 중소도시에 경관이 좋은 자연환경과 온천자원이 풍부한 곳에 입지 • 휴양과 농원, 화단 가꾸기 등 건강을 위한 노인주거지역
주거 시설 형태	• 가족 등 거의 3대 주택 • 공동숙식 집단지구 • 노인분리세대의 공동주택	• 노인타운 • 저층 주거시설 • 레저와 건강시설	• 노인촌 • 휴양과 전원풍경의 주거시설 • 각종 편의시설과 문화시설
장 점	• 주변 시설과 연계 가능 • 대중교통 접근성 양호 • 기존 생활권 연장	• 주거환경 양호 • 고속도로 및 간선교통망 연계 가능	• 자연환경 양호 • 관광·휴양시설 풍부
단 점	• 높은 지가로 신규부지 확보 곤란 • 건물의 고층화로 사업비용의 상승 • 도시환경, 교통문제량	• 그린벨트 등 건축제한이 많음 • 도시기능 및 도시지역의 확산으로 지가 상승폭이 높음	• 도시기능에 기대하기 어려움 • 고립감을 느낄 수 있음 • 토지가격은 낮지만 개발비용이 높음 • 운영상의 부담이 높음

출처 : 대한건설협회(2010) 재구성.

둘째, 주거형태에 따른 유형은 크게 단독주거형과 공동주거형으로 분류할 수 있다.

단독주거형은 1세대 독립주택의 형태로서 주거형에 비해 가족이나 자연환경에 대한 공간선택의 폭이 크고 정적인 주거공간을 확보하기가 용이하다. 반면에 단지 조성비용의 증가로 개인적인 토지확보와 시설투자비에 대한 부담이 크기 때문에 입주가격이 공동주거형에 비해 높다.

공동주거형은 다세대 주택의 형태로서 공용면적 활용이 용이하고, 투자비 절감 등으로 운영관리비가 저렴한 반면, 일률적인 시설형태로 단조롭고 운영주체가 노인복지주택의 주도적인 운영권을 가지고 있으며 개인 프라이버시의 침해가 우려되는 단점이 있다.

〈표 11-17〉 **주거형태에 따른 유형**

구 분	형 태	장 점	단 점
단독 주거형	1세대 독립주택 (single family housing)	• 가족 이용 및 자연과 조화 표적시장 성향, 고급 폐쇄적 시설 선호층을 대상 • 별장형, 정적 주거공간 확보 • 개별 주거시설 면적의 다양화 • 운영관리비에 대한 불만 적음	• 표적시장의 폭이 적음 • 시설투자비 과다 • 운영관리비 과다 • 커뮤니티 기능의 약화 • 별도의 공용면적으로 비용부담 • 운영주체의 발언권 약화
공동 주거형	다세대 주택 (multi-unit housing, town housing)	• 표적시장의 폭이 높음 • 커뮤니티 기능의 활성화 가능 • 저렴한 운영관리 비용 • 운영권주체의 발언권이 강화 • 공용면적 이용 활성화	• 운영관리비 징수 시 마찰예상 • 노인층들의 공동입주로 기피할 우려 예상

출처 : 대한건설협회(2010) 재구성.

셋째, 입주방식에 따라 크게 종신이용권형, 임대형, 분양권형, 회원권형 등으로 구분할 수 있다.

종신이용권형은 입주자가 종신에 걸쳐 시설의 이용 및 각종 서비스 이용, 권리를 보증하는 제도이다. 소유권은 갖지 않으나 일정 기간 내에 사망 혹은 퇴거할 경우 입주기간 동안의 사용료를 제외한 입주금을 반환해 받을 수 있는 방식이다. 생활서비스에 대한 경비는 매월 별도로 지불한다. 장점으로는 부동산 소유에 따른 세금이나 개·보수 등의 번거로움에서 해방되며, 입주금과 월 사용료의 지불에 따른 생활이 보장된다. 단점으로는 설치주체가 시설운영을 계속할 수 없게 되었을 경우, 입주자의 거주권에 대한 법적인 보장이 미흡하다. 대다수 국내의 실버타운이 채택하고 있는 방법이다.

임대권형은 흔히 말하는 전세와 유사한 것으로서 해당되는 입주보증금으로 일정한 금액을 지불하고 주거부분의 거주권을 확보하는 것이다. 따라서 고액의 보증금 없이 일정액의 임대료를 납부하기 때문에 입주의 부담이 적고 계약해제가 자유롭다는 장점이 있다. 그러나 임대료 상승 시 입주자 부담이 증가하거나 퇴거의 우려가 있다.

분양권형은 주거의 형태를 소유권으로 보장받을 수 있고, 매달 관리비 등을 지불함으로써 공동시설 및 시설 측이 제공하는 각종 서비스를 이용하는 방식을 말한다.

장점으로는 부동산이라는 재산가치를 보유할 수 있으며, 단점으로는 일반 부동산보다 유통성이 적으므로 상속과 양도의 제한이 있다. 자녀들에게 상속을 하거나 제3자에게 양도할 경우 반드시 일정 연령 이상의 사람들에게만 이용될 수 있다는 단점도 있다.

회원권형은 기본적으로 종신이용권과 같이 매매할 수는 있으나 노인계층에 한정하여 매매할 수 있다. 골프회원권제도와 유사한 제도라 재산증식의 수단으로 활용되고 있지만, 우리의 현실은 일부 건설회사나 관광·레저회사의 경우 콘도미니엄이나 스키장, 골프장의 경우만 회원권형을 주로 이용하고 있는 정도에 불과하다. 아직까지는 초보단계에 있기 때문에 대부분의 유료양로시설이나 유료요양시설은 임대형으로 운영되고 있다.

〈표 11-18〉 **입주방식에 따른 유형**

구분		내용	장점	단점
종신형	종신 이용형	• 입주금 일시 지급 • 종신이용권 획득 • 타인에 대한 양도/상속 불가	• 소유권 이전 불필요 • 준공시점에서 초기 투자 • 전액 회수 가능	• 입주자의 거주권에 대한 법정보장 미흡 • 관리비 징수에 대한 마찰 우려
	연금형	• 보증금 또는 종신 연금 형태로 입주금 예탁 • 보험에서 나오는 연금, 배당, 보험금으로 충당	• 입주 후 추가부담 없음 • 투자액 조기회수 가능 • 보험, 연금 등에서 비용부담	• 장기 인플레이션 시 예탁금 변동의 어려움 • 입주자에게 추가 비용의 징수가 불가능
임대형		• 입주 시 보증금 지불, 임대형태로 계약 후 입주 • 생활비 매월 별도 지급 • 사업주는 관리 및 운영 전반 책임	• 계약 해지가 자유로움 • 입주 초기에 많은 비용부담이 없음	• 투자비 회수 장기화 • 매년 물가상승에 따른 관리비 상승 우려 • 임대료 상승에 따른 입주자 퇴거 우려
분양형		• 건물의 소유권 획득 • 추가 서비스는 별도 계약	• 부동산 소유권 획득 • 입주자 재산가치의 인정	• 건물의 개·보수 및 증축 시 문제
회원권형		• 초기투자비를 회원권 판매가격으로 충당, 가격설정은 종신이용권과 동일 • 회원가의 10% 명의 변경료로 징수하고(90%는 퇴거 시 반환)	• 소유권 이전이 없어 약관으로 조정 가능·운영관리 측면에서 유리 • 관리비 징수가 용이	• 가격 상승분의 보장이 필요 • 운영회사의 사회적 신용도가 높아야 함

출처 : 한국토지주택공사(2010) 재구성.

3) 노인복지주택의 계획요소

노인복지주택을 계획하려면 사용자를 위한 시설과 공간이 요구된다. 이러한 시설을 크게 분류한다면 주거시설과 부대시설(외부공간시설 포함)로 나눌 수 있으며, 주거시설은 주 생활이 이루어지는 공간으로 주 요소로는 현관, 거실, 침실, 주방, 화장실(샤워실), 발코니 등이 속한다. 노인복지주택 내·외부 이용자의 공적 활동이 이루어지고 교류와 소통이 가장 활발한 장소로 공용의 성격이 강한 부대시설이다.

노인복지주택 부대시설의 계획요소와 프로그램은 다음 표와 같다.

〈표 11-19〉 **노인복지주택 부대시설의 계획요소**

항 목		계획요소	프로그램(서비스)
주거시설		거실, 침실, 주방, 화장실(샤워실), 발코니	청소, 침대시트 교체, 방역, 세탁, 식사 및 주방정리
부대시설	의료시설	클리닉센터, 입원실, 수술실	종합건강진단, 병원연계, 간병 및 건강 상담, 입원비 할인(가족 포함)
	생활편의시설	프런트데스크, 접객실, 커피숍, 게스트룸, 식당, 내부정원, 사우나, 찜질방, 편의점, 약국, 세탁실, 미(이)용실, 유아놀이방, 근린생활시설, 세탁실, 상담실	1일 3식 서비스(맞춤식, 웰빙식), 우편물, 민원상담, 셔틀버스, 프런트데스크
	문화시설	갤러리, 컴퓨터실, 영화(음악)감상실, 도서실, 다목적실, 노래방, 취미(동호회실), 종교실, 노래방, 오락실	수지침, 음악치료, 제테크 등 교육 및 교양강좌, 유명 강사특강, 대학연계교육, 레저(여행, 콘도회원권)
	스포츠시설	휘트니스센터, 수영장, 골프연습장, 샤워실, 당구장, 탁구장, 베드민턴장, 운동처방센터	골프회원권, CC연계시스템, 단전호흡, 스포츠마사지, 운동치료시스템
	안전관리시설	사무실, 관리실, 방재실(MDF), 직원식당, 당직실, CCTV관제실, 직원락커룸	CCTV관제시스템, 각종 감지기(재실 유무, 가스, 건강이변), 위급호출시스템
	외부공간시설	조경, 데크, 정자, 지상주차장, 옥상정원	산책 및 휴식, 운동

출처 : 송준호(2013). 도시형 노인복지주택의 계획방안 연구 재구성.

4) 노인복지주택의 특성

노인복지주택은 '노인복지법'에 의한 노인주거복지시설 중 하나로서, 노인에게 주거시설을 분양 또는 임대하여 주거의 편의, 생활지도, 상담 및 안전관리 등 일상생활에 필요한 편의를 제공함을 목적으로 하는 시설이다. 공동주택은 '건축법' 및 '주택법'에서 그 내용을 정의하고 있으며, 건축물의 벽, 복도, 계단이나 그 밖의 설비 등을 전부 또는 일부를 공동으로 사용하는 각 세대가 하나의 건축물 안에서 각각 독립된 주거생활을 할 수 있는 구조로 된 주택으로 정의하고 있다. 따라서 노인복지주택이 공동주택과 비교하여 다른 점은 다음과 같다.

첫째, 노인복지법에 의하면 노인복지주택은 임대형과 분양형으로 구분되고 입소대상자와 소유자가 60세 이상으로 한정된다(배우자는 60세 미만도 가능). 노인복지주택의 입주대상자는 '단독취사 등 독립된 주거생활을 하는 데 지장이 없는 60세 이상'이며 일상생활에 필요한 편의를 제공하도록 명시하고 있다. 노인복지주택이 이러한 용도를 수행할 수 있도록 일반 공동주택과 구별되는 시설, 설비기준, 직원배치기준, 운영기준이 규정되어 있다.

둘째, 노인복지주택은 사업승인에서 입소까지 주택법의 적용을 받아서 일반공동주택과 유사한 공급과정을 갖는다. 주택의 건축이나 설계는 '노인복지법' 시행규칙 별표 2에 근거하여 건축되지만 동법에 없는 조항은 '주택법'의 관련 규정을 준용하도록 되어 있다. 또한 2010년 '주택법'에 준주택의 개념이 도입되면서 동법 시행령은 노인복지주택을 준주택으로 분류하였다. 노인복지주택은 공급과정에서 '주택법'의 적용을 받으나 주택법의 건설특례가 적용되어 일반 공동주택에 요구되는 관리사무소, 가스공급시설, 어린이놀이터, 유치원, 주민운동시설, 경로당, 주차장 등의 기준이 적용되지 않는다. 이들 시설의 설치가 의무화되지 않는 만큼 노인복지주택은 설치의 비용이 줄어들게 된다.

셋째, 현행 법체계에서 노인복지주택에 대한 직접적인 재정 또는 금융 지원은 없지만 노인복지주택은 '건축법'상 노유자시설로 분류되어 준공업지역,

자연녹지지역 등에 설치할 수 있기 때문에 주거지역 이외의 토지를 저렴한 비용으로 매입하고 토지를 구입하는 경우 취득세와 등록세 등의 감면혜택을 받을 수 있다.

넷째, 노인복지주택은 완공 후 '주택법'에 따라 사용승인을 받아야 한다. '노인복지법'의 규정에 따라 시설설치 신고를 받아야 하는 것과 함께 노인복지법의 규정에 따라 시설설치 신고를 하여야 하며 시설의 장은 운영규정과 운영현황 등을 자치단체장에게 보고해야 하는 등 일정한 감독을 받는다.

따라서 현형 법체계에서는 주택으로서의 특성과 복지시설로서의 특성을 복합적으로 갖는다고 할 수 있다.

Chapter 12

고령친화산업의 이해

제1절 고령친화산업의 개념

1. 고령친화산업의 정의

현대사회에서 인구고령화와 사회적 인식변화에 의하여 가족기능이 감퇴되면서 노인들의 복지수요와 삶의 질 개선을 위한 제품이나 서비스를 제공할 필요성이 제기되자 선진국들에 의해서 고령자의 삶의 질 개선을 위한 산업이 등장하게 되었다. 즉, 경제력이 있는 노인의 경우 가족의 보살핌 중에 부족한 부분을 고령친화산업에 의존하게 되면서 자녀를 대신해서 서비스를 해주고 그에 상응하는 대가를 받아내는 형태나 서비스가 바로 "고령친화산업"이라 할 수 있다.

고령친화산업이라는 용어는 일본의 경우에는 실버서비스(silver service), 실버비지니스(silver business)라는 용어를 사용하고 있으며, 미국은 노인시장(elderly market) 또는 성인시장(senior business) 등으로 사용하고 있다.

우리나라의 경우에는 1980년대부터 일본에서 사용되어 오던 실버산업이라는 용어를 받아들여 지금도 사용하고 있지만 실버(silver)라는 단어가 노인의 머리색을 비유한 은유적 용어이고 또한 산업 자체를 광의적으로 표현하기에는 어려움이 있어 2005년 대통령자문 고령화 및 미래사회위원회에서 고령친화산업을 "고령자의 생물학적 노화 및 사회·경제적 능력 저하로 발생한 수요를 충족시키기 위한 산업"이라고 정의하면서 "고령친화산업"이라는 용어를 표준용어로 사용하게 되었다.

고령친화산업진흥법 제1장 제2조에서 고령친화산업은 노인을 주요 수요자로 하는 제품 또는 서비스를 연구, 개발, 제조, 건축, 제공, 유통 또는 판매되는 대상으로 정의하고 있으며, 더 확대하여 '고령친화'라 함은 안전성과 편리성에 기초한 노인의 선호를 우선적으로 고려함을 의미하는 것으로 '노인이 편리하면 모든 사람도 편리하다'는 UD(Universal Design) 내용으로 정의하고 있다. 여기서 고령자는 현재의 고령자는 물론이며, 중장년층이 향후 고령층으로 편입되었을 때를 대비하여 소비 및 투자하는 제품과 서비스도 고령친화산업의 대상에 포함한 개념인 것이다.

2. 고령친화산업의 등장배경

고령친화산업은 어느날 갑자기 등장한 것이 아니라 노후생활과 연관된 각 분야에서 꾸준히 지속적으로 변화되는 사회환경과 노인인구 증가 등의 여러 가지 요인에 의하여 생겨났다.

고령친화산업은 크게 두 가지 관점에서 성장, 발전해 왔는데, 첫째, 순수 학문적 관심에서 노인복지 분야를 포함하여 노후생활에 관심을 가지는 과정에서 고령친화산업이 등장할 수 있는 이론적 배경을 제시할 수 있었다. 둘째, 현실적·경제적 관점에서 고령친화산업이 현대사회에서 꼭 필요로 하는 산업으로 수요욕구에 의해서 자연스럽게 발전하여 온 것이다.

고령친화산업의 필요성과 관련되는 주요 요인을 다음과 같이 살펴보고자 한다.

1) 평균수명의 연장

우리나라 국민의 평균수명은 80세라는 선진국 수준의 높은 평균수명을 보이고 있다. 평균수명의 연장은 경제성장과 더불어 생활수준의 향상, 식생활의 개선 및 의학기술들의 발전으로 인해 급속하게 고령사회로 접어들고 있다.

노인문제의 근본적 원인은 고령화 현상에 의해 상대적으로 노인인구가 많아지는 것이 세계적인 현상이다. 물론 노인인구의 증가 자체가 사회문제가 될 수는 없으나 노인들에게 필요한 사회시설 및 대책을 미리 마련하지 못하는 데 이유가 있을 것이다.

이처럼 증가하는 노인인구를 부양하려면 나머지 사회구성원들이 높은 노년부양비로 인하여 큰 부담이 되어 노인들에 대한 보호수준이 저하될 가능성이 커질 수밖에 없음으로 고령화 사회의 진입과 더불어 증가하는 노인인구는 고령친화산업의 등장을 불러일으키고 있다.

2) 가족 개념의 변화

산업화, 도시화, 저출산에 따른 핵가족화, 여성의 사회참여 증가로 인하여 가족 내에서 또는 가족에 의해서 노인이 부양과 보호를 받는 것이 더욱 어려워지게 되었다.

가족계획의 영향과 출산율 저하로 평균 가족원 수가 크게 감소하고 있으며, 이러한 가족원 수의 감소는 노인에 대한 가족의 부양과 보호를 어렵게 만들었다. 또한 노인과 자녀세대와의 별거율이 크게 증가하고 있다. 이러한 현상은 앞으로 더욱 큰 폭으로 증가할 것으로 예상된다. 따라서 가족 이외의 사람들로부터 노인보호 기능을 강화 또는 보완할 수 있는 다양한 사회적 서비스가 경제시장의 서비스로 계속적으로 개발되어야 함을 시사하고 있다.

3) 가치관의 변화

최근 조사된 노인의 가치관에 대한 결과에서는 과거의 노인들과 달리 노인들이 스스로 자녀세대와의 별거를 원하고 있으며, 비노인층 가운데 노후에 예상되는 수입원으로 자녀로부터 원조를 생각하고 있는 사람은 14% 정도 밖에 되지 않았고, 노후에 경제적 어려움이 있을 경우 제일 먼저 도움을 요청할 대상자로 자녀를 생각하고 있는 사람도 34% 정도밖에 되지 않는 것을 보면 노후에 경제적으로 자녀로부터 독립하려는 경향을 보이고 있다(통계청, 2011).

노인문제는 경제적인 것을 제외하고는 모든 계층의 노인들에게 공통적으로 다양하게 나타나고 있으며, 또한 생활수준의 향상에 따라 생존적 욕구를 넘어 삶의 질을 추구하는 보다 심리적이고 사회적인 욕구의 충족을 원하게 됨으로써 노인들의 욕구는 더욱 다양해지고 있다. 따라서 노인들은 보다 다양하고 수준 높은 서비스를 원하게 되었고 일정 수준 이상의 서비스는 개별적으로 비용을 지불하고 경제시장에서 구입하려는 등의 가치관에도 변화가 일어나고 있다.

4) 노인의 경제력 향상

고령화 사회에서 가구의 특징적 변화는 자녀의 결혼 등으로 인해 가족구성원이 줄어들어 식료품이나 주거비 등의 의식생활을 위한 필수적인 소비지출은 감소하고 있으나, 오히려 가구, 보건의료비, 자가용 유지비, 통신비 등의 선택적 소비지출을 계속 늘어나고 있다.

교육수준이 높아지고 사회·정치 참여가 높아져 이로 인해 노년층의 권익이 신장되고 있으며 미리 노후대책을 마련하는 중·장년층이 증가하였고, 또한 연금제도가 발전 확대되고 각종 보험이나 예금상품이 다양해져 노후에도 일정한 경제력 있는 노인인구가 증가하고 있다.

2008년부터 65세 이상 노인인구가 국민연금의 완전노령연금의 혜택을 받기 시작함에 따라 연금수급 노인의 비율이 지속적으로 증가하고 있으며, 2020년에는 20.4%, 2050년에는 40.1%로 증가될 전망이다. 또한 2014년부터 65세 이상 전체 노인 중 소득하위 70% 노인들에게 기초연금을 실시하여 노인의 경제적 능력이 향상되고 있어 질 좋은 노후생활을 영위하고자 하는 복지욕구가 증대하고 있음을 감안하면 노인들에 대한 복지서비스 제공전략인 고령친화산업의 등장은 불가피하다.

3. 고령친화산업의 특징

고령친화산업의 주요 특징은 직접적으로는 노인을 대상으로 하는 산업으로 노인을 비즈니스 대상으로 볼 경우 고령친화산업은 다른 산업과 구별되는 몇 가지 특징을 가지고 있다.

첫째, 고령친화산업은 노인들이 필요로 하는 상품이나 서비스를 민간시장에서 구매하는 영리적 성격이 있지만, 동시에 정부와 사회에서 보호를 받아야 하는 노인들의 욕구와 문제를 해결해 주는 복지사업의 성격도 같이 포함되어 있다.

둘째, 고령친화산업은 다품종 소량생산 산업이다. 노인들의 개개인 기호, 욕구, 선호, 신체상황 등을 고려하여 특정 요구에 대응할 수 있도록 다품종 소량생산에 적합한 산업이다.

셋째, 고령친화산업은 영리목적의 산업이다. 고령친화산업의 시장주체는 민간부문이며, 시장원리에 입각하여 상품과 서비스의 수요와 공급을 주도한다.

넷째, 고령친화산업은 정보화산업이다. 현재 최첨단 IT시대에 돌입하여 다른 산업도 정보력이 중요하고 정보화산업의 성격을 가지고 있지만 고령친화산업도 정보력이 중요한 산업이다.

다섯째, 고령친화산업은 시간소비형산업이다. 인생을 정리하는 시기인 노년에 고령자는 남는 시간을 어떻게 보낼 것인지를 결정할 것이며, 고령자는 시간을 효율적이고 충실하게 소비할 수 있는 상품을 원하고 있다.

여섯째, 고령친화산업은 서비스지향형 산업이다. 고령자는 일반적인 상품이나 서비스보다는 충족감이 높은 양질의 서비스, 특히 최상급의 욕구인 건강과 생명에 대한 서비스를 원하고 있다.

일곱째, 고령친화산업은 여성주도산업이다. 고령친화산업 성격상 섬세하며 여성적인 서비스가 주도적이고, 무엇보다도 노인계층의 구성비는 여성이 남성보다 수명이 길어 65세 이상 인구의 65% 이상이 여성이며 일반적인 구매결정을 여성이 가지고 있는 비율이 높다.

여덟째, 고령친화산업은 도시형산업이다. 고령친화산업은 시골보다는 일정한 노인의 수가 확보되고 교통이 편리한 도시지역에서 출점이 가능하다.

4. 고령친화산업의 분류

고령친화산업은 새롭게 태어난 산업의 한 분야가 아니라 노인인구의 증가와 이들을 대상으로 한 시설 및 상품, 새로운 서비스 활동이 증가하게 됨에 따라 일상생활과 관련된 여러 산업활동 중에서 고령자를 대상으로 하는 부분들을 하나의 고령친화산업 영역으로 묶어서 분류하고 있다.

고령화 및 저출산 미래사회 위원회는 2005년 2월 1차로 8대 부문 19개 품목으로, 2006년 2월 2차로 6대 부문 15개 품목을 추가 선정하여 현재 고령친화산업을 14대 부문 34개 품목으로 구분하였는데 다음과 같다.

〈표 12-1〉 **고령친화산업 부문과 전략품목**

부 문		전략품목
1차 8대 산업 (19개 품목)	요 양	재가요양서비스
	기 기	재택/ 원격진단/ 진료 및 휴대형 다기능 건강정보시스템, 한방의료기기, 간호지원 및 실내외 이동지원 시스템
	정 보	홈케어, 정보통신보조기기, 노인용 컨텐츠 개발
	여 가	고령친화 휴양단지
	금 융	역모기지연금, 자산관리서비스
	주 택	고령자용 주택개조, 실비 고령자용 임대주택
	한 방	한방보건관광, 항노화 한방기능성 식품, 노인용 한방 화장품, 노인성 질환 한약제제 개발
	농 업	고령친화 귀농교육, 전원형 고령친화농업 테마타운, 은퇴농장
2차 6대 산업 (15개 품목)	교 통	저상버스, 고령자 감응 첨단신호기, 형광표지판
	식 품	특수 의료용도 식품, 건강기능식품
	의약품	신경계용약, 순환계용약, 대사성 의약품
	장 묘	화장 및 납골 용품, 웰 엔딩 준비 및 체험교실, 개장 및 이장 서비스
	의 류	건강보조 스마트웨어, 건강개선용 레저스포츠웨어, 체형보정 이너웨어
	교 육	일자리 교육 및 훈련

출처 : 대통령자문 고령화 및 저출산 미래사회위원회(2005). 고령친화산업 활성화전략.

최근 한국보건산업진흥원(2012)에서는 '고령화 및 저출산 미래사회 위원회'에서 구분한 고령친화산업의 분류를 고령친화산업진흥법과 산업통계 여부를 고려하여 산업 간의 중복된 부분을 통합하여 9개 부분의 산업으로 재분류하였는데 다음과 같다.

〈표 12-2〉 **고령친화산업 분류체계**

산업부분	분류체계	
	대분류	중분류
고령친화 요양산업	시설요양서비스	노인요양시설, 노인요양공동생활가정
	재가요양서비스	방문요양서비스, 방문목욕서비스, 방문간호서비스, 주야간보호서비스, 단기보호서비스, 복지용구 제공 및 지원서비스
	예방지원서비스	건강검진서비스, 질병상담 및 관리서비스, 영양개선서비스, 운동기능 향상서비스
고령친화 의약품산업	신경계용약	치매용제, 알츠하이머용제
	대사성의약품	비타민제, 자양강장변질제, 당뇨병치료제
	순환계용약	고혈압용제, 동맥경화용제
	해열진통소염제	해열진통소염제
	안과용제	안과용제
	전립선치료제	전립선치료제
	종양치료제	종양치료제
고령친화 식품산업	식 품	특수의료용도식품, 두부류 또는 묵류, 전통・발효식품 (장류, 김치류, 젓갈류, 절임식품 포함)
	건강기능식품	건강기능식품
고령친화 화장품산업	기초 제품류	노화방지 화장품(주름 개선 및 완화), 피부미백 및 검버섯 제거 화장품, 자외선 차단 및 방지 화장품
	색조제품류	피부색 보정 화장품
	바디제품류	피부 건조 및 가려움 개선 화장품, 체취 방지용 화장품(데오드란트, 향수류)
	헤어케어류	탈모 방지용 화장품, 염모용 화장품
고령친화 의료기기산업	치과 분야	치과용금속, 치관용재료, 의치상재료, 치관용근관 충전 및 치료재, 치과용접착 및 충전재료, 치과용인상재료, 치과용왁스, 치과용모형재료 및 매몰재, 치과용연마재료, 보철재료, 치과용 매식재료, 예방치과재료, 보철물분리재료
	재활 분야	정형용품, 부목, 정형 및 기능 회복용기구, 환자운반차, 시력보정용안경, 시력보정용렌즈, 보청기, 인체조직 및 기능대치품

	진단 분야	의료용엑스선장치, 비전리진단장치, 방사선진료장치, 체온측정용기구, 혈액검사용기기, 혈압검사 또는 맥파검사용기기, 검안용기기, 청력검사용기기, 지각 및 신체 진단용기구
	치료 분야	의료용침대, 호흡보조기, 내장기능대용기, 이학진료용기구, 개인용전기자극기, 침 또는 구용 기구, 의료용자기발생기
고령친화 용품산업	개인건강 · 의료용품	건강측정용품, 호흡기 치료용품, 투약용품, 욕창예방용품, 온열 · 한냉용품, 안마기, 자극기, 한방기기, 신발 · 의류, 신체보호용품
	기능저하예방용품	유산소운동용품, 근력운동용품, 기능훈련용품, 근력 및 운동기능 측정용품
	이동기기	한 손 조작 보행용품, 보행보조기, 복지차량, 수동휠체어, 전동휠체어, 전동스쿠터, 자세변환용구, 리프트, 보행보조기 부속품, 휠체어 부속품, 자동차 개조용 부품
	목욕용품	목욕보조용품, 기타 목욕용품
	배변용품	배변 처리기, 기저귀, 화장실 용품
	침구용품	침대, 매트리스, 모포 및 베개, 침대용 탁자, 침대부품
	가사용품	취사용품, 세척용품, 식사용품, 청소용품, 의류제작 및 수선용품, 탁자
	주거설비용품	조명기구, 의자용가구, 수납가구, 가구높이조절장치, 안전손잡이, 문 · 창 · 커튼 개폐장치, 주택용 건축부품, 수직승강장치, 건축물용 안전장치
	정보통신기기	시각용품, 청각용품, 발성용품, 그리기 · 글쓰기 용품, 전화기 · 통화용 기기, 신호표시기 · 경보기
	여가용품	완구, 게임, 스포츠용품, 악기, 사진용품, 수공예용품, 애완용품
고령친화 금융산업	장수리스크	개인연금(즉시연금보험 포함), 기업연금(퇴직연금), 주택연금(역모기지) 제도
	건강리스크	건강보험(암보험, 상해보험 포함), 장기간병보험
	재무리스크	자산관리서비스(PB, WA, FP)
고령친화 주거산업	주택 개보수	주택 개보수
	고령자 주택공급	고령자 주택공급
고령친화 여가산업	스포츠	경기업, 정보업, 시설운영업
	문 화	고령친화방송, 영화, 음악 및 공연, 공예, 문화오락센터, 기능성게임, 정보 제공 웹사이트
	관광/ 레저	국내관광, 해외관광, 복권, 카지노, 경마, 놀이공원, 고령친화 휴양단지

출처 : 한국보건산업진흥원(2014). 고령친화산업실태조사.

1) 고령친화 요양산업

요양 관련 고령친화산업은 첫째, 시설요양서비스이다. 노인요양시설, 실비노인요양시설, 유료노인요양시설, 노인전문요양시설, 유료노인전문요양시설, 노인요양공동생활가정 등이 있다. 둘째, 재가요양서비스이다. 방문요양서비스, 방문목욕서비스, 방문간호서비스, 주야간보호서비스, 단기보호서비스, 복지용구 제공 및 지원 서비스 등이 있다. 셋째, 노인의 건강예방을 위한 지원서비스로 건강검진서비스, 질병상담 및 관리서비스, 영양개선서비스, 운동기능향상서비스 등이 해당된다. 이 중 재가요양서비스는 최근 재가복지를 강조하는 추세 속에서 국가의 지속적인 지원과 서비스 자체의 유용성 때문에 앞으로 가장 수요가 많은 사업으로 전망되고 있다. 한편 고령친화요양산업은 장기요양보험을 기준으로 시장규모는 2020년에는 12조 5,188억 원으로 예상하고 있다.

2) 고령친화 의약품산업

평균수명 연장과 함께 고령계층이 증가하고 신체의 노쇠와 함께 유병률이 증가하기 때문에 의약품의 수요가 증가하고 있다. 실제 노인질환 관련 고령친화 의약품산업의 시장규모는 2020년에는 10조 8,315억 원으로 예상하고 있다. 한편 건강보험통계를 이용하여 질병별 가중치(65세 이상의 노인인구의 이용비율)를 파악한 주요 의약품들은 해열 · 진통 · 소염제, 근이완제, 순환계용약, 기타의 중추신경용약, 대사성의약품, 종양용제, 정신신경용제, 안과용제, 비뇨생식기관용제, 기타의 비뇨생식기관 및 항문용약 등 이었다.

3) 고령친화 식품산업

최근의 노인들은 웰빙(well bing)의 영향으로 인한 건강식, 자연식, 기능식을 추구하는 경향이 늘고 있어 이로 인한 기능식품 등의 수요가 꾸준히 증가하고 있다. 실제 노인의 건강관리와 관련한 고령친화 식품산업의 시장규모는

2020년에는 16조 5,810억 원으로 예상하고 있다. 주로 건강기능식품, 특수 의료용도 식품, 두부류 또는 묵류, 전통·발효식품 등 웰빙식품의 수요가 높을 것으로 예상된다.

4) 고령친화 화장품산업

신체의 노화에 따른 노화방지 화장품과 피부미색 같은 기능성화장품 등의 수요가 꾸준히 증가하고 있다. 실제 노인의 외모관리와 관련한 고령친화 화장품산업의 시장규모는 2020년에는 2조 6070억 원으로 예상하고 있다. 주로 노화방지 화장품(주름 개선 및 완화), 피부미백 및 검버섯 제거 화장품, 자외선 차단 및 방지 화장품, 피부색 보정 화장품, 탈모 방지용 화장품, 염모용 화장품 수요가 높을 것으로 예상된다.

5) 고령친화 의료기기산업

신체의 노쇠와 함께 유병률이 증가하기 때문에 질환의 치료와 진단 등의 수요가 꾸준히 증가하고 있다. 실제 노인질환 관련 고령친화 의료기기산업의 시장규모는 2020년에는 1조 6,975억 원으로 예상하고 있다. 주로 치과용 금속, 치관용 재료, 의치상 재료, 치관용 근관 충전 및 치료재와 기능회복용 기구, 물리치료와 같은 이학진료용 기기들의 수요가 높을 것으로 예상된다.

6) 고령친화 용품산업

광의의 고령친화 용품이란 제품 자체의 기획·제작단계에서부터 생활 속에 사용할 환경까지 모든 것이 노인과 그들을 간호하는 간병인을 위한 용품을 말한다. 협의의 고령친화 용품이란 중풍·치매 등 노인병을 앓고 있는 노인의 재활·간병·자기치유 등을 위한 용품을 말한다. 생활편의 용품 부문은 노인들의 일상생활에 필요한 안경, 보청기, 지팡이, 휠체어 등 노인들에게 필요한 상품과 여가용품도 포함하고 있다. 한편 고령친화 용품산업은 65세 이상 고령자를 대상으로 하는 산업으로 다른 산업군과는 달리 모태산업이라 할 수 있어 전체 시장규모가 고령친화 관련 시장규모로 분석된다. 고령친화 용품산업의 시장규모는 2020년에는 2조 8,322억으로 예상하고 있다.

7) 고령친화 금융산업

고령친화 금융산업은 인구의 고령화에 대응하여 개인 금융자산의 축적과 관리를 통해 노후소득의 안정적 흐름을 유지하는 금융서비스 전반을 총칭하는 개념으로 정의할 수 있다. 여기에는 이를 직접적으로 개별 금융상품을 판매하여 제공하는 방안과 이들 상품을 적절히 조합하여 금융자산을 축적, 관리할 수 있도록 자산관리서비스(wealth management)를 제공하는 방안이 있다.

고령친화 금융산업으로는 역모기지제도와 자산관리서비스가 대표적이다. 금융, 보험 관련 분야는 노인의 재산을 신탁하여 증식해 주는 개인저축이나 노인과 청장년들을 대상으로 하는 연금, 보험사업 등이 있는데, 노후에 경제적인 어려움에 처하지 않도록 한다는 점에서 가장 관심이 높은 분야이다.

최근에는 노후생활에 대한 관심이 높아지면서 노후생활에 대비한 경제력을 쌓는 데 관심이 높아지고 있어 청장년층의 노후생활을 위한 경제정보도 함께 제공하는 등 다양한 서비스가 늘어나고 있다. 노인과 관련한 고령친화 금융산업의 시장규모는 2020년에는 61조 404억 원으로 예상하고 있다. 퇴직연금, 개인연금, 민영의료보험, 주택연금 등의 실적이 활발할 것으로 예상된다.

8) 고령친화 주거산업

노인주거 관련 분야는 매우 중요한 의미를 갖는다. 일반적으로 노년기에는 노인의 활동영역이 집 안에서 주로 제한됨으로 주택은 고령자의 심리적 · 정서적 안정에 큰 영향을 미치기 때문이다.

현재의 노인복지법에 따라 주거 관련 분야는 노인주거복지시설에 속하는 유료노인복지주택, 양로시설, 실비양로시설, 유료양로시설, 실비노인주택 등으로 분류된다.

유료노인복지주택은 60세 이상의 노인에게 유료분양 또는 임대 등을 통하여 주거의 편의, 생활지도, 상담 및 안전관리 등 일상생활에 필요한 편의를 제공하는 것을 시설의 목적으로 규정하고 있다. 따라서 실버타운과 실비노인주택, 양로시설 같은 고령자 주택공급과 고령자를 위한 주택 개보수 등이 주거 관련 분야의 고령친화산업 유형으로 분류할 수 있다.

노인과 주거와 관련한 고령친화 주거산업의 시장규모는 2010년 고령친화 주거산업의 시장규모는 9,616억 원에서, 2020년에는 6,824억 원으로 연 평균 −4%씩 감소할 것으로 예상된다. 이러한 상황은 주로 신규주택의 건축보다는 주택 개보수가 활발할 것으로 예상되기 때문이다.

9) 고령친화 여가산업

고령친화 여가산업에는 고령친화휴양단지와 국내외 관광, 공연 등이 있다. 여가활동을 산업화한 노인여가산업은 크게 3종류로 문화산업, 관광/ 레저산업, 스포츠 산업으로 분류할 수 있다. 첫째, 문화산업에는 방송, 영화, 음악, 공연, 게임 등이 있고, 둘째, 관광/ 레저 산업에는 국내관광, 크루즈, 해외관광, 카지노, 놀이공원, 고령친화휴양단지 등이 있으며, 셋째, 스포츠산업은 스포츠시설 운영, 경기관람, 정보업 등이 있다.

노인과 관련한 고령친화 여가산업의 시장규모는 2020년에는 16조 1,917억 원으로 예상하고 있다.

제2절 고령친화산업의 전망

1. 고령친화산업의 전망

1) 고령친화산업 소비자 욕구

고령친화제품 소비자 수요조사(한국보건산업진흥원, 2015)에서 나타난 소비자 욕구(needs) 조사에서는 다음과 같은 특성을 보이고 있다.

첫째, 고령친화제품 중 고령자가 가장 필요로 하는 제품은 '식품(34.8%)'과 '의약품(24.1%)', 고령친화서비스 중에서는 '건강지원서비스(30.5%)'와 '요양서비스(25.8%)' 순으로 조사되었다. 이러한 결과는 2012년 고령친화산업 시장규모 추계결과에서도 식품(23.8%), 의약품(13.8%), 요양서비스(10.7%)에 대한 비중이 높은 것으로 조사되어 결과를 뒷받침하고 있으므로 해당 산업들은 고령친화산업 시장 및 수요 측면 모두 중요한 부분을 차지하고 있음을 알 수 있다.

둘째, 고령자들의 제품 선택 시 고려사항 선호도로 살펴본 고령친화제품 소비자들의 핵심 구매요인(KBF : Key Buying Factor)은 '가격(price)', '품질(quality)', '공인(certificate)'인 것으로 나타났다. 즉, 고령친화제품 선택 시 고려사항으로 '제품의 성능'과 '가격' 그리고 '국가나 단체에서 인증하는 마크 및 표시' 등이었다.

셋째, 건강상태군에 따른 수요도의 경우 '고위험군'과 '장기요양 등급자'가 유사한 성향을, 그리고 '건강군'과 '저위험군'이 유사한 성향을 보이고 있으며, '고위험군' 및 '장기요양 등급자'는 기본적 생활보조 및 관리와 정적인 서비스(휴양단지 및 시설)에 대한 수요가 높았고, '건강군'과 '저위험군'은 영양 · 건강 증진 및 동적인 서비스(문화컨텐츠, 운동 · 스포츠 활동)에 대한 수요가 상대적으로 높은 것으로 조사되었다. 따라서 공급자의 경우 건강상태별 수요자의 특성 분석과 이에 따른 시장세분화를 통해 맞춤형 제품 및 서비스를 제공할 필요가 있다.

이상과 같은 고령소비자들의 수요조사 결과들은 고령친화산업의 시장전망을 예측하게 하고 있으며, 고령친화산업 소비자들의 제품구매 특성을 이해하고 시장에 진입하여야 함을 시사하고 있다.

2) 고령친화산업의 전망

고령사회로 진입하면서 부각되고 있는 산업이 고령친화산업이다. 전 세계적으로 저출산, 고령화로 인한 고령화 사회가 시작되었으며, 이와 더불어 고령자들의 욕구와 부족한 부분을 충족시킬 수 있는 고령친화제품들이 주목받기 시작하였다.

선진국들의 고령친화산업의 발전과정 추이를 살펴보면, 일반적으로 본격적 성장기는 국민소득 20,000불 시대에서 개화가 이루어지고 있으며, 이와 관련하여 우리나라도 국민소득 20,000불 시대인 2008년을 기점으로 본격적 개화가 이루어지고 있다. 또한 대한상공회의소 자료에 의하면, 우리나라는 2008년을 기점으로 하여 정년퇴직자들이 늘어나기 시작하면서 2010년부터 10년 동안 고령친화산업이 연평균 13%의 성장을 이룰 것으로 전망하였는데 이는 베이비붐 세대의 은퇴를 염두에 두고 있는 것이다.

따라서 고령친화산업은 2000년대에 가장 빠르게 성장할 산업으로 중소기업에 유리한 노동집약적 생산, 다품종 소량생산, 그리고 소비자 욕구의 맞춤생산으로 중소기업들의 활성화와 많은 고용창출 등이 기대된다.

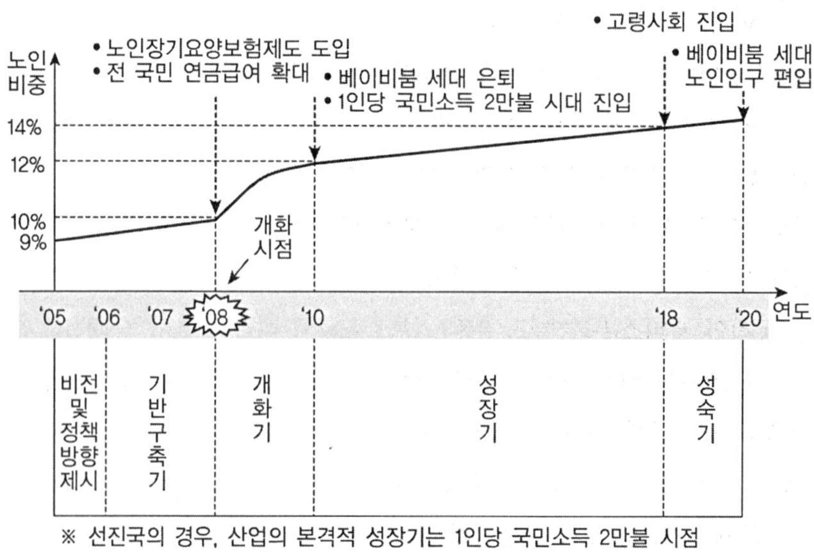

그림 12-1 **고령친화산업 발전과정**

출처 : 한국보건산업진흥원(2012). 고령친화산업실태조사.

2014년 국내 고령친화산업 시장규모는 약 27조 3,800억 원 규모로, 인구 고령화추세와 함께 고령친화산업에 대한 수요는 지속적으로 확대될 것으로 전망하고 있다. 우리나라는 고령화추세와 함께 액티브시니어로 불리우는 베이비붐 세대의 은퇴 등으로 인해 국내 고령친화산업은 2020년까지 연평균 13.0%의 성장률을 나타낼 것으로 전망하고 있다.

한국보건산업진흥원에서 조사한 고령친화산업 실태조사에서는 2014년 고령친화산업별에서 여가산업(34.0%)이 가장 높은 비중을 차지하고 있으며, 그 다음으로 식품산업(23.4%), 의약품산업(12.8%)이 차지하고 있다.

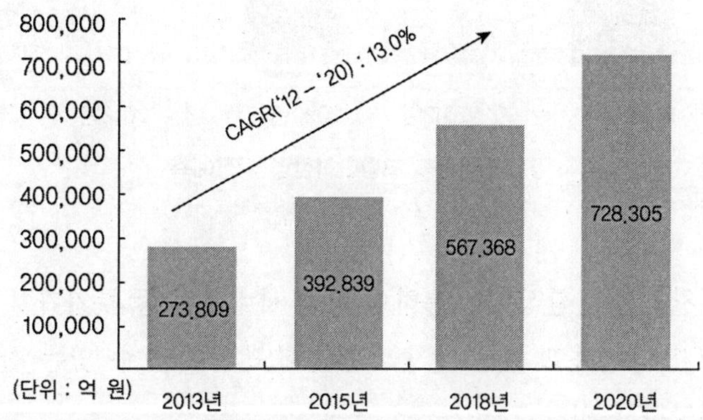

구 분	2012년		2015년		2020년		CAGR (12–20)
	시장규모	비 중	시장규모	비 중	시장규모	비 중	
의약품	37,791	13.8	54,010	13.8	97,937	13.4	12.6
의료기기	12,438	4.5	17,827	4.5	32,479	4.5	12.8
식 품	64,016	23.4	93,609	23.8	176.343	24.2	13.5
화장품	6,945	2.5	10,644	2.7	21,691	3.0	15.3
용 품	16,689	6.1	18,770	4.8	22,907	3.1	4.0
요 양	29,350	10.7	46,533	11.9	100,316	13.8	16.6
주 거	13,546	5.0	14,209	3.6	14,301	2.0	0.7
여 가	93,034	34.0	137,237	34.9	262,331	36.0	13.8
합 계	273,809	100.0	392,839	100.0	728,305	100.0	13.0

그림 12–2 고령친화산업별 시장규모 및 전망

출처 : 한국보건산업진흥원(2014). 고령친화산업실태조사.

정부는 고령친화산업 육성지원을 통해 2020년에는 시장규모를 132조 원으로(GDP 대비 5.8%), 생산유발액은 295조 원, 부가가치유발액은 140조 원 그리고 취업유발 19만 명, 고용유발 14만 명 달성을 예측하고 있다.

따라서 법·제도 정비와 기술개발 지원 등을 통하여 2020년에는 고령친화산업 강국으로 도약하고 글로벌 제품도 2건 이상 배출을 목표로 매진하고 있다.

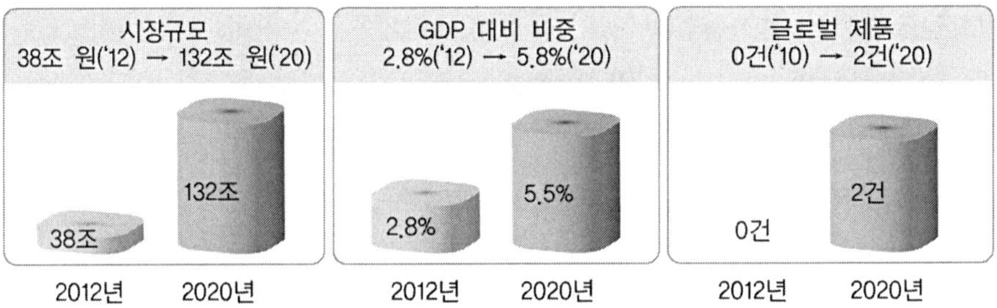

그림 12-3 **고령친화산업 시장예측**

출처 : 한국보건산업진흥원(2015). 고령친화산업 소비자 수요현황 분석.

또한 고령친화산업 활성화를 통하여 창조 서비스업 등 부가가치 및 일자리 창출로 국가가 당면하고 있는 일자리 창출에도 기여할 수 있는 신 성장동력 산업으로 전망하고 있다.

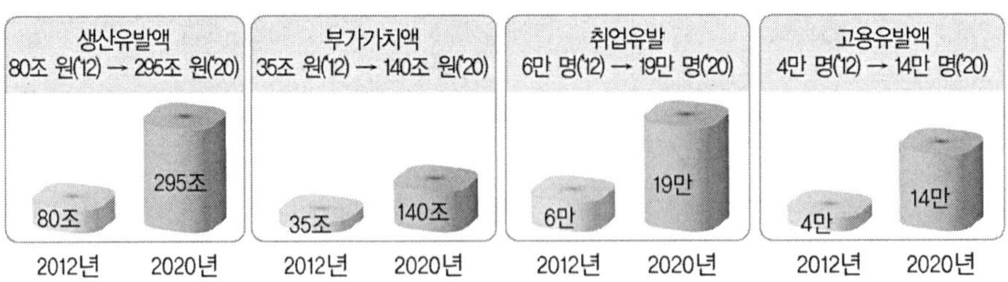

그림 12-4 **고령친화산업 고용유발분석 예측**

출처 : 한국보건산업진흥원(2015). 고령친화산업 소비자 수요현황 분석.

가톨릭대학교 호스피스교육연구소(2001). 호스피스센터 모델 개발안. 서울 : 대한간호협회.

________(2006). **호스피스 완화간호**. 서울 : 군자출판사.

강 인(2003). 노인유사체험이 노인과 체험자 자신의 노화에 대한 태도에 미치는 영향. 한국노인복지학회. **노인복지연구**, 19.

강영아(2011). 중년층을 위한 죽음준비 교육프로그램 개발 및 효과. **한국호스피스·완화의료학회지**, 14(4).

국민건강보험공단(2008). 장기요양관리요원 양성 교육교재.

________(2010). 표준장기요양이용계획서.

________(2012). 건강보험 통계연보.

________(2013). 장기요양통계연보.

국토교통부(2013). 2013 부동산 연차보고서.

국토해양부(2009). 고령자 주거 지원 및 관리에 관한 제도 연구.

권중돈(1994). 노인성 질환자의 부양실태와 대응전략. 한국보건사회연구원 정책보고서.

____(2011). **노인복지론**. 서울 : 학지사.

김귀분 외(2007). **노인간호학**. 서울 : 현문사.

김대중(2013). 복지용구 급여제도 현황 및 개선방안. **보건복지포럼**, 203.

김병숙 외(2005). 고령사회를 대비한 노년준비교육 프로그램에 관한 연구. **한국노년학**, 25(2).

김소향·이신숙(2009). 노인 일자리사업 참여 여부에 따른 노인의 자아존중감과 생활만족도에 관한 연구. **한국노년학**, 29(1).

김수지(2001). **호스피스 총론**. 서울 : 한국호스피스협회출판부.

김수영(2009). 노인 일자리사업 참여노인 사전교육의 효과성. **노인복지연구**, 43.

김수영 외(2009). **노년사회학**. 서울 : 학지사.

김순경 외(2013). **현대인의 질환과 생애주기에 맞춘 영양과 식사관리**. 경기 : 교문사.

김영모(1995). **지역사회복지론**. 서울 : 한국복지정책연구소출판부.

김용숙(2010). 현장에서 본 노인 성교육 : 성상담의 실제와 요구. 서울 : 인구보건복지협회.

김태준 외(2007). 고령사회에 대비한 노인교육 장기발전방안 연구. 서울 : 한국교육개발원.

김태유 외(2010). **신경인지치료**. 경기 : 서현사.

김태현(2007). **노년학**. 경기 : 교문사.

나항진(2004). 삶의 질 향상을 위한 노인 여가의 역할에 관한 연구. **한국노년학**, 24(1).

남기민 외(2003). **현대노인교육론**. 서울 : 현학사.

________(2006). **고령화 사회와 노인복지**. 경기 : 양서원.

남궁운(2004). 노년기 자원봉사활동 활성화 방안에 관한 실증연구. 대전대학교 대학원 박사학위논문.

경기도가족연구원(2012). 고령화 사회와 노인의 성. 제2차 경기가족 여성포럼 자료집.

경찰청(2013). 범죄통계.

대검찰청(2012). 2012범죄분석.

모선희 외(2005). **현대노인복지론**. 서울 : 학지사.

박경란 · 이영숙(2005). 부인의 성격유형, 갈등 대처방법과 부부갈등의 관계. **대한가정학회지, 43**(9).

박광준(2004). **고령사회의 노인복지정책**. 경기 : 현학사.

박남희 · 백재은(2003). 고령화 사회와 실버산업, **생활과학논집, 17**.

박명숙(2009). **노인간호의 이론과 실제**. 서울 : 창지사.

박상철 · 최성재 · 곽충실(2009). 한국형 노후생활설계 교육 프로그램 개발연구. 서울 : 보건복지가족부.

박수천(2004). 고령화 사회와 자원봉사운동. 서울 : 한국자원봉사포럼.

방하남 외(2008). 한국의 정년현황 실태와 정년연장을 위한 여건조성방안 연구. 한국노동연구원.

배소심 · 이영희(2005). 중년 여성들의 여가유형에 따른 여가만족도 차이분석. **한국여가레크리에이션학회지, 28**.

백용운(2007). 노인요양시설 종사자들의 노후대책에 관한 연구. 한양대학교 대학원 석사학위논문.

_____(2010). 장기요양노인 가족의 부양 스트레스와 가족관계 만족에 관한 연구. 호서대학교 대학원 박사학위논문.

보건복지부(2010). 새로마지플랜 2015.

________(2013). 2012 보건복지백서.

________(2014). 2013 보건복지백서.

________(2014). 보건복지통계연보.

________(2015). 2015년 노인보건복지사업 안내.

서혜경 · 정순돌 · 최광현(2006). **노인상담 입문**. 경기 : 집문당.

선현규 외(2009). **노인장기요양산업의 이해**. 경기 : 양서원.

송금희(2005). **자원봉사론**. 서울 : 대왕사.

송준호(2013). 커뮤니티 연계를 고려한 도시형 노인복지주택의 계획방향에 관한 연구. 서울대학교 대학원 박사학위논문.

안수연 외(2011). **치매인 간호**. 서울 : 퍼시픽북스.

안준영(2010). 고령자주택의 주거환경적 특성에 관한 연구. 서울시립대학교 대학원 석사학위논문.

양영애 외(2009). **인간발달과 수행**. 서울 : 정담미디어 · 학지사.

양옥남 외(2010). **노인복지론**. 경기 : 공동체.

여성가족부(2010). 가족실태조사.

________(2015). 통계로 보는 여성의 삶.

오진탁 · 김춘길(2009). 죽음준비교육이 노인의 죽음에 대한 태도와 우울에 미치는 효과. **한국노년학, 29**(1)

오정수 외(2009). **지역사회복지론**. 서울 : 학지사.

원석조(2004). **사회복지정책론**. 서울 : 양서원.

_____(2010). **노인복지론**. 경기 : 공동체.

유수정(2004). 노인유사체험이 간호사의 노인에 대한 태도에 미치는 영향. 대한간호학회지, 34(6).

윤혜정 외(2003). 주거와 주택. 서울 : 다락방.

윤 희·한경혜(1994). 노년기 형제 지원망에 관한 탐색적 연구. 한국노년학, 14(1).

은 영 외(2007). 노인전문간호 총론. 서울 : 현문사.

이가옥(2009). 노인복지정책과 향후 발전방안. 미래사회와 노후생활. 서울 : 국회예산처.

이광재(2008). 노인장기요양보험제도 정책과정의 이해. 경기 : 공동체.

이금룡 (2003). 노인자원봉사 활성화를 위한 모집전략 방안. 한국노년학회지, 23(3).

이경희·윤가현(2006). 홀로 된 여성노인의 성. 한국노년학연구, 15(1)

이경희(2004). 노인학습자들의 교육참여 실태조사 분석. 평생교육연구, 10(2).

이병순 외(2007). 노인복지를 위한 노인영양관리. 서울 : 광문각.

이병희·강기우(2007). 고령친화산업의 현황과 과제. 서울 : 한국은행 조사국 산업지원팀.

이숙경(2005). 감각체험을 위한 전시공간에 관한 연구. 국민대학교 대학원 석사학위논문.

이영석(1992). 주거환경계획. 서울 : 대우출판사.

이윤희·서혜경(2005). 노인생애체험전시관의 공간구성에 관한 연구. 한국실내디자인학회, 14(3).

이인수 외(2004). 21세기 국내외 노인복지와 실버산업. 서울 : 대왕사.

이인수(2005). 노인주거복지와 실버산업. 서울 : 일진사.

이정서 외(2005). 재가노인복지론. 서울 : 유풍출판사.

이화순(2000). 소위 '황혼이혼'과 재판상 이혼원인, 그리고 별산제의 한계. 연세법학연구, 7(1).

이해영(2006). 노인복지론. 서울 : 창지사.

이향련(2006). 성인간호학. 서울 : 수문사.

이현옥 외(2011). 생애주기 영양학. 경기 : 교문사.

이호선(2012). 노인상담. 서울 : 학지사.

이호성(2011). 고령친화아파트 단위주택의 계획기준에 관한 연구. 경희대학교 대학원 박사학위논문.

인구보건복지협회(2012). 노인 성상담 분석 보도자료.

임진옥(2008). 죽음준비 상담교육 연구. 전북대학교 대학원 박사학위논문.

임춘식 외(2007). 노인복지학 개론. 경기 : 학현사.

장상근(2004). 치매. 서울 : 신원문화사.

장영희(2009). 서울시 노인주거 특성과 노인주거시설. 주택연구, 17(4).

전경진 외 공역(2009). 복지용구 지원론. 경기 : 성남고령친화종합체험관.

전길양·송현애·고선주·김일명(2000). 노후준비교육 프로그램 : 풍요로운 노후 가꾸기. 한국노년학, 20(1).

전성곤 역(2008). 인문학으로서의 죽음교육. 경기 : 인간사랑.

전병목(2003). 국민연금제도의 가입자 간 형평성 제고방안. 재정포럼, 85.

정경희 외(2008). 고령친화적 지역사회 설계를 위한 지침 개발. 서울 : 보건복지가족부.

정완교·진양수(2008). 노인장기요양보험제도의 문제점과 개선방향. KDI정책포럼 제202호.

정진택(2010). 노인장기요양보험과 고령친화용품산업 활성화에 관한 연구 : 복지용구 중심으로. 경희대학교 행정대학원 석사학위논문.

조경욱(2004). 노인교육과 사회관계. **노인복지연구**, 23(1).

조병은(2007). 노년기 가족관계에 대한 선행연구 고찰 : 현황과 과제. **한국가정관리학회지**, 25(1).

조성한(1998). 사회복지행정서비스 전달체계 연구. 서울 : 한국행정연구소.

조임현(2011). 노인의 성인식에 관한 탐색적 연구. **노인복지연구**. 52(1).

조추용 · 송미영 · 이근선(2009). 중년층의 노후준비에 영향을 미치는 요인. **노인복지연구**, 43.

지은영 외(2009). 한국형 고령자주택 유형 개발에 관한 연구. 경기 : 국토연구원.

지은정(2013). 고령화 사회 보편적 · 균형적 노후설계서비스 활성화 방안. 경기 : 한국노인인력개발원.

차미영(2006). **웰다잉을 위한 죽음의 이해**. 서울 : 상상커뮤니케이션.

최미숙(2007). 노인들의 만성질환별 관리방법 인식과 관리실천의 상관성 연구. 차의과대학교 대학원 석사학위논문.

최성재 외(2003). **노인복지학**. 서울 : 서울대학교출판부.

________(2010). **고령화 사회의 노인복지학**. 서울 : 서울대학교출판문화원.

최수원(2006). 노인유사체험이 노인 병동 간호사의 노인에 대한 태도와 업무만족에 미치는 영향. 계명대학교 대학원 석사학위논문.

최순남(1995). **현대노인복지론**. 경기 : 한신대학교출판부.

최일섭 외(2005). **지역사회복지론**. 서울 : 서울대학교출판부.

최혜경 · 권유경 역(2001). **성공적인 노화**. 서울 : 학지사.

최혜미(2000). **21세기 영양학**. 서울 : 교문사.

통계정보시스템(2014). KOSIS 가족관련 통계.

통계청(2010). 장래가구추계.

______(2013). 2013년 생명표.

______(2014). 가족사회조사.

______(2014). 인구동태통계연보

한국가정법률상담소(2013). 2012년도 상담통계.

한국노동연구원(2002). 고령화 시대의 노동시장과 고용정책.

한국노인인력개발원(2012). 노인일자리사업백서.

한국보건사회연구원(2004). 전국 노인생활실태 및 복지욕구 조사.

________________(2008). 고령친화 복지용구의 체계적 관리를 위한 DB 구축.

________________(2009). 2009년 서울특별시 어르신 만성질환관리사업.

________________(2009). 국민건강영양조사 제4기 영양조사.

________________(2012). 고령친화산업실태조사

________________(2014). 고령친화산업실태조사

________________(2015). 전국노인실태조사.

________________(2015). 고령친화산업 소비자 수요현황 분석

한국주거학회(2005). 노인 가구를 위한 주택개조기준개발 및 보급방안 연구.

한정란(2007). 노인교육의 이해. 서울 : 학지사.

한정란 외(2008). 노인교육 체계화 및 활성화 방안 연구. 서울 : 보건복지가족부.

허 정(1983). 현대사회와 노인복지. 서울 : 아산사회복지사업재단.

허정무(2007). 노인교육학개론. 경기 : 양서원.

현외성 외(2005). 한국 노인복지학 강론. 서울 : 유풍출판사.

홍석표 외(2005). OECD 국가의 사회지출과 경제성장. 서울 : 한국보건사회연구원.

홍숙자(2010). 노년학개론. 서울 : 도서출판 하우.

황옥남(1988). 노인의 안전사고와 관련된 요인에 대한 조사연구. 성인간호학회지, 10(2).

Atchley, R. C.(1980). *Social Forces in Later Life*. Belmont, CA : Wads worth Publishing Co.

Baltes, P. B., & Baltes, M. M.(1990). "Psychological perspectives on successful aging: The model of selective optimization with compensation." In P. B. Baltes, & M. M. Baltes,(eds.). *Successful aging : Perspectives from the behavioral science*. Cambridge, UK : Cambridge University Press.

Birren, J. E., & Schaie, K. W.(1977). *Handbook of the psychology of Aging*. New York : Van Nostrand Reinhk.

Blau, P. M.(1964). *Exchange and Power in Social Life*. NY : John Wiley.

Boshier, R., & Collins, J. B.(1985). The Houle typology after twenty-two years : A large scale empirical test. *Adult Education Quarterly, 35*(2).

Bourdieu Pierre, Loic Wacquant(1992). *An Invitation to Reflexive Sociology*. Chicago : University of Chicago Press, 119.

Brody, E. M.(1985). Parent care as a normative family stress. *The Gerontologist, 32*(1).

Burnette, D., & Mui, A. C.(1995). In-home and Community-based Service Utilization by Three Groups of Elderly Hispanics : A National Perspective. *Social Work Research, 19*(4).

Burr, W. R.(1970). Satisfaction with various aspects of marriage over the cycle. *Journal of Marriage and the Family, 32*(1).

Calsyn, R. J., & Winter, J. P.(2000). Predicting Different Types of Services Use by The Elderly : The Strength of The Behavioral Model and The Value of Interaction Terms. *The Journal of Applied Gerontology, 19*(3).

Commonwealth of Australian(2007). The National Evaluation of the Second Round of Coordinated Care Trials Final Report.

Coulton, C., & Frost, A. K.(1982). Use of Social and Health Services by Elderly. *Journal of Health and Social Behavior, 23*.

Cummig, E., & Henry, W. E.(1961). *Growing Old : The Process of Disengagement*. New York : Basic Books.

Darkwa, O. K.(1998). The Social Service Delivery System, Social Work Courses on the web, University of Illinois a Chicago.

Deeken, A.(1994). Psychology of death & dying. Hospis. 4.

Donald E.(2000). *Chambers Social Policy and social Program : A Method for the Practical Public Policy Analyst*(3th ed.). Boston : Allyn & Bacon.

Dumazedier, Z.(1974). Toward a Society of leisure. NY: The Free Press.

Erikson, E. H.(1964). *Childhood and Society*(2nd ed.). New York : Norton.

Farquhar, M.(2000). Elderly people's definitions of Quality of life. *Social Science and Medicine, 41*(10).

Fischer, L., & Schaffer, K.(1993). *Older Volunteer*. CA : Sage Publication Inc.

Gottman, J. M.(1994). *What predicts divorce? The relationship between marital processes and marital out comes*. Hillsdale, NJ : Erlbaum.

Gott, M., & Hinchliff, S. (2003). Sex and aging. A gendeed issue. In S. Arber, K. Davidson, .& J. *Ginn Gender and aging : Changing roles and relationships*. Buckingham : Open University Press.

Gilbert, Neil and Paul Terrell(1997). Dimension of Social Welfare Policy.

Hayflick, L.(1974). The strategy of senescence. *The Gerontologist, 14*(1).

H. Glennerster(1999). Which Welfare States are Most Likely to Survive?. *International Journal of Social Welfare*.

Harvey L. Sterns, Cameron J. Camp(1998). Applied Gerontology.

Havighurst, R. J., Neugarten, B. L., & Tobin, S.(1968). Disengagement and Partterns of aging, B. L. Neugarten. *Middle age and Aging*. Chicago : University of Chicago Press.

Henry, G. T., & Basile, K. C.(1994). Understanding the decision to participate in formal adult education. *Adult Education Quarterly, 44*(2).

Howe(2001). Recent Development in Aged Care Policy in Australian. *Journal of Aging and Social Policy, 13*(2/3).

Johnson, B. K.(1988), A Correlational Framework Understanding Sexuality In Women Age 50 And Older, Health Care For Women International.

Joan T. Erber(2010). *Aging and Older Adulthood*(Second edition). Wiley Blackwell.

Kalish, R. Q.(1975). *Late Adulthood.: Perspectives on Human Development*. Berkeley : Cole Publishing Co.

Kane, R. A., & Kane, R. L.(1987). *Long-term Care : Principles, Programs, and Policies*. New York : Springer Publishing Company.

Kaplan, M.(1960). *The Use of Leisure*. in C. Tibits, ed. Handbook of Social Gerontology. Chicago : University of Chicago Press.

Kelly, S., J. Enshoff(1997). Dual diagnosis of mental illness and substance abuse : Contemporary Challenges for rehabilitation. *Journal of Applied Rehabilitation Counselling, 28*(3).

Kemper, P.(1992). The Use of Formal and Informal Home Care by the Disabled Elderly. *Health Services Research, 27*(4).

Kubler-Ross, E.(1974). *On Death and Dying*. NY : Macmillan Publilishing Co.

Knowles, M.(1977). *The Modern Practice of Adult Education*. Chicago Association Press.

Kwong, T. M., Mok, Y. F., & Kwong, M. L.(1997). Social factors and adult learners' motivation in reentering higher education. *International Journal of Lifelong Education, 16*(6).

M. Fayers, David Machin(2002). Quality of Life : The Assessment, Analysis and Interpretation of Patient-reported Outcomes, Wiley.

Margaret Dexter & Wally Harbert(1983). The Home Help Service, The Chaucer Press, Great Britain.

Miller, B., & Mc Fall, S.(1991). The Effect of Caregiver's Burden on Change in Frail Older Persons' Use of Formal Helpers. *Journal of Health and Social Behavior, 32*.

Miller, R. A.(1990). Aging and the Immune Response. E. L. Schneider & J. W. Rowe(eds.), *Handbook of the Biology of Aging*(3rd ed.). CA : Academic Press.

Morris, J.(2003). *Community Care or independent Living : in Eilsion*. N & C, Pierson Hampshire : Developmentsim British Social Policy.

Morstain, B. R., & Smart, J. C.(1974). Reasons for participation in adult education courses : a multivariate analysis of group differences. *Adult education, 24*(2).

Moxley, D.(1989). *The Practice of Case Management*. CA : SAGE Publications.

Murphy, J. E.(1973). *Concepts of leisure*. Englewood Cliffs, NJ : Prentice Hall, Incan.

Neugarten, B. L., Havighurst, R., and Tobin, S.(1968). Personality and Pattern of Aging. B. L., Neugarten(ed.). *Middle age and Aging*. Chicago : University of Chicago Press.

Novak, M., & Guest, C.(1983). "Application of Multidimensional caregiver burden inventory". *The Gerontologist, 29*(6).

Peterson. D. A.(1983). *Facilitatinig Education for Older Learners*. SanFrancisco : Jossey-Bass Publishers.

Rowe, J. W., & Kahn, R. L.(1987). *Human Aging : Usualand successful science*, 237.

Riely, M., & Foner, A.(1972). *Aging and society : A Sociology of Age stratification*. New York : Russell Sage Foundation. Univ. of Chicago Press.

Ryff, C. D.(1989). Beyond Ponce de Leon and life satisfaction : New directions in quest of successful aging. *International Journal of Aging and Human Development, 12*.

Schulz, R., O'rien, A. T., Bookwala, J., & Fleissner, K.(1995). "Psychiatric and morbidity effects of dementia caregiving", -Prevalence, correlates, and causes-. *The Gerontologist*, *35*(2).

Sheryl, Z., Christianna, S. W., Peter, S. R., & Malaz, B.(2005). Attitudes, stress and satisfaction of staff who care for residents with dementia. *The Gerontologist, 45*(1).

Thompson. M. G., and Doil(1993). "Facets of support related to well-being" : Quantitative social isolation and perceived family support in a sample of elderly women. *Psychology and Aging, 5*(4).

Valins, Martin(1999). *Housing for the Elderly people : A Guide for Archecture and Clients*. butter wroth-Heine mann Ltd.

Van Houtven C. H., & Norton, E. C.(2004). Informal Care and Health Care Use of Older Adults. *Journal of Health Economics, 23*.

Welier, P. G., & Rathbone-Mc Cuan(1979). *Adult Day Care Community Work with The Elderly*. New York : Springer Publishing Company.

Zarit, S. H., Stephens, M. A., Townsend, A., & Greene, R.(1998). Stress Reduction for Family Caregivers - Effects of Adult Day Care. *Journal of Gerontology, 53*(5).

국민건강보험공단 홈페이지. http://www.nhis.or.kr
국민연금관리공단 홈페이지. http://www.nps.or.kr
노인장기요양보험 홈페이지. http://www.longtermcare.or.kr
대한건설협회 홈페이지. http://www.cak.or.kr
대한노인회 노인생애체험센터 홈페이지. http://www.aging-simulation.or.kr
대한영양사협회 홈페이지. http://www.dietitian.or.kr
대한의학회 홈페이지. http://www.kams.or.kr
대화메디피아(주) 홈페이지. http://www.daewhamedipia.com
대화메디피아(주). 노인체험용품 YW-100 사용설명서.
보건복지부 기초연금 홈페이지. http://basicpension.mw.go.kr
보건복지부 홈페이지. http://www.mw.go.kr
서울아산병원 홈페이지. http://www.amc.seoul.kr
세계식량농업기구 홈페이지. http://www.fao.org
한국고용정보원 홈페이지. http://www.keis.or.kr
한국노인문제연구소 홈페이지. http://www.kig.or.kr
한국노인인력개발원 홈페이지. http://www.kordi.go.kr
한국주택토지공사 홈페이지. http://www.lh.or.kr
한국치매예방협회 홈페이지. http://www.chimae.or.kr

(A)
AIDS에 의한 치매 ······ 234

(D)
DNA 작용착오 이론 ······ 34

(S)
SOC 이론 ······ 45

(ㄱ)
가사활동 ······ 158
가역성 치매 ······ 231
가정 호스피스 ······ 253
가정생활 갈등 ······ 87
가족 내 역할의 변화 ······ 60
가족부양 ······ 78
가족생활활동 ······ 158
가족형태의 변화 ······ 58
간접적인 소득보장제도 ······ 295
감각과 지각 기능 ······ 25
감각기관의 변화 ······ 193
감액노령연금 ······ 288
강사・지도자 활동 ······ 176
개별부양 ······ 85
개인별 건강위험평가 ······ 300
개인부양 ······ 78
개인의 자각 ······ 22
건강과 질병의 개념 ······ 183
건강관리 대책 ······ 127
건강생활실천 통합서비스 ······ 302
건망증기 ······ 236
경로당 ······ 162
경로우대제도 ······ 295
경제갈등 ······ 88
경제적 노후준비 ······ 125
경제적 부양 ······ 83
계속형 ······ 40
고관절 골절 ······ 209
고령 ······ 19
고령노인 ······ 23
고령사회 ······ 49
고령사회의 현상 ······ 63
고령자 ······ 279
고령자 건강보장정책 ······ 298
고령자 계속고용 및 직업능력 배양 프로그램 ······ 282
고령자 고용촉진 장려금 프로그램 281
고령자 우선고용직종 선정 및 채용권고 ······ 282
고령자 의료보장정책 ······ 304
고령자 인재은행 ······ 281
고령자 주거 및 주택 보장정책 ······ 316
고령자고용촉진법 ······ 278
고령친화 금융산업 ······ 341
고령친화 식품산업 ······ 339
고령친화 여가산업 ······ 342
고령친화 요양산업 ······ 339
고령친화 용품산업 ······ 340
고령친화 의료기기산업 ······ 340
고령친화 의약품산업 ······ 339
고령친화 주거산업 ······ 341
고령친화 화장품산업 ······ 340
고령친화산업 ······ 331
고령친화산업의 분류 ······ 336
고령친화산업의 전망 ······ 344
고령화 문제 ······ 49
고령화 사회 ······ 49
고령화율 ······ 53
고령화지진 ······ 50
고용대책 ······ 127
고용보장정책 ······ 277
고용보험법 ······ 280
고용안정센터와 고급인력 정보센터 ······ 282
고용유지 지원금 ······ 280
고용촉진장려금 ······ 280
고혈압 ······ 195
골절 ······ 209
공격행동 갈등 ······ 87
공공복지 ······ 277
공공부조 ······ 290
공공임대주택 ······ 318
공동체 의식 ······ 173
공무원연금 ······ 294
공적 부양 ······ 78, 82
관절가동범위 ······ 200
교육급여 ······ 292
교통안전관리 활동 ······ 176
교환이론 ······ 38
구원요청형 ······ 40
국민건강보험제도 ······ 305
국민기초생활보호제도 ······ 289
국민연금 급여종류 ······ 287
국민연금제도 ······ 285
국민최저선 ······ 277
국제노년의료학회 ······ 18
국제노년학회 ······ 16
군인연금 ······ 294
그레이 ······ 19
근골격계의 변화 ······ 189
근로형 ······ 158
급여내용 ······ 313
긍정적인 관계 ······ 45
기능적 연령 ······ 21
기대수명 ······ 51
기대여명 ······ 51
기억력 장애 ······ 237
기초연금 ······ 293

(ㄴ)
나이 든 사람 ······ 19
낙상 ······ 209
남성호르몬 ······ 101
남자답다 ······ 99
노년교육 관련 법률 ······ 135
노년교육 관련 정책 및 제도 ······ 135
노년교육 정책 및 제도 ······ 137
노년교육의 범위 ······ 131
노년기 교육 ······ 128
노년기 복지정책 ······ 277
노년기 부부관계 ······ 72
노년기 성인자녀 관계 ······ 74
노년기 여가활동 ······ 149
노년기 재혼의 개념 ······ 92
노년기 조부모와 손자녀 관계 ······ 77
노년기 질환관리 ······ 183
노년기 형제관계 ······ 75
노년기의 가족 ······ 71
노년기의 교육욕구 ······ 129
노년기의 성 ······ 98
노년부양비 ······ 56
노년사회복지학 ······ 14
노년사회학 ······ 14
노년생물학 ······ 13
노년세계회의 ······ 17
노년학 ······ 11
노노개호 ······ 177

노노케어 ········· 177
노령 ········· 19
노령연금 ········· 287
노령연금의 종류 ········· 288
노령화 지수 ········· 56
노인 ········· 18
노인 안 검진 사업 ········· 309
노인 영양불량의 원인 ········· 221
노인 재취업에 대한 문제 ········· 66
노인 재혼의 장애요인 ········· 96
노인 틀니시술 지원 ········· 310
노인가족학 ········· 15
노인건강운동 활성화 사업 ········· 303
노인공동생활가정 ········· 320
노인공동작업장 ········· 283
노인교실 ········· 139, 162
노인대학 ········· 139
노인보호전문기관 ········· 322
노인복지관 ········· 140, 163
노인복지법 ········· 136, 279
노인복지시설의 종류 ········· 322
노인복지주택의 계획요소 ········· 328
노인복지주택의 유형 ········· 324
노인빈곤인구의 증가 ········· 64
노인상담 ········· 109
노인상담의 목적 ········· 110
노인상담의 영역 ········· 111
노인상담의 종류 ········· 113
노인상담의 특성 ········· 115
노인성 난청 ········· 193
노인성 질환의 특징 ········· 186
노인심리학 ········· 13
노인에 관한 교육 ········· 132
노인에 의한 교육 ········· 132
노인여가복지시설 ········· 322
노인여가시설의 종류 ········· 162
노인요양생활공동가정 ········· 320
노인요양시설 ········· 320
노인유권자의 정치적 영향력 확대 ·· 66
노인을 위한 교육 ········· 131
노인의 4고 ········· 61
노인의 부양 ········· 78
노인의 성 상업 ········· 105
노인의 성(Sex) 특징 ········· 101
노인의 성격 ········· 26
노인의 성인식 ········· 100
노인의 영양 권장량 ········· 225
노인의 영양관리 ········· 225
노인의 영양문제 ········· 220
노인의 영양상태 평가 ········· 223
노인의 특성 ········· 24
노인의료복지시설 ········· 322
노인의료비의 증가 ········· 194
노인의학 ········· 13
노인일자리 사업 ········· 283
노인입소시설 ········· 176
노인장기요양보험제도 ········· 311
노인주거복지시설 ········· 322
노인주거정책 ········· 316
노인주택 보장의 원리 ········· 320
노인체험교육 ········· 141
노인체험복 ········· 144
노인체험용구 ········· 144
노인취업지원센터 ········· 283
노인환경학 ········· 14
노인휴양소 ········· 163
노폐물 누적 이론 ········· 34
노화 ········· 28
노화의 원인 ········· 29
노화의 특징 ········· 28
노화현상 ········· 28
노후준비 영역 ········· 125
녹내장 ········· 25, 193
뇌영상검사 ········· 241
뇌졸중 ········· 197
뇌졸중의 전조증상 ········· 198
늙은 사람 ········· 19
늙은이 ········· 18

(ㄷ)
당뇨병 ········· 200
당사자성 ········· 173
독거 여성노인의 증가 ········· 65
독립형 호스피스 ········· 252
돌봄행위 ········· 246
동년배집단 ········· 75
등급판정 ········· 311

(ㄹ)
루이소체 치매 ········· 234
리비도 ········· 101

(ㅁ)
마모이론 ········· 34
만성질환 유병률 ········· 184
망상 ········· 239
맞춤형 방문건강관리 사업 ········· 303
면역반응 이론 ········· 35
면역이론 ········· 35
면접상담 ········· 113
무감각형 ········· 40
무장형 ········· 39
문화예술활동 ········· 176
미각 ········· 194
미국노년학회 ········· 16

(ㅂ)
반복행동 ········· 240
반환일시금 ········· 288
발기부전 ········· 101
발달과업 이론 ········· 36
백내장 ········· 25, 193
범죄예방활동 ········· 176
법률정보 ········· 127
법률혼 ········· 95
병사 ········· 264
병원 내의 병동 호스피스 ········· 252
병원 내의 산재형 호스피스 ········· 252
보건소 건강생활실천 통합서비스 301
보상 ········· 46
복시 ········· 199
복지관활동 ········· 176
복지용구 ········· 211
복지용구사업소 ········· 218
복지용구의 유형 ········· 212
복지자원의 다원화 ········· 173
부부갈등의 요인 ········· 87
부양과 보호 문제 ········· 65
부양료 구상권 제도 ········· 81
부양비율 ········· 56
부양서비스 ········· 78
부양의무 ········· 80
부양의식 ········· 79
부양환경의 변화 ········· 59
부정과 고립 ········· 266
분노 ········· 266
분노형 ········· 39
분리이론 ········· 37

분할연금 287
불안증세 240
비가역성 치매 231
비뇨기계의 변화 191
빈둥지 22

(ㅅ)
사고사 265
사교오락형 159
사립학교 교직원연금 295
사망원인 184
사망일시금 288
사실혼 95
사적 부양 78, 82
사회경제적 문제들 251
사회보험 291
사회복지관 139
사회봉사활동 158
사회사업가 255
사회안전망 291
사회적 관계망 126
사회적 노인 21
사회적 노화 32
사회적 노화 이론 37
사회적 분리와 소외 33
사회적 와해 이론 38
사회적 지위와 역할변화 33
사회적 특성 변화 26
산소화 189
상대적 부양의무 80
새혼 92
생계급여 291
생리학적 이론 35
생물학적 노화이론 33
생물학적 노화현상 29
생식기계의 변화 192
생애전환기 건강진단 299
생애주기별 맞춤형 건강정보 제공 프로그램 299
서비스형 부양 85
선배시민 19
선택 46
선택적 적정화 이론 45
성 거래(sexual transaction) 환경 105
성 매체 105
성 문화(sexual culture) 환경 105
성 연결 환경 105
성 유희(sexual play) 환경 105
성(Sex)의 개념 98
성격유형 39
성공적 노화 42
성공적 노화 모델 42
성생활 107
성숙형 39
성장률 잠식 66
성직자 256
세계 노인의 해 17
세대 간 갈등야기 65
세포이론 34
섹슈얼리티 99
섹스 99
소득 대체율 289
소득대책 127
소득보장정책 285
소비와 투자 위축 66
소화기계의 변화 190
수면과 호흡 189
수용 267
수용보호 목적의 주택보장 319
수용시설 부양 85
수축기 혈압 195
스트레스 이론 35
시각 193
시각기관 25
시니어 친구 177
시니어클럽 284
시설급여 313
신경계의 변화 194
신경인지기능검사 241
신경호르몬 이론 35
신진대사 이론 35
신체적 노후준비 125
신체적 부양 84
신체적 특성 변화 24
실버 19
실버비지니스 331
실버서비스 331
실비노인복지주택 319
실패과장형 40
심리·사회적 성격발달 이론 47
심리사회적 발달이론 35
심리적 노화 30
심리적 특성 변화 25
심부전 204
심혈관계의 변화 187

(ㅇ)
안면마비 199
안티에이징 15
알츠하이머 치매 232
알콜성 치매 233
양로시설 320
양로원/시설 호스피스 253
어르신 19
언어장애 199, 238
에스트로겐 102
여가 149
여가만족 153
여가의 기능 150
여가활용 127
여자답다 99
역모기지론 297
역연령 20
연령계층 이론 38
연소노인 23
연장자 19
연하곤란 199, 200
영구임대주택 318
영국노년학회 17
오르가즘 101
오인 239
와상 177
완전노령연금 288
욕창 206
욕창방지 및 피부보호 199
우울 267
우울증 239
우인관계 158
운동능력 189
운동실조증 199
웰다잉 258
웰에이징 15
위축형 40
유료노인복지주택(실버타운) 319
유리형 40
유전이론 34
유전자 변이 이론 34
유전적 결정 이론 34
유족연금 287

유해산소 이론 ······ 34
육체적 통증 ······ 250
은둔형 ······ 39
은퇴와 자녀 출가 ······ 26
은퇴의 정의 ······ 121
은퇴준비 ······ 123
은퇴준비교육 ······ 124
의료급여 ······ 292, 308
의료시설 부양 ······ 86
의사 ······ 256
의사소통 갈등 ······ 87
의존적 수동형 ······ 40
이완기 혈압 ······ 195
이혼 생각 ······ 91
이혼 시도 ······ 92
이혼의 과정 ······ 91
인간관계의 변화 ······ 27
인생주기 ······ 19
인지기능장애 ······ 238
인지적 장애 증상 ······ 237
인터넷 상담 ······ 114
일과성 허혈증 ······ 198
일시적 부양 ······ 86
임금피크제 ······ 280
임종자의 상태 ······ 268

(ㅈ)

자살 ······ 263
자각에 의한 노인 ······ 22
자기부정형 ······ 40
자기성숙 ······ 173
자기수용 ······ 44
자기완성형 ······ 159
자동면역 이론 ······ 35
자산관리서비스 ······ 341
자세 변환용구 ······ 207
자아통합 ······ 47
자연사 ······ 264
자원봉사 ······ 169
자원봉사자 ······ 256
자학형 ······ 40
장기요양급여 이용절차 ······ 312
장애연금 ······ 287
장운동의 저하 ······ 199
장제급여 ······ 292
재가급여 ······ 313
재가노인복지시설 ······ 322
재가보호 목적의 주택보장 ······ 318
재구성형 ······ 40
재직자 노령연금 ······ 289
재혼 ······ 86
재혼노인의 실태 ······ 94
재혼에 대한 견해 ······ 94
재혼의 유형 ······ 93
재활간호 ······ 199
저출산·고령사회기본법 ······ 136
저출산에 따른 영향 ······ 64
적극적 통합형 ······ 40
적정화 ······ 46
전혼 ······ 96
전화상담 ······ 114
절대적 부양의무 ······ 80
절망 ······ 47
정서 및 사회적 노후준비 ······ 126
정서적 문제들 ······ 251
정서적 부양 ······ 83
정신건강장애 ······ 26
정신기능 ······ 25
정신적인 고통 ······ 251
정신행동 증상 ······ 238
정체감 위기 이론 ······ 36
정체감 유지 이론 ······ 37
정치 및 사회 활동 ······ 176
정치활동 ······ 158
젠더 ······ 99
조기노령연금 ······ 289
조직와해형 ······ 40
종교활동 ······ 158
주간보호 호스피스 ······ 253
주거급여 ······ 291
주거급여제도 ······ 319
주택연금제도 ······ 297
주택자금 할증융자 ······ 319
죽음교육 ······ 272
죽음에 대한 관점 ······ 260
죽음의 과정 ······ 265
죽음의 종류 ······ 263
준고령자 ······ 279
중고령노인 ······ 23
지남력 장애 ······ 237
지적능력 저하 ······ 199
직접적인 소득보장제도 ······ 285
집단상담 ······ 114

(ㅊ)

참여활동형 ······ 159
천식 ······ 202
청각 ······ 193
청각기관 ······ 25
초고령 사회 ······ 49
초점형 ······ 40
초조행동 ······ 240
출혈성 뇌졸중 ······ 198
취미오락 ······ 158
치매 ······ 229
치매 진행단계 ······ 236
치매검사 ······ 241
치매기 ······ 236
치매노인의 관리 ······ 242
치매예방관리사업 ······ 315
치매의 종류 ······ 232
치매의 증상 ······ 237
치매의 진단 ······ 241
치매의 치료 ······ 242

(ㅋ)

칼로리 제한 이론 ······ 35
크로이츠펠트-야곱병에 의한 치매 ······ 234

(ㅌ)

타살 ······ 264
타협 ······ 266
테스토스테론 ······ 101
텔로메라제 이론 ······ 34
통합모델 ······ 44
퇴직 ······ 160
퇴직준비 ······ 123
퇴행성 관절염 ······ 207
특별현금급여 ······ 313
특수직역 연금 ······ 294

(ㅍ)

파킨슨병에 의한 치매 ······ 234
편마비 ······ 199
평균수명 ······ 50
평생교육법 ······ 135
폐쇄형 ······ 159

폐의 방어기전 ………………………… 189
프로게스테론 ………………………… 102
피부기계의 변화 ……………………… 192
픽병에 의한 치매 ……………………… 234

(ㅎ)

한거형 ……………………………… 159
한국노년학회 ………………………… 17
해산급여 ……………………………… 292
허혈성 뇌졸중 ………………………… 198
헌팅톤병에 의한 치매 ……………… 234
현대화 이론 …………………………… 37
혈관성 치매 …………………………… 233
호스피스 ……………………………… 246
호스피스 간호사 ……………………… 256
호스피스 운동의 철학 ……………… 247
호스피스 조정자 ……………………… 255
호스피스 활동의 개념 ……………… 246
호스피스 활동의 목적 ……………… 248
호스피스의 활동유형 ……………… 252
호흡기계의 변화 ……………………… 188
호흡양상 ……………………………… 189
혼란기 ………………………………… 236
혼합형 호스피스 ……………………… 254
환각 …………………………………… 239
환경의 지배 …………………………… 45
환경정화활동 ………………………… 176
환기조절 ……………………………… 189
활동이론 ……………………………… 37
황금연령층 …………………………… 19
황혼이혼 ……………………………… 86
황혼이혼의 추세 ……………………… 88
후각 …………………………………… 194

저자약력

백용운
한양대학교 사회복지학 석사
호서대학교 노인복지학 박사
디지털서울문화예술대학교 실버문화경영학과 교수
호서대학교벤처전문대학원 벤처경영학과 외래교수
동원대학교 사회복지학과 외래교수
한국고령친화용품산업협회 부회장
포럼 4.0 사무총장
서울노인복지연구학회 수석부회장
한국벤처창업학회 이사

노년학개론

|저자| 백용운

|1판 1쇄| 발행 2016년 2월 5일
|1판 2쇄| 발행 2022년 3월 10일

|발행인| 김 동 훈
|발행처| 공 동 체

|주소| 경기도 고양시 일산동구 호수로 358-39, 동문타워 I 905호(백석동)
|전화| 031) 814-3000(대표)
|팩스| 031) 814-3100
|홈페이지| http://www.compub.co.kr
|전자우편| compub@naver.com
|출판등록| 2005년 10월 6일
|등록번호| 제396-2005-36호

|ISBN| 978-89-6352-519-8
정가 18,000원